Group Counseling and Therapy
— A New Interpersonal and Psychodynamic Model

團體諮商
與治療
一個嶄新的人際—心理動力模式

五南圖書出版公司 印行

推薦序一

「蕭老師，我可以請你幫我的新書寫序嗎？」

電話那頭傳來秀碧老師邀請我為她的新書《團體諮商與治療》寫一篇序文，刹那間我的血液沸騰起來，傳說中的團體諮商九陽真經終於要問世了。在還未看到這本書的原文時，我心中浮起了秀碧老師的身影，記憶也拉回到民國七十四年我剛到彰化師範大學任教時，有天在建白館的大廊巧遇秀碧老師，那時她正值青壯之年，她面色和悅但卻眼光犀利，問了我些國外學習情形，然後很堅定地鼓勵我要為諮商輔導界打拼，事後我才知道她就是當時輔導系赫赫有名的秀碧老師。其後有段時間她出國進修，回國後先是在諮商督導方面投下心力，不旋踵卻見她開始團體諮商方面的研究，她認真、敬業卻也執著，在過去二十年的歲月裡她獻身在團體諮商這個領域，她不只是教學而已，她更在無數次的實作中反思，也結合了各學派理論的精華，獨創了她自己的螺旋式團體諮商理論模式，近年來，聽過她演講和上課的人，沒有不為她對團體諮商的精熟而深深地佩服的。秀碧老師也是一個淡泊名利的人，她的學術生涯中雖無顯赫的行政職務，可是在團體諮商的殿堂裡她卻是一個高不可攀的巨人，今年十月她更成立了團體諮商與治療專業發展學會，戮力推動國內團體諮商研究的專業發展，秀碧老師的學術超越的精神值得吾輩學習。

團體諮商雖不是我的專長，應該說我其實不懂團體諮商，可是當出版社把原稿寄給我看時，我很認真地拜讀了這本巨著。我發現這本團體諮商與我過去所見的類似書籍有很大的不同，她不是在講述團體諮商的理論，也不是用一堆文獻堆砌出來的篇章結構，讀過這本書的時候我感覺秀碧老

師就好像就坐在前面娓娓地敘說團體諮商是什麼！每一個概念每一句話，是如此的平易近人卻又字字珠璣，就好像一個活生生的團體在面前開展起來，其中第三篇「團體中的重要議題與治療機制」，更讓我讀來恍然大悟，如果不是秀碧老師已臻「人劍合一」的境界，這些議題不會寫得如此深入卻又自然的恰到好處。整本書我花了將近一個星期才閱讀了大概，但已有一種躍躍欲試的感覺，當然我不會真的去帶團體，因為我真的不懂，但我知道這是本古往今來值得推薦的好書。

　　投身輔導界三十餘年，我在想臺灣諮商輔導界各學門領域如果都能有位像秀碧老師這樣的人，將其畢生精華著作傳世，則是何等令人拍案叫絕的事啊！

蕭文 敬筆

暨南大學榮譽教授

2016.12.25

推薦序二

秀碧老師的大作《團體諮商與治療——一個嶄新的人際－心理動力模式》要出版了，我作為她近三十年的同事及同行，真的真的是，非常非常地感佩且興奮，感佩的是秀碧老師投入團體諮商領域不下四十年，她對團體諮商的鑽研卻始終不斷，鑽研之深，當今臺灣諮商心理界，我認為沒有人可與匹敵。在校時，秀碧老師除了課程中傳遞理念，還帶著研究生就團體諮商的運作一步步地進行探討及驗證，以期從本土的研究中建構及印證團體諮商的學理和實務，即令是退休後，也未曾停頓，她仍投入博士班學生的團體諮商實務課程，除了親身示範、還督導研究生所帶的團體。再者，依我對她的認識，她對臺灣心理諮商領域界專業人才的培養有極強的使命感，有感於我們年輕一代在離開學校後，帶團體的方式上有偏向僅藉用媒介或活動來運作的傾向，而忘卻了如何激發團體自身特有的療效因子帶出團體諮商效能，她的感觸驅使她想方設法讓助人專業人員團體諮商的能力能夠提升，我想著書也就是在這樣一個心願下的產物，將她投入團體諮商與治療的經驗及多年的思考呈現在這一本深度和廣度兼具的精彩著作中。

當手中拿到秀碧老師的文稿，一開啟閱讀，就欲罷不能。其開宗明義就將人際互動和個人內在心理的互為表裡闡述得清晰易懂，讓帶團體之實務工作者警惕在心，可以在帶領時不致迷失，只關注其一，而忘了另一潛在層面。此外，我特別欣賞的是本書將許多與團體相關聯的知識（團體動力、系統理論、人格理論、社會心理學……）予以解析、論述、整合，再重新建構出本書所呈現的團體諮商與治療模式。是以本書的豐富性可說是超越了當今我所閱讀到的許多團體諮商與治療的書籍，實是因為過往大部分書籍的內容彰顯的是團體諮商與治療操作的外顯狀態，而未詳細言明其

內在建基的理論與理論發展，而本書不僅僅詳細指引作爲一個領導者如何帶領諮商團體或治療團體，更言明帶領背後的理論憑據，是以本書對如何進行團體諮商與治療之學習者或實務工作者有著極大的幫助。再者，閱讀本書我感到興奮的是看到秀碧老師對「非結構（或程序結構）團體」的解說，其或能化解許多想嘗試帶領非結構團體領導者的內心的忐忑，而其創建發展的螺旋模式的歷程領導，更清楚的指引團體帶領者朝去的方向，這些我相信可以更激發助人專業工作者運用團體的特質進行諮商與治療的工作。

最後，我想說的是吳秀碧教授的《團體諮商與治療──一個嶄新的人際－心理動力模式》一書是其一生專業的顯現，也是其對臺灣心理諮商領域、諮商師培育上的貢獻，這本書的出現與出版是後學者的福氣，該是她引以爲傲的。

程小蘋 敬筆

台灣團體諮商與治療研究學會理事

前國立彰化師範大學學生輔導與諮商中心主任

2017年1月於彰化

推薦序三

　　如果說本書是吳秀碧老師的傾囊相授代表著作，一點也不為過。這恐怕是國內外關於團體諮商與心理治療相關書籍中第一本對團體諮商與心理治療的理論基礎做最詳盡探討、又完整說明實務執行背後理論依據的一本書，更難得的是，秀碧老師不僅對相關理論做了詳盡的描述，更增加她個人多年經驗的反思與觀點評論，同時佐以一些相關文獻來支持，以及提供本土化的文化反思，同時又有實務的說明與相呼應。閱讀起來，有種終於「知其然，並知其所以然」的頓悟快感。

　　評論此書，雖然我十分喜歡後半段團體實務帶領的說明，不過我更推崇秀碧老師對於團體諮商相關理論的完整整理與評析。這樣的內容深度，十足反映秀碧老師在團體的深厚功力，若非有豐富的團體實務與教學經驗，再加上勤於閱讀與反思，恐怕是無法寫出這樣的深度與內容。不同於其他團體諮商與心理治療的教科書在理論基礎的探究，多只聚焦於一兩個團體動力或人際互動的理論基礎，此書幾乎是上窮碧落下黃泉般地探究與團體諮商與心理治療相關的理論，不僅從諮商與心理治療理論與團體動力的角度探究，更包含心理學、社會學乃至於華人文化的廣度，詳盡探究個體的人格發展與人際模式的理論、人際－心理動力、團體發展階段與動力，以及阿德勒（Adler）的家庭星座論等等，來幫助讀者理解團體，並理解可以如何運用團體從事諮商與心理治療的助人工作。更重要的是，秀碧老師還針對這些主流理論提供一些發人深省的反思。以當前在團體諮商與心理治療當紅的人際治療理論為例，在大家一窩蜂追逐該理論時，秀碧老師除詳盡介紹相關理論，與說明該理論可以如何協助治療師理解個體的內在或人際模式，以及詮釋個別成員與治療師之間的關係，和協助治療師觀察團體中成員彼此的人際互動特徵與型態等等外；秀碧老師更指出這些

人際取向的治療理論的限制，其中最大的問題即在缺少團體發展與階段演進的原理，以及在團體層面或團體整體欠缺清晰與明確的建構概念。

此外，秀碧老師也點出當今團體諮商與心理治療教科書的通病，或理論缺乏或僅依據實證和實務經驗來描述其介入方式，導致當今團體諮商與心理治療學習者容易流於依樣畫葫蘆、卻不知所以然的困境，這或許也是秀碧老師如此傾洪荒之力將團體相關理論做如此詳盡而完整的探究吧？！以團體發展和階段理論為例，目前所有相關書籍關於團體發展階段的描述，多僅依據實證和實務去描述團體階段特徵，並未詮釋團體發展和階段特徵如何形成，因此當治療師以一個模糊的團體整體概念去帶領團體，自然就無法充分理解有關團體整體的現象，一旦遇到不同於教科書描述的團體現象，也就缺乏應變與有效介入的能力，當然團體的效能就難以展現了。本書另一精華的地方，就是秀碧老師特別依據社會心理學的人際關係理論加以建構一個五階段的團體發展歷程，並提出螺旋模式的歷程領導，並透過實徵研究加以檢驗，其內容精彩與獨特見解，十分值得讀者好好閱讀。

本書還有一個大特色，就是秀碧老師於每個章節都納入華人文化對團體諮商與心理治療工作可能影響的反思，對讀者學習如何在華人社會帶領團體十分有幫助。以大我與小我的界限為例，秀碧老師指出，西方治療因多採取「人」、「我」對立觀，與強調人際界線，因此在治療上多重視協助個人發展「抉擇」的能力，來處理其衝突困境；然而重視團體和諧的華人社會，治療師則不能忽視當事人難以放棄人際親和需求的內心強烈衝突。當「大我」與「小我」間的界線，因人際親和需求而被擠壓到痛苦和無力的時候，堅持界線或強調抉擇反而容易導致個體崩潰或逃離。如果治療師可以協助個人的界線不僵化、不抗拒，甚至發展可擴大個體界限之具華人文化特性的「協調」策略，將有助其化解衝突困境。

最後，雖然秀碧老師對團體理論做詳盡的說明，不過我更喜歡她一段回答準治療師詢問如何才能夠做到人對人的一段話：「記得你的功能和任務就好，忘掉你是治療師的角色，真誠去對待成員。」是的，雖然本書的內容十分豐富，絕對值得讀者細細品嚐、反覆咀嚼，甚至當作典範加以熟背。不過一旦帶領起團體時，請務必記得「你的功能與任務，並真誠去對待你的成員」。

王麗斐 敬筆

國立臺灣師範大學教育心理與輔導學系教授

前台灣諮商心理學會理事長

再版序

　　一本撰寫較爲嚴謹的書，尤其以建構與論述核心理論的書，若需要修訂，一定有必要的理由。Yalom的《團體心理治療的理論與實務》那本書在1968年開始動筆，以論述治療因子爲核心內容，於1970年第一版問世。自1975年的第二版出書之後，便於每10年修訂一次。需要修訂那本書的理由，正如Yalom在第五版修訂時所言，有兩項主要任務：不只在呈現現代的方法，準備學生可以到當前的工作場域服務，而且也要保留在這個領域累積的智慧和技術。此外Yalom相信即便不同的團體治療理論和模式，在產生治療效果上，很顯然有相似的治療因子，所以在他那本書的第五版仍舊保留以論述那11項治療因子爲主。筆者所著《團體諮商與治療》這一本書，自2014年秋開筆，在2017年2月第一版上市，觀諸美國在諮商與治療領域的研究與發展，對於治療因子的論述，似乎當前還是沒有人能超越Yalom書中所列的11項治療因子，因此筆者在個人這本書本次的修訂，依舊維持與第一版相同，不在這本書論述治療因子。

　　由於各種的治療團體都使用小團體，不只都運用成員互動與團體動力，也與團體治療因子有同樣的道理，筆者相信各種治療團體都有相似的團體發展之基本歷程。近年美國團體治療領域的學者開始越來越注意到團體中人際層面的重要。在治療關係揚棄傳統精神分析對於保持中立，不透明和不涉入，以誘發移情的過度重視，而強調治療師與當事人之間眞實的治療關係對於療效的影響。在團體治療方面，筆者認爲所謂的治療關係即凝聚力，除了治療師與個別成員之間的關係，也應該包括成員與成員之間的關係，所共同形成的團體凝聚力。在實徵研究，不只已經指出凝聚力爲產生療效的核心因子，在治療團體的歷程方面，實證研究也發現：在團體前期，成員的興趣主要聚焦在人際互動與關係；到了團體後期，成員的興

趣則轉爲聚焦在問題的工作。從近年的研究發現，支持了筆者所提出有關團體凝聚力的概念和定義建構之重要，以及對於團體發展和階段原理的建構與各階段領導任務的觀點。然而，觀諸美國學者的團體書籍，在團體發展和階段的原理依舊無著，影響學生的實務訓練至鉅。由於團體凝聚力，以及團體發展與階段原理的建構十分重要，攸關作爲選擇與確立領導任務與策略的依據。因此本次修訂時不只保留有關凝聚力的概念與定義，以及團體發展與階段原理等之建構。同時，也引入2017年以來有關團體歷程的實徵研究，以支持筆者在理論的建構。

不過在這本書的第一版第四章「團體凝聚力的定義與概念」，有關凝聚力的論述，由於涵蓋從源起至晚近對於凝聚力的概念發展和研究，因此似乎比較詳細而適合從事治療團體研究者的需要，對於實務工作者可能主要在凝聚力的具體定義，以便了解在團體前期催化團體發展的方向與目標。由於筆者確定凝聚力的概念和具體定義，同時認爲凝聚力不只是核心的治療因子，也是團體中具有治療功能的關係。因此，本次修訂時決定刪除第四章，而加以簡化，並納入第五章「團體中的治療關係」，成爲其中的第四節。至於第二章「小團體與團體治療」，由於有關小團體的定義與性質等議題，常見於團體動力學，而在台灣的諮商相關系所，這一門課程也逐漸普遍，所以將這一章刪除，僅介紹小團體在治療團體實務的運用須知，並納入第三章「通用系統論與治療團體」，成爲其中的第一節「小團體的性質與結構」。

於刪除第二和第四兩章之後，增加了新的第一章「團體諮商與團體治療的關係」，以及第二十章「領導者的訓練與督導」。原因在於，反觀臺灣推動團體諮商近五十年，在團體諮商這個領域的發展，近年似乎越來越少有非結構式團體的推展。Yalom對於美國團體治療領域的發展，在未來的憂心，便是越來越多的臨床治療師使用操作手冊，按表操課，趨向領

導者中心的方法，也不重視團體動力。他認為治療師可以提供當事人更好的服務，卻被治療師以省時省力的方法所取代。臺灣在教學和訓練方面，重視團體動力的非結構式團體原本就尚未普遍，若跟隨美國的趨勢，則更令人擔憂。其次，在美國始於1930年代的團體諮商，隨著社會進步，影響了學校和社區需求的變化，團體諮商已經從沒有治療理論為依據，僅用以協助學生作生涯決策和生活問題解決，演進到1970年代起被歸類為團體治療的一種，並規範了領導者需要具有專業訓練背景，能運用團體動力，以協助正常人改變與成長的方法，而且已經不限於使用在學校，而廣泛應用在社區，以及醫護和矯治機構，以協助不同需求的對象。然而，臺灣自1970年代推動團體諮商以來，多數的治療師對於團體諮商的定位，依舊十分模糊，甚至對於團體諮商與團體輔導的概念混淆不清，不利於這項專業服務的發展與推廣。所以，對於團體治療的定義、演進與分類的介紹實有必要，以建立對於各種治療團體的正確認識，因此本次修訂乃增加了第一章。最後，既然團體諮商與團體輔導不同，並不是心理教育團體，而是具有改變和發展功能的治療團體，強化團體領導者的訓練與督導便有必要，所以增加了第二十章，以便說明晚近在美國有關諮商團體領導者訓練的趨勢，並介紹筆者創發的訓練模式，以分享諮商師教育者和團體治療訓練者。

　　自本書第一版至修訂版完成期間，心裡有很多感恩和感謝。最感恩的是，受到就讀碩士時團體諮商課程James Trotzer教授強調治療團體歷程與階段發展需要理論的啓發，以及就讀博士時團體諮商實驗室課程David Welch教授的精湛督導，筆者方有這本書的團體歷程階段理論之創發。其次，要感謝的是學界長期支持的友人，蕭文教授、程小蘋教授和王麗雯教授等，對於筆者的鼓勵與惠賜推薦序。最後，特別感激外子謝廣教授在筆者多年忙碌的學術生涯，背後的支持與實質的協助，在本書第一版校對期

間筆者因病住院，外子不辭辛勞照顧之外，還協助校對工作。有他們的支持與鼓勵，完成了個人著書的興趣，特此一併致謝。

吳秀碧 謹識

自序

　　作者從教授碩、博士班團體諮商理論與實務訓練的課程，以及工作坊的培訓經驗，長久以來深感訓練團體領導者最大的困難，在於當代廣泛的心理動力團體諮商與治療相關理論所隱藏的兩大缺失，即：（一）適當的凝聚力操作性定義和團體歷程與階段發展理論的缺乏，影響領導者催化團體歷程發展之明確指引，以及（二）有關團體整體（group as a whole）的理論建構與其在治療的運用之論說殊少，影響領導者運用團體整體的治療功能。詳情請參閱諮商心理學報2015年第三卷第一期「有關團體，Yalom他們說清楚了嗎？」（pp.1-13）一文。其次，坊間現有團體諮商與治療的書籍甚多，作者希望依據個人多年從事研究、教學與訓練的心得，撰寫一本在內容結構與組織，有別於現有的團體諮商與治療相關書籍以享讀者。故本書在基本理論建構、治療與介入的原理、方法與技術等方面，有較為完整的論述。

　　第一篇「導論」有三章，包括第一章論述人際－心理動力團體諮商與治療的基本假設，並於第五節根據Adler的家庭星座理論提出一個有關團體整體之建構概念與其運用，這個團體整體的建構概念，是闡明從團體歷程發展所形成和產生的一個「看不見的團體」，為有效的團體領導者不能不知的團體結構。第三章則佐以晚近較新的通用系統理論，就團體整體之性質進行論述，協助讀者對於團體整體的現象有更為清晰的圖像。

　　第二篇「團體的發展與領導」共八章，其中最獨特者乃本書作者提出凝聚力的嶄新概念與定義，及建構團體發展與階段的原理和領導策略。其餘各章內容，則包括對於團體中的治療關係與人際網絡相關議題，採取整合而具區分性和實用性的論述，並討論非結構團體與螺旋式領導的運用，以及實用的領導相關行為與介入技術等。由於筆者曾於2004年在台灣輔導

與諮商學會年會的演講，提出以社會心理學的人際關係理論建構團體歷程和階段發展的理論，本書乃將該理論及其在領導之應用進行較完整的論述，同時也以社會心理學的人際關係理論依據，提出具操作性的團體凝聚力之定義，以使團體歷程與階段發展原理和凝聚力的建構概念兩者，在理論建構的基礎上能夠一致與統整，使領導者知道催化團體歷程發展與凝聚力的具體關聯，因此在原理和應用上對於催化團體歷程發展是一項重要的突破。

至於第三篇「團體中的重要議題與治療機制」共六章。由於I. Yalom所提出的治療因子已廣為團體諮商與治療專家和實務工作者所熟知，故本書不再贅述。因此第三篇特別針對團體中常見之重要治療機制，包括此地此時、代罪羔羊、投射性認同、矯正性情緒經驗及團體中支持環境等，參酌晚近較新的觀點加以闡述，使治療機制及其在團體諮商與治療的運用較為詳細與具體。

第四篇「領導者與成員」有三章，除了領導者與成員有關的重要議題之外，特別針對「聯合領導」另成一章，作更詳細的說明，以供讀者了解聯合領導的多樣性，以及不同的聯合領導方法之特色與優劣。所以，本書希望帶給讀者有關團體諮商與治療較為完整的理論與具實用的指引。

完成本書最深刻的感受是，撰寫的過程帶給作者回顧多年來從事團體諮商與治療的研究、教學、培訓和實務工作，一個再度省思與統整的機會。並期待能夠將個人的想法和經驗與從事團體諮商與治療研究、教學、訓練與實務工作者分享。本書或因篇幅限制或因個人能力未逮，疏漏之處，尚祈學者方家指正。

吳秀碧 謹識
2017年初春於臺灣彰化

目錄

第一篇　緒論

第一章　｜　團體諮商與團體治療的關係 ············· *5*

第一節　使用「團體治療」一詞的現況　　6

第二節　「團體治療」一詞出現的年代　　7

第三節　小團體模式的確立與團體治療　　9

第四節　團體諮商成為團體治療的領域　　11

第五節　討論與結論　　15

第二章　｜　人際－心理動力團體諮商與治療的基本假設 ········ *19*

第一節　治療團體為複合的現象　　19

第二節　社會性需求為人類行為的主要動力　　23

第三節　人格是人際動力的產物　　27

第四節　個人的問題多數來自人際　　34

第五節　團體整體如家庭星座　　41

第六節　團體治療方法可以內外兼具　　52

第三章 ｜ 通用系統論與團體治療 ·· *57*

第一節 小團體的性質與結構 57

第二節 通用系統論引言 60

第三節 整體觀 63

第四節 相互依賴與互補 64

第五節 結構 66

第六節 團體的互動 68

第七節 團體發展的循環和階段 71

第八節 結語 75

第二篇　團體的發展與領導

第四章 ｜ 團體中的治療關係 ·· *79*

第一節 團體中的人際網絡 80

第二節 領導者與成員的治療關係 83

第三節 領導者進入成員關係的系統 94

第四節 團體凝聚力的定義、性質和重要性 98

第五節 團體中成員關係的發展 104

第六節 結語 113

第五章 │ 團體歷程與階段發展的原理 ⋯⋯⋯⋯⋯ *115*

第一節　緒論　115

第二節　團體歷程發展的理論基礎　116

第三節　諮商與治療團體的階段　127

第四節　討論與結語　138

第六章 │ 非結構式團體的歷程領導通論 ⋯⋯⋯⋯ *143*

第一節　非結構團體的性質　143

第二節　非結構團體歷程的議題　146

第三節　螺旋模式的歷程領導　154

第七章 │ 團體前期的領導 ⋯⋯⋯⋯⋯⋯⋯⋯⋯ *171*

第一節　團體前期主要的領導任務　171

第二節　團體初期的領導策略　176

第三節　社交階段的領導與第一次聚會　184

第四節　連結階段的領導　192

第五節　共享關係階段的領導　197

第六節　討論與結語　203

第八章 │ 團體後期的領導 ⋯⋯⋯⋯⋯⋯⋯⋯⋯ *207*

第一節　團體後期歷程的領導　207

第二節　互助工作階段的領導　210

第三節　收穫與結束　218

第四節　結語　223

第九章 │ 領導相關行為與介入技術(一) ⋯⋯⋯ *225*

第一節　領導者的自我揭露　226

第二節　五種有用的領導作為　229

第三節　產生有意義的歸因　231

第四節　團體的第一次聚會　233

第五節　時機　241

第六節　使用「我陳述」　244

第十章 │ 領導相關行為與介入技術(二) ⋯⋯⋯ *249*

第一節　重構　249

第二節　提問與探問　252

第三節　以家族為本的團體技術　254

第四節　角色扮演　258

第五節　角色轉換技術與空椅技術　261

第六節　使用活動　263

第七節　閱讀治療方法　265

第八節　促進成員互動　268

第三篇　團體中的重要議題與治療機制

第十一章 ｜ 此地此時 ·· *277*

第一節　此地此時在團體治療的意義　278

第二節　此地此時的運用　280

第三節　歷程闡釋　289

第四節　回饋與歷程闡釋　297

第五節　結語　303

第十二章 ｜ 團體中的投射性認同 ··············· *305*

第一節　投射性認同的概念　306

第二節　投射性認同的功能與過程　309

第三節　投射性認同作為要求關係的不適應手段　310

第四節　投射性認同與團體歷程　314

第五節　團體中投射性認同的處理　316

第六節　領導者成為投射性認同的對象　323

第十三章 ｜ 代罪羔羊 ·· *327*

第一節　代罪羔羊的意義　328

第二節　代罪羔羊與失功能家庭　329

第三節　代罪羔羊的產生　331

第四節　代罪羔羊的功能　　　　　　　　333

第五節　團體中代罪羔羊產生的時機　　　338

第六節　領導者的議題　　　　　　　　　340

第七節　預防與處理團體中的代罪羔羊　　341

第十四章　│　**團體中的衝突** ································ *345*

第一節　團體中衝突的意義與衝擊　　　　345

第二節　團體衝突的原因　　　　　　　　349

第三節　衝突的處理　　　　　　　　　　357

第四節　結語　　　　　　　　　　　　　365

第十五章　│　**矯正性情緒經驗** ································ *367*

第一節　矯正性情緒經驗的意義與性質　　367

第二節　矯正性情緒經驗治療的三個歷程　369

第三節　矯正性情緒經驗的治療方法　　　373

第四節　團體歷程的矯正性情緒經驗治療　378

第十六章　│　**團體的支持環境** ································ *383*

第一節　支持　　　　　　　　　　　　　383

第二節　傾聽　　　　　　　　　　　　　391

第三節　同理心　　　　　　　　　　　　394

第四節　回饋　　　　　　　　　　　　　　404

第四篇　團體成員與領導

第十七章　│　**團體成員** ⋯⋯⋯⋯⋯⋯⋯⋯⋯⋯⋯ *413*

　　第一節　成員的性質　　　　　　　　　413

　　第二節　團體的大小　　　　　　　　　414

　　第三節　選擇與準備成員　　　　　　　416

　　第四節　團體成員的組成　　　　　　　418

　　第五節　成員的角色　　　　　　　　　420

　　第六節　成員的行為　　　　　　　　　423

　　第七節　結語　　　　　　　　　　　　433

第十八章　│　**團體領導者與領導** ⋯⋯⋯⋯⋯⋯⋯ *435*

　　第一節　有效領導者的特質　　　　　　435

　　第二節　領導者的任務與功能　　　　　446

　　第三節　領導團體的主要能力　　　　　455

第十九章　│　**聯合領導** ⋯⋯⋯⋯⋯⋯⋯⋯⋯⋯⋯ *459*

　　第一節　聯合領導的意義與模式　　　　459

　　第二節　聯合領導的益處與缺失　　　　462

第三節　聯合領導者的組合對於團體的影響　466

第四節　聯合領導者的關係　470

第五節　聯合領導者的溝通與合作原則　482

第六節　結語　491

第二十章　｜　領導者的訓練與督導 ⋯⋯⋯⋯⋯⋯⋯⋯⋯⋯ 493

第一節　體驗性團體的重要性　493

第二節　體驗性團體的類別、訓練價值與限制　494

第三節　體驗性團體訓練效果的提升　497

第四節　結語　502

參考文獻 ⋯⋯⋯⋯⋯⋯⋯⋯⋯⋯⋯⋯⋯⋯⋯⋯⋯⋯⋯⋯ 505

◆ 第一篇

緒論

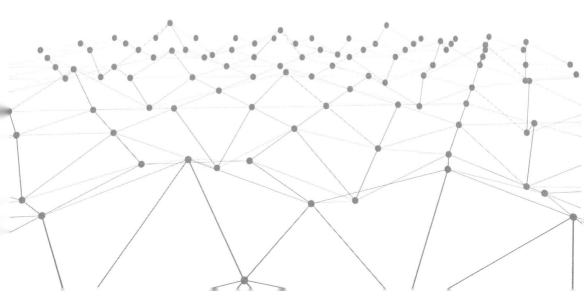

　　自古，無論身體或心理有病都被認為需要治療，方能恢復健康，所以「治療」（therapy）一詞很通俗，人盡皆知。由於「團體心理治療」（group psychotherapy），常被簡稱為「團體治療」（group therapy）。因此提到「團體治療」，一般人可能很容易便聯想到，就是「團體心理治療」。然而，由於1940年代起運用小團體的各種團體模式的發展，在運用小團體的過程和最終的目的，都具有相似或共同的性質，所以「團體治療」的意涵和涵蓋的範圍便產生演進。如今「團體諮商」（group counseling）和「成長與發展團體」（growth and development groups）等使用小團體的模式，都與「團體心理治療」被統稱為「團體治療」。

　　追朔「團體治療」的發展史，在美國始於1946年的「訓練團體」（Training group, T-Group），而後到了1960-1970年代，各種小團體模式蓬勃發展，不只「訓練團體」變得普遍，「會心團體」（encounter groups）更為盛行，風迷美國西岸。不過，在早期這些團體並未被視為「團體治療」。至於「團體心理治療」在美國出現，則與歐洲的精神分析學者有密切關係。在歐洲，精神分析團體的發展，最早由Trigant Burrow在1927年提出「團體分析」（group analysis）的概念，之後於1939年由Siegmund Foulkes在英國的雅席特（Exeter）首次從事團體分析的團體心理治療，以及Wilfred R. Bion也於1940年在塔維斯托克（Tavistock）展開團體分析。由於Foulkes受到完形理論結構觀的影響，視個體和團體如形象（figure）與背景，因此主張疾病可經由團體中的人際網路傳遞，所以他倡導團體心理治療需要以團體作為一個整體（totality）來處理（Foulkes, 1964）；Bion則為首位論述團體動力的精神分析家，對於團體的精神功能提出「工作團體」（work group）和「基本團體假設」（basic group assumption）兩種模式：團體過程和次級邏輯推理主導著「工作團體」；而「基本團體假設」則由團體心理狀態（group mentality）所定義（Bion, 1961）。雖然

Foulkes和Bion的理論有所不同，兩人在二次大戰期間均分別應軍中的治療需求而致力於團體心理治療的發展。所以，至1960年代團體分析得以被認定爲團體心理治療的一種方法，Foulkes和Bion都功不可沒，被認爲是精神分析發展成爲團體心理治療的開拓者。

　　觀之早期的各種治療團體，不論是訓練團體，或是團體分析，都側重以團體爲一個整體來處理，因而忽略團體成員之間的人際層面。直到晚近學者才開始注意到團體中人際的重要，認爲成員之間的人際互動與關係，不只是推進團體歷程發展的軸心動力，也是成員人際學習和改善的療效因子。所以，晚近學者對於治療團體的結構，所抱持的觀點便與早期不同，而認爲團體是由個體、人際和團體整體（group-as a whole）三個層面所構成的一個複合（complexity）現象場。因此，一個治療團體不只有個體內心的意識、前意識或下意識的活動性質，也有人際和團體整體的心理-社會之本質。

　　所謂人際（interpersonal），是指發生在兩人或更多人之間（通常指三、四人之間）的關係或行動；而內心（intrapersonal），則是指在一個人內在獨自發生的事。自古華人的宇宙哲學觀便採取一元論，不同於西方人採取二元論。所以，對於人的行爲也認爲「成於內，而形於外」，即個人外在的性格特徵與人際行爲，必與內心狀態息息相關。人際-心理動力團體諮商與治療模式爲採取華人的哲學觀，以人格心理學的客體論之相關原理和有關人際關係的理論，作爲理解成員個人內在自體（self）與客體（object）關係的發展，與外在人際行爲、人際關係、人際型態或風格關聯之依據。同時，也以社會心理學的人際關係理論，以及小團體動力的原理，作爲詮釋團體中人際和團體歷程在心理-社會層面的發展與團體階段特徵之依據。從個體、人際和團體整體三個層面，建構一個複合（complexity）模式的團體諮商與治療原理。因此領導者在帶領團體時，

務必兼顧成員個人內心、人際,以及團體整體的運用,以使成員個人獲得成長、發展與改變。

在第一篇,將分別探討團體治療概念的意涵和演進,小團體模式與團體治療的關聯,當前團體治療領域的範圍,通用系統論與團體治療的關聯,團體諮商如何成為團體治療領域的一環,以及人際-心理動力團體諮商與治療的基本假設。

第一章　團體諮商與團體治療的關係

　　在臺灣，「治療」一詞是精神科醫師和臨床心理師常用的詞彙，而專業諮商心理師則慣用「諮商」（counseling）一詞。如果諮商心理師使用「治療」，將會被認為違法。然而「諮商」一詞是外來語，有史以來並不存在臺灣的人們日常生活溝通的用詞中，因此一般人不甚理解所指為何事？而提到「治療」，這個自古以來普遍使用的詞彙，反而通俗易懂，即便販夫走卒通通都知道。在美國的專業諮商心理師和臨床心理師，由於他們被認為都是從事「醫療」（medication）相關工作，所以統稱為「治療師」（therapist）。由於美國尚有所謂法律諮商和教牧諮商等非專業心理諮商的服務，當然從事這兩種諮商的工作者，不可以號稱提供「醫療」，也不可以自稱為「治療師」。有趣的是，在美國專業諮商心理師反而不喜歡被稱為「治療師」，由於當事人會擔心去尋求諮商心理師的協助，將被他人錯誤貼上「有病」或「變態」（abnormal）的標籤。

　　至於「團體諮商」，並不是進行「團體心理治療」，然而自1970年代起為何被美國學者歸類為「團體治療」的一種，而專業心理諮商師也被稱為「治療師」。這些都與團體諮商演進成具有小團體模式的基本元素有關，這個議題很值得討論，以正本清源。吳秀碧（2017）從文獻研究發現，經濟和重大戰爭對於團體心理治療、團體諮商，以及成長與發展團體等三種被統稱為「治療團體」的出現和演進，有非常密切的關係。本章主要從歷史角度探討各類治療團體的出現和涵蓋範圍的擴大，以便了解團體諮商與團體治療的關係。

❖第一節　使用「團體治療」一詞的現況❖

　　由於臺灣的團體諮商自美國引進，而且美國也是世界各國團體諮商的發源地。因此要釐清團體諮商與團體治療的關聯，最好的辦法就是回到美國這個發源地來追根究底。在美國，相較於「團體心理治療」一詞，「團體治療」是一個比較廣泛的名詞，而「團體心理治療」則是一個特定的專業名詞。在現代，一個正常人若有生活適應、心理衝突或困擾，以及人際或生涯等等的生活與人生問題，通常會去尋求專業心理諮商師的協助。但是，一個可能有人格異常、憂鬱症、焦慮症、精神分裂症或創傷及相關障礙症等等的精神疾病和精神官能症，則除了尋求精神科醫師的藥物治療之外，可能也會尋求臨床心理師的口談治療（talk therapy）。由於團體諮商和團體心理治療，都具有小團體模式的基本元素。因此，在美國團體諮商與團體心理治療，都可以統稱為「團體治療」的方法，並且無論是專業心理諮商師提供的服務或是臨床心理師的工作，都可以統稱為「治療」，而專業心理諮商師和臨床心理師也都統稱為「治療師」。

　　在美國科羅拉多的專業心理諮商師（professional psychological counselor）證照規範之中，便明文以「治療」一詞來說明專業心理諮商師對於當事人所提供的協助。同時，也明文規定專業心理諮商師不得宣稱可以提供「心理治療」。若在廣告詞當中有使用「心理治療」文字，便是違法，如此用以明確區別「諮商」與「心理治療」的差異。此外由於早期家族治療運動學者的領袖之一，Virginia Satir在1964年出版《聯合家族治療：理論與技術的指引》（Conjoint family therapy: A guide to theory and technique）這本書，她使用了「家族治療」一詞，此後在美國各大學的諮商心理學系，若設有家族與婚姻諮商的專業心理諮商研究所，其名稱普遍都使用「家庭與婚姻諮商」（family and couple counseling）或「家庭與婚姻治療」（family and couple therapy）研究所或學程（program）這樣的名

稱，而從事這項諮商專業工作者也被稱為家族與婚姻「治療師」。當然，去接受會談的夫妻或家族並不是有心理異常或精神疾病，而是有人際衝突或其他家庭困擾問題的正常人。顯然，「治療」和「心理治療」兩者的涵義不盡相同。治療是一個廣義的名詞，至少可以涵蓋專業心理諮商和心理治療。而「團體心理治療」可以簡稱為「團體治療」，「團體諮商」也可以稱為「團體治療」。但是，「團體諮商」絕對不可以稱作「團體心理治療」。

✤第二節　「團體治療」一詞出現的年代✤

1930年代之前，美國並沒有所謂的「團體心理治療」這一個專業名詞。1905年Joseph Hersey Pratt在美國麻薩諸塞綜合醫院（Massachusetts General Hospital）的門診部，為貧窮而無法住院治療的肺結核病患首創「居家療養醫治」（home sanatorium treatment），並將病人分為約20人一個團體或一個「班級」，以提供支持、啟發和說服。因此，美國學者多數認為Pratt是團體心理治療的始祖（Shaffer & Galinsk, 1974）。雖然，後來Pratt越有經驗，而精熟團體互動的心理，重視由於病人有個「共同疾病的共同聯結」（common bond in common disease）所產生的相互支持氛圍（Spotnitz, 1961, p.29）。然而，他這種班級或團體主要是使用教學的方法，以協助病人的生活適應，只是因為Pratt是一名醫師，且團體是以醫院的名義開辦，因而使用「醫治」（treatment）一詞。George M. Gazda（1977, p.5）並不認為Pratt的團體，是一種團體心理治療的方法，而稱之為「班級方法」（class method），在性質上比較類似現代醫院常用的心理教育團體，或各級學校的班級團體輔導。

關於「團體治療」，這一個較為廣泛的名詞，最早的創始者為Samuel R. Slavson。在1934，Slavson開始使用小團體協助社會適應不良

的少年。最初他稱這項工作為「創造的休閒方案」（creative recreational program），隨後又更名為「創造活動的療癒」（therapeutics of creative activity），最後才確定名稱為「團體治療」，並且Slavson也在1943年創立了「美國團體心理治療學會」（American Group Psychotherapy Association）。因此Gazda（1977）和Vander Kolk（1985）都認為Slavson才是美國團體心理治療的始祖。

至於「團體心理治療」這一個特定的專業名詞，則既不是Slavson首創，也不是美國人所創，而是拜歐洲精神分析學者之賜。早在1921年Jacob L. Moreno已經開始在維也納使用團體協助娼妓。由於第一次世界大戰之後，作為主要戰場的歐洲，經濟蕭條，百業待興，而美國則是戰爭的受益者。由於戰爭期間出售科技先進的武器獲利龐大，使得戰後美國的經濟和社會各方面蓬勃發展。而戰後由歐洲移民美國的著名心理學家，有來自維也納的心理劇創始者J. L. Moreno，德國的完形治療創始者Fritz Perls，以及來自奧地利並引進阿德勒治療學派的Rudolf Dreikurs。在1925年Moreno移民美國之後，不只將「心理劇」傳至美國，也在1931年首創「團體心理治療」這一個專業名詞（Gazda, 1975; Shaffer & Galinsk, 1974），更於1932年首度向美國心理學會（American Psychology Association，簡稱APA）介紹他的團體心理治療方法。

從歷史觀，「團體諮商」一詞也出現於1930年代，然而其過程與性質並未具有小團體的三個基本元素，也就是尚未符合今日所謂「團體治療」的定義，與現代的團體諮商不可同日而語。美國自1928年起教學性質的班級團體輔導（group guidance）已經在各州的公立中學逐漸普遍。後來，由於受到1930年代美國經濟大蕭條的影響，學校除了職業輔導（vocational guidance）之外，也開始利用小團體協助有生活適應問題，而無法從班級團體輔導得到幫助的學生。不過當時這種團體，主要由班級

導師（homeroom teacher）負責協助學生建立關係、決定學生的需求和能力，以及發展適當的態度。由於導師沒有受過團體領導的訓練，缺乏團體動力的知識，也沒有協助學生發展情感和認知的知能（Gazda, 1968），因此只能視爲現代團體諮商的濫觴。

❖第三節　小團體模式的確立與團體治療❖

第二次世界大戰之後，在1946年社會心理學者Kurt. Lewin和Ron Lippitt，以及教育學者Leland Bradford和Kenneth Benne等人，在康乃狄克州創立「國家實驗室應用行爲科學訓練所」（National Laboratory Training Institution for Applied Behavior Science，簡稱NTL）。Lewin設計了一套有大團體講課和小團體體驗學習方式的訓練課程。小團體爲使用10人一組進行工作坊和團體動力的行動研究。這個小團體稱爲「基本技術訓練團體」（Basic Skill Training Groups），之後縮寫成爲「訓練團體」（T-Group）。後來由於NTL的成員們發現小團體是一個組織的微縮世界，若致力於改變小團體的功能，可以延伸爲改變組織的歷程。「訓練團體」除了影響「會心團體」的誕生，繼之也影響了各種所謂「成長與發展團體」的出現（Bebout, 1976; Shaffer & Galinsk, 1974; Yalom, 1985）。而最重要者，乃在運用小團體的模式，對於後來各類「治療團體」的發展有著深遠影響。

1970年代，Shaffer和Galinsk（1974）在所著作《團體治療模式與敏察訓練》（Models of group therapy & sensitivity training）書中，認爲小團體模式有三個共同元素，即：(1)參加者，有最多和最少的人數限制；(2)有明確指派的領導者或聯合領導者（co-leaders），角色在促進團體互動，且有團體互動內容的基本原理；(3)團體是用來創造給參加者一個重要的經驗，通常涉及情緒和認知的元素，以協助個人朝向新的學習或改變。同

時，他們將「精神分析治療團體」、「心理動力治療團體」、「存在-經驗治療團體」、「心理劇」、「完形治療團體」，以及「行為治療團體」等團體方法，都歸類在「心理治療團體」，這類團體主要適用對象為心理異常者或有精神疾病的患者；至於「訓練團體」、「會心團體」、「主題-中心互動團體」（theme-centered interaction group），以及發源於英國的「塔維斯托克小型研究團體」（Tavistock small study group）或稱為「塔維斯托克團體關係研討會」（Tavistock group relations conference）都歸類為「成長與發展團體」（growth and development groups）。此外Shaffer和Galinsk也將「心理治療團體」和「成長與發展團體」統稱為「團體治療」模式。雖然，發源於美國NTL的「訓練團體」，與發源於英國的「塔維斯托克小型研究團體」的理論不同，但是主要都運用小團體的基本元素和重視團體動力，也都傾向強調團體關係與組織，並且參加者都是正常人，以個人成長取向為主，因此同樣歸類在「成長與發展的團體」。從Shaffer和Galinsk的論述，可以看到「心理治療團體」和「成長與發展團體」最主要的差異在實施的對象，而不是過程，前者以心理異常和精神疾病患者為主，後者以正常人為主。

　　活躍於1960-1970年代的「會心團體」，不只相當熱門，對於後來的團體治療也具有不可忽略的影響力。Irvin D. Yalom的名著《團體心理治療理論與實務》（The theory and practice of group psychotherapy）這一本書，在1995年版提到「會心團體」為「正常人的治療團體」（Yalom, 1995, p.494）。然而，到了2005年版，Yalom則認為在美國，「會心團體」已經是走入歷史的團體方法。Yalom（Yalom & Leszcs, 2005, 5th ed.）在書中第十六章「團體治療：祖先與兄弟」（Group therapy: Ancestors and cousins）特別提到，雖然各種會心團體多數已成為過去的事，但是持續對於當代的團體治療實務有所影響。原因有三：(1)團體治療師的適當訓練，必須

包括一些個人的團體經驗；(2)當代的團體治療已經廣泛的受到會心團體的影響；(3)在會心團體出現之後，對於團體治療的發展，有最佳和最精煉的小團體研究技術。同時，在這一章Yalom描述出現在1945年的「訓練團體」，由於強調個人成長，使得團體的目標從傳統的教育概念，轉換爲個人成長的性質。而且在美國西岸，臨床取向的會心團體領導者開始賦於「訓練團體」的模式作爲「正常人的團體治療」（group therapy for normal）（Yalom & Leszcz, 2005, p.530）。由上，可見Yalom認爲會心團體對於團體心理治療有很重要的影響，而兩者都可以統稱爲團體治療。

❖第四節　團體諮商成爲團體治療的領域❖

「團體諮商」一詞如前述，早在1930年代便出現於學校情境，用以協助無法從班級團體輔導獲得幫助的學生，除了處理生涯問題，也開始幫助學生處理生活適應問題。不過一直到1960年代，學者對於團體諮商並沒有明確而有共識的定義。然而正如Merle M. Ohlsen（1964, p.150）所言：「決定爲諮商或是心理治療，不在於過程本身，由於都需要有特殊的訓練，雖略有差異，都須有專業的準備；而是在當事人適應的程度，『團體諮商』一詞，是指對於正常的青少年在非醫療機構的工作。」可見當時Ohlsen已經很明確地指出，團體諮商服務的對象是正常人，帶領者需要有特殊的訓練，實施的過程不是區分諮商或心理治療的所在。至於團體諮商有明確的定義和理論依據，並開始普及到學校之外的社區和機構，用以協助正常的成人，而且被歸類爲團體治療的一種方法，則是在1970年代的事了。

在1970年代，George Gazda可能是最努力試圖區分諮商團體、心理治療團體和成長與發展團體的學者。Gazda, Duncan和Sisson（1971）曾經調查「美國人事與輔導學會」（American Personnel and Guidance Association，簡稱APGA），具博士學位的會員164人，請他們將團體心

理治療、團體輔導、團體諮商、訓練團體、會心團體，以及敏察訓練團體等不同名稱的團體，就三項準則加以區分。這三項準則，為：(1)各自的目的，(2)最適合服務的當事人，(3)專業準備必要的條件。調查結果指出：從程序上，團體輔導與其他的團體最為不同，團體心理治療也與其他團體不同；但是，團體諮商、訓練團體、會心團體和敏察訓練團體，則沒有明顯差異。此外Gazda很在意諮商團體和心理治療團體的差異。Gazda（1971）在所著《團體諮商：一個發展的方法》（group counseling: A developmental approach）的書中，提出區分不同團體的準則，認為：團體輔導，主要在預防和產生成長；諮商團體和其他成長與發展團體，則以預防、成長和產生醫療（remedial）為主；至於心理治療團體，則只用在醫療（remedial）。Gazda強調團體心理治療適用在異常或有心理疾病的對象，其他團體則是用在正常人。由此可知Gazda認為就團體諮商的性質，可以與會心團體或成長與發展團體等一起歸類為團體治療，並且Gazda（1976）也指出，需要有系統的致力於研發，以提供團體諮商的方法，俾便能夠應用到所有的年齡層。

　　Gazda在團體諮商的研究方面，有關效果研究他指出1938至1970年約30年間的研究，有50%的報告顯示得到預期的效果（Gazda, 1971）；而從1970-1973年，僅三年之間便有75%的研究指出達到預期方向的效果，比率大幅提升；而且這三年也是研究設計的分界線。有關效果研究，呈現多樣的研究設計，在57篇之中有40篇為效果研究，19篇當中便有15篇為歷程研究，17篇當中則有11篇屬於比較研究（Gazda & Peters, 1973）。可見1970年代，諮商團體的研究突然變得熱絡，這個跡象顯示當時團體諮商的迅速崛起與普遍化。

　　不過在1970年代初期，也有與上述Yalom、Gazda，以及Shaffer和Galinsk等人，對於團體抱持不同歸類看法的學者。Pfeiffer和Jones

（1972）便將心理治療團體、諮商團體、訓練團體、馬拉松團體
（marathon group）和會心團體等，統稱為「成長團體」（growth
groups），而且和Gazda及Yalom一樣，使用「治療團體」替代較為冗長的
「心理治療團體」一詞。同時Pfeiffer和Jones（1972, p.146）對於「成長團
體」所包括的各個次類別團體的目標、使用情境、領導者角色和使用對象
等，提出很具體的區別和說明，也值得參考，請參見下列表1-1：

表1-1　成長團體的類別

團體類別	目標	時間的取向	情境	催化者角色	客戶
訓練團體	培養覺知和建立技巧	聚焦此地此時	教育、組織和企業	示範與督導	正常人
會心團體	培養覺知和誠懇	聚焦此地此時，以及其他	普遍適用	示範與面質	任何人
馬拉松團體	打破防衛	聚焦此地此時，以及其他	普遍適用	積極地面質	任何人
治療團體	增進因應	聚焦過去和現在	治療	示範與面質	臨床，因應有缺失者
諮商團體	培養有效的規劃技巧	聚焦現在和未來	教育的（如學校、社教機構）	催化團體的助益	正常人

　　顯然到了1970年代初期，美國學者紛紛努力企圖釐清當時已蓬勃發
展的各種小團體的性質和分類，而當時團體諮商已經普遍受到重視，並
普及於各級學校之外的社區和其他機構。曾經擔任ACA理事長的James P.
Trotzer教授（1972）便提出「團體諮商」的定義，為：「團體諮商是人際
關係的發展，特徵為信任、接納、尊重、溫暖、溝通，以及了解。由此，

一名諮商師與數名當事人爲了協助彼此面對其生活中不滿意或問題的範圍，去發現、了解和運用方法解決問題或不滿意之處。」Trotzer對於團體諮商的定義不只受到Gazda的影響，Trotzer（1977, 1999, 2007, 2013）也強調團體諮商基本上爲醫療的（remedial）性質，而與團體心理治療的主要差異，他的看法與Ohlsen相同，是在當事人的差異，不在團體過程本身。顯然，當時諮商已經不再限於學校情境，也不再限於提供對兒童和青少年的協助。Trotzer主張團體諮商在處理正常人，這些人經驗到的問題，干擾了他們人際和生活的某些方面。這些成員能夠在團體的安全環境之中評鑑自己的想法、情緒和行爲，成員自己也能夠提出所要聚焦處理的問題；而團體心理治療，則用以處理某些方面不正常、功能失常，或某些方面精神受損的人，主要目的在有效的人格改變，致力於重建（reconstruction），再教育或復健。其次，即便病人精神失常，團體心理治療也用以協助病人盡可能維持生活的功能和維持獨立，否則就得採取機構安置。

　　1976年Gerald Corey出版了《團體諮商的理論與實務》（Theory and practice of group counseling），在這本書中主張團體諮商和各種團體治療，都屬於小團體模式。而且他致力於比較、對照和統整團體心理治療的各種理論，以便作爲團體諮商的目標、領導者的角色和功能，團體結構程度和責任的區分，以及技術應用的依據。而這本書也成爲專業心理諮商師入門（碩士層級）的暢銷教科書。從這本書可以見到Corey明確宣示，諮商團體與心理治療團體可以共用治療理論。其後，Charlies L. vander Kolk也抱持相同看法，在他的《團體諮商與心理治療概論》（Introduction to group counseling and psychotherapy）這本書的「第一篇：團體諮商的模式」，便一共包括有精神分析、溝通分析、完形團體、基本會心團體、理情團體、行爲諮商團體等七個理論，並分爲七章論述（vender Kolk, 1984）。

　　此後，學者在論述團體諮商與團體心理治療的理論、治療因子、有效的領導者，或領導者的訓練等，常將諮商團體和心理治療團體合併論述，例如Delucia-Waack, Gerrity, Kalodrer和Riva（2004）出版的《團體諮商與心理治療手冊》（Handbook of group counseling and psychotherapy）便是如此。可見美國的學者們自1970年代起，便認同諮商團體和心理治療團體同屬於治療團體的性質和過程，也可以共用治療的理論與模式，只是服務的對象不同。

❖第五節　討論與結論❖

　　如上述，Yalom（1970, 1985, 1995, 2005），以及Shaffer和Galinsk（1974）的著作當中論述小團體模式，都未提及團體諮商。主要原因，可能由於團體諮商推行到學校之外的時期較晚。1950年代之前，幾乎沒有諮商師從事學校之外的社區或機構的諮商，除了學校內以生涯規劃為主的團體諮商之外，如70年代之後才開始聚焦在人際、行為、態度及其他層面，並普及於學校之外的諮商團體，在70年代之前則鮮為人知（vander Kold, 1985）。甚至在1960年代，美國還有學者反對使用「團體諮商」一詞，認為諮商只適用在一對一的關係（Jones, 1963; Slavson, 1964）。多數人所知道的團體諮商，是在學校實施的結構式生涯與教育團體，主要在處理學生的生涯和教育問題，提供職業資訊、選擇大學、選課和學習問題等等，的確與小團體模式差異很大，因此未被歸類在小團體模式之中。Yalom自己提到，他的書是在1968年開始撰寫（引自Overholser, 2005），1970年第一版問世，可能因此而未將諮商團體列入小團體模式之中討論。此外Yalom最在意的論述是在區分心理治療團體與會心團體，由於當時Yalom（1970, 1985, 1995）很擔心一般人將很受歡迎的會心團體，當作心理治療團體使用。而Shaffer和Galinsk的書，則是在1974年出版，撰寫的時間可能更早。

所以他們論述團體治療模式的時候，也未將諮商團體列入。不過從Pfeiffer和Jones（1972）出版有關團體催化者的手冊，已經涵蓋團體諮商，可以推測1970年代初期團體諮商已經普遍，且具治療團體的性質。

到1970年代中期，學者早已普遍認為團體諮商不只具有小團體模式的共同元素，也具有醫療的功能，應視為團體治療的一種。而且學者認為諮商團體、成長與發展團體，以及心理治療團體等，在團體程序（procedures）上越來越相似。雖然團體心理治療適用的對象，與團體諮商和訓練團體、會心團體、敏察訓練團體等不同，然而不論是心理治療團體、諮商團體，或是成長與發展團體，最終共同的目標都是針對促進個人成長和發展的方向。即便團體心理治療主要只在醫治（treatment），也是為了改變不正常的人格結構，盡量除去疾病對個人成長和發展造成的障礙，力圖使個人得以繼續完成，或至少維持，身為人類自然成長與發展的歷程，或盡量減少個人功能的喪失，因此被Pfeiffer和Jones（1972）歸類為成長團體，似乎也有道理。臺灣是在1970年代中期引進團體諮商。於1971年政府成立省立臺灣教育學院（即現在的國立彰化師範大學）設有輔導學系（即現在的輔導與諮商學系），在1974年邀請James Trotzer教授講學教授團體諮商。當時他的重要著作《諮商師與團體》（The counselor and the group）正在撰寫中。所以，臺灣引進團體諮商的時間，正逢美國團體諮商已經被歸為團體治療領域的時期，為現代的團體諮商，也是真正運用小團體元素的團體治療工作。

不過值得注意的是，Gazda（1975, p.23）提到：「在團體諮商，會心團體和治療團體之間的界線越來越模糊，因為會相互借用。」Gazda在這句話之中的治療團體，是指心理治療團體。Gazda呼籲有需要根據他在1971年書中的準則，作為區辨這三類小團體的根據，同時也需要好好區分「諮商團體」與「成長和發展團體」的差異。顯然Gazda認為「諮商團

體」和「成長與發展團體」，雖然都是正常人的治療團體，然而這兩大類團體的目標、功能、特徵、結構程度和領導者的訓練與責任，不盡相同，不可混為一談。

　　最後，若從「美國諮商學會」（ACA）的源起和演進，也可以反映團體諮商演進的軌跡。1950年代出現小團體模式，且各種小團體開始快速發展。在1930年代之前主要以班級型態協助學生的方式，也進而在班級團體輔導之外，以小團體方式進一步協助在生活適應有特殊需求的學生。就在1952年，「美國學院人事學會」（ACPA）、「國家職業輔導學會」（NVGA）、「國家輔導與諮商訓練者學會」（NAGCT），以及「教師教育的學生事務學會」（SPATE）等四個學會，合併成為「美國事務與輔導學會」（APGA），一個較大型的專業組織，並於同一年成立了「美國學校諮商師學會」（ASCA）。此處所謂「學生事務」，即臺灣現在大學的學務工作。顯然至1950年代，學校輔導也受到小團體模式的影響，而區分了輔導與諮商的不同。其後在1973年APGA成立「團體工作專家學會」（ASGW）這個分會，在1976年又成立了「美國心理健康諮商學會」（AMHCA）分會。顯然到了1970年代諮商不但已經專業化，也專精化。隨後，APGA更於1983年改名為「美國諮商與發展學會」（AACD），繼之在1992年再次更名為「美國諮商學會」（ACA）。於40年之間學會數度更名，以及特殊分會的紛紛成立，都反映諮商的發展與進步。因應時代的進步與社會的變革，人們的需求也在改變，諮商的功能不只在預防和發展，也越來越強化醫療的功能。同時，諮商師不只越來越專業化，也越走向區分和專精化。

　　由於現在的專業諮商團體也具有心理健康（mental health）的醫療功能，可以作為正常人的治療團體，協助有發展偏差和長期適應困難的正常人作改變，取代了1960-1970年代最熱門的會心團體。簡而言之，諮商團

體要改變的是，正常人的認知、情感情緒和行為；而心理治療要改變的是，異常人的人格結構。如今會心團體已退場了，所以Yalom不用再擔心該去尋求心理治療團體的人，會跑去參加會心團體，不用再費心要澄清這兩種團體的差異。然而，未來有四項很值得關注的事，是：其一，從1970年代Corey的著作到1980年代Vander Kolk的著作，都呼應了Ohlsen，Gazda和Trotzer等學者的主張，「團體諮商」與「團體心理治療」的主要差異，是在當事人的類型勝於團體過程本身；其二，各種「成長與發展團體」，曾被Yalom（1985, 1995）認為是一種模糊而難以定義的團體，且領導者很需要具有更專業的訓練和理論架構，如今這種團體在臺灣的狀況如何；其三，在臺灣各種「成長與發展團體」似乎有混淆的被視為「諮商團體」的情形，既然兩者為不同的治療團體，應如Yalom所呼籲「成長與發展團體」需要有明確定義，以便和「諮商團體」有所區別；其四，自會心團體在美國退熱之後，Yalom又開始擔心另一種趨勢，即在醫院的臨床方面使用團體治療手冊，按表操作的治療師開始變多。這種以治療師為主，而非以當事人或病人為主的治療方法，由於方便易學，將嚴重影響重視團體動力和當事人為主的治療團體之未來發展（引自Overholser, 2005），所以不僅在美，在臺灣舉凡了解和關心治療團體發展的人，都應該共同關注上述四個議題。

人際─心理動力團體諮商與治療的基本假設

❖第一節 治療團體為複合的現象❖

團體諮商與治療情境，遠比個別諮商與治療情境複雜和多面向。蘇東坡在〈題西林壁〉，詩曰：「橫看成嶺側成峰，遠近高低各不同：不識廬山真面目，只緣身在此山中」。諮商與治療團體的內涵與現象正是如此，具複合（complex）的性質。若只依據一個個別治療理論所發展的團體治療理論，企圖去觀察和解釋其複雜的現象，不只「不識廬山真面目」，而且可能落入「見樹不見林」的缺失。

壹、複合模式為團體諮商與治療理論建構的新趨勢

傳統心理動力相關學派的團體治療理論，多數以個別治療的理論為依據發展而成。為避免只從成員個人的視角去解讀和運用團體之限制，晚近學者相繼提出人際取向的團體治療方法。這些方法並非由單一理論作為治療的依據，可以稱為複合（complex）的模式。人際歷程或人際動力治療，由於不滿意以治療一個人的理論去詮釋和治療多人的情境，而採取人際複合模式之理論，並相信這種模式可以了解人類的人格和行為（Carson, 1969; Kiesler, 1983; Locke & Adamic, 2012）。這類模式主要以Sullivan的人際治療理論、Adler的人際心理學、客體關係治療理論、家族

治療理論，以及Yalom的「社會縮影理論」（social microcosm theory）爲依據（Chen & Rybak, 2004; Horowitz, 2004; Kiesler, 1982; Strupp & Binder, 1984; Teyber, 1997; Yalom, 1985, 1995, 2005），開啓了以非單一理論建構團體治療的原理，爲晚近的趨勢。

所以，這類複合式人際取向的團體治療理論，不是由哪一位學者所開創。雖然學者們的理論與方法或有差異，但是他們都有共同的重點，即：(1)人際關係；(2)矯正性情緒經驗；(3)團體如同社會縮影；(4)運用此地此時；(5)不使用難懂語言的對話（jargon-free dialogue）（也就是不使用行話或專業術語）；(6)治療師同時爲參與者和觀察者（Zimmerman, 2008）等六項。由於人際取向的團體治療都相信人格爲人際產物（Sullivan, 1953），這六項共同交集之處，就是人際關係或人際動力概念的運用。治療的方法主要是利用團體中的人際情境，介入焦點包括個別成員與領導者之間、或成員與成員之間、或團體整體。致力於擺脫只以個別成員內心或精神動力爲焦點的團體治療，這項努力開啓了重視團體中人際互動和人際學習的治療影響力，邁出團體治療新的里程碑，也爲團體治療踏出一大步。

貳、當前人際取向團體諮商與治療的優勢與限制

人際取向的團體治療爲當前廣爲運用的模式，這種模式具備相當多的優點。在團體中成員會顯現其關係的習慣，由此團體能提供治療師獨特的資料來源，可以評估和形成對於成員個人人際風格的概念。對於成員而言，則可以進一步的去討論，個人在團體內和團體外平行呈現的人際型態。團體提供成員豐富的人際學習機會，而能夠去修正成員的人際型態或模式（Teyber & McClure, 2011; Yalom & Leszcz, 2005）。不過當前人際取向的團體治療理論，仍然有其限制。主要在缺少團體發展與階段演進的原

理，以及在團體層面或團體整體（group as a whole）欠缺清晰與明確的建構概念。當前的理論幾乎只從實證和實務提出階段特徵，而無法詮釋團體歷程發展和階段特徵如何形成，以及一個模糊的團體整體概念。如此，治療師不只欠缺理論指引，可據以提出團體各階段領導的主要任務和策略，對於團體層面的概念和處理方法也不明確（吳秀碧，2015）。

　　團體由三個層面所構成，即：個體、人際和團體。且這三個層面的歷程有交互影響的關聯。個體層面，從人格理論可視為一個具生理與心理意涵的「個體」（individual），若從社會學和社會心理學角度，則可視為一個具社會文化意涵的「人」（person）；人際層面，乃由兩、三人或三、四人之間的互動所構成；團體層面，則是由團體中全體成員所組成的一個整體。當前的人際治療理論，主要可以協助治療師理解個體的內在或外在人際模式。藉此，治療師除了可以詮釋個別成員與治療師之間的關係，還可以觀察團體中成員彼此的人際互動特徵與型態。由此能比在個別治療情境中去理解一名當事人的資料更為豐富。然而，這些人際取向的治療理論，無法幫助治療師充分理解有關團體整體的現象，必須借助其他與團體相關的理論，例如，家族治療理論和系統論，以明其現象。此外，1980年後崛起的Yalom的人際互動團體心理治療（Interpersonal Interaction Group Psychotherapy），由於其信奉的存在主義之影響，過度強調團體中此地此時的人際互動之治療價值，忽略了有些成員個人的問題並無法借助當下人際互動作為理解和改變的依據，而是需要處理和改變個人內心世界。

參、團體只是團體諮商與治療的一項工具

　　雖然團體治療的對象為個別成員，然而絕對不是在團體中對成員個人進行個別治療的方式。就團體治療的形式和性質而言，團體乃是作為改變個別成員的一種工具。進行改變的主要標靶是「個別成員」，「團體」只

是一項工具。《論語‧魏靈公篇》云：「工欲善其事，必先利其器」，因此從工具的角度，領導者需要努力經營團體，以便創造一個具療癒的團體環境。而這項任務為歷程領導任務，不是終極領導任務。歷程領導任務主要在使團體成為改變成員個人的有效工具；終極領導任務才是協助成員個人改變。所以領導者除了對於所要改變的個體必須能夠概念化之外，對於團體這個工具，也必須能夠概念化，而這部分正是當前人際取向治療各家所較缺少論及。

最後，團體治療的環境基礎，是團體凝聚力。凝聚力的本質為友誼關係（Jehn & Shah, 1997），即一種共享性質的人際關係；團體歷程的發展，也是團體中人際關係發展的歷程（吳秀碧，2005），這是社會心理學的人際關係理論研究的領域。蔡文輝提到：「社會學是一門研究人與人之間互動的社會科學」，又說「研究的主題因此也就著重在人與人之間互動的形式與其所構成的團體結構」（引自藍采風，2000，p.3）。而「社會心理學是對個人行為如何受到社會刺激的影響進行科學研究的一門學問」（陳皎眉、王叢桂、孫蒨如，2007，p.6）。所以社會學和社會心理學研究的旨趣是「人」的行為，不同於以研究「自我」（ego）和「自體」（self）的人格心理學。對於團體人際關係，僅以人格理論的個體內在動力來解釋，只能觀察關係的特徵，無法觀察團體的結構和團體中人際關係的發展歷程。團體中人際關係的發展歷程，也是團體發展的歷程。由此社會學和社會心理學，可以提供領導者對於治療團體的結構，以及人與人的互動和關係發展歷程的理解。了解治療團體的心理－社會面向為領導者介入以促進人際互動與關係發展的方法之重要依據。由此可知，由於治療團體的複雜性，不但只以單一的個別治療理論難以知其全貌。而僅限於從人格心理學的個體心理角度，也無法完整詮釋治療團體的心理－社會面向。

❖第二節　社會性需求爲人類行爲的主要動力❖

　　雖然人類是動物，然而人類既是社會性動物，更是高等動物。教育是人類社會化的歷程。家庭和學校是一個人社會化歷程的主要場所。因此造就了人類的社會性需求遠比動物性需求重要，成爲人類行爲的主要動力。此外，Adler主張人類的行爲具有目的性，這也表示個人的行爲具有選擇性，不同於低等動物，只能在本能的驅使下過一生。由此，一個人感到無意義的人生，也是選擇的結果。

壹、人類的社會本質

　　早期的心理學者如Sigmund Freud和Alfred Adler都是以生物觀爲依據，發展他們個人的治療理論，然而兩人主張迥異。Freud（1920）重視人類的生物性本能，提出生和死的本能及性的本能，作爲其驅力論的主要建構基礎。以現代的基因學來看，這些主要與DNA有關。基因不只在一種生物的成長和發展的可能極限扮演著決定性的根本角色，也決定一種生物的生命極限。從這樣的觀點，「生」和「死」與其被視爲是一種本能，毋寧是一種生物性的潛力更貼近。而這種生物的潛力，在低等動物可能別無選擇的就這樣過一生。然而，在大腦特別發達的人類則不然，由於人類有自知和自我決定的能力與行爲。意義治療大師Victory Frankle便主張，人絕對不是遺傳和環境所能完全決定的產物，而是人有決定能力（Frankle, 1986/1991）。

　　具生物學背景的Adler（1929）重視人類行爲的社會性目的。認爲動物有兩種，一種爲獨居型，另一種爲群居型。這兩種動物的生存型態都是來自天生潛能。人是屬於群居型的動物，需要重視人的社會性。人類屬於

群居型的動物，群居可以提高生存安全。以現在科學的觀點，可以視爲動物爲了適應環境，在演化過程形成的基因。所以人類的社會興趣是與生俱來的潛能。Adler的個體心理學，也是人際心理學（Ansbacher, 1968）。在超越人際溝通，就是發展身爲社會整體的一分子的感覺，他統稱之爲社會興趣，這是指對所有社會成員的一種情感，表現爲了社會進步，而不是爲了個人利益而與他人合作。Adler（1931）認爲社會興趣是人類本性的一部分，根植於每個人的潛能之中。因此，必須先發展社會興趣，才能形成有用的生活風格。而社會興趣的發展受到早期親職教養影響最大。Adler把社會興趣作爲衡量心理健康的指標。

貳、人類的社會性動機

人文主義學者A. H. Maslow同樣重視人類的社會性本質，將Adler的社會興趣轉化成具體的社會性動機。Maslow（1954）主張人類有五大基本階層需求：「生理」、「安全」、「愛與歸屬」、「自尊」和「自我實現」。他並不否認性的驅力爲動物的本能，認爲性的需求只是人類行爲的一小部分。畢竟人是社會性的動物，除了繁延子孫作爲延續個人生命之外，還有其他更重要的需求，而且主要爲社會的性質。Edward Hoffman認爲在Maslow的基本需求當中，「自我實現」這項需求區分了人類與其他所有動物的基本需求，爲個人成長的高峰（引自Hoffman, 1988/2000）。這項需求指實現個人的潛能，達成自我的願望，追求成長和高峰經驗。而「存在」（being）需求，爲人生中從實現潛能和意義，以創造自我成長。後來Maslow（1968, 1970）相繼再提出「知識」（cognitive）與「美」的需求（aesthetic needs），以及「超然存在」的需求（transcendence needs）。「知識與美」的需求，即當知識缺乏或被扭曲的時候，感到不自在與懷疑；「超然存在」的需求，可視爲「超自我實

現」的需求，爲協助他人獲得自我實現的需求，屬於靈性的需求。所以張春興（2003）認爲這是追求眞、善、美的需求。

在Maslow的五項需求階層當中，「愛與歸屬」及「自尊」可以視爲是人類最基本的社會性需求。現代化的社會，物質富裕，生存所需的物質和物質取得的安全程度，已經使得「生理」需求幾乎不成問題。二十世紀中葉，美國心理學者便指出，滿足「愛與歸屬」需求的困難，是當代美國人心理問題的主要來源，孤獨和疏離爲問題所在。其次，由於現代工商社會競爭激烈，自尊的需求，包括成就、聲望、角色、地位、升遷等等，都儼然成爲現代人的挑戰和難題。至於自我實現則是自我最高人生境界的需求，接納自己、追求自由自在、表現個性、關懷人類、創造等需求。在現代工商結構的經濟活動中，也是人類另一項不容易實現的需求。Frankle認爲人有決定的自由，做一個意志自由的人，可以決定自己存在的自由。然而，忙碌而隨波逐流的多數現代人，往往在意識或下意識忽視這種意志的自由，而成爲精神官能症的俘擄。

參、死亡與人類的靈性動機

雖然Maslow與Freud不同，並不重視「生」、「死」、「性」本能論的心理學。不過從存在主義的觀點，Maslow的五項基本需求與人類的生存和預知死亡的能力有關。Frankle認爲動物都會知道自己即將死亡，但唯有人類能夠預知自己的死亡（Frankle, 1986/1991）。的確，古人言：「六十古來稀」，過六十歲生日要大大慶祝一番。現在臺灣每年有國民壽命統計的平均數，便成了人們預期自己壽命的參數之一。Frankle（1986/1991）認爲，由於人類能預知死亡，又因期望在有生之年創造生命的意義，這是人類造就文明進步的主要原因。因此，個人意義的追求，也可從社會性意義到靈性意義。亦即從追求愛與歸屬，以及自尊等社會性

的需求，到超自我實現的需求。超自我實現，可視為個人將自己與所有人類視為一體，成為一個「大我」。故不局限於滿足個人的「小我」，要滿足的是「大我」。

其次，在Erikson的人格發展論，最後階段為「統整」相對於「失望」。就「存在」的價值或意義而言，即便到了人生最後階段，例如臨終病患，處在生與死二分的關卡，面對「自我統整」相對於「失望」的抉擇之際，若個人感到生命有意義，便能成功的解決這個困境。所以，一個面對死亡絕境的人，可以從發現生命的意義而解決了「統整」與「失望」的矛盾對立。從存在治療觀點而言，便是解決了「自由」與「決定的宿命」。所以，臨終的人最需要就是統整個人一生的意義。若感到有意義，也就可以安心瞑目。

綜合上述，人類的發展與其他動物不同，人有生物、心理和靈性三層面的發展。正如Frankle所主張：「人是生存於三次元的結構空間中：肉體的、心理的及靈性的」（Frankle, 1986/1991, p.4）。因此，除了生物原始的性驅力和生存的物質基本需求，讓生命有一份基本安全感之外，人類更重視社會性的心理與靈性需求的滿足，以便創造個人的社會意義和存在意義。社會意義，主要和愛與歸屬及自尊有關；存在意義，則與自我實現和超自我實現有關，也就是Frankle所指：「實現自身的潛在價值」（Frankle, 1986/1991, p.36）。尋求諮商與治療的當事人，多數與社會意義的喪失有關。在治療團體中成員個人可以獲得他人的支持與認定，重建自我與他人的連結，以及看到自己的社會或人際價值。這是團體治療勝於個別治療，可以提供一個人安頓自己的地方。

❖第三節　人格是人際動力的產物❖

　　假如一個人和Robinson一樣漂流到孤島，然後一輩子自己一個人生活，只有猴子和山豬相伴，便無所謂人格這回事。然而，這樣的孤獨生活中，一定很期待遠方的海上能夠出現一艘駛往島上的船。因為，人類畢竟是社會性動物。

　　Adler（1929）主張個人的行為都發生在社會脈絡當中，故無法孤立的去研究一個人。Mosak（1973）認為Adler的個體心理學（Individual Psychology）就是人際心理學（Interpersonal Psychology）。Segalla（2008, p.204）也提到：「若離開與他人的生活，便無法理解一個人的自我」。說明了只有在人際環境中，才真正能夠閱讀一個人。尤其從文化的觀點，在社會比較或社會對照之下，才凸顯出個人的獨特性。由於相信個人的人格特徵為人際產物，以及個人的問題多數也來自人際，才使得運用團體作為有用的治療工具俱足理由。

　　團體治療的首要假設就是，人格是人際動力的產物。個人內心世界，主要為人際經驗的內化。除此假設，使用團體作為治療的情境便幾乎少了很多的意義。Allport（1937）追溯「人格」這個字的根源，為拉丁文的per sonare。而persona一詞為希臘時代演員所戴的面具。人格有幾種意義：(1)一個人在他人面前所呈現，但非真正的自己；(2)在生活中所扮演某人之部分；(3)個人特質的聚集，以適合他的工作；(4)特徵與自尊（Allport, 1937, p.26）。由此，人格或可視為是一個人的社會面具，而帶著這個面具的演出者便是內心真正的自我。如同現代的京劇演員畫著不同臉譜，演出不同古人角色一般，但是他或她一直都知道自己是何人。故團體成員在團體中呈現的人格特徵，也可視為是角色的演出。團體治療在協

助成員學習安心卸下沉重的面具，自在的活著。

壹、人際動力是人格形成的主因

　　Allport（1937）是第一位著重研究人格理論的心理學家，主張想了解一個人的人格，就必須了解一個人的動機。首創人際治療的Sullivan（1953, 1964）主張人們需求「主宰」（control）、「隸屬」（affiliation）和「包括」（inclusion），為人際三項核心動力；人格的形成，是在相當持久重複型態的人際情境之下產生的特徵。Sullivan認為兒童透過與父母持續重複的互動模式，以及互補型態的自我和他人關係，而建構兒童的個性與自尊。例如，父母是以批評和要求的方式對待兒童，由於感到「失去主宰」和「被拒絕」，兒童可能發展出無助或不重要的自我想像。一旦兒童學會這樣的互動模式，兒童還會使用同一種行為來逃避或降低焦慮的經驗。這些導致焦慮的自我經驗，就會被分裂或否認，並發展出人際關係因應模式和策略，以防止再次造成焦慮，這就是個人人際防衛的模式，並在成年期重複早期和父母形成的人際防衛模式。由此可知，人際關係的模式和溝通策略，由早年的人際經驗形成。這樣的主張影響了後來有關人際理論的發展，例如，依附理論、家族治療和人際取向治療。

　　Adler（1929, 1931, 1959）也重視人際動力為個體人格形成的因素。認為教養和家庭生活環境，影響個人生活風格（life style）的發展。生活風格為一個人對於友誼、愛和工作等主要任務的個人獨特的、下意識的和重複的反應或是迴避，也是反映個人對其外在環境的想法、感受和行動。廣義的觀點，生活型態包括自我概念、自我理想、道德態度，以及如何看世界。生活型態在幼年形成之後，日後個人便用以看待和感受其環境，以及如何行動。此外，Adler也提出個人人格受到在家庭中手足排行序某種程度的影響；他指出，在家庭中父母對子女教養的方式或給予的關注，會

根據子女的出生順序而不同。同胞的兄弟姐妹之間也常常因爭取父母的愛，而相互競爭。因此，長子的性格特徵是聰明、有成就需要，但害怕競爭；次子喜歡競爭、有強烈的反抗性；最小的孩子有雄心，但懶散、難以實現抱負。獨生子女的性格類似於長子，因爲其競爭對手往往是來自學校的同學。Adler認爲出生序固然有影響力，而手足的年齡間隔也是個重要因素。年齡越相近的兩人可能競爭越激烈，或可能形同同儕關係。此外，文化、社會、性別、族群等因素，對於排行序也會有交互作用的影響力。例如華人的文化，對於長子、女在成就和領導地位，甚至忠誠程度等，可能不同於西方，也影響在家庭星座位置和個人生活風格的形成。

　　Adler並未如Freud花很多時間專注在精神官能方面。Adler提出方便區分的四種人格類型。這四種人格類型可稱爲四種不同的心理風格（psychological style）（Barbara, 2006），即：「統治型」，特徵爲傾向對人有攻擊性和支配性；「依賴型」，特徵爲敏感和自我保護。依賴是「取」，而不是「給」；「迴避型」，傾向逃避生活問題，很少參與社會建設性活動；「社會有用型」，這是心理健康，感到有能力，充滿社會興趣和活動。不過值得注意的是，Adler認爲人格類型不是絕對的，可能會因人際情境或人際際遇而變化。

　　此外，Horowitz（2004）認爲人際親和動機（communal motive）最早出現在嬰兒依附成人照顧者的動機，以增加生存的機會。同時也主張人際行爲是受動機的驅使，人類的行爲具有目的性。客體關係論學者也主張人類發展的主要動力爲建立和維護與母親的連結。顯然，無論是客體關係論主張的依附，或是Horowitz所謂的人際親和動機，都呼應了Maslow主張愛與歸屬的基本需求，在人格發展扮演著核心的角色。

貳、客體關係是依附型態的成因

　　客體關係論主要以「自我心理學」（Ego Psychology）為基礎。主張早期的發展階段，未滿月的嬰兒並沒有將特殊的感官經驗，連結到被愛或是不值得被愛。因其以部分客體的關係取代和整體客體的關係，例如與母親的乳房，而不是與母親整體的關係。大部分時候當這些部分客體關聯到讓嬰幼兒滿足或快樂的時候，這類「興趣」便代表早期階段的無傷害遺留。幼兒要經過「分離－個體化」的過程才有心理的誕生，即「心理我」的誕生，有自我認定感（sense of self identity）和認知能力（Mahler, 1952）。幼兒約在三、四歲之後，「分離－個體化」這項分化工作才逐漸完成。這個過程的進展，使得幼兒與母親的連結逐漸減弱。大部分幼兒在將近四歲的時候，會完成由「母親為外在客體」到「母親為內在客體」的發展過渡時期。最後，完整的客體表徵（whole object representation）與完整的主體表徵（whole subject representation）得以分化開來，在幼兒的內在形成完整的自體（self）和完整的客體（object）（Coates, 2004）。到這個階段，當幼兒與母親分離時，大部分的幼兒都已發展出足夠的恆定性，且感到安全。內在母親客體的存在，使幼兒擁有「內在精神的分離」能力，也成為幼兒安全感的來源，並發展擴展到成人期（Cashdan, 1988/2001）。如果「分離－個體化」的發展過程受到干擾，將導致成年期缺乏能力維持一個可信賴的自我認定感（Mitchell & Black, 1995）。

　　存在主義強調獨立、自由、負責，自我心理學強調個體化的完成與界線，家庭系統論治療強調個人、次系統與家庭整體的情緒界限（boundaries），都有相同的意涵。在團體中界限不明確者，人際關係有困境。例如，為了保護界限被侵入而呈現界限僵化，與人難以建立關係，以及對他人情緒的無反應；而界限模糊者對他人過度認同或倚賴，對於他人情緒過度認同或依存。因此，在治療團體中個人學習個體化、獨立與建

立互相依賴，是療癒的重要過程。

在幼兒分化過程的較早時期，有個值得注意的議題，即幼兒會從與母親的關係，體驗到「好的」經驗和「壞的」經驗。因而內在母親的客體意象，被區分為「好的」和「壞的」；而兒童的自體也被區分為「好的」和「壞的」。其後，逐漸經由認同發展，才將「好的」和「壞的」母親意象統整為同一個客體，而「好的」和「壞的」自體也統整為同一個自體。基本上，有兩種假設：其一為，假設達成了內射正向或負向的母親已經被整合，則完成了恆定客體；其二為，假設未能完全整合，則幼兒對於環境中的人，呈現兩極化現象，不是「好」，就是「壞」。若非以拒絕或處罰以對，便是以不切實際的滿足來對應，並以此型態持續到成人期。例如，邊緣型人格障礙症患者的症狀，便呈現不穩定和強烈的自我意象（self-image）及人際模式，在理想化和貶抑兩極之間轉換（美國精神醫學學會，2013/2015）。

此外，客體關係論認為客體關係的發展，是嬰幼兒撫慰自己的能力，並成為個人有能力、值得被愛與愛人的安全性，以及成就自尊的來源。而客體關係的發展，形成嬰幼兒內在運作的模式，且影響此後個人以相同的模式去建立新的關係（Teyber, 2000/2003）。由於早年在下意識形成的內在客體意象和情境，將帶到成人期的下意識中，作為個人預期其社會關係及互動中他人的行為之來源。

不過Cashdan（1988）和Mead（1934）都主張一個人的自體並不會一直停留在早年的自體意象。由於成人自體的視野與人際關係非常密切，自體是與客體關係的經驗，以及社會規範和習俗的內化所建構而成。自體和社會也被緊緊地綁在象徵的互動中，所以這個內在的社會縮圖也引導著個人的行為。自體也因不同型態的互動，例如家人、職場、社交圈等的互動，而分化成數個「次自體」，即分化為不同的認同類別，並組成一個整

體的自體。因此，自我（ego）是「自體－客體系統」的集合，在個人發展的過程，隨著時間越久，關係也越來越多，自我會有變化。然而，個人早期與母親關係的經驗，仍是最具影響力。

其次，依附理論已被視爲理解個體早期社會發展的依據。依附理論的主要理念爲：(1)幼兒約從六個月大到兩歲半左右可能已經與家庭中重要照顧者形成情緒依附，尤其是和幼兒溝通時具有敏察力和有反應的成人，最能形成情緒依附；(2)能夠從幼兒的行爲所明顯偏愛的家庭特定成人看到情緒依附，尤其是幼兒在痛苦的時候，會傾向於尋找這個成人；(3)同時幼兒也有能力運用熟悉的成人，作爲探索環境的安全基地；(4)幼兒情緒依附的形式，促成日後一個人情緒和人格發展的基礎；(5)分裂依附的事件，例如幼兒突然和熟悉的成人分離，或照顧者缺乏敏察與反應等，或和幼兒的互動沒有一致性，將會對孩子的情緒和認知生活，有短期或長期的衝激（Mercer, 2006）。

在Bowlby（1973, 1980, 1988）的理論，強調嬰兒需求和成年照顧者的安全關係，沒有這樣的關係就不可能有正常社會和情緒的發展。當幼兒成長的時候，便使用一個或一個以上的依附形象，作爲可以探索的安全基地。Bowlby認爲，所有人類都會發展一個自體的內在運作模式，以及一個客體的內在運作模式。自體和客體都由早年和主要照顧者的照顧經驗所建構而成，並在下意識形塑個人未來對於與他人互動，及人際關係互動的期待。內在自體的模式將決定個人如何看待自己，並將影響個人的自信、自尊和依賴；內在客體的模式將決定個人如何看待他人，並影響個人對他人的趨近或迴避的取向，如孤獨、寂寞和社會互動。依附的發展歷程不受性別影響，嬰兒將與和他或她在社會互動時，敏感且有反應的持續照顧者形成依附，且照顧者社會參與的品質，顯然比所花費的時間更具影響力。

依附理論包含兩個平行且交互作用的面向。這兩個面向爲：(1)互

動或行爲的面向，是依據人性學理論（ethological theory），認爲特定的行爲型態之發展和維持，是由嬰兒與母親的互動形成；(2)表徵或認知的面向，是依據認知發展和精神分析論來詮釋（Bowlby, 1973, 1980; Main, Kaplan, & Cassidy, 1985）。有關親密人際互動如何內化（internalized）或內建（interiorized）於內心，作爲照顧經驗的「內在運作模式」，以及這些認知基模如何影響日後個人的情緒狀態，及與他人發展和維持親密關係，與前述兩個面向交互作用有關。Diamond 和 Blatt（1994）認爲Freud與Klein等人的客體關係理論，是以臨床病人的研究爲依據；而依附理論的「內在運作模式」，則是以正常嬰兒與母親的行爲研究作爲依據。如果統整客體關係理論和依附理論，也就是統整內心和外在人際行爲，對於個體在人際、情感和認知層面複雜的關係，如何經由生活中的人際循環而形成，便可對正常和病態心理發展兩者都有較充分的理解。

　　似乎不論依附理論或客體關係理論，都越來越認識到嬰兒內化的自體和客體表徵或意象並非固定的。嬰兒內化建構不同層面的情感，管控自己和他人之間的關係，乃是依據被照顧經驗的滿足或挫折之基本經驗（Behrends & Blatt, 1985; Bretherton, 1987; Kernberg, 1993, 1999）。在嬰兒發展的過程，無論情感關係、關係分離或關係干擾都是無可避免的，而這些都形成嬰兒依附關係的「內在運作模式」或心智表徵的來源。總而言之，不論是依附理論或是客體關係理論，與早年照顧者的關係將導致認知－情感基模的發展，並成爲日後人際關係試探的指引。這些認知－情感結構或基模，就是個人心理正常或病態發展的核心。

　　由上述，Sullivan的人際治療理論、Adler的個體心理學、客體關係理論及依附理論，都同意早年的人際關係之基本型態或模式及溝通風格，都將持續在成年期的人際關係之中複製。然而，這些基本型態或模式或基模，並不是固定或不可改變。主要是由於這些人際型態，在特定的人際情

境所形成的回饋循環,造成繼續複製。因此團體治療,便是要中斷這個惡性的人際循環模式。

❖第四節　個人的問題多數來自人際❖

水可載舟,也可覆舟。人格成在人際,病也在人際。個人一生的問題,多數出自人際的問題。

人際取向的治療,都強調人際關係和社會性因素,在臨床上重視人際為個人問題的主因。除了依附關係型態是人際問題基本來源之外,人際動機、角色、人際溝通等,往往也是個人生活和人生問題發生的重要因素。人際取向的團體諮商與治療核心目標,即在強化成員發展有效的社會行為,使得成員能夠獲得比較親密和滿意的人際關係;而治療團體,是成員人際學習和支持問題解決的場域和資源。這樣的目標來自Sullivan的立場,他主張所有的心理問題都有一個社會性根底。Sullivan(1968)開啟人際治療的理論,用以平衡當時只注重個人內在精神狀態的治療取向。他的人際關係動力治療,影響了後來人際取向治療的發展與研究(Kiesler,1982; Strupp & Binder, 1984; Teyber, 1997)。

壹、動機衝突與個人問題

主張動機衝突論者(Bakan, 1966; Blatt, 1990; Sullivan, 1968),都認為個人問題的形成,是由於兩種對立的需求或動機所致。Sullivan(1968)為最早主張衝突論的學者,認為人格是由兩股對立的力量(force)所形成。一股力量是追求滿意;另一股力量是迴避不安全。人

際關係中的焦慮，為影響人類行為的核心動力。因而普遍的焦慮為深植於害怕被他人，尤其是被重要他人所拒絕，或不贊同，或貶抑。如此一來，也就無法滿足「主宰」、「隸屬」或被「包括」的人際需求。社會角色和人際互動，主要來自童年的經驗，當下的經驗，以及個人是否有能力或能否主宰。沒有能力或無法掌控，可能導致扭曲。病態，是因矛盾產生扭曲的結果。這是在協調衝突時產生矛盾的扭曲，為個人在下意識對他人的反應扭曲的知覺。所以個人的問題，主要埋藏在失常的人際關係當中，並顯現在人際溝通的障礙上。過度壓抑憤怒和內疚，以及與重要他人溝通不良，低自尊等，決定一個人在人際情境的反應。個人重複的人際型態和溝通風格一旦形成，也創造出個人人際循環回饋的迴路。治療過程在矯正這個矛盾扭曲，讓個人了解這些來自早年的經驗，如何影響當前自己每日人際關係，使得個人可以放棄與依附這些扭曲，得以自由的發展有彈性，以及較少防衛模式的互動，以便切斷人際不良循環的迴路。

　　Bakan（1966）提出人際動機的頂層涵蓋有兩種動機：其一為人際親和動機，是一種想要和一位或多位他人之間有著無我的連結（selfless connection），個體投入一個較大的有機體中（即團體），成為只是其中的一部分；其二為成就自我動機（agentic motive），相反的，很強調自己是一個與他人區隔的獨特單位，特別強調一個人要表現出自己是一個個體（an individual），表現在對主宰的渴望。Blatt（1990）提出和Bakan相似的觀點，認為人格是由兩條發展路線的交互作用所形成。一條是理想上可以通往與他人有滿意的親密關係；另一條是通往穩定、實在、自主和具勝任能力的自我形象。人際的困境，主要源自於與人連結，或個體化，或兩者之間的動機衝突等三種問題。從Sullivan的主張來詮釋這種狀況，便涉及到如何滿足成就自我需求，同時可以降低傷害人際親和需求的不安全，或是反過來的情況。Weissman、Markwitz和Klerman（2000）認為一般正

常的發展，人際親和動機和成就自我動機兩者可獲得合理的滿足，心理疾病者是由於犧牲其中一種動機作為代價，且誇大另一種動機所造成。

西方人比較重視自我成就動機，其他文化則比較重視人際親和動機。不同文化會提供不同的途徑來滿足這些動機。不鼓勵個人主義的文化，可透過對團體的貢獻，例如對家族聲望的提升，使自我成就動機得到滿足（Weissman, Markwitz, & Klerman, 2000/2005）。原因在於從文化差異立場，在哲學觀方面，西方人採取二分法的二元論，視人我為對立的二元。因此，重視「人」、「我」的區別和人際界線，強調個人的「小我」；華人採取整體法的一元論，主張「人我」一體，不重視「個人」的「小我」，而強調「團體」的「大我」。古人追求功成名就，一方面可以光宗耀祖，另方面可以成就自我，便是典型的同時滿足大我和小我。不過古人想成就自我，並沒有太多選項，科舉通常是唯一最佳選項，因此兩種動機比較少發生衝突。在現代比較西化且多元的社會，子代對於傳統文化可能有不同程度和範圍的認同。子女追求自我成就的選項，若無法得到父母的認可，可能很難兩全。在人際親和與自我成就的二分化動機之間如何圓滿，將影響代間的和諧與衝突，為不容忽視的現實議題。

採取「人」、「我」對立觀的西方治療，在當事人遭遇自我成就動機與人際親和動機衝突之際。由於強調人際界線，治療師重視協助個人學習作「抉擇」的策略，以便發展「抉擇」的能力，作為處理其衝突的解決方法；在重視團體的華人社會，治療師不能忽視當事人難以放棄人際親和需求的內心強烈衝突。一個家庭或團體如同一個有機組織。抱守「人」、「我」合一的基本信念，當「大我」中的「小我」之間薄弱的界線，被擠壓到不能忍受而出現痛苦和無力的時候，堅持界線可能導致崩潰或逃離。如果治療師可以協助個人的界線不僵化、不抗拒，而採取擴大個體的界限之策略，可以發現自己的能量不再無力。「協調」策略，乃是一種擴大界

限的方法，所以現代在華人世界，治療師更需要重視當事人「協調」能力的發展。協調首要條件，在當事人的彈性和創造。在當事人遭遇自我成就動機與人際親和動機衝突之際，治療師需要協助當事人學習協調的策略和技術，以便發展「協調」能力，作為處理其衝突的解決之道。

貳、客體關係與個人問題

客體關係論重視內在衝突的整合和心理防衛，強調人類的幼兒由於生存需求依附照顧者。當幼兒與壞母親的經驗，對於幼兒極端的與特別的挫折時，或幾乎完全被拒絕時，幼兒感到痛苦，便將這些情緒經驗排除在知覺之外。且由於幼兒固著（fixation）在壓力之下，不斷循環而無整合，於是自我發生不正常的分裂（split）。幼兒藉著分裂的自我防衛機制，以便維持和「好的」母親連結。由於幼兒面對強大且持續的威脅，無法整合「好的」與「壞的」母親客體，只能以分裂的自我防衛，在內心來保留「好的」母親客體，「壞的」母親客體則被壓抑而排出在意識之外，讓幼兒可以將外在世界看作是安全的。而付出的代價是，產生自我的破碎，缺乏統整。換言之，幼兒內化「壞的」母親，幼兒的自體變成「壞的」。幼兒認為自己是壞的，應受到處罰；或如果他表現不同時，母親就會愛他。因為扭曲事實，也扭曲了自我，由於產生內在衝突，而內疚或拒絕。這種情況之下幼兒的內在世界，便被種下病態的人際依附模式。因此安全的依附，可以提供幼兒健康人格的發展；不安全的依附，則不然。

有關依附關係理論的研究指出，不同程度的認知結構和基模，從界限的調節到統整，主要建立在人際脈絡當中，並經由認知結構的類化而擴展，用以了解人際和個人的世界（Mercer, 2006）。在不安全依附的研究便指出，在特定時期的生活循環，照顧關係的破裂將導致這些認知基模的扭曲（Ainsworth, 1982; Bowlby, 1973, 1988; Bretherton, 1987）。孩子和父

母依附的品質，決定了不同的發展途徑，並導致心理健康或易發生心理疾病的脆弱。雖然，早期的照顧經驗對於各種途經發展的影響很重要，也很大。但是，後續的人際關係和生活經驗，可以調和主要的脆弱；或具有療癒的關係，可能會彌補或修補早期破裂的人際關係（Bowlby, 1973, 1988）。因此，早期那些發展的途徑，所傷害到的認知－情感或表徵基模，並非固定或不可修復，可由後續的經驗得到改變。然而，往往這些早期形成的認知－情感基模會因後續的經驗，變得鞏固或細微而複雜。由於個人會尋找與其期待一致的人際經驗，並依據其先前建立的認知－情感基模來解釋事情，這就是人際模式循環在人際關係的影響。

由上述，人際取向治療都強調人際關係模式或型態的雛型，種因於早年的人際經驗。一旦形成特定的模式或型態，便在成年期的人際關係繼續複製，而成為臨床上個人問題的主因。Horowitz稱這種重複發生的人際模式為「習得的腳本」（Horowitz, 2004/2007, p.104）。而且，人傾向於尋找能再次重複類似的互動模式之對象，例如「權力與控制」和「順從與依賴」的配對模式。人際之間的互補現象，由於人際行為來自於動機，人際彼此的反應可以使個人動機獲得滿足或受挫。人際行為與其互補的反應，在人際親和層面相類似；但是在自我成就層面，則是相反的。如果個人的某個特定行為，心理必有特定期待的反應，而所期待的對方反應並不屬於互補，便產生挫敗感。權力的競爭便是其中一種例子，雙方的行為都期待對方順從或配合，結果不如期待，因此容易產生衝突。這一來會造成情緒的張力，直到一方被擊敗，無法再反擊，而以疏離或中斷連結為終結，例如脫離關係離家，或精神崩潰，作為逃離人際焦慮張力的途徑（Weissman et al., 2000/2005）。因此如上述，在華人社會需要重視協調能力的發展，以便處理過於緊密的家族人倫關係和階層分明的權力結構。

參、家庭人際溝通與個人問題

在家族治療方面，主要從人際溝通中的功能或角色，來討論人際互補的現象。家庭結構理論主張家庭成員的功能，若具有互補性則可達成家庭的平衡和維持功能（Minuchin,1974）。Satir（1972）主張家庭溝通模式反映家庭成員自我價值的情感層面，也就是自我感受和關係。失功能的溝通為間接、模糊、不完整、不準確、不適當及扭曲，為家庭系統功能不良的特徵。Satir提出在家庭中常出現的五種角色：指責者（The Blamer），這種家庭成員不斷地找碴和批評；智化者（The Computer），冷靜或冷酷，保持控制情感情緒的智化方式；轉移者（The Distractor），轉移事情的焦點，以便改變具有情緒的議題；柔懷者（The Placator），道歉與討好對方；持平者（The Leveler），開放、誠實與直接溝通。只有持平者是健康的角色，與家人溝通時內在情感與溝通呈現一致性，其他角色則由於低自尊、缺乏自我價值感而害怕表露或分享自己的情感情緒。柔懷者，為害怕不被贊同；指責者，為隱藏對自己的無價值感，而攻擊他人；智化者，是靠理智化而不用讓人知道他的感受；轉移者，以為如果被人認為可愛和無害的時候，才會被愛。從互補的觀點，若家人使用不健康的角色，呈現互補的時候，例如指責者配對討好者，或轉移者配對智化者，可能得以維持家庭功能。然而，這種失功能的互補溝通，付出的代價就是讓個人感到自己能力不勝負荷，令人感到受挫。

不過Satir在個人地位和角色，並非主張固定論。與Adler對於人格類型的主張相似，Satir的「種子」模型的概念，那五種角色並不決定個人對自己的認定。若提供孩子適當的滋養，孩子可以發展為健全的成人。根據這樣的論說，沒有機會得到適當滋養而成長的成人，可以利用在治療團體情境，成員重現其來自原生家庭的地位、角色或溝通風格的樣貌，而得知其實際人際問題，並可加以改變。

肆、結語

　　最後，在此以Maslow和Yalom的一些理念為本節畫下句點。Yalom在較早期曾接受期刊訪問，談論存在治療與團體治療的關係，他特別指出，治療一個人的存在意義，只能使用個別治療方式；團體治療只能治療一個人的人際存在意義。而在2005年再度接受訪問時，當被問到在他所提出的治療因子當中，哪一項最重要，Yalom的答案是人際學習這一項因子。由於這項因子是導致個人人際關係改變的最廣也最基本的因素（Overholser, 2005）。顯然Yalom對於團體治療的功能比早期有更為寬廣的看法了。

　　Yalom所謂的人際存在意義，從Maslow的理論，不外愛與歸屬及自尊。自尊是一個複雜的概念，Trotzer（1999）認為可以轉換成為人際基礎來詮釋自尊，並主張自尊包括四元素，即：價值（worth）、尊重（respect）、成就和責任，這四項元素環環相扣。當一個人感到對自己和他人有價值感，感到自重和受尊重，以及有成就和有負責能力，可以產生自尊，也就是自重感，而多數人論及愛與歸屬，以及自尊的滿足，通常是以「個人」為中心的觀點。從Trotzer的觀點，自尊主要與人際息息相關。實際上，自重感和自我價值感在更廣的人際意義，甚至可以包括Maslow所主張，無私的協助他人，而獲得「超自我實現」需求的滿足。佛教在成佛之道主張：在修行的境界，雖然阿羅漢已經達到不生不滅的涅槃境界，然而也只是個「自了漢」，無法成佛。必須經過修行六波羅蜜的普薩道，無私大慈大悲的渡救眾生，才能成佛。佛教的修行觀點與Maslow的理念有異曲同工之妙。畢竟人是在成就他人之中，才能真正成就自己。痛苦的人，基本上是人際關係的挫敗和中斷，以致無法繼續人際意義的追尋，或因自私的僅以利己為主，而失落自我的人際意義。Adler主張利他的社會興趣發展，是形成健康人格的要素，從這樣的道理也就更為容易理解了。

　　其次，個人問題多數特別與人際親合動機和成就自我動機的衝突有關

聯。Maslow認為自我實現的人酷愛創造。就解決衝突或矛盾方面而言，創造的概念或許也可以作為了解和獲得自我實現的基礎。Reitan（2013）認為經由體驗自我覺察的具體化自我，例如詩或繪畫，創造便反映自我實現的達成；創造也由於擴大主體和客體，或自己和他人的界線，使得二分的對立可以得到統合。由此觀點，無法統合矛盾或對立的動機而導致扭曲的病態，可能由於固著和分裂所致，與缺乏彈性和創造能力有關，以致持續病態或不適應的僵化和對立。所以，治療也涉及到協助團體成員，變得更有彈性和更有創造力，擴大自己和他人的界線，使得二分的對立可以得到統合，這便是協調的能力。

❖第五節　團體整體如家庭星座❖

　　我們每個人出生和成長的第一個團體是家庭。家庭團體和家庭團體中的人際經驗，對於個人此後人生在所處的團體中人際的影響至為深遠。團體情境和氛圍，最容易誘發個人投射早年家庭經驗的態度和情感情緒，並重演其原生家庭的個人位置與角色。

壹、需要團體整體的建構概念

　　Yalom提出「社會縮影理論」（social microcosm theory）（p.31）和「鏡廳」（hall of mirros）（p.364）的隱喻（Yalom & Leszcz, 2005）。「社會縮影」的概念能夠詮釋團體整體的現象。然而，Yalom對於「社會縮影」的論述篇幅不多，旨在說明團體是個實體（reality），成員在團體複製其病態行為，至於因何複製以及在治療的運用，均未加以說明。因

此，「社會縮影」的概念只能提供治療師知道個別成員在現實生活中的社會樣貌；至於「鏡廳」，即鏡照（mirroring）的功能，非指團體整體的概念，應該是指成員個人在其他團體成員身上看到自己的部分。或更確切的說，是將自己的一部分投射在他人身上，再由認定（identity），而以為別人也有與自己相似之處。筆者帶領過一個團體，有一名成員表示在團體中從三名其他成員所陳述的個人故事，分別看到和自己兒時、青少年期及當前三個階段相似的人生議題，這就是團體的「鏡廳」功能，故無法用以說明團體整體。治療師運用團體層面，是團體治療的重要手段之一。而團體層面的治療性運用，有賴對於團體整體概念之建構。當前人際取向團體治療，多數專注在成員的人際現象。由於不接受分析論將「團體整體」視為成員早年與母親情緒經驗之移情，將團體整體視為母親客體（group as a whole as mother object）。然而，對於團體整體或團體層面現象之詮釋，則闕如。

有關團體整體的概念化，為治療師不可或缺的能力。個別與團體治療方式之基本差別，即在個別治療為兩人情境，當事人可能對治療師產生親子關係或手足關係的移情，使得治療師可以透過移情概念化當事人；而在團體治療情境，則需要突破僅以親子或手足關係移情之局限，以便處理更複雜的人際結構和關係。從團體動力學角度，團體整體的現象主要由角色、地位、權力、凝聚力、規範和溝通等主要元素所構成。Adler的家庭星座，重視影響個人人格發展的手足排行，家庭位置和角色，家族承傳的價值和規範；而家族治療則重視溝通與規範，這些可能都有助於了解團體整體的現象。尤其，華人的文化對於人倫輩分的位置、溝通、權力分配與規範的影響，不只存在於家族團體，同時也存在任何社會團體，為西方所無。所以這些將使得家庭星座圖像，在治療團體的複製更具有可能性。

貳、看得見和看不見的團體

　　受到場地論（Lewin, 1951）和通用系統論（von Bertalanffy, 1968），以及完形心理學的影響。主張團體整體論的Agazarian和Peters（1981）提出「看得見的團體」（visible group）和「看不見的團體」（invisible group）兩個概念。Agazarian陳述她以歸納法定義「看得見的團體」，這是當我們看一個團體時，我們看到一群人（一群個人）的團體，每個人有不同人格特質、個性、社會角色、價值觀等等，將會在團體裡，由這些便可以理解特定個體的動力；簡言之，「看得見的團體」就是在一個特定時空當中數個不同個體的集合。至於「看不見的團體」，我們是看不到的，只存在以演繹法的理論當中，在「看不見的團體」裡我們不能看到人們，因為他們不存在。「看不見的團體」，是就動力和結構的觀點來定義的團體；換言之，「看不見的團體」，是由次系統的人、角色和團體等元素組成的團體整體系統。由此可知Agazarian和Peters所謂的「看得見的團體」，近似Yalom所謂「微縮社會」的概念；而「看不見的團體」，則是「有機團體」或「系統化團體」的概念。

　　當個體進入團體之後，在團體互動中，由於每一位成員角色的分化與發展、關係的連結與發展、團體規範的形成與發展等等，一群人逐漸發展出一個看不見的組織，形成一個有結構和功能的團體。Agazarian和Peters指出個體的結構和功能，與團體的結構和功能為兩個不同的動力系統。然而，兩者彼此為相互關聯，且並存在同一個時空的系統。個體動力的特徵，表達在作為成員角色的行為，在團體互動中會產生改變；而下意識的團體整體動力的特徵，則表達在下意識的團體整體角色的行為，而影響團體整體的發展，再回過來影響成員個人。團體治療，是利用團體生命空間作為現象場，以便觀察和追蹤，觀察和診斷，以及觀察介入的影響等。唯有能夠知覺「看不見的團體」，治療師方能使團體成為治療之用的工具。

並同時了解團體動力和個人動力，才有辦法使治療的影響應用到個別成員和團體整體，這是一項高難度的能力。

參、Adler的家庭星座理論

心理動力取向的學派主張，影響個人人格成長與發展至爲重要的團體情境，便是原生家庭。原生家庭爲絕大多數人終生第一個，且最基本的人際生活團體。因此，就家庭也是一種社會團體而言。對於個人內在圖像（internal figured）之形塑和外在行爲的學習，爲最重要的社會場域。不只個人的人際型態（Adler, 1959），或人際模式（Bowlby, 1973; Main, Kaplan, & Cassidy, 1985），或溝通策略（Satir, 1972），原生家庭往往是重要的教育、學習和發展之場所。Adler（1929, 1959）和Toman（1976）都在出生序和手足排行對於人格發展方面有相當的論述。不過Adler和Toman的理論不同，比較傾向以家庭星座的理論爲重點，而不是手足排行的理論。Adler強調從手足位置論述個人的一般行爲型態，因此他的論述以型態爲主；Toman則特別強調手足排行與性別對人格發展的影響，因此Toman的論述以出生序和排行爲主。Kroake和Olson（1977）的實證研究發現：雖然排行有些關聯，然而家庭星座位置與人格特質的關係更爲密切。因此，或許將家庭星座理論運用在治療團體，可以協助領導者更容易理解成員在團體中的人際型態與特徵。

家庭星座（family constellation），是指在一個家庭單元的集體關係，也是在描述每個人如何在家庭系統中找到一個位置。一個家庭系統包括有父母、手足，甚至擴大到其他原生大家族的成員。家庭星座，這個名詞是以天上的星座作爲隱喻家庭系統。一個家庭星座圖，爲一群人在與其他人關係之中各自有個人的位置，一如天文學上的星座圖。而一個星座圖中，通常包含著微縮的星座小單元，這種現象在家庭星座中亦然，例如父子兩

人的關係便是在家庭星座圖上，在所有關係當中一個微縮的家庭小單元。當前人際取向的治療理論所重視的親子關係或手足關係，便只是家庭星座中的星座小單元。

Adler（1929, 1931, 1959）認為我們每個人第一個社會脈絡，就是在家庭星座之中。在兒時我們便從家庭、學校或其他外在社會場所的主觀經驗當中，形成生活風格的結論。我們在兒時就創造出一張認知地圖或生活風格，這張認知地圖包括我們的期望、長程目標、道德立場和世界對我們的期待。這是由個人出生排行序的動力所形塑，為有關一個人如何看生活事件的核心信念。一個孩子會尋求在其家庭和其世界的意義，造成手足的競爭，以便在家庭建立一個讓他感到值得被注意和被愛的位置。依此理論，可據以觀察在其他團體情境的人際關係之中，每個人的出生序所涉及的協調情形。例如，在職場的主管與員工關係或同事之間的關係，假如彼此是在互補的出生序位置，例如長子和老么，他們個人的核心信念可能會被強化。所以，當成員將他的生活風格帶到治療團體的同時，也在團體中重演其家庭星座的位置和角色，使得團體系統也如同一張星座圖。團體星座圖，也是成員個人在團體的社會脈絡。領導者與成員個人關係，或是成員次團體，便是在團體星座圖上，在所有關係當中一個微縮的星座小單元，重演每個成員的親子關係和手足關係，並組成一個如同家庭星座的團體星座圖。

肆、家庭星座與團體整體

Adler的理論與強調內在精神動力的精神分析論不同，是個體心理學，也是一種人際心理學。所以從Adler的理論，成員如何帶著他的生活風格來到團體，不但領導者可以觀察和了解「看得見的團體」當中的特定成員之特徵。且由於隨著成員在團體中的互動，在每一位個別成員產生角

色分化與發展之際。成員將他們在原生家庭排行的角色和位置，意識的或下意識的在治療團體中重演。尤其華人重視人倫位階的文化，對於團體星座形態的角色與地位發展，以及這個集體關係的規範與溝通的影響，可能與家庭系統相似，可佐助領導者觀察與了解團體星座的發展與形成，將使團體系統出現如同家庭星座系統，這是一個「看不見的團體」系統。這個團體整體系統，也包括小單元，如同家庭系統中的星座小單元，例如父子小單元或手足小單元。由於角色系統、地位、規範、溝通等皆為通用系統論之主張，是團體系統的重要元素，所以家庭星座理論，可以協助領導者觀察「看不見的團體」系統之結構與動力。

　　Yalom在論述原生家庭團體的矯正性經驗重現時，提到：「一旦克服了初始的不自在，無可避面的，遲早這些成員將以憶起他們過去和父母及手足互動方式之模式，與領導者和其他成員互動」（Yalom & Leszcz, 2005, p.15）。雖然Yalom的重點在親子權威議題和手足競爭議題的重演，從另一個角度，也就是親子星座小單元和手足星座小單元的議題重演。成員將個人對於原生家庭團體的情緒和態度，移置到團體整體，重演個人家庭星座的位置和角色，因而團體也出現如同家庭星座圖一般的星座系統，有父母人物和手足人物和排序等。當各個成員在意識或下意識複製原生家庭角色的人際模式之際，同時也複製在原生家庭的個人議題。因此，Adler的家庭星座理論可幫助領導者對於團體整體和成員個人人際模式的關聯有個比較清晰的圖像，也就是可以協助領導者概念化「看不見的團體」。

　　Schindler（1951, p.10）曾這樣描述：「每一個家庭就是一個團體，而每一個團體建立在一個家庭的型態（pattern）上，因此治療性的團體呈現家庭關係的型態。各個團體成員是兄弟姊妹；領導者若是男性，便如同父親。當團體為一個整體的時候，理所當然如同母親。」顯然Schindler也主

張「每一個團體建立在一個家庭的型態上」，已經明白道出成員對於團體產生原生家庭關係型態的投射和演出個人。這一段話可以呼應Adler的家庭星座理論。但是，僅只抱持和死守精神分析趨力論，使得Schindler對於團體整體的概念，仍舊無法擺脫將團體整體視爲成員投射的母親客體之窘境。

　　Adler提倡具社會性的人性觀，家庭是一個系統或星座，包括父母和子女，甚至大家族，星座爲一個家庭關係的聚集（collection）（Adler, 1930, 1938; Ansbacher & Ansbacher, 1956）。Schindler和Adler論點的差異，主要在於Adler理論的重點在人際，而Schindler仍舊沿用Freud和Spotnitz的性驅力論。因此，不如以Adler的觀點來詮釋成員對於團體的移情來得更合宜。Trotzer（2013）也主張將團體視爲成員個人所投射的一個原生家庭。在諮商團體中，每一位成員都在反映著他的原生家庭承傳。成員對於團體整體的移情，可視爲個人早期家庭經驗的複製，成員將早期的家庭經驗之態度、情感情緒投射在諮商與治療的團體，也在團體中複製自己早期家庭型態中的位置和角色。在實務當中，筆者有時候會這樣邀請成員對團體整體進行評論：「現在如果以家庭來隱喻這個團體，你個人會描述這個團體是怎樣的一個家庭，這個家庭有哪些角色？請描述每個角色。」也還可以進一步詢問成員：「你是什麼家庭角色或排行？處在什麼位置？」或「如果現在以家庭來隱喻這個團體，你個人會描述這個團體是如同怎樣的一個家庭，而你現在會想怎麼辦？」透過成員這樣的評論，領導者和團體成員都可獲得對於團體和成員個人珍貴的訊息。而且很有用的是，經過這樣的評論，有助於成員們和領導者的自我覺察，往往可以改變團體的動力，促進團體歷程發展。

伍、星座概念有助於介入

　　同樣主張團體整體治療理論的Foulkes（1990）和Agazarian，兩人都特別強調團體治療的介入，以次團體和團體整體為焦點。家庭團體中的次單元關係，如同治療團體中的次團體，界線比較明顯。所以，若從親子次單元關係和手足次單元關係的角度去觀察團體和介入，就更能理解親子議題和手足議題。這樣從團體整體的家庭星座角度，去觀察和理解星座小單元的議題，比單純的只從親子關係議題和手足關係議題，更能夠了解這個議題是如何形成，該如何解套。其次，Foulkes強調以團體整體作為介入的焦點，主要在促進團體的發展，使團體成為有效的治療工具。的確，重視團體歷程取代個別成員歷程的催化，尤其為團體初期領導的重點任務。此外，Foulkes（1964）也主張當成員個人從孤立狀態來到一個社會情境，可以從他人身上接觸到自己不認識或壓抑的個人的那部分，並從他人呈現的各種症狀，認識到自己相同的內在衝突。這個理念與Yalom的「鏡廳」相似。因此，若團體中有相同和不同家庭星座位置和角色的成員所組成，就更有利於成員的同盟形成和獲得鏡照之利。其次，在團體這個共同場域之中，有不同出生序和排行的成員，這些獨特的個體能增進多元刺激的出現，可產生更多使成員個人可以開展探討在個別治療中所無法接觸的部分。

　　由於家庭是一個系統，所以每個人存在著對其他人的影響力。Adler相信孩子對於家庭和互動的發展，遠比父母具有影響力。這個道理也適用在治療團體，成員對於團體和互動的發展，也遠比領導者具有影響力。其次，家庭氛圍（atmosphere）或氣氛（climate）的發展，可視為家庭中每一個成員如何彼此關聯之特徵化。家庭氛圍，是指：「所有家庭力量的連結——存在人與人之間關係的氣氛」（Sherman & Dinkmeyer, 1987, p. 9）。對於家庭氛圍這樣的定義，與Foulkes（1990）主張文化是團體整體

的基本基質，使得團體中的所有人得以捆綁在一起，兩者有些雷同。家庭
氛圍是家庭力量的連結；同樣道理，團體力量的連結，有賴於團體氛圍。
由於規範、文化和氛圍三者有著密切關聯，為了促進團體氛圍的營造，對
於團體規範和文化的建立，都是領導者在團體初期相當重要的領導任務。

　　團體氛圍會引發成員投射其對於原生家庭的情感情緒，以及影響他
們在團體中的行為，這些行為主要為家庭星座中個人位置和角色的特徵。
從實務經驗，在團體初期不明確的氛圍下，如同家庭出現不明確狀況的氛
圍，孩子們會警覺的觀望，團體成員亦然。在團體沉默的時刻，領導者也
以沉默技術介入，多數成員會感到沉默的壓力，呈現焦慮的行為。在我們
的文化裡，排行長子、女的成員可能會出現協助領導者的行為，或迎合領
導者期待的行為，率先出來說話。雖然他們旨意不在尋求處理個人問題，
卻覺得「應該」要有人出來，而自己就是這個角色。因為他們在原生家庭
通常是協助父母的好幫手；反之排行老么的成員，可能輕鬆以對，他們
習慣於認為有狀況的時候，「總是」有人會出來，而那個人絕對不會是
「我」。另一種可能的狀況，為習於領導手足的長子、女成員，先出來說
話或自我揭露之後，隨之便指揮其他成員也要出來說話。可能會遇到不聽
指揮排行次子女的成員，這樣反應：「你自己出來了就好，幹嘛還要我出
來說話。」但是也可能遇到排行老么的成員，被指名時就配合老大的旨
意。還有在持久有明顯壓力的氛圍時，可能排行次子、女的成員會率先出
來發難，表達對團體、領導者或某些成員的不滿；而排行為中間子的成
員，可能多數時候盡量遠離這種情境，只焦慮的觀望，並保持低調，避免
被牽連或捲入衝突的漩渦。團體中的戲碼和家庭中的戲碼通常很相似，通
俗而易懂。

陸、家庭星座與非結構式團體

　　非結構團體（unstructured group），最可能促發成員重演家庭星座。Yalom（1985, p.28）有一段經典的描述：「一個很少結構限制，而自由互動的團體，將及時發展成為參與成員的社會縮影。給予充足的時間，團體成員將開始自在：他們將與其他成員互動，一如在其社會情境和他人互動一般，將在團體創造他們已禁制（inhibited）的人際世界。」這段話有幾個關鍵的重點：其一，很少結構而能自由互動，指非結構或極低結構的團體方式；其二，給予充足時間成員開始自在，意指團體發展出安全感與信任；其三，創造已經自我禁制（self-inhibited）的人際世界。所以，當成員呈現其與實際生活中相似的人際模式或形態，團體便成了一個社會縮影的實體。而這個社會縮影，與其如大社會的縮影，不如更像最基本的社會單位，也就是家庭的縮影。以家庭星座觀點，便是由成員個人重現原生家庭的角色和位置所構成的星座圖。所以團體中不只可能出現親子權威的議題，手足競爭、配對、結盟、疏離與孤獨及衝突等議題，還有「英雄」、「競爭者」、「疏離者」、「代罪羔羊」、「共生」（co-dependence）等家庭常見角色。以家庭經驗為本的社會期待和規範，也影響著個人在團體的行為和經驗。以分離與歸屬的經驗為例，來自疏離家庭的成員可能很快便能認同團體，然而難以形成依附關係；來自混合家庭的成員，由於忠誠和內疚問題，在初期與團體的連結可能有困難（Minuchin, 1974）。因此，當領導者知道成員個人家庭星座的圖像和家庭經驗，則無論什麼樣的關係，都可以從其脈絡中去觀察與獲得理解。

　　在筆者所帶領的一個團體，有一名中年初期的男性成員A，敘說著與父母同住受到的限制。雖然未婚，也到了這把年紀了，父母卻還管得像小孩，禁止他做很多想做的事，覺得很不自由。坐在A對面，正好有年紀略長他的一男一女兩名成員，不斷地競相教導A如何爭取自己作決定的權

力，而這位A則不斷間接地拒絕，表示行不通或不可行。幾度三方爭論張力升高，便有兩名較年輕的女性成員出來圓場，其他成員有焦慮觀望者，有若有所思者，有若無其事看熱鬧者。這個團體整體的現象，如同正在上演一齣家庭戲碼：一個試圖以避免衝突的方式爭取權利，而每每敗退的「兒子」，一對不肯放手不斷提高壓力的「父母」和伺機出來緩和緊張氛圍的兩個「女兒」，以及其他焦慮而不知所措和感到厭煩的幾個「子女」。當領導者請成員暫停這場討論，回顧並想像如果這個團體是一個家庭，自己的行為和每個人在原生家庭中相似的經驗時。有趣的是，每位成員發現與其在原生家庭星座中的角色和位置相呼應。兩位企圖緩和隱晦衝突氣氛的女性成員，都是長女，其中一位會支持與安撫父母情緒，另一位會支持與安慰手足，都發現自己在團體安撫的對象與在家庭中相似。其他觀望的成員都是家中的次子女、中間子和獨子。而那兩位不斷建議的成員，則發現與A的對話中，喚起他們自己過去與父母爭取權力的情緒經驗，因而投射自己過去的軟弱挫敗情感到A，便下意識的演出親子互補的角色。他們忽略了這位A是家中獨子，與他們有手足的經驗不同。

　　從上面所舉例子，領導者在團體層面的觀察可能看到，成員帶進他們個人的生活風格和重演其家庭星座的角色和位置，組成一個團體整體的星座圖；而在人際層面，則可看到如同家庭星座的次單元關係。因此，團體的星座圖，可視為成員的團體移情，將自己對原生家庭的情感情緒和態度，投射到團體；同時自己再度演出原生家庭的個人角色和位置。這些資訊可以協助領導者，了解每位成員如何在團體歷程致力於找到，他認為會被關注且習慣的安全位置和角色，而能夠協助成員自我覺察和自我發現，並在團體採取改變。

❖第六節　團體治療方法可以內外兼具❖

　　當前心理動力取向的團體諮商與治療理論，有主張聚焦在個體內心的治療和主張聚焦在團體此地此時人際的治療。然而，個體爲具有內外不可分的整體性。外在行爲和內在動力息息相關。因此很難完全只聚焦內在或外在的單一面向，而可以有效處理成員的各種複雜問題。

壹、人是內外不可區分的個體

　　西方哲學觀強調二元對立說，傳統上華人則主張一元論。不只認爲天地一元，陰陽合一，人我一統；也抱持一個人爲具內外統整的個體之信念，認爲表裡相應。即便一個人表面想隱藏內在情緒或意念，仍舊有蛛絲馬跡可循。自古華人對於「人」有不少的論述，孔子對於人的行爲或性格，主張：「成於內，而形於外」。說明一個人內在的狀態與外在的行爲，有著不可分離的密切關聯。中國人的命理學也主張：「相由心生」。「相」不只指一個人的長相或外表的樣子，更是指一個人的個性、神態、氣質、好惡、行爲舉止與動靜等等，這些都由內心的想法和情感情緒所呈現。晚近有一種趨勢或是聲音，無論在理論的融合或是技術的使用，在各學派之間的界線，逐漸越來越不若昔日那樣壁壘分明。所以，採取人際互動取向的治療，而適時不放棄兼顧個人內心的治療，可能爲更周延的選擇。

　　傳統的精神分析論，由於主要依據驅力論，都聚焦在內在精神層面的自我防衛機制；而新分析論，則以個體的自我（ego）動力爲焦點。尤其，客體關係論主張個體內在自我之中的自體（self）與客體（object）的關係，影響著個體外顯的人際型態和行爲。Bowlby（1969）提出依附理

論，便主張個體在關係中的實際經驗，產生了一種面對世界的「內在運作模式」，包括對自己和他人的認知、情緒和行為表徵，以及這些之間的媒介連結關係。Bowlby批評傳統精神分析論過於重視個體內在衝突，而忽略了環境，以致將個體差異給壓縮了。顯然，外在環境是形塑個體內在運作模式的重要因素；而內在運作模式也反映在外在人際運作的型態。

　　Sullivan（1968）主張心理治療是一種人際生活的科學，治療師是一名「參與者─觀察者」（participant-observer）。治療師所關切的是他所參與，同時也在觀察的事件或過程。因此，治療師與當事人彼此交談，觀察一個人對於另一人的態度之感受，為心理治療的核心歷程。Sullivan注意到在治療歷程立即性的配對互動之重要，也就是當前學者所主張的「此地此時」的人際。在團體中，隨時隨地沒有一個人不與大團體單元組織連結在一起（Zimmerman, 2008）。成員個人對於其他每一名成員的認同，是由其個人內在精神的（intrapsychic）、人際的（interpersonal），以及人際交流過程（transpersonal process）所構成。個人的界線乃從身體的「自體」（self）延伸遠傳出去，而界線會因關係可大可小。例如，心理傷害會由人類的關係網絡擴散出去，創傷的擴散便是一種明顯的例子（Pines, 1996）。Zimmerman（2008, p.116）懇切的呼籲：「藥物對心理疾病有幫助，然而只有這樣不夠。真正無可取代的是，我們必須建構與致力於關係的工作」。或許如Hoekstra（2008）之見，他將行為治療融入團體人際歷程，主張人際取向的領導，主要必須具備精通、彈性、真誠和轉化團體歷程的能力。說明了人際取向的團體治療，關係與歷程是重點。

　　Black（2007）提到在心理分析治療，從關係的角度可以看到兩個極端不同的層面：一端為個體活動的「外在」（external）經驗；另一端就是個體不覺知、而已形成的「內在圖像」（internal figured）。因此，在治療團體情境，成員個人的內在世界，由其所知覺的過去經驗所建構而成。

然而，成員個人的內在世界是無法由外在探視而直接得知的，必須經由觀察其外在人際行為，並獲得成員個人自我報告，經過推論而得。

晚近精神分析論已轉移焦點，從原先研究驅力和防衛，到當前不斷聚焦在探討內在和外在之間複雜與所顯示的關係，而看似兩極端的經驗層面，則由於Sullivan和Fairbairn的貢獻，而能夠相互迴響。簡言之，內在的關係改變與外在的關係經驗有密切關聯，難以截然分隔。因此，Black（2007）認為傳統精神分析，評估防衛、固著的觀點和病理，並不能讓治療師充分感受到當事人的依附型態和認同。若治療師能夠在關係中去體驗病人，也就是能同理，便能從當事人的語言和非語言，讓治療師得以接觸到當事人，這是治療師可以去評估當事人的工具。另方面，也可以作為治療師的治療行動，一如當事人早年與他人連結的脈絡中，去重新形塑當事人的內在精神部分，故在治療過程當事人可以獲得改變。以矯正性情緒經驗的治療過程為例，傳統精神分析，注重由治療師操縱和創造移情的產生，然後使用解釋技術，協助當事人領悟他的內在精神問題癥結；而當今的心理治療，則主張將問題帶到此地此時的人際，不只使用解釋，更重要的是體驗，也就是當下的人際經驗，並且主張經驗必須先於解釋。這就是同時運用內在與外在人際的治療方法。

貳、治療需要同時重視個人內心與人際

當前心理動力取向的團體治療理論，有兩大不同取向的治療理念：其一為，「個人內心取向」（intrapersonal orientation），以個人內在為重點的領導，所關切的是團體成員個人內在反應（Shapiro, 1978），例如客體關係論，治療的焦點在團體中的每一名成員個人的自我之中「自體」與「客體」的關係。客體關係的基本信念，主張人性是社會性的，人最基本的需求是他人，關係在人性的發展位居核心的地位，因而主張參加團體的

各個成員，投射所參與的團體爲他的客體。治療的焦點，在該個別成員的自體與其所投射的外在客體（領導者或團體整體）的關係（Ganzarain, 1989），因此以個體的內在心理歷程爲治療重點。其二爲，「人際治療取向」（interpersonal orientation），處理的焦點在團體中的兩名或多名成員之間的人際互動，主要以團體人際歷程爲治療重點（Chen & Rybak, 2004; Kiesler,1982; Teyber, 1997; Yalom, 1985, 1995, 2005），強調經驗性的與團體此地此時的人際互動。此外，對照治療取向，團體的領導也有兩種常見的風格：一爲個人內心風格的團體領導（intrapersonal style of group leadership），重點在團體個別成員的內心反應；一爲人際風格的團體領導（interpersonal style of group leadership），重點在團體中個體之間的交流溝通。

事實上，早在約四十年前Shapiro（1978）在論述外在人際風格的團體領導和內在精神風格的團體領導時，便主張兩種領導風格在團體治療都有其重要位置，有效的團體領導者會同時兩者兼備。晚近Hewitt等人（2015）認爲，治療若只限於從單向概念化異常和問題，而只有使用心理動力或人際治療方法其中一種，不如使用多面向概念化，也就是綜合的概念化異常和問題，並同時運用心理動力與人際取向兼具的團體治療方法，尤其在短期治療，可能這樣更有幫助。他們也以此理念治療完美主義人格的成員，證實這樣的方法改變的層面較多，治療結果相當良好。因此，領導者實在無需過度拘泥只以人際取向的治療爲焦點，或只以內在心理動力取向的治療爲限。人際—心理動力的團體諮商與治療，便是以人際動力爲治療的主要焦點，然而，也不偏廢適時採取個體內心治療的焦點，以擴大治療師對當事人的異常和問題的視野，以及可以使用的方法與技術，以提升團體治療的績效。

第三章
通用系統論與團體治療

　　團體是一個複雜的有機體，無法從單一角度去理解其內涵。若治療師只固守從個體的移情和防衛去解釋團體中成員相關的行為和團體現象，不免有「門縫裡看『團體』，把『團體』看扁」之嫌，忽視團體的多面性。通用系統理論是一個可以提供治療師，擴充對於團體整體視野的參考架構。

　　由於熟悉個別諮商與治療的治療師，容易注意個體層面，然而在團體諮商與治療過程，團體層面的運作也很重要。雖然，通用系統論（general system theory，簡稱GST）是由分析論的學者所提出，然而這個理論的一些概念，對於非分析論的團體治療師在小團體的團體整體之理解，也頗有助益。由於諮商和其他治療團體普遍採取小團體的形式，所以本章將特別介紹通用系統論作為參考。此外在第一節先扼要略說明小團體的性質和結構，方便作為理解通用系統論的基礎。

❖第一節　小團體的性質與結構❖

　　首先，就性質而言，無論從結構的觀點或從現象學的觀點，團體都被認為是一個有機體（Thelen, 1959; Boyd, 1991）。團體的任何一部分，都與團體整體及團體其他部分息息相關，若以「牽一髮以動全身」作為隱喻，最能貼切傳達這種關係。至於小團體的定義，實際上難以有絕對的標

準。通常就人數的多寡而言,當團體為一個整體,而能夠讓所有成員可以彼此面對面,一起處理他們的事務,便可以稱為小團體。所以很難以特定的人數或理想的人數來界定,主要以團體不需要再分成幾個小組,便能夠彼此有效溝通,以達成成員們的目標,就適用小團體的定義。至於2人,或3到4人,或更多人的團體之差異,主要在於當需要作出一致的決定之際,由於2人無法如3至4人的團體一樣,可以尋求多數人的支持,而是需要運用個人的說服技巧,以1人為一個社會單元來彼此應對(Mabry & Barnes, 1980)。所以,2人被稱為配對(dyads),而不能稱為小團體。此外在治療情境,2人被歸類為個別治療。至少需3人以上,而其中1人為治療師,方可以稱為團體治療。

　　小團體的人數究竟多寡為宜,需要考慮一些現象,即:(1)團體成員人數越多,越少有時間供每位成員參與,也越難以產生彼此的連結;(2)成員參與時間越少,用以發展和維持彼此關係的時間也越少;(3)發言越多的成員,將越受到注意和具有影響力;(4)參與頻率越高的成員,參與的頻率會越多和越積極,相反的,參與越少的成員,不只參與頻率越低,也會越隱藏自己;(5)從成員互動之中出現的非指定的領導者,獲得對團體歷程的控制和引導會較多;(6)成員之間可能結黨,而發展出次團體。(Bales & Borgatta, 1965; Hare, 1976)。

　　小團體有5個主要結構元素,即:(1)**角色**,角色是一種隱喻。一個團體必有三種角色,即:(a)個人角色,可以滿足個人需求;(b)任務角色,可以協團體解決問題;(c)建立與維持的角色,可以維持和促進團體發展(Kenneth & Sheats, 1948)。小團體中的角色有明文規定的角色和非明文規定的角色兩種。非明文規定的角色特別值得注意,在團體發展的不同階段,成員個人可能獲得不同角色,以承擔不同階段的任務或功能。而角色的產生與個人的行動和期望,以及團體中其他成員對這個成員的看法與

期望有關（Mabry & Barnes, 1980），若個人期望和他人期望不一致，可能導致角色衝突（Gladding, 2012）；(2)**溝通**，包括訊息的交流管道、方式、型態、性質與內容。由於在社會關係之中，有超過50%的訊息為非語言溝通，且較誠實和少主觀性操縱（Vander Kolk, 1985），因此領導者需要覺察和記得團體成員如何交談；(3)**文化與規範**，團體文化是一切團體行為規定之合成物，而團體規範則是團體文化的主要內涵。團體規範，包括團體的規定、風氣、氛圍、習慣、儀式等，所融合而成。成員的期待、領導者及具影響力的成員，為團體規範形成的主力。而規範則有明文規定和非明文規定兩種，後者為隨著團體發展而出現的規範；(4)**權力**，與資源意同。權力是一種影響力，一個人擁有他人所需要的資源，便對那個人有影響力，這就是權力。在組織心理學將權力劃分為法定權、獎賞權、強制權、專家權和參照權等五種（李新鄉，2008）；(5)最後，**團體氣氛**（climate），一般的概念認為，氣氛或氛圍是成員們在聚會時，對於社會-情緒氛圍知覺的共識。狹義的概念，則認為團體氣氛就是團體凝聚力（Gold, Kivlighan, & Patton, 2013）。

　　至於團體的結構，Foulkes和Anthony（1957），及Schlapobersky（2016）都認為可以從個體、人際和團體的界線，以及每一個個體的聯結（bond）來看結構。類似的看法，現在團體諮商與治療的學者，普遍認為小團體的結構有三個層面，即個體層面、人際層面和團體層面。此外從不同角度，Boyd（1994）主張一個小團體的三個結構層面，包括：人格系統、社會系統和文化系統。人格系統，是指團體中的成員個體；社會系統，指由數個成員個體所組成，社會系統並不是所有成員行為的加總。這個社會系統受到小團體存在的界定，只限定在一個小團體存在的時限；文化系統，則由於一個小團體是存在一個大社會的文化脈絡當中，也受到組成團體的個體之人格系統所帶來的文化影響，因此與人格系統一樣，不受

限於小團體存在的時限。從Boyd的理論可以解釋爲何每一個治療團體都很獨特。而Boyd的主張也可以對應團體的三個層面，即：人格系統，可以對應個體層面；社會系統，可以對應人際和團體層面，包括配對、次團體，以及每一個個體的聯結（bond）等；至於文化系統，這是在團體層面由不同性別、年齡、族群、職業等等的成員，所帶來的不同文化影響。

❖第二節　通用系統論引言❖

通用系統論，是一個由數種系統理論的基本概念合成的模式，源自於生物學對於有機體的概念。這個概念已經從細胞組織的概念，擴大運用到詮釋社會團體和組織的現象（Connors, & Caple, 2005）。同樣以團體形式進行治療的家族治療理論，早已採用系統論爲基礎，取代以個別心理治療理論爲依據，而發展的治療原理，例如Gregory Bateson, Salvador Minuchin, Jay Haley等人的家族治療理論（摘自Cox & Paley, 1997）。既然團體諮商與治療是一種小團體的工作形式，必具有小團體共同的基本特質。因此，通用系統論可以提供團體治療師，就團體層面或團體整體（group as a whole）的運用有較深入的依據。

最早在團體治療理論當中提出系統論者，當屬德裔英國學者S. H. Foulkes。因具猶太本籍，Foulkes在1933年自德國移民英國，於1939年在英格蘭的雅息特城（Exeter）擔任精神分析師，並開始嘗試團體分析的心理治療。1942年他再次遷移到美國明尼蘇達州的諾斯菲爾德城（Northfield），在一所「軍事神經症中心」參與治療工作。在這個中心，他開始發展一系列的創新療法，其中許多方法都以團體爲本，並首創團體分析和療癒的社群（therapeutic community）之方法。1948年Foulkes介紹團體分析的心理治療方法，便強調治療師應該將重點放在團體整體。所謂「團體整體」，就是現在所謂的「團體層面」。

　　由於Foulkes採取社會網絡的概念，認為當社會有疾病發生的時候，可以在網絡之中追蹤干擾的過程，便可以找到發病的人，即這個病人就是「病」源。這種理論的假設來自生物學概念。當一個有機體某一處受傷的時候，中樞神經便無法繼續維持平衡。受傷的部分就是網絡的一個「結」一樣的點，整個有機體就得去順應這個失衡的點。因此與其他分析論的團體心理治療相較，Foulkes（1964, 1990）的理論最大差異，在於他認為將個體和團體加以完全區分，既無此需要，也只是表面而已。他非常強調「社會」深植在每個人的心裡。「個人」與「社會」，或換個方式說，「內心」（intrapersonal）與「人際」（interpersonal），就如同摩比斯帶子（Mobious strip）一般，可以無限的展延，彼此卻無法脫離。發生在團體的每一件事，都與團體整體及個體有關聯。由此可知Foulkes的分析論團體心理治療與傳統分析論不同，不再是一種在團體中進行個體分析的方法，而是一種集體醫治（collective treatment）的方法（Maglo, 2002, p.28）。

　　其次，Foulkes很強調社會與文化對個人的影響。他主張文化是團體的基本基質（foundation matrix）。在一個特定文化中的人，都立足於一個相同的基本基質，分享著共同語言和每日吃、喝、拉、睡的下意識，以及對世界本質的共同假設等。由於人的下意識力量，使得團體中的所有人都捆綁在一起，而文化就是綑綁的基本基質。由於我們身為分享文化的一員，這個基本基質使得我們可以容易了解彼此。在一個團體的心理組織發展的溝通網絡，是以共享的經驗、關係和了解為基礎。因此任何形式的治療，如果忽視人的社會本質，以及需要溝通和接納，乃是一種缺失。所以Foulkes的理論被認為是社會-心理的分析法（Pine, 2008），也顯示他對於社會和文化系統的重視，對於後來學者的影響不小，例如前述Boyd對於團體結構的主張便是。

　　受到Foulkes的啓發，Agazarian（1989, 1997）更以系統論觀點詮釋團體整體的現象，使得團體心理治療更爲豐富與多元。他的理論，被認爲是一個統整的系統論（Pines, 2008）。領導者可以在同一時空，從個體系統和團體系統兩邊的觀點去觀察和理解。個體的動力，呈現在成員角色的特徵，並在團體的互動中發生改變；個人下意識的團體整體，則呈現在團體層面的角色行爲之特徵，並影響團體整體的發展，隨著也影響團體中的個別成員。雖然角色系統是團體系統的元素，然而團體整體不等於各部分之總和。

　　其次，Agazarian重視觀察團體發展和分化的歷程，並以次團體作爲觀察的重點，而不是個體。由於次團體有清楚可觀察到的發展界線。他主張介入的焦點在團體，所以從可觀察得到的界線，方能找尋團體發展的問題之解決技巧。治療的介入，在將各個系統之內和之間加以區分和統整。這些系統，包括個別成員系統，即個人內心；成員彼此之間的系統，即人際；次團體系統，以及團體整體系統。此外他引用Foulkes（1948）以樂團的「指揮家」（conductor）作爲領導者的隱喻。認爲「指揮家」主要焦點在團體整體，以便監視（monitoring）和促進團體發展，使團體成爲有效的治療工具。Agazarian和Foulkes的這些理念，很值得治療團體的領導者作爲參考。

　　由於依賴個別治療理論的團體心理治療之限制，在於過度倚重成員與治療師的移情，至多也僅論及成員之間的移情，對於團體整體現象之論述，特少或從缺。所以超越個體層面去洞察人際和團體歷程，已經成爲團體治療師的重要技術（Crouch, Bloch & Wanlass, 1994; Fuhriman & Burlingame, 1994）。1980年代有更多學者從通用系統的觀點去論述團體諮商與治療（Caple, 1985; Donigian & Malnati, 1997; Durkin, 1989; Hines, 1988b; Trotzer, 1988）。通用系統論之重要性，即在其可提供團體諮商與

治療在團體整體現象和歷程的理解。其主要理念爲，團體系統模式乃是使用系統概念來澄清，以及展開團體的歷程，並用以採取介入和推動團體動力。通用系統論的主要概念，有：整體觀、相互依賴、結構、團體互動、團體成長的循環和階段，以及情感要素（例如關心、親切和積極注意）等（Connors, & Caple, 2005）。這些概念用在團體諮商與治療，能夠協助治療師對於治療室之內團體動力的影響更有所覺察。茲將這些概念分別敘述於後各節。

❖第三節　整體觀❖

所謂整體觀（holism），指系統論很強調團體爲一個有機體，以及其功能的整體性質，不認爲團體中任何一個個體可以單獨存在，成員們在動力上都是相互依存，且整體大於所有成員的總合（von Bertalanffy, 1968）。從團體系統觀的理念，團體的整體觀遠比深入了解個體更重要。由於團體有三個層面，當治療師聚焦團體層面的時候，對於團體歷程如何影響個別成員的現象會更清楚。過去半個世紀以來，人文主義的治療師都能採用系統論的整體觀，但是多數的團體治療師依舊不太重視，也不察覺在治療室之內團體的力量（Connors & Caple, 2005）。由於大部分的治療師深受西方文化對於所謂理想的個人之影響，也受到主要以依據個別治療理論的團體治療理論之影響，以致未能充分聚焦在團體整體的需求、動力和發展。

重視團體系統的治療師由於重視團體作爲介入的焦點，會經常提醒團體成員，請他們去思考整個團體的氛圍和歷程，諸如提問：「在當前的互動之下團體進行得如何？」「此刻你對團體的感受如何？」「此刻的團體氛圍讓你想做什麼？」諸如此類問題，便是就團體整體的現實來探問成員，與第五章「團體中的治療關係」在成員對於團體整體的移情之探問有

「同」與「異」之處。相同之處為，協助成員覺察團體動力或團體中的自己，以便改變行動和改變團體動力。治療師一旦能夠活絡成員就團體動力整體來思考，成員甚至能夠學習到自己去發問和探問，並對整體狀況作出反應。如此一來，他在團體的行動和效果上會變成比較積極的角色；相異之處為，可協助成員覺察個人內在世界與當下個人行為的關聯，除了可以改變當下行為，主要可以去探索在個人現實生活團體中的議題和學習改變。所以，成員在團體從這類問題的學習經驗，可以產生學習遷移，讓成員學到去注意他生活的環境，環境如何影響個人，以及個人對於環境的反應，成為對自己的環境抱持比較積極的態度，而不是扮演被動的環境受害者。

❖第四節　相互依賴與互補❖

系統觀的主要理念為，系統的各個元素，即角色、溝通、規範、權力、氣氛，都相互依賴；系統的各個層面，即個體層面、人際層面、團體層面，也都彼此相互依賴。重視人際歷程的團體治療師，不可忽視這些相互依賴的動力。在社會學和心理學方面的研究都指出，無論社區、團體或家庭在其成員之間的關係，與成員個人的心理健康均息息相關（Vander Zanden, 2003）。團體系統理論的假設，認為所有團體成員都彼此相互依賴；而所有的團體，不論是這個團體內或是其系統之間的層面，也都是相互依賴。因此，每一個成員在團體動力和團體健康上面，都扮演著不容忽視的一部分，當有一個成員或團體中少數的人際發生任何狀況，也將影響到其他所有成員。常見的例子，家庭也是一個系統，家庭當中有一個成員酗酒，或夫妻關係暴力，家庭中所有其他成員都將受到影響，尤其以資源較少的子女系統，每個孩子受到的影響都很大，這種情況在失功能家庭的研究，已經指證歷歷。而這種現象同樣會發生在諮商與治療團體，例如協

同領導的兩名治療師有權力競爭問題，團體整體和成員個人都會受到負面影響；又例如一名成員退出團體，對於其他留下來的成員，無論在角色承擔、關係發展都有影響，甚至影響團體氛圍；或是團體中有專斷的成員，將造成團體整體動力的失衡，而影響每位成員；當團體中有沉默或不參與的成員，往往也會影響到整個團體，尤其不能自我肯定的成員，更容易淪為被控制的對象。所以，Connors和Caple（2005）主張團體成員之間的精力和關係都需要平衡，以便締造團體和個體最理想的功能。所以當團體中有專斷的成員或團體成員的權力不均衡，必須說出來，否則團體可能落入破壞的人際型態和產生負面效果。尤其成員發言的次數和互動的頻率過低，而使得沉默的頻率和時間過多，團體將呈現很緩慢的步調，不只影響成員之間精力和關係的程度，也影響團體整體的精力和動力。

　　其次，在團體系統的相互依賴之間尚有**互補現象**。所謂「互補」是指在一個團體中成員的觀念和目標有不同的情況，將有互補功能。這個互補概念在諮商與治療團體成員的篩選和組成是一個很有用的指引。由於成員具相互差異性，對於所有系統的各種看法都可以提供重要訊息，且與任何一個人的看法相較之下，集眾人的看法可能比較接近事實，這種情況可以產生團體對個人的影響力。特別是當個別成員對於團體或現實的認知有扭曲狀況，在得到社會對照之下，能夠去檢視自己的想法。而眾人互異的觀點，通常既非完全可以和諧共存，也並非全然相異，總是有些共同基礎，也有一些衝突存在（Durkin, 1981）。因此，要求一致性的規範和文化，在團體治療並不適當；相反的，善用差異，可能對於團體和個別成員更為有利，可以獲得多元學習。惟需注意單一或極少數，又差異特大，可能很難相容，並容易發生衝突。這個問題，可以在篩選成員的時候採取預防性的處理，以減少團體組成包含有特質、問題，或文化特異的一兩名成員，同時可以避免這樣的成員受到團體傷害或無法獲得協助。不過即便謹慎篩

選成員和組成團體，這種差異狀況在所難免，還是得依賴治療師在團體歷程多加注意和協助成員。

❖第五節　結構❖

通用系統理論對於結構的定義，指在一個實體中元素的組成（organizing），這個組成能指引其功能，以及與環境的界線（Connors & Caple, 2005）。系統論認為無論一個細胞或一個社會團體，在整個系統都有個結構的相似性。這個共同的結構，特別是在界限和權力的結構，以便控制或是指引執行有關界線的狀況和精力的進退等的決定（von Bertalanffy, 1951,1968）。團體的結構元素，在界限和權力方面，包括規範、目標、明的或暗的決定、可談和不可談的，或可做和不可做的。諮商與治療團體的結構，尚可包括領導者的指導，團體聚會前的篩選和準備，團體規範和指引，甚至結構活動（McClure, 1998; Stockton, 2003）。以下就界限和控制，以及權力結構作進一步說明。

所謂「界線」，就是那些界定一個團體的限制，界線具有動力的開啟或關閉的作用，以便允許或不允許對環境輸入或輸出。在諮商與治療團體，例如要求保密的規範或限制，可以將個人揭露的資料限制在團體內，只允許在團體之內流通和運用，以提升資料輸入（例如成員的自我揭露）和流通的安全。其次，性關係的界線限制，可以避免團體中兩名成員在團體外關係性質的改變，且輸入團體，以致影響團體的人際和團體整體的界線。而次團體在團體外的聚會活動，必須告知團體，也是在界線開放與安全的伸縮處理。還有加入新成員，也會導致團體或成員個人界線的更新。因此在系統論，團體的界線包括成員的規則、概念和界定團體的理想，或成員在一起的界線，或任何含蓋團體的種種界線。團體治療師特別需要考慮成員的安全和資源使用的限制，以便控制資源的獲取，以及提升團體與

成員的健康生存。

　　在治療理論方面，存在主義強調獨立、自由、負責；自我心理學強調個體化的完成與界線；家庭系統論治療強調個人、次系統與家庭整體的情緒界線，都有界限的相同意義。在團體中個人重視學習個體化、獨立與建立互相依賴，因此團體中界限不明確的成員，人際關係會有困境。例如，界限僵化的成員，是為了保護界限被侵入，導致與人難以建立關係，對他人的情緒也無反應；界限模糊的成員，對他人過度認同或倚賴，以致對於他人情緒過度認同或依存。華人文化的家族取向，由於不鼓勵獨立，很難建立真正的互相依賴關係，人我界線不夠清楚，產生親子界線糾葛或是大家族內在的關係糾葛。常見的婆媳問題，其實也是親子界線不良循環的典型例子。相反的，過度強調個人主義的西方家庭，如果界線過於僵化，也會使得需要被協助的個人，孤立無援。例如在臺灣離婚的婦女，可能依賴娘家的協助度過最困難的時期，但是美國的婦女則需要依賴社會資源。前者憑藉的是情感界線的開放；後者憑藉的是社會的互惠原則。

　　而所謂「控制」的定義，是指許多影響一個團體的功能和生存界線的決定過程。「權力」乃是行使控制的元素組合，例如每個家庭都有權力的位階，其中父母可能就是家庭團體的主要決策者。而諮商與治療團體的權力結構，可能包括直線的權力階層，不明確的或不誠實的權力人物，組織的團體角色或某些結合。例如，團體中治療師的法定角色為領導者，擁有法定角色和權力，但是當有成員形成且取代治療師的領導角色，或少數成員共謀讓一個成員取代治療師，則對於團體的影響不可不覺察。有關諮商與治療團體之實證研究，發現結構的控制有其需要，尤其是在團體初期的階段。不過若就團體歷程整體而言，領導者減少控制則有助於催化更多的正向效果（Dies, 1994; Stockton, 2003）。由於團體的不確定感最可能出現治療師之外，來自成員系統的領導者。在非結構團體初期，若治療師使用

極少的指引或結構，有助於減少成員的不確定感，通常隨著團體的發展，一旦成員可以逐漸接手去負責團體的運作，治療師要盡量避免引導和結構。治療師的權力與控制團體方向的分享，有利於成員的自主和責任的成長與發展。

❖第六節　團體的互動❖

壹、動力的互動

　　系統論者主張一個實體（個體或團體）的元素，彼此之間有動力的互動。時時刻刻系統都在監督內在與外在的環境，以便決定開放或關閉來自外界的影響（Mathews, 1992）。就個體也是一種系統而言，與團體或人際的系統在道理上都相同。例如一名成員在團體內由於接收他人的正向回饋，改變了這個成員的自我概念，個人精力為之提振；相反地，若是他人給於負面回饋，打擊了他的自我概念，這名成員退縮了，便不再參與。無論前者或後者，不只這個成員個人系統更新，他的精力流動，都影響到他所處的人際層面或團體整體。Caple（1985）主張一個團體的精力流動為一種循環的過程，這個過程的回饋將再造這個系統。因此，重視團體歷程的治療師，在邀請成員對於人際或團體整體進行回饋之際，也是在更新團體精力的時候。

　　團體互動包括：固定型態的互動、積極和消極回饋，以及改變刺激等三項重要議題（Connors & Caple, 2005）。所謂**固定型態的互動**，指穩定的系統處在大量重複型態的忙碌之中，以提供安全和自律。因此穩定的系統也會比較的封閉，以便能夠避免過多挑戰去擾動處在資訊的平衡狀態。使用結構活動，便是一種固定型態的互動，所以過度使用的不利之處，即在封閉。在諮商與治療團體初期的固定型態互動，有利於建立成員的安全

感和自律能力。若治療師毫無引導或使用些微結構的團體，在初期容易引發動盪不安，甚至衝突，傳統分析論的團體便是如此，分析論者歸因於成員的心理退化，似乎有些牽強，也難以驗證。相反地，高結構的團體，成員習於被限制的固定互動型態，因安逸而變得依賴和缺乏挑戰。茲以輪流發言的活動為例，成員除了口語表達之外，很少能夠從這樣的互動型態得到其他人際學習。因此，治療師需要盡量酌情減少固定型態的活動。

其次，團體不可能永遠維持穩定，由於成員之間或是外在環境，都會影響其穩定性。通常越有創造力的團體，越少有固定互動型態的取向，並且越傾向於接收較多對於穩定的挑戰。從長期的觀點，創造的系統將因面對環境的複雜要求而得利，可以發展出適應力，協助他們變得更強壯，而能夠對抗未來的干擾，由此可知，越有創造力的成員和團體也將越有適應力。諮商與治療團體何以非結構或低結構團體較具療癒功能，主要在於非固定型態的互動，對於成員乃是一種挑戰和學習。越具有創造力的團體，其成員也越有創造力，反之亦然。由於創造能力是解決問題能力的主成分，激發團體和成員有創造力，方有利於促進成員的適應、改變和成長。

貳、改變的刺激

至於**積極和消極回饋**，在系統論是指一個系統來自環境的輸入，可以分為積極的和消極的特徵。積極的回饋，是對系統的壓力或挑戰，引發系統去適應，並可能由於發展，而變得更複雜或改變（Caple, 1985）；消極的回饋，則被視為支持當前的系統平衡或恆常狀態。所以系統論對於積極回饋和消極回饋，與諮商常用的詞彙之定義和性質似乎略有差異，然而在實質上的作用則相同。例如，在諮商與治療團體，獲得其他成員積極回饋的成員，通常會努力去實踐或持續從事符合被回饋的特質和行為，因而能夠調適他的困境；而接收消極回饋的成員，則無需或無意願改變習慣，因

此繼續處在困境。

此外，系統論也使用**改變的刺激**（change stimulation）這樣的詞彙，來指稱積極回饋和消極回饋。所謂積極的回饋，指可以引起接收者改變的回饋。在團體的範疇，通常使用建設性或支持性的語言（Stockton, 2003）。因此，也可稱之為「誘導改變的回饋」（Connors & Caple, 2005）；消極的回饋則指抗拒改變的回饋，為破壞性或傷害性的回饋。因此，治療師除了必須示範和提供成員積極的回饋，同時，需要鼓勵成員彼此給對方積極的回饋，以提升成員們改變的意願和動機。此外，也需要改變給他人消極回饋的成員之行為，以減少團體中的破壞性。若有成員給他人消極的回饋，必須讓接收回饋的成員有機會表達對這個回饋的感受，以及對那位成員的看法，以便讓提供消極回饋的成員知道，他的行為如何影響了他人對他的觀感。

由於誘導改變的回饋可用以描述有意圖或無意圖的挑戰，或在推動接收者朝向改變；而消極的回饋，指回饋者以有意圖或無意圖的語言或非語言回饋，去溝通無需改變或避免改變。因此，在諮商與治療團體使用積極回饋，也是期待能夠催化接收的成員去改變；而消極回饋尚可分為負面回饋（negative feedback）和矯正性回饋（corrective feedback）兩種。前者具傷害性或破壞性，後者則是去挑戰接收的成員，期待該成員產生改變的動機。顯見在諮商與治療方面對於回饋的分類，以適合使用在治療情境為本。因此，根據回饋的性質，在團體初期可多使用積極的回饋，來促進成員的人際交換，以及提升成員個人的精力；消極的回饋則不論是負面回饋或矯正性回饋，都不宜在團體初期使用。即便在團體工作期使用消極回饋，也需要謹慎，斟酌語言詞彙和非語言行為，以建設性和支持性的語言，以期有效傳達矯正性的回饋，避免形成負面的回饋。最後，不論對於個人或團體，引發改變的回饋有時會引發衝突。然而，衝突可以帶來覺

察，讓個人或團體可以去檢視態度，因此，通常改變的刺激能夠引發團體去討論，並增進團體和成員之間的溝通。

❖第七節　團體發展的循環和階段❖

依系統論之見，團體系統在發展的早期比較有動力和不穩定；隨後將發展出互動的型態和效率，而逐漸變得比較穩定。系統如同一個青少年，將經過不穩定時期，隨著系統內在和外在的動力和連結，以及界限和結構的一再受到考驗和產生接受而逐漸趨於穩定（Connors & Caple, 2005）。從治療團體的階段發展，確實在團體前期，包括開始和連結階段，有動力，然而不穩定；經過了個體內在系統與外在人際系統和團體系統的互動、界限的擴展、連結等，團體結構改變，而逐漸趨於穩定和凝聚；進入團體後期的工作期，則變得穩定而有產值。長期以來團體的學者專家都主張團體經由一系列的階段發展而進步，因而實務工作的領導者需要依據團體當下的階段動力，以便決定採取適當的介入（Gladding, 1995; Stockton, 2003）。

壹、階段模式的種類

團體理論在階段模式有兩種不同的觀點，有主張循序的階段模式和重複主題循環的模式（Donigian & Malnati, 2005; Toseland & Rivas, 2011）。主張團體階段循序發展模式者，當以Tuckman有嚴謹實證研究依據的五階段模式最為著名，五階段模式包括：形成（forming）、風暴（storming）、規範（norming）、表現（performing）及中止（adjourning），團體的發展循著各階段依序演進（Tuckman, 1965; Tuckman & Jensen, 1977）。至於主張團體的發展為循環模式者，則認為在團體中有重複出現的主題，而重複將可以導致一個新的發展水平出現

（Donigian & Malnati, 2005; Toseland & Rivas, 2011）。這些循環的主題，例如有歸屬感、防衛、任務的投注等（Toseland & Rivas, 2011）。如果將團體階段模式和系統模式結合，相信可以深化和理解團體進展所經歷過的階段歷程，因此，理解系統運作與影響團體歷程循環的因素很重要。

貳、影響團體歷程循環的因素

　　導致團體歷程循環的因素，主要與：擾亂（perturbation）、混亂（chaos）、分歧（bifurcation）、自我組成（self-organizing）、自我穩定化，以及情感等六個因素有關（Connors & Caple, 2005）。茲敘述如下。

一、擾亂

　　擾亂與資訊的輸入有關。當團體突然獲得大量新資訊的時候，會增加精力的動盪；或當資訊受到挑戰，或干擾到團體的穩定，便會發生擾亂。通常發生這種摩擦狀況，是由於成員個人處在自主和依賴之間的掙扎所致（Matthews, 1992）。自主與維持個人訊息有關，依賴則與接受他人訊息有關。因此，在諮商與治療團體，當團體內成員的意見多而分歧的時候，領導者需要給成員們有足夠的時間溝通和了解彼此，才能讓團體恢復穩定。由於個體也是一個系統，因此一名成員若突然接收過多的訊息，將造成他個人系統的擾亂。領導者最好在該名成員接受一個重要訊息或少數重要訊息之後，便需要給這位成員對於所接收的訊息有回應的機會和時間，以便形成新的發展水平，以免形成疲勞轟炸，而造成對該成員個人系統的過度擾亂。擾亂可能引發個體的威脅感而封閉界限，以求自保，這就會造成無法溝通，訊息不能夠繼續交流。

二、混亂

　　混亂與界限有關。混亂會帶給系統，個體的系統或團體的系統很大的壓力，而去決定如何控制他們的界線。團體處在這個發展階段很不舒服，

然而沒有混亂將很少有改變的可能。不過混亂需要控制在不至於失控的混亂程度，以免系統破裂和失序。以治療團體的衝突爲例，在個體層面，成員個人內在正面對界限是否開放；在人際層面也一樣，成員個人對外與其他成員之間的界限是否開放。治療師處理得宜，成員的個人與人際界限都得以擴大，團體將產生改變，並進入凝聚階段，即成員個人和人際界限擴大，而能包容和連結。

三、分歧

分歧與混亂有關。當精力分歧且混亂變得過度，將威脅到系統的平衡和結構，使得組織到達改變的時刻，就稱之爲分歧點（Caple, 1985）。此刻界限結構開始鬆弛，發生精力的波濤洶湧，系統需要擴大界限和改變較高層的結構，以因應複雜的需求。自我組成，指系統有自然創造組織自己去追求目標，以便在環境生存的傾向（von Bertalanffy, 1951, 1968）。以遭受多重壓力的成員爲例，個人精力正處於分散和窮於應付之際，威脅到內在的心理平衡和內在結構，而逐漸出現混亂現象，若在團體治療過程，個人系統在認知的舊有界限擴大，改變成爲更高層的認知結構。例如原本的信念爲「我很有能力和毅力，無難不克」，改變爲「天下之大，總有人力不及之處」，或原本的信念爲「我的投資損失了我所有的儲蓄，我實在無法活下去了」，改變爲「留得青山在，不怕沒材燒」。以這樣更高層的認知去面對外在現實，便能產生適應，也是一個學習和成長歷程。再以團體爲例，團體中的成員意見極爲分歧時，是個體固守系統的原因，當混亂變得過度，將出現團體內的衝突，這是由於成員個體的界線彼此發生磨擦，或可能更嚴重，終至解散團體。如果成員們的人際界限擴大，能彼此包容不同意見，便能夠渡過危機，而更爲團結。俗云：「退一步，海闊天空」，便是指個人界限的移動。

自我組成和自我穩定化，是對治混亂和分歧的兩個重要因素。由於團

體的需求和成員的需求之間的關係不斷在奮鬥，因而依賴與獨立、連結與劃清界線之間，無可避免的會有掙扎，各自不斷在影響和改變彼此。能夠獲得穩定平衡和改變，便可以維持個體或團體系統的統整和保持健康的彼此連結，這也是團體發展和成員個人成長的必要歷程。個性開放的成員比較容易進步，是由於個體的開放系統組成比較活絡，自然朝向較高層次進步。

　　至於系統的自我穩定化本質是指，由防患改變和讓系統收到的訊息能適合當前的結構，以便嘗試去維持恆常狀態。所以，在團體中當成員收到的訊息過量而不堪負荷，或不適合其當前內在世界，成員便會出現防衛，以維持系統的穩定。在治療團體的初期，無論成員個人或團體維持系統的自我穩定是主要工作。所謂維持穩定，就是維持安全。若去面質一名成員，由於這樣的訊息不適合其當前內在世界，成員便會出現防衛，其他成員看到這個負面典範，由於產生威脅感，也都封閉個人內在與人際系統，將成為團體凝聚力發展的障礙。

四、情感

　　至於情感因素，即關心、親切和積極注意。關心、親切和積極注意為詞異義同之詞，都指愛、接納、參與、情緒的親密和滋養等。對於心理脆弱的個體最需要情感情緒的滋養，有如體弱的個體最需要營養。在一個家庭，不論父母有無仇視孩子的情況，如果過度缺乏關愛與支持，孩子的發展便會有問題，尤其以父母有攻擊孩子的狀況最為嚴重（Hemphill & Sanson, 2001; Vander Zanden, 2003）。因此，團體治療很重視催化成員共享關係的發展，當團體發展出共享關係，這是一種支持和關心的關係和氛圍，對於處在脆弱的成員很需要從團體得到這樣的情感滋養。團體發展的不同階段，好似有機體不同的成長時期，所以，在團體發展的早期階段，接納、同理、尊重、支持性回饋特別重要。由於可以給予處在脆弱

狀態的團體和成員提供滋養，隨著團體發展，成員也在學習和成長。在團體的中期，最理想的領導作爲是支持性回饋搭配挑戰性回饋（Stockton, 2003）。好比較爲成熟的青少年，可以經得起挑戰，而且也需要挑戰，去面對改變的期待，同時也得給予支持，才能有足夠的力量，而得以成長和發展。此外，領導者也需要學習，如何善用注意去增強成員的進步（Dies,1994）。增強對於正在改變的成員，如同賽跑中選手的啦啦隊，會讓即便已經精疲力倦狀態的選手，可以激發精力持續向前奔跑。

❖第八節　結語❖

綜合上述，通用系統論所主張的整體觀、相互依賴、互動、結構和團體發展的理念，對於諮商與治療團體整體，亦即對於團體層面的理解是有幫助的。在團體階段的議題，固然Tuckman的階段論有良好的實證基礎，值得信賴，也提供很明確的各階段特徵，然而卻缺乏說明團體發展與階段演進的原理。重複主題循環的階段模式，可提供治療師對於影響團體歷程發展的因素有另一種理解，應用在推進團體歷程，頗具實用價值。實際上循序發展的階段，無法避免出現重複出現循環的主題，治療師必須借助對於導致團體歷程循環的因素之理解，妥善處理，以便推進團體的發展。若治療師無法妥善處理出現的循環主題，將導致團體歷程的窒礙不前而停滯在一個階段，或甚至退回前一個階段。所以，能辨識階段循環的主題和導致循環的因素，得以及時妥善處理很重要。

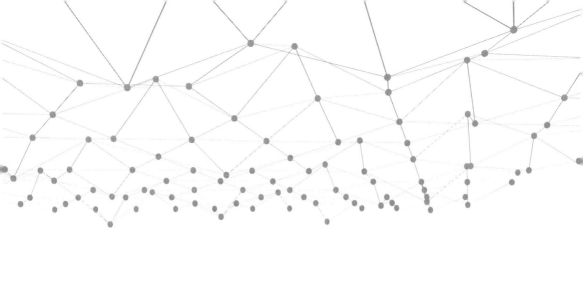

◆ 第二篇

團體的發展與領導

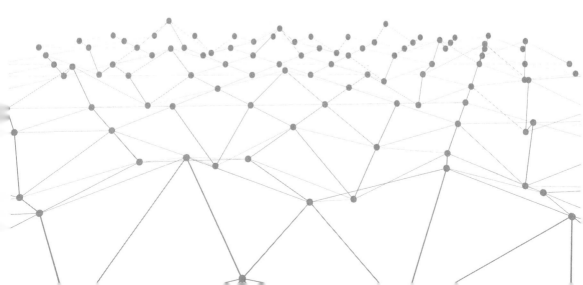

緒　論

　　領導與團體的發展息息相關。領導者有如船長，需要一張清晰的航海圖作爲指引；團體歷程的發展，有如航海圖的水道，凝聚力有如水性，認識水道和水性，是領航成功的必備知識。同樣的道理，對於團體領導者而言，一個實用的團體治療理論，對於凝聚力需要有明確的定義和性質之說明。對於團體的歷程發展，也必須有明確而具體的立論，並提出歷程各階段領導的任務與策略。由於當前西方的團體諮商與治療理論，對於凝聚力的概念與定義，是抽象而概化的，很需要一個具體的操作性定義和概念。此外，雖然學者們都提出團體的階段模式，然而這些模式多數來自實證研究的發現，僅說明各階段特徵，因缺乏理論基礎，故沒有解說團體歷程發展的原理，因此無法據以提出各階段的領導任務與策略。所以，在第二篇的第四章和第五章，主要在論述團體中的關係，同時建構一個具體可用的凝聚力概念與定義，並於第七章至第八章闡述團體歷程發展的理論基礎，以此據以提出團體各階段的主要領導任務與策略，以及在第六章討論非結構團體的領導。最後，在第九章和第十章提出領導的相關作爲和技術，以供實務工作者參閱。

第四章
團體中的治療關係

　　不論個別治療或團體治療，治療關係都是達成改變的核心因素。即便精神分析論也已經從當初的研究驅力和防衛，轉移到越來越重視和探究，不論內在或外在的錯綜複雜和顯現的關係現象（Black, 2007）。尤其在團體中，團體整體的治療關係乃是一種療癒的環境。然而，在團體諮商與治療情境，關係的經營和運用，遠比個別諮商的情境複雜。除了治療師與個別成員之間的關係，以及成員彼此之間的關係，還有治療師與團體整體，甚至與次團體之間或次團體彼此之間的關係，都不容忽視。

　　談到團體中的關係，一般人很快的便聯想到團體凝聚力。事實上，團體中的人際關係相當複雜，不能僅就成員彼此之間的關係這一部分來論述，也不能僅就個別成員與領導者關係的部分來理解。尤其，以小團體是一個社會實體（social entity）的概念來解讀時，團體為一個系統。因此，領導者需要知道團體中的人際關係之性質與系統，才能夠找到適當的辦法來建立、發展和維持團體中的人際關係。談到團體中的關係，最常見的就是將治療關係與凝聚力分開論述。由於治療關係也是團體中人際關係的一部分，故在本章所討論團體中的人際關係，將包括領導者與成員之間的治療關係，以及團體成員們之間的關係，也就是凝聚力，以便協助領導者可以觀察與處理團體中的人際關係，並促進團體中領導者與成員，以及成員與成員之間關係的發展。

❖ 第一節　團體中的人際網絡 ❖

　　學者主張團體諮商與治療中的凝聚力，可以類比個別治療中的治療關係。而將治療關係也視為一種人際關係，為個人中心治療學派最為經典的主張，此學派認為心理治療只是具有建設性的一種人際關係；在其中，人們透過與另一個具備關懷、了解與真誠的人建立關係的過程，獲得了治療性的成長（Corey, 1977/2002）。一個團體的凝聚力和接納，為真正具有治療性，能產生歸屬感，讓很多成員在被面質的困難當下，可以去忍受當感到特別干擾時的焦慮，而那種焦慮可能是有些當事人逃離個別治療的原因所在（Guttmacher & Birk, 1971）。Yalom認為：「關係，在團體治療與個別治療為同義辭」（Yalom & Leszcz, 2005, p.53）。這個觀點，應該只限於從關係的重要性來看待，若就關係的內涵與性質，則在團體治療的關係難以完全視同個別治療中的關係來論述。由於團體的治療關係，遠比個別治療複雜，主要在於團體中的多元角色和複雜的人際結構。換言之，團體諮商與治療的關係，牽涉到複雜的團體中之溝通網絡和團體的社會結構，不是個別諮商的治療關係可以同日而語。團體中除了成員之間的人際關係，還有不可忽視的領導者與每位個別成員之間的治療關係；而領導者與任何一名特定成員的治療關係，不只影響這位成員與其他成員的關係，也影響其他成員與領導者的關係。因此，團體凝聚力是一個複雜的人際網絡與情感。

　　從角色的角度來看，自團體開始直至團體結束，無論團體中的人際關係如何發展，也不管在團體結構當中非明文規定的每位成員的角色，隨著團體階段的發展將會如何演變。其中一直不變的，為治療契約所明文訂定的兩種角色，就是「領導者」與「成員」，因而在團體的人際關係當中，這個關係特稱之為「治療關係」。若從人際關係發展理論的觀點，在團體中展開人際關係的基礎，就是人際關係中的既定成分（楊中芳，1999）。

治療團體中，人際關係之既定成分，就是治療契約中所規範的角色，治療師與成員這兩種，且不論治療師與各個成員的關係品質如何改變，在關係的定位依然是治療關係。故從角色的觀點，團體中的人際結構，也就是小團體中的社會系統（Body, 1991），可以分為領導者與個別成員關係，成員與成員關係，以及團體整體的關係。因此，前面兩種人際關係為次系統，這兩個次系統並非獨立運作，而是交互影響，並影響團體整體系統的關係。

客體關係的團體治療理論主張，成員投射其早年與母親的經驗，將領導者視為一個好的或壞的客體；在團體層面，也將團體整體，視為一個成員所投射好的或壞的母親客體（Ganzarain, 1989）。從團體人際網絡的觀點，這樣的論述不如將團體視為成員個人所投射的一個成員個人早年原生家庭的經驗與態度。在團體諮商當中，每一名成員都在反映著他的原生家庭承傳，這是影響團體歷程發展的重要因素之一（Trotzer, 2013）。團體中人際關係的系統，形同一個家族團體系統，可以分別看到兩種次級人際關係系統，即：領導者與個別成員關係，形同父母與個別子女之間的親子關係；而成員彼此之間的關係，則形同各個子女彼此之間的手足關係。若將團體視為是一個家族，成員可能投射其與家族之態度與情感情緒。若一個團體有兩名協同領導者（co-leaders），則還有領導者彼此之間的關係，也就如同家族團體的父母系統之夫妻關係。因此，父母之間的人際關係，父母個人分別與每個子女之間的人際關係，都會影響子女彼此之間的人際關係，而形成一個家族團體整體複雜的人際關係網絡。如此，諮商與治療團體的人際網絡系統也與家族團體很雷同。

如同家族治療的治療師如何進入家庭系統一般，團體領導者也藉由與個別成員的關係而進入了團體成員的人際關係系統之中，團體由此形成了一個複雜的人際網絡。所以，一個團體的人際關係發展，可以包括領導者

與個別成員之間關係的建立與發展，以及領導者如何促進各個成員之間關係的建立與發展；若有協同領導者，則尚包括了協同領導者彼此之間關係的建立與發展。通常有關團體諮商與治療的理論，都分別論述領導者和個別成員，以及所有團體成員這兩種次系統的關係，前者焦點在治療關係，後者焦點在凝聚力。由上述，這兩種關係實不宜分開論述。

而談到團體中的凝聚力，通常主要聚焦在團體中成員的部分。從精神分析的觀點，手足團體是人類團體的原型，在討論團體成員對於領導者的移情時，Yalom（1995, 2005）採取Freud的觀點，主張源自於團體中的每位成員都想要成為領導者最喜愛的那一個人，與每個人在孩童時期都希望是父母的寵兒有關。手足之間爭寵競爭的戲碼，在小團體中由於成員對於領導者的移情，而重演兒時的競爭。有的成員可能以討好領導者的方式，有的可能以攻擊其他成員的方式想摧毀對方，好讓自己贏得寵兒寶座。對於怎樣可以處理阻礙或破壞凝聚力的競爭，Yalom建議：「唯一可能解決的辦法就是公平。假如一個人無法成為最愛，那就必須根本沒有所謂最愛這件事。保證每個人都受到領導者公平的關注，而要求公平性便誕生了我們所謂的『團隊精神』（group spirit）」（Yalom & Leszcz, 2005, pp.207-208）。因此，談到團體中的治療關係，並不能完全獨立於團體中的其他人際關係。

其次，談到團體中的關係，多數的團體諮商與治療理論都分別從領導者本身的透明化，處理移情與反移情，以及團體層面的領導技術如何增進凝聚力等兩方面去論述。至於領導者與成員的人際系統，以及成員與成員的人際系統，兩者如何連結則較少著墨。實際上，「團體」只是一個抽象的概念，在實務上領導者如何與一個完全抽象化的團體去建立關係，確實難以理解。所以，在本書中將這兩種關係納入同一章來論述，並從有機體的隱喻，仔細去理解或許比較有幫助。至於協同領導者之間的關係，則於

第十九章「聯合領導」另行論述。

由於有關團體中的關係，無論領導者與成員，或成員與成員的關係在研究方面尚比較有限。因此，本章借用其他已經發展比較成熟的相關領域理論，來理解團體中的人際關係。故一方面借用個別治療對於治療師與當事人關係之論述，來理解團體中領導者與個別成員的關係；另一方面借用家族治療的理論，來理解領導者如何與團體建立關係，用以說明領導者如何進入團體，以及與團體連結關係；最後運用社會心理學的人際理論，來理解團體中的凝聚力發展。如此，期待從多元角度對於團體中的複雜人際關係，可以有一個比較清晰的圖像，以便提供領導者處理團體中的關係，甚至作為研究團體中的人際關係之參考。

❖第二節　領導者與成員的治療關係❖

治療師在帶領一個諮商與治療團體的初期，主要的重點工作在團體歷程。而初期之所以將重點放在歷程，主要任務在促進團體成員之間的關係，以及成員與領導者之間關係之發展。關係的建立，為團體初期的領導要務，一個有經驗的領導者，在協助成員之間連結關係之際，也不會忽略自己與各個成員之間關係的建立與發展，而這個部分的工作，就是領導者與個別成員之間的治療關係之經營。關係影響個人行為反應，不只是心理的作用，近年從腦神經科學的研究，顯示也與生理有關。Benedetti（2011）發現在高品質的關係中，個人在神經系統中涉及負面情緒時的自律效用獲益較大，也就是關係品質好，對於個人遭遇負面情緒的時候，個人自律神經的反應，會出現較有利於處理負面情緒的狀況。可見關係在諮商與治療的重要。

晚近，有關治療師與當事人的治療關係這個議題，綜合整體研究發現，不論任何學派，治療關係都是產生治療效果的重要元素（Norcross,

2011）。因此，比起以往對於治療關係的研究更進一步超越過去對於治療關係的一般性或概化性的看法（Horvath, 2009）。Gelso與他的研究同僚從長期的研究結果，提出一個三部分模式（tripartite model）的治療關係理論，這個模式說明了治療關係，包括治療同盟、移情與反移情，以及真實的關係（real relationship）等三個部分（Gelso & Carter, 1985, Gelso & Hayes, 1998: Gelso & Samstag, 2008）。茲就這三部分的議題，從晚近學者對於治療關係的見解論述如下，希望對於領導者在有關團體中治療關係的經營有所助益。

壹、治療同盟

治療同盟，通常指稱治療師與當事人之間在治療的任務和目標有一致性的共識，以及具有同夥的連結（collaborative bond）（Bordin, 1979）。治療同盟在心理治療方面，為受到研究關注最多的一個概念。Horvath與Symonds（1991）使用後設分析法研究發現，治療同盟與療效的相關極為顯著，在治療中扮演症狀改變的必要角色，顯示同盟關係的重要性。有關成員對於領導者同盟關係與團體療效相關之研究，多數呈現正向的相關；有關成員在團體同盟關係，對於其個人療效影響之研究，也發現顯著的正向影響（Tasca & Lampard, 2012）。尤其，研究指出對於療效的影響，團體同盟尚優於凝聚力（Marziali, Munroe-Blum, & McCleary, 1997），足見治療同盟的重要。

領導者與成員為合夥的關係，因此領導者在團體的初次聚會，協助各個成員了解團體的總目標，並釐清其個人目標，以及說明團體任務等工作，都特別重要。雖然，個別成員和領導者兩人之間的關係，通常在和成員的個別初晤（intake interview）之際便展開，其後，延續到團體聚會的第一次，領導者需要繼續努力與成員之間處理目標與任務的共識，以便推

進治療同盟。到了團體工作期，領導者還需要繼續協助正在工作的成員，建立其具體的焦點工作目標，以及說明該階段的團體任務，這些同樣很重要。因此，在領導團體的過程，持續適時檢視成員個人的目標和溝通團體任務，以保持領導者與每位成員，以及所有團體成員彼此對於治療目標與任務都有共識，才能產生同舟共濟的力量。

　　而在協助成員建立目標方面，必須以成員個人的需求與選擇為依據，來幫助成員形成和建立現實的目標，而不是以領導者主導的理想目標來強制成員接受，這樣才能夠讓成員感受到被尊重與了解，有助於情感的連結。當然，領導者與成員的情感性連結之強弱，還需要透過領導者與各個成員之間了解性的溝通，以及尊重和誠懇的態度去提升，亦即在建立治療關係這方面，治療同盟是領導者在團體過程需要持續不斷努力的工作。

貳、團體中的移情與反移情

　　越為深陷困境的當事人，移情的扭曲也會越為廣泛，並造成他們在親密關係當中明顯的問題（Gelso & Hayes, 1998）。因此，移情為關係中的首要議題，不論在個別治療的情境或團體治療的情境，移情都是治療歷程的重要議題，尤其在團體治療中的移情比起個別治療情境更為複雜。團體中的移情為多元性，不只有權威的移情，也有手足競爭的移情，以及原生家庭情感情緒的移情，尤其手足的移情如同光譜一樣的廣泛。

一、對權威者的移情和反移情

　　有關領導者與成員的關係，除了治療同盟之外，長久以來討論最多的當屬兩者之間的移情和反移情議題。在傳統的精神分析團體，重視早年親子關係的議題，而將治療關係中成員對於領導者的移情，作為治療的全部或重要的治療任務。主要原因在於傳統的精神分析團體強調自我（ego）的驅力或發展，因而比較忽視人際關係對於個人終身發展的影響。精神分

析團體治療的領導者通常抱持客觀中立的觀察，個人不透明也不涉入，並以角色隱藏的方式來鼓勵成員將生活中重要他人的情感情緒投射至治療師。因此，領導者並不負責引導和催化團體，其假設為，讓成員在必須為自己負起責任的強大壓力下，感到極大焦慮而產生心理退化，退回如個人早年一般的行為模式，且變得不安全與依賴，將領導者視同早年心中萬能的父母。然後，治療師來回於成員的過去和現在，企圖找出成員個人早年或現在的行為重複模式，以便理解造成當前成員個人精神官能模式的過去經驗之事件。

實際上在諮商與治療團體中，成員對於領導者的權威角色之移情，何需使用操縱來誘發成員退化的處理方法。基本上，在治療團體中由於正式角色的劃分，已經讓領導者需要承擔某種權威的角色，例如作為專家角色，為成員可以依賴的一種角色。Cottle（1968）主張引入社會學理論來解釋團體中的一些過程，而不能只從傳統分析論的移情去解釋團體的移情與衝突。由於在團體中成員與治療師的互動複雜而豐富，治療師不只是一個移情的客體，治療師也是團體義務性權威（group-bound authority）的現場執行者；治療師也是一個心理的父親與權威，且不只是一個單獨的互動對象，他是成員們在一個系統裡面工作的組織者和維持者。顯然，成員對於領導者權威者角色的移情幾乎不可避免，成員對於領導者的權威者角色的移情，也不限於團體初期的開始之際，而是可能發生在團體任何時期。所以展開團體，不給團體任何一點點引導或結構，一個令成員感到挫折的領導者，將因而活化了成員過去記得的學習，來應對面前這個領導者（Anderson & Beck, 1998）。此外，成員對於治療師的移情，也不是治療師可以單方面操控而得（Alexander & French, 1946），所以在團體初期，傳統精神分析論的領導理念與領導方式，實無必要。

人際取向團體治療的核心，焦點在成員與治療師之間關係的現象與歷

程。由於成員與治療師之間是微縮的此地此時，雖然只是一小「部分」，卻反映了可以觀察到的成員生活世界的人際之「整體」。治療師積極檢視兩者間「並列的扭曲」（parataxis / parataxic distortion）（即移情）和不適應的人際型態，以及自己對於成員的反應，可以利用闡釋來深化對於成員人際核心的理解。Leszcz（2008）採用Safran和Segal（1999）的人際基模概念，主張在成員與治療師的合夥關係中，移情被關係所驅使，且成員的反應為其個人人際的基模，以及成員在其環境的人際各種色彩之呈現。若治療師對於人際歷程缺乏注意，一定會持續維持一如成員生活中不良的人際循環。由於成員意識或下意識誘使治療師上勾，以便兩人進入不良人際循環，複製成員的人際型態，被勾的歷程為治療的要素。為了協助成員處理其人際互動風格，能夠不被勾到，對於治療師是一種挑戰。是否會上勾的歷程，主要為治療師能同理的覺知成員的人際基模，而成為治療的橋梁，讓治療師能夠以同調和合調的模式去反應。如此，在成員與治療師合夥之下，得以深入去探討當前關係的現象。雖然這個方法強調當前關係，然而涉及許多有關成員過去人際經驗的試探，將伴隨著不確定和挑戰成員的人際基模。歷史的重建，可以協助成員對於人際型態產生意義，然而也可以是對於個人的失功能行為感到羞愧或內疚。因此，治療師必須切記，穩定的關係和治療同盟，為運用闡釋和處理治療的重要先決條件。

此外，成員對治療師的移情，不只無法操縱，也是不可預測。有時候成員會將治療師視為個人眼中的核心人物，舉凡強烈的憎恨、愛、害怕、忌妒或需要，都對準治療師這個「客體母親」；有時候則未將治療師放在他們眼中，彷彿將治療師當作局外人，在團體過程治療師幾乎不受到注意，仿佛被棄如敝屣。這兩種情況都會引起治療師的反移情，身為治療師需要能夠去認識和處理這些情況，在關係中做一個「夠好的母親」（good enough mother）（Winnicott, 1953），以便可以支撐當事人渡過治療的挑

戰。尤其，對於有早期創傷，以致人際界限發展有困難的當事人而言，從Winnicott的過渡性客體的觀點，在治療關係中治療師也可以視作為當事人走向療癒歷程的過渡性客體，作為當事人投射性認同的對象。

二、手足移情和反移情

治療師無法操控團體成員的移情，也包括成員個人和治療師的移情和反移情，可能不限於父母權威移情的動力，也可能對領導者發生手足移情的動力（Moser, Jones, Zaorski, & Mirsalimi, 2005），這是領導者必須特別留意的議題。晚近的研究顯示，手足的關係對於個人終身發展的影響和形式，不亞於親子關係（Hazan & Shaver, 1987; Kobak & Hazan, 1991）。Moser等人（2005）從文獻回顧當代人際關係取向的心理治療，發現當代關係取向的治療，治療師與當事人之間為合夥的關係，而不是如同分析治療是一種專家權威的關係，因而移情不是固定的狀態，而是流動的性質。當事人對於治療師的移情，即便在同一次的會談當中，有個時段對於治療師可能產生與父母關係的復活，治療師被引發個人的親子反移情；另一個時間，則呈現與手足關係的再生狀態，而治療師也被引發個人的手足反移情。因此，認為對於手足動力和手足移情的理解，有助於形成個案概念化和選擇介入策略。Moser等人對於採取人際關係取向治療之實徵研究發現，手足關係的議題出現在治療關係的移情和反移情當中，這些移情的議題包括：認同發展、妒忌、競爭、羨慕、憎恨，以及手足受虐與失落手足的哀傷等。Shechter（1999）認為如果手足移情發生在當事人和治療師之間的移情和反移情，則比發生父母移情的動力，對於治療師更感到威脅。由於治療師撤退到「父母權力和權威」的階層上，會讓自己感到比較自在，且在處理當事人對治療師的手足移情方面，通常治療師也比較不熟悉，所以容易不去注意或忽略了當事人對治療師的手足移情。其次，由於手足移情的議題在團體諮商與治療的情境，發生在成員之間的關係可能更

爲普遍。因而在團體治療情境，有關移情與反移情的探討，應該不限於成員個人與治療師之間，也需要重視成員與成員之間的移情和反移情。

　　在團體中必須重視手足移情的原因，由於手足所引發的移情和反移情共有四個議題：(1)手足角色影響認同發展，包括認同（identification）、理想化、分離－個體化、相對認同（counteridentification），以及互補；(2)手足報復、忌妒、羨慕、內疚和憎恨；(3)手足依附和成年愛的關係；(4)受虐和失落（Moser et al., 2005）。在手足動力與移情議題當中，競爭的議題最受到重視，不過研究發現，成員對於其他成員的評估，在成員之間有非常好的信度；然而成員對於領導者的評估卻不然，成員對於領導者的知覺很不眞實。從客觀層面，成員對於領導者實際上無法正確評估。顯然，在團體中成員對於領導者的看法，更爲主觀並受其他因素影響（Yalom, 1995）。這種情況也發生在一般家庭，父母普遍認爲公平對待每個子女，而子女卻都認爲父母對於手足的寵愛程度有不同的排序。因此，即便領導者公平對待每位成員，有的成員看法不然，或可能仍有成員不在意公平，而極度希望依賴領導者，或反過來由於極度害怕依賴，而不斷攻擊領導者。這個時候，處理成員個人的移情就變得優先。可以從團體層面來處理競爭的問題，當領導者公平對待每個成員，是可以處理這個競爭的問題，不過也得謹愼，有些成員不是公平就能了事。

三、對於團體整體的移情和反移情

　　從客體論，學者也主張成員可能對團體整體產生移情，也就是將整個團體視爲一個客體（Pines, 2008）。治療師能否處理病人將團體視爲整體產生的移情，端賴治療師有無能力將團體整體形成一個意像（image），促進團體成員關係與團體發展，以及讓成員感到團體關係的重要性，並引以爲榮，也就是讓成員感到身爲這個團體的一員是一種榮幸。這道理和一個家庭團體相似，一個可以讓家庭成員感到榮幸和可以認同的家庭，對於

家庭成員的成長與發展必有正向影響。然而，在實務工作上通常這個議題也是常被誤解或不受重視；一般情況，成員可能以認同所參加的治療團體為一種羞恥，然而，如果成員感到與團體關係的重要，可以減少這個憂慮。

分析論者將團體整體視為成員對於社會或團體的態度，以早年已經建立起來對於母親的態度為基礎（Schindler, 1951），或主張移情為早年對待母親的情感和行為，認為成員對於團體整體的移情，如同父母客體或母親客體（Rosenthal, 2005; Slater, 1966）。Spotnitz（1961）提到團體成員對於領導者全然如其父親或母親客體，也可能遷移他們的情感到「團體整體」，如同另一個父母（as other parent），如此將對團體整體視為父母客體，也如同領導者被視為父母客體，令人感到難以理解。分析論主要受限於只以個別治療理論，努力企圖去擴展解釋團體中的一切，必然產生捉襟見肘的窘境；分析論學者將團體整體視為父母或母親客體，乃受到Freud使用集體內化（collective internalization）的理念之影響。Lieberman、Lakin和Whitaker（1968）從社會學的角度使用凝聚力，以取代Freud使用集體的內化，前者為人際觀點，後者為個體內在觀點。所以，成員對於團體整體的態度、情感情緒及認同，不等同於複製對母親或父母客體的情感情緒和態度，若視同成員複製其早期的家庭團體之情緒與態度應該更為貼切。

除了成員可能對於團體整體會產生移情，領導者也可能對於團體整體產生相對移情。Rosenthal（2005, p.147）認為：「作為領導者會去看和體驗團體如同一個母親的傾向，乃是無可避免。」說明了領導者對團體的相對移情，也如同成員一樣，只是將團體視如母親，因此，不如將領導者投射團體如同個人早年的家庭經驗更為實用。領導者可以檢視個人對於團體的態度和情感，省思自己原生家庭對自己的影響，不過當領導者對團體整

體產生移情，領導者通常很難自我發現，但是這卻是相當重要的一件事。領導者可能由於挫敗，而對團體整體產生負面移情，投射早年讓他感到挫敗的家庭經驗，而迴避或攻擊團體整體，或特別不喜歡團體中的某個或某些成員，歸因他們是導致他失敗的人。因此，領導者對於團體整體的情感情緒的自我覺察和省思為不可少的個人功課。

四、團體中的移情不是治療的唯一重點

　　自從對於團體中的多元療效因子發現以來，移情是否為團體中唯一，或極為重要的治療焦點便受到挑戰。Yalom（1985）可能是首開先鋒，挑戰團體中移情為絕對重要性的鼻祖。他很明確的主張：「在團體治療的問題，不是移情為如何重要的工作；而是在治療的過程相對於其他療效因子，處理移情的工作之優先順序。治療師不能只聚焦在移情，而要同時執行各種必要任務，以便建立一個去運用種種重要療效因子之團體」（Yalom & Leszcz, 2005, p. 203）。顯然，移情是需要優先處理的治療工作，然而，並不是唯一最重要的治療工作。

　　在人際關係取向和強調團體歷程領導的理論，團體中人際互動過程的事件比起個人事件，多數時候視為優先。成員對於領導者的移情，固然為不可避免，當團體中有更重要的事件需要處理的時候，移情就不是一個唯一或需要時時刻刻作為團體領導者工作的焦點。傳統精神分析治療將移情當作重要治療理念，乃是將處理焦點放在個人，更確切地說，就是以成員個人內在精神的人格結構與動力為焦點。治療師主要以向成員解釋其個人嬰幼期的衝突情緒之轉移為主。而關係取向的治療，則將焦點放在人際，也就是團體中成員與治療師兩人的互動關係，成員對於治療師的移情可以視為發展的議題。由於早期照顧的缺失，干擾到成員個人自我感的統整，而出現一個完全自我中心的個人自我，成員所需要的，為持續的體驗被注意、被重視和被關懷，這些遠超過於需要解釋和頓悟（Mitchell, 1993）。

尤其團體治療的獨特優點，在於團體可以提供一些新客體，作為長期治療病人之社會學習；在團體中治療師容易被視為真實的人，會更自然地發生認同的過程，而通常成員也使用彼此作為負向和正向的典範（Guttmacher & Birk, 1971）。可見關係取向的治療，成員與領導者在每個當下的互動經驗，對於成員而言，比注重在解釋其精神層面的動力更為重要。

參、真實的關係

晚近論及治療師與當事人的關係方面，真實的關係（real relationship）再度成了矚目的焦點。雖然，真實的關係在理論方面由來已久，早在精神分析論中已有所論述。真實的關係，也稱為「個人的關係」（personal relationship）（Gelso, Kivlighan, Busa-Knepp, & Spiegel, 2012）。尤其，在Rogers的個人中心治療理論，非常強調在治療關係之中，治療師需要以「人對人」（person to person）的方式來看待治療關係。所謂「人對人」，不是「角色對角色」，而是有真實的關係之意函。

「真實的關係」是：「存在於兩人或更多人之間，顯現的程度為，每個人都是真誠對待對方，且以合適的方式看待對方」（Gelso, 2011, pp.12-13）。在這個定義中，真實的關係有兩個重要元素，就是「誠懇」（genuineness）與「真實」（realism）；「誠懇」或可視為心理治療的參與者，即治療師與成員，彼此以個人的實在性（authenticity）呈現。亦即以真正的個人面貌呈現，不是虛假或虛偽；「真實」是指，體驗或知覺對方是實在的或正確的，而不是反映知覺者的害怕、期待或需求（Gelso, 2011）。Rogers所謂的以「人對人」的方式，便是在於治療師可以除去角色的面具，以真實的自己來對待當事人或成員。楊中芳（1999）在探討華人的人際關係發展方面，認為在人際關係的情感成分，能做到「誠心相待」，便能夠「盡己之心為人」，是華人人際關係發展的最終期待。楊

中芳所謂的「誠心相待」與Gelso所主張的眞實的關係，實有詞異意同之趣。治療師在會談關係中必須抱持平等的態度對待當事人或成員。眞正的平等，就是治療師能夠「誠心相待」，用「盡己之心」來對待成員。因此，治療師以眞實關係作爲與成員之間交流的治療關係，爲治療關係良好品質的保障要素。

多年來在準治療師的實務訓練課程，容易被問到與當事人或成員會談過程，如何才能夠做到人對人，我的答案很簡單：「記得你的功能和任務就好，忘掉你是治療師的角色，眞誠去對待成員。」這個道理很容易明白，由於角色是一種隱喻，使用一個名詞來意涵一個人的功能或任務，可以減少冗長的描述。所以面對當事人或成員的時候，只要牢牢記得治療師應該要執行的任務和需要發揮的功能就好，不用將自己爲治療師的「角色」或是「頭銜」時時刻刻放在心上，來隔離自己眞實的感受與反應。如此，便比較容易呈現眞實的自己，而能做到「人對人」的地步。新手治療師最常發生的，就是時時意識到自己的治療師「頭銜」，而擔心自己有不符合當事人心目中治療師形象的行爲。實際上，這也是治療師自己擔心角色不稱職的投射，所引發的焦慮。人本取向的沙盤治療者Armstrong（2008/2012）特別提到在治療中運用自我，是新手治療師和經驗豐富的資深治療師的差異所在。雖然技術也很重要，然而令人滿意的治療不是複雜的技術，而是治療師將自己置身在與當事人的工作當中，當資深的治療師與當事人工作時，當事人會接觸到治療師「這個人」本身，即治療師眞實的人。

Wampold（2012）在論述人文主義爲心理治療的一個共同因素時，提到心理治療能創造改變，是經由連接（connectedness）、期望（expectation）和精熟（mastery）。他認爲建立良好的歸屬是人類的特徵，也是生存所需，有依附關係的個體比無依附關係的個體，在心理與

生理都較為健康。Wampold也贊同Gelso等人之見，認為所有的心理治療，在治療師和當事人之間都有一個真實的關係，且這個關係獨特之處，即在期待治療師要留在這個關係中，不管當事人揭露什麼，都能夠同理與關心。由於這個真實的關係帶給當事人歸屬感，而這個真實的關係本身，或在這樣的關係之中，便具有療癒作用，因為人性的連接（human connections）為健康的要素。尤其在團體中治療師傾向被視為真實的人，認同（identification）的過程會更自然而然的發生，這是團體諮商與治療的優勢之一（Guttmacher & Birk, 1971）。

研究已經證實，真實關係不是治療同盟的一部分。在短期治療的療程研究上發現：在治療的初始，治療師對於真實的關係之評量與療效沒有顯著相關；然而隨著療程的進展，治療師對於真實的關係之評量越強，與當事人對於真實的關係之評量越接近，便和療效有相關；而平均上，所有當事人評定個人與治療師的真實關係的強度，與療效有關。值得注意的是，當事人在療程中評定個人與治療師真實的關係增加，以及與治療師的評定相近，並不是產生療效的關鍵。而是在治療的初期，當事人便評定兩人關係為強而真實的關係，且真實的關係在整個療程持續被評為強，則與療效或成功的治療相關（Gelso et al., 2012）。足見在治療的初始，治療師便需要誠懇和真實地對待每位成員，不可因成員的個人條件而有差別心。換言之，治療師在建立治療關係的初始，便需要抱持盡心盡力，為團體中每位成員服務的態度，能夠誠心相待，盡已之心，比較能夠讓成員感受到治理師的誠懇，對於諮商與治療的效果將有所助益。

❖第三節　領導者進入成員關係的系統❖

由於家族治療被視為屬於人際取向的一種治療，因此家族治療的理

念常被用來理解諮商與治療團體，並且相當有幫助。Minuchin（1974）強調治療師企圖去面質或挑戰家庭成員互動的問題型態之前，很重要的就是，需要與每位家庭成員先形成一個關係。顯然，Minuchin很清楚關係的重要。一個家族面對有任何一名成員被面質的時候，整個家族氛圍的張力是很大的，這是一個高焦慮的情境，每個人的情緒都緊張。因而，治療師與每位成員的安全關係，將是可以支撐這個焦慮的主要力量。這個道理，同樣可以適用在諮商與治療團體。若從Boyd（1994）基質模式的概念來看，人格系統與社會系統相互影響。所以，當領導者去面質團體中的一名成員之際，這個個體的人格系統便處在焦慮和高張力狀態，這個小團體中的社會系統也將受到影響，而處在焦慮的不安狀態。這個時候，可以讓個別成員和其他團體成員感到安心的，將會是每一名成員與領導者的關係。從這樣的觀點，一個團體可以進行面質成員之前，領導者需要與團體中的每一名成員有安全與信任的關係，否則面質可能造成某個或某些成員，或整個團體的不安全感。

　　Eron和Lund（1996）提出「加入」（joining）這個概念，這個名詞是結構式家族治療理論的概念，用以協助治療師了解他本身就是他想要去改變的系統的一部分，這個概念隱含在這一個大系統當中有很多個體的個人生活。因此，在企圖去重新安排家庭成員彼此的關係之前，治療師需要知道每個人的希望、意圖和偏好，有了這樣的觀念，使得治療師可以免於將系統想像成非人的機械組織，而能夠使治療師如同一名積極的參與者，去和家庭成員交談。顯然，「加入」這個概念不在說明關係的成分，而在說明關係的連結方法。

　　Adlerian學派的治療師在與當事人會談的時候，很強調進行人與人的真正接觸（person-to-person contact），而不是以「問題」作為開始。治療師需要最優先去關切到「這個人」作為焦點，而不是「這個問題」，如此

當事人困擾的問題在會談中很快便會出現（Corey, 1977/2002）。這個觀點與Eron和Lund的「加入」幾乎不謀而合，而在敘事治療的方法上也有類似的作法。促進敘事治療的第一步，就是治療師要就每一名當事人或成員對自己的偏好來談，這樣治療師就成了以當事人偏好自己的觀點，來認定當事人的一位重要他人。連接個人偏好的觀點，與社會建構主義對同理的看法似乎相契合，如此治療師便可以同理任何一名成員對於自己問題的體驗，而不會隱含治療師個人的「對」「錯」判斷，讓成員可以感到比較安心。

因此，若藉用結構學派家族治療師以「加入」來進入家族團體的方法，也能協助領導者知道如何進入一個諮商與治療團體。從Boyd的模式來看，領導者也是諮商與治療團體這個大系統中的人格系統的一部分，領導者要進入小團體這個大系統，需要先與個別成員或其人格系統作連結，亦即領導者得先和成員進行人與人的真正接觸，而不是以成員的問題為焦點。因此，一方面領導者需要先知道每位成員的希望、意圖和偏好，而非其問題；另方面方也要有自知之明，善用自己的人格特質，能夠先進入成員的人格系統，其後便能進入團體的社會系統。

所以，在這個過程領導者也將自己的人格特質和行為，先暴露在其他成員之前。因此，不容忽視領導者個人的各部分對於其他成員和團體的影響，也就是領導者個人對於這個小團體的社會系統與文化系統的影響。在筆者曾經帶過的一個經驗團體（experiential group），由於有一名成員A，有分裂性格議題，無論他自己在說話或聽其他成員說話的時候，臉部表情非常平板，幾乎沒有一絲情感情緒表露，兩眼空洞，除了偶而，很少注視他人，若被邀請出來說話，也只有極為簡短的一兩句，而且彷彿話都含在口中，或似喃喃自語，音量又低，不容易讓人聽清楚。為了與他連結關係，在他被其他成員邀請說話的時候，我會微笑地注視著他，以便給於

鼓勵，並耐心地等候他的回應，雖然有時候會等上一分多鐘，也因此其他成員也學會耐心、專注地等待他。受到鼓勵的A的確有進步，逐漸變得比較能夠自我表達，甚至主動出來，也有情緒情感表達。在第四次聚會的時候，團體已經有容許說實話的規範，一名成員B在團體裡說：「我注意到老師在A說話的時候，會對他微笑和特別花時間等候，讓我好羨慕。」這個B是具有討好他人性格的一名成員。在團體這個社會系統中，成員由於手足競爭的移情，會特別注意領導者在團體中對其他成員的反應，尤其是那些他所期待的，或所需要的，或所想要迴避的反應。B正在告訴我，他期待被注意，這個例子告訴我們，不論是領導者或是成員，個人小系統或人格系統與團體大系統交互作用的現象。

綜上，由於團體常被視為一個很抽象的概念，與團體建立關係，對於領導者是一項挑戰性的任務，對於新手領導者尤其困難。新手領導者通常都知道與所帶領的團體建立關係很重要，然而並沒有很具體的方法可以與團體建立關係。研究指出，團體初期的前幾次聚會，主要為成員與領導者的連結，後來才發展出成員與其他成員的連結（Burlingame et al., 2011）。可見領導者與團體建立關係，可以循著先與個別成員的連結，來進入一個團體，然後協助成員彼此連結。若借用了Eron和Lund（1996）結構式家族治療的「加入」這個概念，並融合Body的系統觀，對於領導者如何進入團體，以便與團體建立治療關係的途徑，就變得比較清晰了。而且由於領導者被提醒要特別注意每位成員的特殊性，因此不會讓成員個體在團體的較大影像下，成為模糊的小身影，也不會由於專注於成員個人系統，而忘卻團體系統；同時，也不會忽略領導者個人言行舉止，對於團體和個別成員的影響。

❖第四節　團體凝聚力的定義、性質和重要性❖

　　目前，西方學者在團體發展和團體階段方面，都缺乏理論根據，只有來自實證研究發現的階段特徵描述，因此影響凝聚力的定義紛歧。對於凝聚力的定義，攸關對團體發展和團體階段的闡釋。由於在理論建構上，凝聚力和團體發展若兩者有相同的理論基礎，才能說明團體發展的方向和演進，以及各階段的特徵，以便可以指引在團體歷程領導的任務與策略。所以，凝聚力的定義和概念，對於治療團體的領導很重要。

壹、凝聚力的定義

　　凝聚力（cohesion）一詞源自於拉丁文"choaesus"這個字，其義意為黏著、忠於（cleave）、固守，或聚在一起（stick together）。凝聚力是一個與團體研究相關的重要概念，在社會學、社會心理學和諮商心理學等領域，都普遍使用凝聚力一詞。不過，由於不同社會科學領域在凝聚力的研究目的與場域不同。所以，為了符合其研究目的，研究者對於凝聚力的定義和概念便不盡相同。團體治療為一種有別於社會學或社會心理學研究的領域，因此對於凝聚力需要有特定和適合的定義，而且需要能夠說明團體發展和團體階段特徵與凝聚力的關聯。

　　最早Lewin（1943）將凝聚力定義為：「讓成員留在團體中的整體力場」，包括吸引和排斥。吸引，為成員聚在一起的正向力量；排斥，為成員分散的負向力量，兩者皆為「團體動力」（group dynamics）的展現。Lewin之後，陸續便有學者努力針對凝聚力給予定義，然而都沒有脫離Lewin的力場論之影響。在團體心理治療方面，Frank（1957, p.54）認為凝聚力是：「團體對於其所有成員的吸引力」，Yalom（1985, 1995, 2005）在其《團體心理治療的理論與實務》的書中便是借用Frank的定義。Cartwright和Zander（1962, p.74）則視凝聚力為：「作用於全體成員

身上，使成員留在團體的所有力量產生之結果」。以上定義皆無助於說明凝聚力的發展。

　　晚近Janis（1982）提出在治療團體可以概念化「凝聚力」是成員的「人際吸引力」，也就是「友誼」。Hogg和Chains（1998）從「人際吸引力」和「社會吸引力」兩種概念進行了實驗研究，結果獲得三項結論：(1)「團體認同」和「社會吸引力」不會和「友誼」混淆，但是「友誼」會與「團體認同」和「社會吸引力」混淆。如此，便呼應了在小團體的研究，人在一起時間久了，一方面會發生由人際關係的發展而成為友誼關係；二方面友誼也會發展出團體認同（Hogg, 1996）；(2)從人際觀點，以「友誼」作為凝聚力的定義和概念，能增進主觀和客觀的團體決策歷程。然而在主觀方面，比較不會服從領導者、較少要求聽取眾議、較少需要大家都同意、較少需要快速作決定，以及需要在決策過程較多聽取眾議。在客觀方面，則看到會提供較多事實、討論較多的不同提議、尋求較多資訊、較有語言壓力、較少理智化；(3)「社會吸引力」則會要求聽取眾議、努力達成一致的同意、強烈要求多數決、很服從領導、較多理性的決策，團體有順從領導者決定的傾向，而不保留開放，這些特徵與集體思考特徵相符合。

　　由上述Hogg和Chains的研究結論，可見若將凝聚力定義為「社會吸引力」，似乎很適合作為政治相關的團體之用途。因為與政治有關，在聽取眾議之後，在理性上必須重視作成一致性的決議；而以「友誼」作為凝聚力的定義和概念，似乎很適合凝聚力在諮商與治療團體的功能。首先，在治療團體，較多資訊有幫助，但是並不要求快速作決定和獲得一致的同意，也沒有採取多數決的必要，而是尊重成員個人的想法。其次，當團體有凝聚力的時候，成員彼此將感受到一種歸屬，同在一起（togetherness）和一種關聯（relatedness）的感覺（Ohrt, Ener, Porter & Young, 2014）。

Shutz（1958）也認爲團體凝聚力是一種成員關係之中親密和關心的程度，感受到「我們一體」（we-ness）。所謂「我們一體」也就是團體認同。

由於分析論的心理治療團體，是以個別分析的心理治療理論爲其立論的基礎。即便後來以團體整體爲主的團體治療理論，也都較少著力在尋求凝聚力的概念和定義，以及團體歷程發展的理論闡釋。反而在團體領導上重視誘發移情，以及由於移情而發生的團體衝突與解決。晚近在治療團體的研究都指出凝聚力對於團體療效的重要，並且認爲成員人際關係的發展，是治療團體的核心歷程。因此筆者提出將凝聚力概念化爲成員的人際吸引力，並且定義爲共享關係（communal relationship），也就是友誼關係（friendship）（吳秀碧，2005）。

貳、凝聚力的性質

凝聚力的性質，不只是一種人際關係，更是一種友誼關係或共享關係，這種關係與社交關係性質不同。Mills和Clark（1982）認爲：友誼，即是共享關係；而泛泛之交，則是指一般的社交關係（social relationship）。共享關係常存在愛情伴侶、家庭成員、夫妻，以及親朋好友等人際關係之間；社交關係，即交換關係（exchange relationship），則存在泛泛之交的人際關係當中。從人際關係的發展歷程，社交關係可能發展成爲友誼。換言之，交換關係可能發展成爲共享關係。

Clark, Mills與Corcoran（1989）爲了探究「友誼關係」與「社交關係」究竟是關係的性質之差異或關係的程度之差異，他們從實驗研究發現：兩者的差異主要在關係的性質而不是程度。在友誼關係（或共享關係）交往的雙方有一種默契，即關心對方的需求與福祉，並以滿足對方的需求爲個人的職責（duty），願意不求報酬的爲對方付出，且期望與對方

建立長久的親密關係；相反的，處在社交關係（或交換關係）的人，只關心自己的利益，會彼此相互計較關係之間的得失，不會無報酬的爲對方設想或做任何事，也就是重視交換的平衡，或獲得更多則對於關係會更滿意。顯然，共享關係和交換關係最主要差異，在於關係當中互動的規範，而不是關係親密程度的不同。

參、凝聚力的重要

凝聚力對於團體治療的重要性，猶如治療師與當事人的治療關係對於個別治療的重要。同時，凝聚力也是所有團體治療因子的核心因子（Yalom & Leszcz, 2005），對於治療效果有很重要的影響（Alonso, 2011）。

一個團體的凝聚力和眞正具療癒的接納，能使成員有歸屬感。當面質成員個人的困難，而讓他感到特別干擾時的焦慮，凝聚力可以使得他忍受那些可能會讓他逃離在個別治療時相似的焦慮（Guttmacher & Birk, 1971）。在一篇後設分析的研究發現，有43%的研究報告指出：凝聚力與團體治療效果有顯著相關。顯示，相較於其他治療因子，確實凝聚力對於團體治療效果有很重要的貢獻。可能凝聚力是團體歷程中一個始終不可缺少的治療因子（Burlingame, McClendon & Alonso, 2011）。故凝聚力對於團體治療歷程具有絕對的重要性。

Forsyth（2010）也贊同有兩種很不一樣的社會關係，即交換關係和共享關係。Forsyth指出個人主義和集體主義對於關係的概念化，就整體而言並不相同。個人主義與交換資源有關，而集體主義則在分享共享的資源。因此，在個人主義的社會，互惠爲關係當中的重要規範。個人從他人取得什麼，就得付出相同的報酬。所以，處在交換關係的人，若無法辨識在團體或社區中，當他去協助別人的時候可以獲得任何個人利益，他就

不會提供任何協助（Ratner & Miller, 2001）。集體主義的社會，個人重視他的團體獲得什麼，勝過於他自己獲得的結果。所以在一個共享關係的團體，成員會多幫助他們的夥伴，且偏好抱持一起努力的想法，若有人堅持提供幫助需要互惠，一定令人感到失望（Clark, Mills & Powell, 1986）。華人一向被歸為集體主義的族群，由於長期生活在家族主義之下，人際界線總是不如個人主義清晰明確。因此會發生如同Forsyth所指出，對於關係的概念化不同。在生活中可以聽到美國人對於我的「朋友」和我「認識的人」，有很明確的區隔。而華人不但家族之內人我不分，在家族以外還有「四海之內皆兄弟」的豪語，因此可以從「朋友」和我「認識的人」兩種關係的概念，經常混用可見一斑。在一個治療團體，成員之間需要的是共享關係性質的人際關係，而不是交換關係，因此在團體發展出共享關係之後，便開始可以進入工作階段。有人認為華人重視家醜不可外揚，不適合團體治療。若從共享關係和交換關係兩者性質的差異，在保密條款的約束之下，或許華人很適合團體治療。

肆、影響凝聚力的中介因子

Burlingame, McClendon和Alonso（2011）在凝聚力與團體治療效果的研究，可能是一篇有關凝聚力很重要的研究，對於團體領導實務有很高的參考價值。他們發現，在凝聚力與治療效果之間會受到一些中介因子調節的影響。這些中介因子，包括團體成員的年齡、領導的理論取向、一個團體的人數多寡、團體時間長度等變項，對於凝聚力與治療效果之間的關係有顯著影響。Burlingame等人從研究結果獲得的主要結論，為：(1)凝聚力有助於明顯改善症狀的困擾和人際功能；(2)人際取向的領導，被評的凝聚力高於心理動力與認知-行為取向的領導，不過三種取向的團體，其凝聚力確實都與病人的改善有關；(3)鼓勵成員互動很重要，有利凝聚力

和治療效果；(4)使用凝聚力去解釋效果的關係，很需要成員有較多的互動和時間；(5)成員年紀輕且感到凝聚力高的團體，評估效果也高，因此大學生和青少年的團體要特別重視凝聚力；(6)不管是門診病人或住院病人，以及不同疾病和問題，凝聚力都有助於改善狀況，因此領導者需要用心介入，去促進凝聚力。

　　從上述這一篇研究，可以看到人際取向的團體治療重視成員的人際互動與關係，有助於凝聚力的發展；在團體發展的前期，領導者需要鼓勵成員互動；年輕的孩子比成人更需要感受團體中的關係，以便去工作；凝聚力與團體治療效果有正向關係，再度獲得證明；最後，發展凝聚力需要足夠的團體聚會次數與時間。此外在團體的組成需要注意年齡，大學生和青少年的團體最好是由年齡相近或同年齡的成員組成一個團體，並在團體初期要特別重視成員的人際互動和關係的發展。在團體的大小和成員人數多寡，需要考慮成員的年齡，顯然大學生或青少年，尤其是青少年的團體人數不宜過多，以便可以盡快發展凝聚力，以減少成員的流失。最後，治療團體時間的長短，也需考慮有時間足夠發展凝聚力，以便團體可以去工作。

伍、團體氣氛

　　團體氣氛（group climate），是一個與凝聚力有關的概念。從狹義的建構概念，團體氣氛的定義就是凝聚力（Gold, Kivlighan, & Patterson, 2013）。團體氣氛之所以受到重視，在於團體氣氛不只影響成員的感受，也影響成員自動參與的程度（潘正德，2012）。研究指出，團體氣氛與成員的自我揭露有關，成員知覺團體有凝聚的氛圍時，具有鼓勵成員自由活動和表達感情的作用（Beech & Hamilton-Giachritsis, 2005）。且從實徵研究發現，團體氣氛與長期團體的治療效果（Ryum, Hagen, Nordahl,

Vogel, & Stiles, 2009），以及短期團體的治療效果（Ogrodniezuk & Piper, 2003），都有正向關係。此外有研究指出由於社會化，使得女性能夠提升情感表達和支持的行為，並致力於情感和關係方面的議題，因此主張女性很適合團體治療的情境（Ogrodniezuk, Piper, & Joyce, 2004）。不過從成員的性別組合和團體氣氛的一些相關研究，結果發現兩者的關聯並不一致。因此建議更重要的是，要探討什麼樣的成員與其他成員的關係脈絡中更為合適（Lo Coco, et al., 2013），如此有助於團體氣氛的營造和凝聚力的發展。

❖第五節　團體中成員關係的發展❖

在前面第四節「團體凝聚力的定義、性質和重要性」，以社會心理學的人際理論從人際歷程的層面，論述凝聚力的性質為一種人際關係，並定義凝聚力為共享關係。在本節將繼續以社會心理學的人際理論為依據，論述在團體過程凝聚力的發展，如何從社交關係的性質，經由人際交換，促發人際關係的發展，人際互動的動機和規則的改變，以及交換關係如何轉變形成共享關係的性質，以便作為建構治療團體發展和團體階段產生的依據。Kelly（1979）認為當人際交往的動機產生改變，彼此的人際規則和關係的性質也改變了。交換關係和共享關係，便是在人際規則和關係兩方面的性質都不同。顯然，促進團體中成員互動的動機改變，是成員關係改變的關鍵。因此從人際關係的理論，可以整合出理解不同規則與不同性質的人際關係之互動動機和關係推進的原理，以作為領導團體的任務、策略和介入的依據。以下共有三部分，別闡釋團體成員共享關係的發展。首先，將論述在社交關係之中的初邂逅，在泛泛之交下的面子工作。其次，論述人際關係推進的交換原理。最後，論述共享關係的發展，也就是凝聚力的發展。

壹、初邂逅的面子工作

在社會互動理論當中，Goffman（1959）的「劇場理論」（Dramanturgy）特別鮮活有趣，他將社會互動的參與者比喻如戲劇中的演員，認為在日常生活中，個人的自我如同在舞臺前、後的反應；在舞臺前，個人依據角色行動，即必須依照角色的劇本扮演，以符合觀眾的期待。因此，一個人會在不同的社會情境，對不同的人扮演不同的樣貌；在後臺，由於沒有觀眾，不擔心被評價，行動便可以依據自我自由選擇，甚至可以不符合社會規範。例如一名學校的校長，在學校師生之前與在家裡的孩子之前，甚至在自己父母之前，都會有不同的樣貌和行動，當然只有私下才能完全放鬆做他自己。

此外，Goffman（1955）在「面子工作」（face-work）理論中主張在人際邂逅情境，個人為了顧全自己的面子，會負責維護所表達資料交流的質與量，也就是表達資料的廣度與深度。調節事情資料交流的質與量，是用以確保並維持一種表達的秩序；每人所表達的事，不分大小，必與他的面子力求一致，且在自重與體諒的遊戲規則之下，約束自己的行動。故在人際邂逅情境的溝通中，個人不僅維護自己的面子，同時也會顧及他人的面子，這是一般社交風格與溝通的特徵。所謂的面子，也就是角色的面具，不同角色都有社會期待的演出規則。所以，人際間那些可能是明確或隱晦的規則，乃是用來維持社交互動中關係的動態性穩定。

觀諸參加諮商與治療團體的成員，通常每人都各具有幾個特定的社會角色。在團體初期的聚會中，成員常自覺或不自覺地會盡量維持和繼續扮演個人所選擇在團體中所想呈現的社會角色，以維護自己的面子。同時，也在團體中使用社交性質的風格與溝通規範，不只不會揭露個人隱私性的資料，也不會探問他人隱私性的資料，以保持關係中與他人某種程度的心理安全距離。所謂「客客氣氣」，實際上也是一種保持人際心理安全距離

的慣用社交手法，主要以帶著個人某個社會角色的面具與他人互動，而不敢，也不知道如何以「真實自我」呈現在其他成員面前。然而，在諮商與治療團體的邂逅，成員是抱持有特定的個人目的和需求來到團體，人際的動態穩定，很快就會被成員解決問題的期待與需求所破壞。在現實生活中他們所熟悉與習慣用以維持社交關係的諸種規則，並不能滿足他們來參加團體的目的和需求，如果領導者未使用過程結構化技術（structuring），說明與指引他們，怎麼做可以從團體滿足其個人需求或有所獲益（Yalom, 2001），團體中的不滿情緒會越來越高，將使衝突愈來愈明顯，也愈強烈。所以，協助成員發展團體中人際互動的新規範，並改變成員溝通與人際接觸的風格，建立團體中的文化，實為團體初期領導要務之一。

貳、人際關係推進的交換原理

在人際歷程，社會交換被視為由人際行為規則所規範；規則或標準是指成員被期待的行為（Homans, 1961; Thibaut & Kelly 1959）。Homans（1961）的交易理論（exchange theory）主張在人際之間，個人通常會評估可能付出的代價與獲得的酬賞，來決定關係的建立。人際關係的形成和維持，基本原則在於人們看到潛在的酬賞，可能大於維持關係所付出的代價。在研究團體的理論當中，有一種交易理論，就連鎖的行為執行或交換方面來解釋團體行為，用以建立和維持成員之間的社會關係。因此，這種計較得失的人際現象，在諮商與治療團體中成員的人際行為也可以看得到。

在團體的初期，由於在意付出與酬賞，有自我揭露的成員對於團體中過於沉默的成員行為，都會有負面反應。成員會留意自己的揭露和其他成員揭露的質與量的落差，也就是水平式自我揭露和垂直式自我揭露的落差，而彼此小心翼翼以對，於是有自我揭露的成員，若沒有獲得預期的酬

賞，便會感到不滿意而開始變得沉默；假如成員透過試探性的自我揭露，而成功的獲得期待的酬賞，對於自我揭露的成員，便具有增強和鼓勵的作用，可能提升作進一步揭露的意願。在成員與成員之間持續的社會交換，不但彼此之間的關係得以維持，甚至彼此可能逐步親近。顯見，在團體初期成員尚處在社交關係當中，比較注意和在意彼此之間自我揭露的多寡和深淺，作爲評估付出之預期報酬率。

此外，團體初期也常見到成員會在意團體時間使用的分配，投入團體的時間是成員的一種個人付出，也是成員投資（例如費用）的報酬。通常可以看到對於在團體中發言過於冗長的成員，其他成員都會有負面反應，認爲那種成員過度占用團體的時間。然而，到了工作期，當有成員使用較多時間來解決個人問題的時候，其他成員不但沒有負面反應，多數願意給這名成員足夠時間，且都會聚精會神，努力協助這位成員。原因在於工作期，成員的關係已形成共享關係，因而不但不會去計較他人占用團體時間，反而能將其他成員個人困擾的解決與需要的滿足，視爲個人的職責。

最後，團體初期成員在評估人際冒險的時候，對於自我揭露所付出的代價與預期可能獲得的酬賞，由於彼此初識，並無把握，甚至擔心有負面酬賞，因而對於人際冒險的意願自然較低。研究也發現，在團體初期通常成員較少有重要或具有情緒的個人資料之揭露（Bednar, Melnick, & Kaul, 1974; Robison, Stockton, & Morran, 1990）。可見，團體初期成員人際互動，會維持相當的謹言慎行，可能與擔心冒險的負面酬賞有關。在Floy和Rex（1990）對於團體第一次聚會的研究，便發現成員預期溝通中會導致他們害怕作自我揭露的因素，共有六項：(1)自尊／因應能力；(2)關係／隱晦地被拒絕；(3)攻擊／明著被拒絕；(4)自我主宰；(5)荒謬／被視爲異端；(6)影響他人／被報復等。顯然在團體初期，由於成員擔心有諸種負面人際酬賞的因素，導致對於人際冒險的焦慮與不安全感。若從人際關係

的層面觀之，團體衝突階段也可視為是反映成員評估在團體中冒險去自我揭露的代價與報酬的兩難，所造成個人內心衝突的外化行為。所以，在團體初期促進成員間溝通的質與量平衡，促進他們對於人際交換的滿意經驗，及創造團體中溝通的安全與信任條件，可以促進人際關係發展，誠屬團體初期領導要務之二。

參、共享關係的發展

一、交往動機的改變與親密關係

　　從「社會交換理論」的觀點，人際的社會交換以公平為基本原則。當人與人之間付出的貢獻與所得的報酬比例相近，個人對於關係感到最為滿意。若發生不公平，過度獲利和獲利不足等情況，將造成不穩定和不愉快的關係。其次，人際關係之所以能夠維持，與付出較少代價，能夠提供較多報酬的關係，比較能令人感到滿意，因此能夠較為持久（Homans, 1961）。顯然，在人際關係當中，人性普遍期待少付出，多獲利，但是這樣便違背公平原則。如前所述，會影響關係的維持與穩定。然而，處在共享關係的人們，卻不是以公平交換作為關係交往的基本原則，不免讓人想到，偶然認識的人變成朋友，或交往一段時間的社交關係，也可能成了朋友，這些是如何發生的。

　　親密關係形成的指標，是交往動機的轉變。由關注個人一時的得失，轉變為關注雙方共同的利益，並對共同利益產生責任感，這兩種動機對應著不同的關係類型，前者對應的是交換關係，後者對應的是共享關係（Kelly, 1979）。親密關係的發展為一種人際過程，一種由自我揭露和同伴反應的互動過程，而彼此相互揭露能使關係感到滿意（Sprecher & Hendrick, 2004），可能由於如此交換會感到彼此所得到的酬賞相互對等。

二、關係構成要素與成員關係的發展與維持

　　此外，社會交換理論認為關係的構成有幾個要素：第一個要素，當然是「**酬賞**」，如友誼、愛情、安慰等；第二個要素是「**代價**」，如付出的努力、衝突、妥協或犧牲其他機會等；第三個要素是「**比較水準**」，代表對於關係的平均預期結果，在付出與酬賞之間比較水準是一個參照，用來判斷付出和酬賞的比率之個人標準，酬賞符合或超過個人比較水準，較能令個人感到滿意；第四個要素是「**其他方案比較水準**」，指個人在其他情境下可以得到的期待，若一個人在其他情境之下可以得到很高的報酬，那這個人是不會承諾留在目前的關係裡。不過，當個人覺察到很少可接受的其他方案（也就是沒有其他更好的出路），則會傾向留下在關係中，即便對這個關係不滿意或感到無法滿足；第五個要素是「**投資**」，指個人在一個關係中投入某些事物，若關係結束這些是無法取回的，投資可以增進對關係的承諾。前述這些要件與親密關係中，經驗到滿意和承諾都有很高的關聯（Brem & Kassin, 2002/2006）。

　　依上述社會交換理論關係構成的要件，在諮商與治療團體當中的社會交換物品，與其他人際情境有些不同。成員與成員之間或與領導者之間的交換，通常不是物質，而是資訊、情感和想法及行動。從實務經驗，成員付出的代價，主要就是自我揭露，協助其他成員夥伴，團體中的人際衝突，讓出自己可使用的團體時間等。而成員個人可以得到的報酬，則是領導者和其他成員給予的了解性反應，包括：傾聽、尊重、接納、同理、積極性回饋、支持和反映等，以及提供資訊和後設自我揭露。至於比較水準，可能是成員個人的自我揭露，而預期得到領導者和其他成員的反應，可以感受到被接納、理解和同理的狀況，或是可以得到困擾的舒緩，甚至可以獲得問題的解決；若將自己可以使用的時間讓出來給特別需要的其他成員，則期待可以得到友誼或個人價值感、成就感與自尊。但是若自我揭

露引發團體的人際衝突，則可能會退出關係。而其他方案比較水準，可能發生在想像的個人行為或觀察其他成員的行為，經由想像預期或經由所觀察的其他成員實際所得到的報酬，比他在目前關係中的社會交換所獲得的報酬高，則可能採取其他行為或產生仿效投入團體中的新關係，或從目前的人際互動退縮，或對團體很不滿意，甚至會退出團體。在投資方面，成員主要為自我揭露的個人資料，給予他人的情感和在團體參與的時間，這是在團體中人際關係結束，無法取回的。比起個別諮商與治療，團體諮商與治療可能個人更需要一些投資和等待獲益的時間，若領導者在團體初始沒有向成員說明，成員對於投資與期待獲利的時間之預期，可能不切實際，而對於投入團體感到不滿意，將影響其參與團體的承諾。

由此在團體初期的領導任務，需要以團體歷程為主，而不是聚焦在個別成員的問題探討或深化，需要留意成員互動的滿意狀況，協助成員可以盡快與其他成員連結有意義的關係，維持成員交換的質與量均衡，以便積極創造安全與信任的團體環境與氛圍。領導者需要，一方面協助和鼓勵成員相互自我揭露，促進彼此有較多的認識，並注意人際自我揭露的平衡，以利團體人際安全感的提升；另方面協助其他成員對於自我揭露的成員，積極地給予接納和表達了解性的反應，以協助成員達到關係的平均預期結果或超過其預期結果，以增進關係的滿意程度。

此外最重要者，領導者要知道如何促使成員交往動機的改變，轉化團體中人際交換的基本規則，促進共享關係的發展與形成。為了達成這些目標，一方面，領導者需要知道在團體中，成員感到自我揭露獲益最大，乃是獲得的同理、支持、反映和正向回饋，而這些有利反應的提供者，不只是領導者一人，還可以來自其他成員。因此，領導者要多多鼓勵其他成員給予自我揭露成員反應，使他感到報酬不少於付出，甚至獲得的報酬高於付出，可以促進交往動機的改變。如此，可增進成員之間及成員與領導者

之間的關係，並讓成員感到參與團體的滿意經驗與承諾繼續留在團體，去努力朝向個人目標；另方面，領導者需要在團體開始之際，便明確指出團體成員的共同利益，即是每個人都期待可以在團體中達成個人目標，而這是一個互助的諮商與治療的團體形式。這個歷程需要經由同舟共濟，相互協助，方得以滿足個人需求，或解決個人困擾。

三、成員人際關係的成分

　　楊中芳（1999）在人際關係的概念化，主張人際關係的成分有三：一為「既定成分」，指人在某個時間點以前，經由交往所建立的社會既定的聯繫；二為「工具成分」，指交往過程某個時間點上的特定場合，在工具層面的滿意程度；三為「感情成分」，指交往過程某個時間點上，自發性的情感交流層面，感到親密或不親密的程度。以參加諮商與治療團體的成員而言，多數成員參加團體之前相互不認識，沒有聯繫，因此具有既定成分的可能較少。尤其通常不會，也不宜有家屬、師生、同事等等既定關係的成員。因此，這些成員的聯繫是由參加團體開始，在團體開始，領導者便能重視成員之間的連結，有助於團體中人際關係的開展。其次，當參加了諮商與治療團體這樣的特定場合，經由領導者協助發展同盟，對於團體任務與目標的共識，相互協助，便有工具交換的工具成分；至於感情成分，在團體聚會的時間裡，隨著彼此的互動，可以增加自發性的情感交流機會，良好的團體互動品質，有利於感情成分的成長，提升親密感。所以，有凝聚力的團體，成員會有友誼關係，即共享關係的親密感。雖然，成員們來到團體的目的並不是為了交朋友，他們是抱著工具性的目的而來。然而，有凝聚力的團體，成員之間確實存在有親密感的關係，親密感正是友誼關係的特徵。且實際上有凝聚力的團體，成員往往在後來成為朋友，更有成為團體結束之後的支持網絡。因此，就人際關係的成分而言，團體中的凝聚力可以包括工具成分和情感成分，工具成分與成員參加團體

的目的有關，而情感成分則與團體歷程有關。

四、親密感的人際歷程模式在治療團體的應用

最後，處在共享關係的人，不只相互對待的原則有別於處在交換關係的人；在情感上，也會感受到一種親密關係。從社會心理學的文獻，在親密關係（close relationship）裡，所謂的親密感（intimacy）「是一種親近與連結的感覺，經由同伴之間的溝通發展而來」（Laurenceau, Barrett, & Rovine, 2005, p.314）。在一個親密感的人際歷程模式，描述這個互動過程包括兩個步驟：第一，先由一個人揭露個人資料的溝通，這些資料包括個人想法和情感情緒等形式的資料；第二，在這個過程，再由聆聽的同伴傳達出了解、接納、肯定，以及正向情感，給這一名自我揭露的人（Reis & Patrick, 1996）。而自我揭露的形式，同時包括非語言溝通，例如呈現情緒性的內容，如此對於親密感的發展有助益（Clark & Reis, 1988）。在這個親密感的人際歷程模式，最重要的條件就在社會交換的第二個步驟（Reis & Patrick, 1996）。然而，同伴的同理反應還不能構成充足條件，必須這個自我揭露的人能正確知覺到同伴的理解和接納，如此才能發展出親密感。研究發現，自我揭露者知覺同伴的反應，是自我揭露與親密感之間的調節中介；另有研究也發現，在各種不同社交關係和不同時間，自我揭露和同伴的揭露，兩者都可以顯著預測親密感（Laurenceau et al., 2005）。所以，關係中親密感的發展，是一種與個人自我揭露和同伴反應有關的人際互動過程，而其間的調節樞紐在自我揭露的人的知覺。如此，社交關係，便可能發展成為具有親密感的共享關係。

根據親密感的人際歷程模式，若期待在諮商與治療團體的成員互動之中，催化與促進成員的人際關係，使他們得以發展出具親密感的共享關係。顯然，領導者需要協助成員體驗和學習到人際互惠，可以透過對於彼此的需求或福祉的關切來獲得，才能創造有益治療的團體條件。因此，鼓

勵成員以提高成員自我揭露的意願且能自我揭露之外，還需要協助其他成員傾聽，並提供理解和接納的反應。由於發展親密的凝聚，意表進入更為開放的人際關係，將部分的個人權力交到他人手上，並期待透過與他人更開放的關係，以及擴大自己，以便獲得他人的掛念、關心、同理、同情等報酬（Pines, 2008）；而發展親密有障礙，便是來自投射的害怕，恐懼重演早年痛苦的經驗。

　　然而，在團體初期這也是領導團體最為困難的部分。一方面，團體初期的成員彼此相知有限，害怕開放和自我揭露乃人之常情，況且對於團體規範也沒有確定感，在團體中的焦慮和不安全感有待克服。其次，通常來參加的成員比較缺乏有效且具理解性的溝通技巧。因此，在團體初期對於自我揭露的成員，其他成員最常見的表達，便是建議、勸告和說教，這也是成員在社交關係當中最為熟習和習慣的人際技巧。因此，領導者除了示範尊重與接納，讓成員來仿效，以創造安全的團體環境之外，尚需透過示範與教導來訓練成員的理解性溝通技巧，這些將是初期領導要務的一部分。此外，在有成員回應自我揭露的成員之後，領導者尚需給予機會或邀請自我揭露的成員，說出他所知覺其他成員對於他的揭露所做的反應，以便檢核該成員對於被理解的知覺，如此，才完整的運用了親密感的人際歷程模式的步驟。

❖第六節　結語❖

　　團體中的人際網絡十分複雜，包括領導者與成員，以及成員與成員之間的關係。人際理論可以提供領導者對於團體中人際關係性質的認識，以及關係發展的方法。領導者需要記在心裡，團體不是一個抽象的概念，而是一個由個人系統和人際關係系統所結構的有機組織。領導者與團體關係的連結，基本上是從與個別成員的連結開始，而成員也從與領導者的關係

去連結與其他成員的關係。所以,領導者在加入一個團體之際,需要先了解各個成員的希望、意圖和偏好,以便能夠與每一個成員連結,並協助成員之間的連結。

其次,有效的治療關係需要包含領導者與成員彼此真實的關係,無論是領導者或是成員,需要以人對人的關係在團體互動。尤其,團體初期領導者需要以團體歷程的發展為要務,協助成員卸除社會角色的面具,揚棄社會交換的遊戲規則,建立互惠的人際互動規範,以促進成員之間關係的發展。一個有凝聚力的團體,涵蓋了良好的治療關係,以及成員與成員之間的共享關係。因此,領導者對於良好治療關係的經營,應不遺餘力。同時,也需要促進成員之間共享關係的發展,也就是團體凝聚力的發展;團體凝聚力的產生不是偶然,或必然。領導者在團體的初期需要努力致力於團體歷程的領導任務與工作。主要任務,在催化與促進團體凝聚力或共享關係的發展,若領導者對於凝聚力的性質與發展,沒有清晰的理念,可能難以適切而有效的介入,若成員對於團體和團體中的人際關係產生不滿意經驗,中途退出團體便可預期。尤其,在較短期或時間有限制的團體領導,不能盡快有效發展團體凝聚力,很容易在團體出現凝聚力之後,所剩可以工作的聚會次數不足。從社會心理學的人際理論,可以提供較為具體的指引,用來明瞭凝聚力的性質,以及其與團體中的人際關係發展之關聯,有助於建構催化和促進團體凝聚力的領導策略與方法。

第五章 團體歷程與階段發展的原理

❖第一節　緒論❖

　　筆者在2005年提出以社會心理學的人際關係理論為本的凝聚力定義，以及團體發展原理和團體階段模式（吳秀碧，2005），主要原因有五：(1)團體的發展，主要以團體中成員之間的人際互動與關係為發展的軸心動力；(2)使用個別治療的理論為依據的分析論之心理治療團體，僅以戀父情結和移情作為詮釋團體歷程發展的主要依據，忽視團體中成員人際的互動與影響力；(3)詮釋團體發展和階段特徵的理論，必須與凝聚力定義和概念所依據的理論一致，才能說明團體歷程與發展的方向；(4)目前在美國唯一提出團體歷程發展原理的學者為James Trotzer，不過他以Abraham Maslow的需求階層論為依據（Trotzer 1977, 1999, 2013），因此也如分析論，以一個個體的理論去詮釋一個團體；(5)目前在美國或臺灣，有關團體階段的模式，以Corey（1985, 2015）、Yalom（1985, 1995, 2005）和Gladding（1995, 2011, 2012）等學者的團體階段模式為最普遍，然而這三者主要都以Tuckman和Jensen（1977），及Tuckman（1965），的實徵研究發現為依據，即根據：「形成」（forming）、「風暴」（storming）、「規範」（norming）及「表現」（performing）等四個階段模式，加以增修而成五階段模式。但是Tuckman的模式只能描述各階段的特徵，無法說明團體發展的原理，因此無法據以發展團體各個階段領導

的任務、策略與方法（吳秀碧，2005），所以Corey和Yalom的各階段領導方法爲憑藉經驗，而非以理論爲發展的依據，若用在治療師的訓練，將比較費時費力；而Gladding（2011）的模式，則主要被用在評估團體階段的測量及相關研究（Lewis, Beck, Dugo, & Eng, 2000）。

由於受到分析論的團體心理治療理論之影響，西方學者一直將治療團體的發展重點放在個體或團體整體。直到近年，美國學者終於開始注意到人際關係理論在團體諮商與治療的重要與應用。Lo Coco, Gull, Fratello, Giordano和Kivlighan（2016）認爲團體，包括所有成員在團體中的網絡，以及團體與領導者之間和聯合領導者兩人之間的網絡。Ruthellen Josselso（2018）則強調在團體治療，最有力的治療的衝擊（therapeutic impact）就是人際學習，同時強調人際關係的性質爲團體的核心。

晚近美國學者在團體發展方面，對於人際關係的重視和研究發現，呼應了筆者在2005年提出的團體發展和階段理論之建構。故在本章將以社會心理學的人際關係理論之中Goffman（1959）的「面子工作」（face work）理論，Homan（1961）的「交易理論」，以及Rawlins（1981）的友誼關係發展論等，闡釋吳秀碧（2005）發表對於團體發展和階段的理論建構。

❖第二節　團體歷程發展的理論基礎❖

Sullivan（1953）主張人際爲個人人格的發展與形成之主要影響力量，已經爲學者普遍贊同。有關個人自我概念如何形成，Rogers（1951, p.483）主張：「與環境互動，特別是與他人互動的結果，一個人對自己的圖像由此形成。」換言之，個人的自我概念爲人際產物。Johnson（1981, p.2）也提到：「我們的自我認同，是從與他人互動之中建立起來。當我們與他人互動，會注意到他人對我們的反應，因而我們學到如同

他人看我們一般，來看自己。」理論上，不只個人的自我概念形成，甚至個人人格特質的形塑，也都與人際互動有關。Trotzer（1999, p.64）認為：「我們的關係對於我們的人生有一種社會化的效果，不只形塑我們的行為，以符合社會標準，同時也具不同的衝激，讓每個人發展出獨特的人格、自我概念和認同。」有關人格發展與人際關係的關聯，如前第二章所舉學者論述良多。

不只一個人是由人際所形塑，一個人的問題，也多數由人際環境所造成。Dinkmeyer和Muro（1971, p.9）主張：「所有人類的問題，基本上都是社會的。」Gazda（1971, pp.6-7）也有類似的說法：「吾人生活中的真正問題，本質上都是人際的。所以似乎很合理的就是，協助當事人們發展必要的技術，以便建立和維持有效的人際關係。」由此，解決來自人際或社會的問題，還是要回到人際或社會情境去處理。Mahler（1969a, p.11）認為：「人們帶到團體諮商的主要憂慮，主要都圍繞在基本的社會化歷程」。因此，Mahler（1969a, p.141）主張：「團體諮商的主要目的是，發展一個諮商師可以去滿足當事人和協助他們尋找認同的過程。團體諮商給當事人們提供一個機會，得以在友善與容許的氣氛當中，去檢視他們個人對於自己和世界的情感和態度，以及觀念。」可見人際環境對於一個人的重要性，因此團體諮商與治療或許可以很通俗的說，根據人生這樣普遍的道理，濃縮和刻意經營成為一種有效的助人情境和方式。

從團體諮商與治療的定義，學者有一些共識，即：團體諮商是一個動力的人際關係發展歷程，著重在成員可意識到的想法、情感與行為；任務在於處理特定的問題，這些問題為成員個人發展任務或生活的議題，處理的焦點與內容因成員特質而定；主要工作方法為透過互助的方式，共同分擔並討論成員個人的問題，以學習解決問題（Corey, 2011; Gazda, 1985; Trotzer, 1977, 1999）。而成員之所以願意互助，主要與團體凝聚力有關

（Budman, Soldz, Demby, Davis, & Merry, 1993），在有凝聚力的團體環境或是在共享關係當中，人類的善性得以被喚醒和發揮利他的潛力，所以促進共享關係的發展和提升團體凝聚力，為諮商團體能去工作的關鍵。傳統的團體心理治療，領導方式倚重催化移情的出現，俾便可以去工作。然而，當代的團體諮商與治療，主張初期的領導任務主要在催化團體歷程，以促進凝聚力的產生，並以凝聚作為團體可以去工作的墊腳石。在第四章已從社會心理學的人際關係理論論述不同人際關係的本質，並概念化成員之間共享關係為團體凝聚力的人際本質。本節繼續就社會心理學在人際關係方面的友誼關係發展階段理論，來探討和建構諮商與治療團體階段發展的基礎。

壹、友誼關係階段的發展與團體階段的發展

從人際關係發展的角度，社會心理學者主張從人際關係的性質來分類時，「友誼關係」為一種「共享關係」，「社交關係」則為「交換關係」（Clark, Mills, & Powell, 1986）。雖然共享關係與其他人際關係性質不同，然而也是一種人際關係發展的結果。因此，就人際關係的形式而言，社交關係能發展成為友誼關係；就關係的性質而言，交換關係也可以發展成為共享關係；就關係發展的歷程而言，可能是一個人際規範不斷調整和演進的歷程。

Rawlins（1981）主張友誼關係（即共享關係）的發展歷程，約可劃分為下列六個發展階段：

第一階段，為有限角色的互動階段：在人際初邂逅的社交情境，個人多半遵循標準的社會慣例和常模，去扮演各自的角色。個人通常有數個社會角色，會依據不同社交場合來選擇與扮演特定的角色。人與人之間彼此客氣有禮，但不會完全開放，因為尚未準備好揭露個人私密的自我。因

此，交往中彼此的了解相當有限。

第二階段，為友善關係的階段：在彼此有一些認識之後，人對於他人會有好奇心或興趣，會去注意互動的對方的興趣或其他方面，是否有和自己相同之處。因此，會透過聊天或開玩笑，去試探發展進一步人際關係的可能性。

第三階段，為進入友誼階段：在人際互動方面，經過前階段的試探，發現有興趣進一步交往的對象，便開始採取積極的作為，以培養彼此的友誼關係。在這個階段，會開始揚棄遵循社會慣例與常模，雙方所呈現的為超越個人的各種社會角色了，彼此藉著適度的自我揭露，以傳遞彼此想建立的關係之訊息，可以分享個人較隱私的內心世界。因此開始有個人化的互動特色。

第四階段，為初級友誼階段：經由彼此自我揭露較多個人資料，得以認識對方這個人的部分，而不只是他的社會角色。彼此欣賞對方某些特質，開始認為彼此是朋友或是會成為朋友，逐漸卸除個人社會角色，因此社會規範或慣例變得不重要，會開始找出規範彼此的私有準則，和屬於他們的互動方式，發展一個團體特有的性格，形成友誼團體，也就是共享關係的團體。

第五階段，為穩定友誼階段：本階段有兩項指標：一為關係的持續，持續互動；二為相互信賴，友誼更真誠，無所不談，不用隱諱，不必戴上社會性面具。友誼團體的成員可以自在揭露自己的困境，並尋求團體的協助，團體成員也會盡力，不求回報的去相助。

第六階段，為友誼衰退階段：彼此或有一方不再經營與投資，則彼此的關係可能逐漸衰退，互動減少，雙方交往變成例行公事時，因枯燥乏味而彼此關係變差，甚至淡出關係。

貳、團體中共享關係發展的現象

在第四章第四節所論述，凝聚為人際的共享關係。而在人際關係理論認為友誼關係或共享關係的發展具有階段現象，每個階段呈現明顯的不同人際互動規範與特徵。以下從共享關係發展的各階段特徵，來觀察和探討諮商與治療團體歷程，成員人際關係發展的狀況。

一、初始團體中成員人際有限角色的互動

Goffman（1955）的「面子功課」（face work）理論，主張在人際邂逅的社交場合，人與人為了保護的自尊，同時也會顧慮他人的自尊，總是謹慎的帶著社會角色的面具與他人接觸，這種情形以人際初見面時的狀況，最為明顯。Trotzer（1999, p.56）認為：「需求安全感對於每個人都是基本的，我們最大的挫折，最常見的就是與我們所害怕的未知有關，無論在社會情境與物理情境都一樣，當我們缺少可靠的知識或承諾，我們便失去碰觸自我的信心，如此反過來，便升起焦慮和急需保護我們自己。」所以在社交關係當中，人我陌生，充滿未知的焦慮，我們需要戴著社會角色的面具與人互動，藉此可以保持與他人的心理安全距離，主要目的在保護自己的面子，同時也維護他人的面子，以此維持與他人的安全關係，避免衝突。顯然面子或角色的面具，可以給個人的「自我」一個心理安全感的防護罩。同時，依Goffman之見，由於我們也會保護對方的面子，當然不會說出或提問，可能會威脅或傷害到對方面子的話或問題，以致讓對方感到極度不安。由於社交場合的人，都是萍水相逢，或可能不想進一步交往的泛泛之交。所有動物面對不安全，最相似的反應就是攻擊或逃離，唐突他們必招來衝突。當然，我們都不希望在社交場合發生這樣的尷尬狀況。因此，有距離的謹慎互動，乃人之常情。

在心理治療團體，以及諮商與治療團體的歷程，同樣可以觀察到上述現象。從實務經驗，可以看到成員在第一次團體聚會，若全部是陌生人組

成的團體，以成員選擇座位這個行為，可以看到在我們的文化裡，成員們會盡量尋找有相似或共同特質的人，或許這些特質自己比較熟悉，可以感到比較安全。例如，性別相同或年齡相近的人，比較安心地坐在一起，或交談；即便這樣，從他們的言談舉止，普遍仍顯現不確定感，不安，試探性的互動，謹慎的選擇話題等等。

其次，成員交談的內容，初始的團體，常見成員交談社交的一般話題，例如社會事件、笑話、交通、天氣，這些交談只為了試著打破僵局，或填充不敢自我揭露，又不知如何使用的時間和減少團體沉默的人際壓力。尤其成員會帶著他們的社會角色在團體中互動，如果在成員相互認識的時候，允許成員自由自我介紹，他們更容易在團體中演出自己的社會角色的社交行為。

二、團體成員由友善關係進入初步友誼

Johnson（1981）指出，人類有一種關係的動力，會引起我們有動機且具信心的出來接觸他人，這或許就是團體中人際關係可以進展的動力。現實治療學派主張人的四項基本需求之一，便是歸屬或愛（Glasser, 1971; Wubbolding, 1981），這一點與Maslow（1943）的理論一致。Maslow指出，我們都有一種需求，便是與他人的情感性關係，以及在團體的位置，關係和位置，也就是歸屬。Glasser（1971）主張需求歸屬，以及被他人包含（to be involved）是所有人類驅力的一種力量，他特別強調在當今的「認定社會」（identity society），人際關係還是特別重要，由於人需要在人際關係中找到自我認定。所以在現代化的工商社會有許多俱樂部、自助團體、集會、單身酒吧、教會團契等等，都說明了現代人很需要克服孤獨感，以及從所歸屬的團體獲得自我認定。Glasser還將歸屬分為三種形式，即：社會歸屬，工作歸屬和家庭歸屬。為了圓滿歸屬的需求，可以在前述三種形式當中的許多場域去尋得，這種情況，目前在臺灣也是一樣。若依

照Glasser對於「認定社會」的界定，在1970年代起臺灣也轉型爲這樣的社會了。個人可以明顯感受人際疏離，尤其家族人際型態和關係，受到都會化和經濟活動變遷的影響，多數人遷離族人群聚的農業經濟活動區，住進工商經濟活動的都會區，疏離的狀況最爲明顯。不論兒童、青少年、成人或老人，每個人歸屬的需求成爲普遍的問題，我們也以過去農業經濟活動社會所未曾見到的各種團體，來尋找歸屬的滿足，例如參加成長團體，各處的宗教團體，年輕人常用的網路交友、FB、line、微信、休旅車車隊等等，以便彌補家族密切關係的空缺，將有共同需要的陌生人連結在一起，以便獲得家庭以外的歸屬感。然而，想要展開家庭以外的人際關係，人際技巧特別重要。

Rawlins（1981）認爲經過初步相識之後，若有興趣發展進一步的關係，人們會透過聊天或開玩笑，去試探發展進一步人際關係的可能性。諮商與治療團體的成員，明白大家在團體聚會，與一些社交場合爲單次的見面不同，未來會有持續一段時間的相處，在此階段成員內心主要的掙扎就是，需求關係和被其他成員接納。經過初次見面的有限互動之後，在團體中成員會逐漸出現注意他人的興趣，並考量可以被接納，又不涉及個人隱私的話題。談起一些不緊要、不重要的個人瑣事，或談談個人「有辦法」、「有成就」、「有趣」的事蹟，來引起其他成員的注意或顯示個人的價值，這種情況與彼此已經較熟悉的社交關係情境，人們交談的話題沒有太大差別。

此外，成員爲了在團體找到個人位置，權力競爭是尋找團體中個人地位的常見方法。團體成員和社交關係中的人們一樣，有使用高談闊論自己的成功事蹟，或強調自己某些特殊際遇與見聞，或表現見聞廣博，以此博得注意和顯示自己過人之處。這是一種權力較勁的隱微方式，企圖提升自己的團體位置。有些人則比較直接，有取代領導者的行爲，在團體中指

揮或控制其他成員，例如指定其他成員出來說話；或成員彼此較勁在團體中對他人的影響力，例如當有成員談了一點自己的困擾，便有成員給予勸告，或建議，或講大道理，或是對於他人的建議或意見給於貶抑，如：「你這個建議對他的問題不太管用，我認為應該……」、「聽你的意見，就是你的經驗還不夠多，我告訴你……」，以此打壓對方，提升自己；也有人較間接顯示自己的權力，例如當和事佬或仲裁者，或使用抗拒較有權力的成員的要求，或對於其建議予以否決；有人則退縮，不涉入權力競技，而採取觀望。總之，在團體經歷陌生和焦慮的人際之後，成員很容易出現這些社交行為，試圖和他人打交道，雖然技術巧妙各異，目的則一，都希望與他人連結關係，並在團體中尋得一席之地，來安頓自己，以便有歸屬感。

　　這個階段，在諮商與治療團體會出現有意義的成員訊息，在成員的權力競爭當中，往往會複製其團體外實際生活的團體角色，同時很容易反映了個人生活的社會團體和家庭團體的人際型態和特徵。例如華人有敬老尊賢的文化，在團體外的現實生活中擁有權威角色者，如年長、男性、主管或長子女等角色，往往在團體中不自覺呈現這樣的角色特徵。當團體沉默的時候，這樣的成員可能為了承擔團體的責任，而出來談自己，但是他的目的並非真正要使用團體時間處理個人的議題，而是不自覺的複製了他在權力和責任運用的方式。而其他成員迴避團體壓力的方式，也可以看到複製實際生活中的樣貌，例如使用眼神向比較有權力的領導者或成員求助，或眼神迴避，或有成員可以很輕鬆的看看每個人，好像事不關己，或有成員直接挑戰權威。這些都在重演成員實際生活中，當面對角色和任務不是很明確和具體，結構又很低的時候之因應行為。因此，可以推測這些成員在家庭或職場等團體情境，他們個人的人際型態和壓力反應特徵。

三、團體成員形成初級的友誼關係

　　Rawlins（1981）主張初級友誼階段，彼此欣賞對方某些特質，開始認為彼此是朋友或會成為朋友，也就是對於彼此是朋友或會成為朋友有共識，會逐漸卸除個人社會角色，揚棄社交規範或慣例。當團體的人際關係有所推進時，成員的確會出現Rawlins所描述的初級友誼階段的特徵。由於成員感到個人可以被接納，便拋棄個人社會角色的面具，並揚棄社交規範，尤其在領導者的示範與增強之下，逐漸發展新的團體規範，藉著適度的自我揭露，以分享個人隱私的內心世界，這樣團體成員逐漸有個人化的（personal）互動特色，不再停留在社交互動的性質。

　　當成員體驗到自己被接納，關係便能成長，凝聚力也得以發展（Trotzer, 1999）。這個階段由於友誼關係：一方面，成員可以開始感受到團體的凝聚力；另方面，領導者可以觀察到配對關係和次團體逐漸形成。在有凝聚力的階段，成員會表現出溝通的自由、相互支持、信任、親密感、合作，有些成員可能開始揭露來參加團體的真正原因（Yalom, 1995, 2005）。

　　但是在面對整個團體，多數成員還未準備好更深入冒險，還不會完全揭露自己來談的議題，可能成員尚未確定關係達到Rawlins（1981）所謂的「友誼穩定階段」。因此，成員會開始一些比較安全的有限冒險，將兩次聚會之間所發生，或最近遭遇的個人苦惱或懊惱的問題提到團體來討論；或雖然提出真正來談的議題，但是概化或表淺而不深入。這樣的作為，一方面，傳遞友誼的安全訊息，成員之間相互的回應明顯增多；另方面，成員也在試探團體和領導者的可信任程度和可托付程度，也就是團體和領導者的解決問題能力。若領導者或團體令自我揭露者得到可以接受的工作績效，這個團體便通過成員第二次有關安全與信任的測試和確認，而其他在觀望的成員，看到自我揭露者的成功典範也很重要，將鼓舞他們在未來聚會，願意揭露真正要來談的問題或內在的隱私。如此，團體將進入

另一個新階段。

四、團體成員友誼關係穩定

　　這個新階段是成員進入Rawlins所謂「穩定友誼」關係的階段。處在穩定共享關係的人，可以坦誠相待，自在交談，不用擔心自我揭露會被拒絕或嘲笑，而失去自尊。此外，對於他人能表達眞正的關心，也願意盡力協助對方（Clark et al., 1999）。Fiske（1992）主張社會行爲，有四個基本的關係結構，其中包括共同分享（communal sharing）和權威等級（authority ranking）兩種。前者，每個人會企圖與別人建立長期的親密關係，彼此友好相待，並相互幫助，這也是Clark等人（1986）所謂的共享關係的結構；後者，只關心自己在群體關係中的位置，如此可決定他能夠得到的資源類別與數量，以及行動的自由。在這種關係中，人與人之間不平等，人想控制他人，交換關係或社交關係便是如此。

　　當團體成員形成初級的友誼關係，可能存有權力競爭，以便找到關係中個人的位置或地位。但是，進入穩定的友誼關係，他們所關切的是親密感的關係之維持和持續。彭泗清和楊中芳（1999）針對華人的研究發現，影響人際交往的主要因素有三：「性格相投程度」、「情感相容程度」和「同甘共苦程度」。在關係較爲初期的時候，尋找性格相似性的人連接關係，固然很重要，然而交往雙方能夠坦露內心的感受，有情感的相互涉入與共享，親密感才會增進；若可以同甘共苦，雙方都能爲對方著想，相互幫助，關心彼此，則可以被視爲「自己人」或「知己」。雖然，期待團體中所有的成員都可以成爲親密的友誼關係乃是不切實際的想法，但在團體中，成員二、三人或三、五人形成友誼的關係，則有實際的可能性。從友誼關係發展的角度，親密的友誼關係通常二至五人一群最爲容易，一個團體通常約有八至十二名成員，因此團體中形成具親密友誼關係的次團體，以及配對關係，乃是一種不可避免的現象。

　　此時團體文化和規範已嚴然形成，團體成員能自主自動，並負起推動團體方向的責任。團體已經可以作為個人處理問題的場域，在進入工作期之際，通常感到關係不夠親密的成員，或個人安全感較低的成員，看到其他自我揭露成員的收穫，由於增強替代典範的作用，也想冒險，可能會再度要確定團體中有關安全與可信任的議題。由於這個階段，成員準備要揭露個人的隱私困境議題，需要再度確認團體中的安全和可信賴，主要目的在於維持個人自尊和確保能夠獲得問題解決為主，成員若不能獲得揭露的目的所預期之報酬，則個人在團體中的人際付出與報酬得不到平衡。因此，有時成員會直接表達出他所要揭露的隱私之重要性，並要求確保可以獲得部分或完全解決問題，才願意說出來。所以，領導者需要一方面重申保密規則，另方面得向想要利用團體的成員確定揭露的意願，如此，不僅可以避免團體傷害，也表達領導者對成員的尊重和對所要揭露的問題之重視。

　　從實務經驗的觀察，成員在團體歷程會一再確認團體的安全與可信任程度，也顯示需求的演變和關係的推進，共有三個時間點：第一次，出現在團體初次聚會，成員尚處在社交關係階段，成員會提出有關保密的規範，直接表明不安全感，並要求保證，因此，領導者說明團體規範的重要與要求團體成員遵守規範，以及提供適度的過程結構，都有助於提升團體成員的心理安全感；第二次，出現在共享關係開始轉化去工作的時候，成員會提出真實困難，但不是他參加團體的主要問題，目的在試探領導者和團體的可信賴程度，也就是團體的工作能力，領導者和團體若能夠滿足該成員的目的，團體很快就會進入工作期；第三次，是在工作期，成員所提出的個人議題隱私性較高，個人也比較需要高度安全保障，這樣的成員會明白要求保密，領導者必須向團體成員再次確認保密的重要。所以，在團體開始和團體工作期，安全感和成員個人努力維持自尊有關，領導者必須在團體中一再重申保密的重要。

五、團體人際關係的結束與分離

　　由於團體諮商與治療，甚至團體心理治療，通常都有時間限制。即便長期且開放式的心理治療團體，成員個人也有結束治療和離開團體的時候。特別是有時限的團體（time-limited group），最後當成員預期團體即將結束，將極少再揭露想尋求協助的個人困境，也較少情緒的表達與宣洩。這時候團體便處在Rawlins所謂的「友誼的衰退階段」。友誼關係衰退最明顯的指標，可能是溝通的質與量的縮減，顯現對於關係的投資減少。研究指出，有關情緒宣洩的自我揭露在團體歷程呈現圓弧形單峰曲線，也就是呈現倒U字形，團體中期情緒性的表達和交流較多，而團體初期和後期認知性的互動居多（吳秀碧、洪雅鳳和羅家玲，2003）；另有研究發現，團體後期確實成員的口語互動次數與內容都明顯減少（謝麗紅，1995）。從這兩篇研究發現可見，在團體後期當領導者提醒成員團體即將結束，由於成員意識到個人即將離開團體，開始準備離開團體情境的人際關係，而變得減少對於彼此關係的繼續投資。所以，成員會減少自我揭露個人隱私和問題，情感表達和情緒宣洩都少了，口語的內容和互動次數也少了。而在另一方面，他們會面臨離開團體而有分離焦慮，表達離情依依，也會討論日後的聯繫，以此表達擔心友誼關係會因為團體結束而終止，這些都是正常的反應。不過若有嚴重分離焦慮問題的成員，面對團體即將結束可能會特別困難，而需要領導者的協助。

❖ 第三節　諮商與治療團體的階段 ❖

　　團體之所以能夠用來助人，基本的墊腳石在於團體中的凝聚力。從人際關係的性質來看，凝聚力為一種共享關係的人際關係，而友誼關係通常具有共享關係的本質。所以，有凝聚力的團體，成員之間已經發展出友誼關係。經過前述的討論，諮商與治療團體的歷程，反映友誼關係發展階段

的相似特徵，不過Rawlins所陳述友誼發展的六個階段，實際上在第三階段的進入友誼和第四階段初級友誼兩階段關係的性質與特徵之差異，不容易完全區隔，可以合併爲一個階段。於是根據討論結果，乃將諮商與治療團體階段的發展，分爲五個階段：社交關係階段、連結關係階段、共享關係階段、互助工作階段及退出與結束。茲分別詳述於後。

壹、社交關係階段

　　個人在一個團體的行爲，是他知覺社會情境的一種功能，這個社會情境，則視該團體發展的時期而定（Agazarian & Peters, 1981）。由於成員不知道社交關係與諮商團體之中人際關係的規範差異，所以初到治療團體的成員焦慮會提高。在團體初期成員角色尚未分化，團體中只有領導者和成員兩種角色，成員期待依賴領導者或得不到依賴需自行摸索。因此，若強調規範和管理，成員就會趨於希望一致，由此而心生依賴領導者。這是成員的逃避，由過去在家庭、學校等經驗習得，不用負責自己的行爲，這種情形在結構式團體相當明顯，成員較輕鬆的依賴領導者的引領。

　　在非結構團體，若領導者毫無引導或結構，成員無所依從，焦慮會特別高。因此，在團體開始摸索之際，會以個人熟悉的一般社交規範和個人習慣的社交行爲，展開在團體中與他人互動的關係。例如，閒談社會事件或職場工作中的事，或談論生活中自己周邊的人，甚至講笑話。成員藉此，可以：一方面作爲試探他人的興趣和接納，若有其他成員回應或加入，便形成安全的交談話題；另方面，有時候會互相開玩笑，用以迴避必須自我揭露隱藏在內心的眞實感受與情感情緒（Trotzer, 1977, 1999）。所以，在團體初期成員容易有爆笑的聲音，這是所謂「神經質的笑」（neurotic laughing），是由焦慮所引起；爆笑是用來降低焦慮用的，並不是團體中眞正發生了好笑的事。因爲「面子工作」，是這時期成員互動中

的主要重點功課。交談是爲了試著打開人際關係，以及填充不知如何使用的時間和減少團體壓力。此外，由於缺安全感，成員找尋相似的和支持的成員，作爲成對的聯盟，成員彼此相互支持和保護，主要保護自己的面子和他人的面子。

　　Trotzer（1979, 1999）描述團體初聚會的安全階段特徵，爲試探、不確定感、焦慮、懷疑、抗拒，以及不自在和其他種種情緒反應，不論成員或領導者皆如此。Yalom（1985, 1995, 2005）提到治療團體初期的開始階段特徵爲：包括迷惑、考驗、猶豫、依賴、害怕被拒絕、不知道是否被喜歡等擔心；另方面尋求在團體中的角色、地位與被接納，溝通的內容和風格，刻板也拘謹。但是，成員知道個人來團體的目的不在社交，對於團體心理乃感到不安而疑惑。研究指出，在團體開始的聚會，成員的社交性互動比例高（謝麗紅，1995）。因此初始的聚會，隨著時間越長，社交性的安全話題越來越少，然而，爲了維持面子，誰都不想第一個冒險揭露個人資料，於是團體進行緩慢而常有沉默。

貳、連結關係階段

　　這是團體成員相互測試與關係**推進**的階段，同時也是開始成員角色分化與發展的階段。由於歸屬需求，驅使成員希望與其他成員連接關係，能夠被接納差異和被包含，在團體便有歸屬感。Trotzer（1999）認爲這個階段，成員期待被團體接納，與人類需求愛與歸屬有關。研究指出，通常成員會談論比較久遠的彼地彼時的個人歷史或事件（吳秀碧、許育光、李俊良，2003），一則可以引起團體對個人注意的焦點；二則也有投石問路的功能。對於有相似事件或經驗者，會自動加入交談，作爲表示友善和支持的回報，由於團體初期成員會克制個人問題的非理性面，以尋求支持和保持團體的安寧和平。若談論有關自我，通常以理性、去個人化

（impersonal）的方式談論個人問題，或談論自己的孩子、配偶、同事、主管等非個人自己的事（Yalom, 1995）。可能有成員會提出一些問題，經由「尋求」和「給予」勸告，旨在表達對於彼此的興趣與關懷，而不是真正要尋求解決個人問題。透過這些方式的互動，成員在尋找團體中可以連接的關係，這個階段成員雖然身在團體，人際關係卻是曖昧的。

這個階段，通常處在面臨人際關係的「分」或「合」的抉擇期間。不投緣者「分」，可能不再來往或不再見面，或盡量少來往和見面；投緣者「合」，進一步發展為友誼關係，成為朋友。然而，諮商與治療團體與社交情境不同，成員有個人目的而來聚會，未達目的之前或對於達成目的尚有期待之前，通常個人有繼續留在團體的需要和期待，不是隨意「分」、「合」離開團體的場域，不論「分」或「合」關係，主要都在團體內的人際網絡中運作。在團體中尋求連結，成為配對或次團體的一員，便成為一種找到歸屬感和進入團體很不錯的途徑，所以團體中會逐漸出現配對和次團體，若未能成功與其他成員「合」得來，形成親密關係者，將成為團體中落單的成員。

其次，角色系統是團體系統的重要元素。由於這個時期團體的發展處在成員角色分化的歷程，角色的分化與發展，與權力分配有密切關係，由於成員出現權力較勁的現象，因而團體容易出現有張力的團體氛圍，在這個階段的成員，期待「進」入團體，被團體接納。然而，個人位置何在？在現實生活的家庭或其他團體當中，每個人幾乎都有依其個人社會和文化獲得的角色和人際位置。例如吃酒席，除了受邀出席之外，還得找個合適個人身分和角色的位置就座。然而在諮商與治療團體，成員個人的人際位置該當如何，成員可能意識或下意識的將習慣的角色和位置帶到團體。這其中，由於角色分化和角色期待，領導者被認為是擁有較多權力的人。雖然，成員期待有一些自主，然而過度要求成員負責的領導者，將被認為

「不負責任」，而引起成員的不滿與憤怒，如同面對不負責任的父母的情緒一樣。此外，Gladding（2011）用「同僑關係」來論述諮商團體各階段成員之間的關係。實際上同僑關係也可以視為如同手足關係，所以發生在手足關係的議題，也可能在團體重演。

在角色分化與磨合過程，容易發生所謂的「占上風」（top dog）或「居下風」（under dog）（Perls, 1969）的權力競爭關係。成員使用個人擅長的手法，進行權力競爭，這是醞釀或直接導致團體衝突的來源。成員可能使用高談闊論自己的成功事蹟，或特殊機遇或見聞廣闊，以此顯示自己高人一等，企圖提升自己的團體位置；有人則直接取代領導者的行為，控制和指揮其他成員；或彼此角力，較勁誰在團體中對他人比較有影響力；或間接使用抗拒較有權力的成員的要求，對於其建議予以否決或不作聲色，來表達「你管不著我」或貶抑他人；有人則退縮，不涉入權力競技場，而採取保持沉默和觀望。總之，這些很容易出現在團體歷程的成員行為，也是用以連結他人，雖然巧妙各異，目的則一，都希望與他人連結，並在團體中尋得一席較優勢之地，來安頓自己。所以權力競爭也可視為是成員尋求人際歸屬的一種變相方式。

Gladding（2011）將團體歷程劃分為開始階段、轉換階段與工作階段三個階段。Gladding所描述的開始階段，便與社交階段和連結階段相近似，也比較類似Yalom（1985, 1995, 2005）的初始階段和衝突階段，或類似Trotzer（1977, 1999）的安全階段和接納階段。Gladding認為開始階段成員主要行為議題包括：(1)各種焦慮，成員的互動開始變更得焦慮，因為害怕失控、被誤解、看成傻瓜、或甚至被拒絕，因而可能採取不冒險，保持沉默，然而，或有為了建立自己在團體中的位置，而採取較開放和肯定的作法；(2)權力較勁，權力分為資訊權力、影響權力和權威權力；(3)成員對於領導者和團體的信任，由於一部分缺乏應付團體的經驗，另一部分

來自團體朝向從表面化步入統一，正在解決焦慮和權力問題，因而不信任；(4)口語行為，口語互動的品質，包括使用負面的評語、判斷他人、批評他人，作為一種控制。其實貶抑他人，是利用打壓他人來提升自己的位置，為另一種權力較勁。總之，成員開始連結關係，也各呈現其團體外實際人際的特徵。所以領導者將可以開始去觀察、知道和理解每位成員的一些人際特徵和型態。不過這個階段仍在團體初始時期，尚無法運用團體助人的理由，為：一則，成員需要安全與信任；二則，領導者尚未足夠了解成員個人；三則，成員也尚未足夠了解彼此。

這個階段成員努力連結關係，也減少依賴領導者。團體動力從要求一致，遵循領導者的規範，轉到叛逆，期待獨立和自主的規範。由於團體的意義和目的，必須以團體成員為主來產生，而不是依賴團體結構（Trotzer, 1999），因此也不宜由於擔心成員摸索的焦慮，而不當或過度使用結構活動，以致妨礙成員自主性和負責任的發展。

參、共享關係階段

就團體整體歷程，這是一個轉換時期。成員發展出穩定的友誼關係和新的團體規範，也開始知道諮商與治療團體規範的運作，並注意和重視團體規範，因此若有成員未能遵循規範，有成員可能會主動出來提醒。成員能揭露真實自我，取代使用角色的面具，且放棄社交規範，使用新規範，以便與他人形成友誼的關係。亦即出現共享關係的規範，關心對方需求與福祉，付出不求報酬，取代社交關係的交換規範。親密關係形成的指標，是交往動機的轉變，由關注個人一時的得失，轉變為關注雙方共同的利益，對共同利益產生責任感（Kelly, 1967）。這兩種動機對應著不同的兩種關係類型，前者對應的是交換關係，後者對應的是共享關係（Clark & Mills, 1979）。

　　由於領導者在團體開始便不斷示範與教導，在此階段成員能夠運用有效的基本人際溝通技巧，並聚焦團體此地此時的互動居多。有關諮商團體歷程的研究指出：領導者的意圖聚焦，由第二次大量聚焦在團體歷程，轉至在第三次起，比之前有較大量聚焦在成員個人（吳秀碧、洪雅鳳等，2003），可能與成員願意向團體分享較多自我有關。團體成員對於真實自我揭露的成員，能主動表現出接納、尊重、真正關心，給回饋及表達支持，被無條件的接納，對於成員特別重要。Trotzer（1999）認為需要被接納是成員來到團體的重要需求，或許他們在實際生活中被拒絕，而在團體中被接納具有療癒作用。Trotzer（1972）同時提出團體中發展接納可以達成三個主要目標：(1)有助於團體變得有凝聚力，因為接納可以促進關係的成長；(2)協助每位成員感到被接納為一個有價值的人，對於個人自尊有幫助；(3)同儕團體的影響力，得以被運用在積極而非消極的狀態。

　　此外，在這個階段成員聚焦在團體此地此時的互動居多。研究指出，在團體歷程成員的自我揭露類型當中，各型的自我揭露隨團體階段發展呈現倒U型或拋物線型；唯有彼地此時在團體歷程都呈現波浪形，不因階段演進而有顯著改變，也就是在團體各階段，成員都免不了談論過去與當下團體有關的事，所以在各階段有一定的出現頻率；當彼地彼時的揭露與此地此時的揭露，突然戲劇性地呈現此消彼長的時候，是團體轉換新階段的重要跡象，亦即團體呈現成員突然大量減少揭露個人團體外過去事件，而大量增加團體內此地此時的自我揭露；此地此時的溝通，由於溝通的內容為當下成員彼此之間的訊息，需要較高的人際冒險，這些現象可能與成員友誼關係的發展有關，為一個團體從連結階段進入了共享階段的現象（吳秀碧等，2003）。

　　在這個階段，團體成員不只彼此接納，還會出現Wood所描述友誼關係的支持行為，來支持揭露個人困難和內在情緒經驗的成員（引自何

華國，2005，頁156-157）。Wood指出在友誼關係中為了表示對朋友的支持，常見有下列方式：(1)願意聆聽朋友的困難；(2)對朋友的困難能做適切的回應；(3)讓朋友知道他並不孤獨（例如，揭露同樣的困難或感覺）；(4)當朋友犯錯或有傷害到我時，仍會善意的接納他；(5)安慰處於困境的朋友；(6)向處於困境的朋友表示我們會跟她在一起。這樣的互動過程，成員「情感相容程度」大幅增加，親密感便提升，而形成有凝聚力的團體。

由於在這個階段，彼此連結的成員之間親密感的發展，因而容易出現明顯的次團體。次團體中的共享關係特別親密和相互支持，可以看到自我揭露的成員，會獲得比較固定的其他成員給予支持、保護與回應，那些人主要是次團體的夥伴。團體出現次團體，是成員可感到團體歸屬感和支持的中介。次團體的親密關係對於團體利弊皆有，因為次團體提供了成員個人在團體中親密而有意義的人際關係，大大滿足人際歸屬感的需求，具有減少從團體中輟的功能；Yalom（1985, 1995, 2005）則在進階團體時期指出次團體對團體治療的缺失：其一，因對立性的次團體存在，會構成團體互助合作的困境；其二，經常在團體外有社交聚會的次團體成員，會迷失團體治療目標，而聚焦在次團體關係的目標。雖然團體衝突具有治療的意義（請參閱第十四章），但若未妥善處理，對於團體和成員個人的傷害，也會如同其家庭衝突對於家庭和個人的傷害相同。因此，領導者需要注意和重視團體中的小團體和遭到排斥的個別成員的處理。

共享關係階段，是同儕親密感和信任感的建立時期，士氣、相互信任感和自我揭露都會增加。由於共享關係，除了親密感，也包括共同的利益（Clark et al., 1999）。因此，此時團體成員最關心的是親密感和彼此共同的利益，成員開始意識到必須運用團體和善用時間，來滿足自己參加團體的目的。Trotzer（1979, 1999）認為由於成員在這個階段容易停留在享受

親密感，故建議領導者必須在團體的凝聚階段，提醒成員進行改變的個人責任，以免成員流連於親密情感，而忘懷參加團體的初衷。

由上可知，形成共享關係爲成員逐漸進入「穩定友誼關係」的階段。然而，誠如Yalom所言：「在這個階段雖然有較多自由的自我揭露，但是仍存在其他種類的溝通限制。」（Yalom & Leszcz, 2005, p. 319）。此時，成員可能：一方面，體驗到友誼關係的親密感，然而不確定友誼關係能否持續；另方面，由於次團體之間，以及與其他成員之間，仍有關係親疏差別，因而也會有一些溝通的限制，需要更多的安全與保證。有些成員可能使用討論團體中的安全與信任議題，作爲表達對於團體的安全與信任再確認的需要，通常這樣的成員，可能準備要使用團體作爲求助場域，領導者不可誤以爲是「攪和者」；若有成員冒險揭露自己的眞實議題，其他成員會感受到必須跟進自我揭露的壓力，也使得團體開始浮現另一種壓力，容易以聚焦該成員，來轉移自己的壓力感。所以在這個階段成員揭露的議題，通常可能只是用來試探團體領導者與成員的可信賴程度。因爲，成員需要確定這個團體、領導者及其他成員可以信任和託付，成員才願意將自己和自己的問題託付。這個階段成員開始感到團體的關係有意義，是他們會期待下次再回到團體和進一步自我揭露的關鍵。

肆、互助工作階段

團體成員進入穩定的友誼關係階段，「共享成分」在此時期大爲增加，也比前階段重要。成員能夠自在地揭露內在的眞實情感情緒經驗，是團體進入工作階段的重要指標。在親密的共享關係中，無論是求助的成員或助人的成員，都能夠眞正自由、自在的自我揭露，以及全力協助對方。通常成員開始揭露自己的內在情感情緒經驗，並期待獲得支持與協助，團體對於自我開放的成員，會表現眞誠關心其需求和期待。因此，成員會使

用以自我揭露回報自我揭露的成員，讓她感到自己的弱點或困境的普同化，以維持其自尊，或給予表達了解和支持，讓自我揭露的成員可以感受到，自己揭露了脆弱眞實的自我，而仍然可以被接納，感到友誼的支持，且有人與自己有相似的困難，感到有人可以共患難。由於有成員開始有深度的冒險，包括此地此時、此地彼時或甚至情緒宣洩，除了有相似議題或彼此支持的成員，會給自我揭露的成員回應之外，還可以看到若有成員自我揭露時，同一個次團體的成員，以及其他成員普遍彼此比較會出來回應。成員在團體中能感受到明顯的眞誠相互關懷的關係，成員的冒險自我揭露的深度增加，願意不求回報協助他人，並出現解決問題的合作規範，團體有能力互助合作，爲共同的利益而努力。

Gladding（2011）認爲在工作階段人際聯結（interpersonal bonding）增加，人與人之間的關懷深入；在轉換階段相互較勁，考慮加入或退出，以及占上風或下風，這些鬥爭都過去了。成員發展出社會性的認同彼此，在互助的過程欣賞文化差異，情感的親密成長；隨著對於團體的正向情感，成員也出現建設性行爲，自我揭露的意願大爲提升。Gladding所形容的「工作階段」成員之間的關係與階段的特徵，比較接近多數學者所指出的凝聚和工作兩階段，或許Gladding認爲凝聚力和團體可以工作不可分開，因此視同一個階段。

在這個階段，成員開始自主自動地挑起較多的團體責任，包括分享團體歷程進展的工作和維持規範的責任。此時，團體的結構已經明顯形成，分享領導的職責，角色多樣而彈性，成員感受自在、自由，也知道限制。在「穩定友誼關係」之中，成員充分運用和享用「共享關係」的優勢，自在且自由地在團體中適時選擇扮演求助者或助人者。可以更自由和自在開放自己的議題與隱私，給人誠實的回饋，並較無自我防衛地接受他人的反映與回饋，成員多數願意在團體中揭露自己的議題並尋求協助，成員不再

隱藏自己的內在想法與情緒情感，團體中有較多的此地此時的自我揭露，表達當下彼此的情感與關係，相互主動付出更強有力的支持，並呈現彼此信任與互助，求助者願意坦誠深入揭露，助人者也表現高度關懷與協助的熱誠。若以「社會微縮理論」的觀點，可以比擬此時的團體如同一個能滋養個人的家庭，成員彼此很信任和相互關懷，可以傾訴困難，並獲得協助。

伍、退出與結束階段

這是肯定成長與準備分離的階段，成員知道團體即將結束，並準備離開，由於成員開始估計和預期付出會受到時間的限制，這樣的投資可能不會得到期待的報酬。有關團體歷程的研究指出，團體成員會出現個人議題或內在情感性經驗的揭露趨於減少，而恢復到比較多理性和認知表達的狀況，宣洩和此地此時的揭露明顯減少。建議團體後期的領導重點，在探詢解決問題的方法，進行改變計畫與行動，並於團體即將結束階段，需協助成員檢視團體中的學習經驗與成果等認知活動為主，避免鼓勵成員宣洩，以防成員帶著未完了的情緒離開團體，以致情緒未能得到適當處理（吳秀碧等，2003）。走過團體的完整歷程，如同一場療癒的洗禮，成員肯定從共享關係的獲得，也肯定個人在團體中的學習，同時由於預期即將結束和離開團體，也會出現關係分離的焦慮，尤其有高分離焦慮的成員反應會特別明顯。人生沒有不散的宴席，結束團體和離開團體，對於成員也是一種獨立的學習；雖然團體結束，大家都得離開團體，然而成員期望友誼可以延伸至實際生活的世界，作為持續獲得支持的來源。因此，有些團體的成員會討論團體結束之後，可以繼續保持連結的方法，例如相互交換通訊資料，或做一個整個團體的成員通訊錄，加入line或微信，以便以後可以相互連絡。

❖第四節　討論與結語❖

壹、討論

　　在團體過程的劃分，Yalom（1985, 1995, 2005）和Corey（1985, 1995, 2011, 2015）都是以Tuckman的模式為藍本。Yalom將團體發展分為：(1)開始的團體（the beginning group），他又稱之為形成階段的團體（formative stage of the group），包括初始階段、衝突階段和凝聚三個階段；(2)進階的團體（the advanced group），包括工作階段和結束階段，共有五階段。Corey則提出四階段的模式，包括(1)初級階段，涵蓋初始階段和轉換階段；(2)後期階段，包括工作階段和最後階段。兩位學者在階段劃分和各階段的特徵描述，是根據Tuckman的實徵研究發現，然而與筆者以人際關係理論建構的階段模式，十分相似。差異在於他們無法說明這個歷程是如何演進和產生階段特徵，因此無法據以發展各階段領導的任務與策略。

　　此外在英國，Bion（1961）很重視下意識對於團體前期的影響。他以Sigmund Freud的戀父情結（Oedipal complex）和Melanie Klein的嬰幼幻想理論（theory of infantile phantasy）為依據，來闡釋團體前期的特徵，並強調團體使用下意識的防衛機制處理團體面對任務的焦慮和衝突，以致干擾了團體可意識到的任務。同時，他也提出團體過程的基本假設，認為有工作團體（work group）和基本假設團體（basic assumption group）兩種。當工作團體面對無法控制的焦慮時，團體便落入一個或一個以上不同的情緒狀態（emotional state），這就是基本假設團體所在。事實上，Bion所謂基本假設團體，是指從團體開始到進入團體工作期之間的團體，若對照筆者，Corey和Yalom的階段模式，也就是團體前期。他主張這個時期有重覆發生的情緒狀態，就是他所謂的三個基本假設，即：依賴（dependency），打或逃（fight-flight）和配對（pairing）。**依賴**，是由於

團體面對任務的焦慮，在尋找一個萬能的領導者，並期待這個人可以爲團體解決所有的問題，團體的目的在獲得安全感；**打或逃**，是指團體的行動，如同團體的任務是面對團體內或團體外的敵人，團體打的特徵是攻擊和憎恨，團體逃的特徵是閒聊、說故事、遲到，或是迴避當前任務的行動；**配對**，爲透過團體中兩名成員的持續互動來承擔團體的任務，其餘的成員則如獲救星，不用面對團體的任務，而專注地和熱切地聽著就可以。

由上述，Bion所描述的「基本假設團體」之特徵，筆者認爲主要由於領導者完全不干預和無所作爲之下所發生的團體現象。至於發生這些特徵的原因之假設，Bion是以分析論的個別治療理論去闡釋一整個團體的現象。他主張團體初期的依賴與戀父情結有關，團體在尋找一個萬能的父母，所以團體的依賴是退化所致。筆者從人際關係的理論，有不同的看法。由於即便在團體初始，團體的正式組織之中便有兩種角色存在，即領導者和成員。成員從過去學習的經驗，例如學校的班級團體、社會上的各種集會和團體，甚至旅行團之類的團體情境，成員與領導者的關係存在著從屬關係，成員很自然地會將帶領團體完成任務的權力和責任交付給領導者，並依賴領導者。尤其當任務不明確的時候，更可能傾向依賴和等待領導者的指示和帶領。因此，依賴的原因是來自過去的學習經驗，並非退化所致。

對於打或逃，筆者同意Bion主張這是來自團體壓力的行動。但是Bion認爲發生的原因與團體要保存自己的行動有關，而筆者則認爲是團體的氛圍和凝聚力影響了成員的人際壓力和人際反應。Walter Cannon（1929）主張面對壓力時，人有打或逃的反應。在團體初期，安全和支持的氛圍尚未建立，聚會中成員將面對是否要自我揭露，計較交換揭露的程度與多寡，權力競爭，以及在人際連結時進退的考慮，這些都會讓成員個人感受到壓力。面對這些壓力，若採取「打」，可能成功獲得接納或支持，也可能失

敗而產生憎恨、爭執、辯論和攻擊；若採取「逃」，也就是迴避，成員可能以閒聊、講笑話、說故事等作為迴避的行動，甚至人際退縮而保持緘默。Corey認為轉換階段的特徵，主要為抗拒。成員考慮會被其他人接納或拒絕，以及過去不好的人際經驗，躊躇自己的表達方式與內容等等，以致產生抗拒。Corey所謂的「抗拒」，也就是Bion所謂的「逃」。這些都是在團體初期領導者需要有適當的介入以協助成員。

至於配對，Bion認為目的是再生（reproduction）。他以生物學兩性配對繁殖的概念，說明在治療團體由於希望由持續互動的兩人來營救團體，並創造尚未誕生的領導者。實際上，團體會落入僅有兩名成員的持續交談，來承擔整個團體任務的壓力。原因可能有二：其一是由於領導者無所作為所致；其二也可能是新手的領導者由於個人的焦慮，而完全聚焦在出來說話的特定成員，企圖幫助該成員決問題所致，實則領導者在營救自己，而不是協助成員，因此發生配對。所以配對，不只出現在成員與成員之間的兩人交談，讓其他成員無須工作而放鬆；也會出現在領導者與成員的兩人配對，而讓其他成員感到焦慮與憎恨，或無聊。作為治療團體的領導者，尤其短期治療團體的領導者，在團體前期需要較積極的致力於團體中人際關係的發展，以促進凝聚力的提升，而不是聚焦在個別成員的問題解決，或無所作為，放任由出來說話的兩位成員承擔團體需要工作的任務之壓力。

其次，就團體歷程的發展，Yalom主張少有結構限制的團體，成員能自由互動，不久團體就會形成如同微縮的真實社會（Yalom & Leszcz, 2005, p.31）。所謂少有結構的團體，就是指非結構式團體。若引用Yalom的「社會微縮理論」（social microcosm theory）作為團體階段的隱喻，在團體的「社交階段」，初始聚會的團體有如真實生活中的宴會、應酬的飯局等相似的「**社交團體**」，領導者可以觀察和了解每一名成員與他人「打

招呼」的風格（"hello" style）（Rutan,1999），而得知成員個人在人際初邂逅的實際樣貌，這個樣貌反映出成員個人面對陌生人際情境的焦慮反應。在「聯結階段」，這個階段的團體猶如俱樂部或社團之類的**交誼團體**，成員彼此有較多的個人資料交換，因此團體成員彼此可辨識程度增加，也處在合者相近，不合者遠離或衝突的階段。由於成員彼此競爭在配對關係、次團體或團體整體中的權力和影響力，領導者可以觀察和了解成員個人的人際風格。在「共享關係階段」，團體猶如**家庭團體**或好朋友之間俗稱**死黨**的團體。在這種家庭或好朋友的團體，成員具有共享關係，而產生「我們」（we）一體的感覺，也產生團體認同。不過由於成員不需要再隱藏自己，此時成員可能容易表露對他人或對團體的移情，複製來自早期原生家庭經驗的態度和情感，以及家庭的角色與位置。在界定對於團體認同的性質方面，團體的認同有如商標品牌（Boyd, 1994）。作為治療團體的一員，在社會的評價可能代表一個人是脆弱的或病態的，因此成員對外通常不願意向他人揭露自己所參加的諮商和治療團體。而此時的團體和成員個人已經準備好開始團體後期的互助工作了。

在實徵研究，也呼應了上述團體發展和階段的特徵。使用人際複合模式的人格理論作為研究根據，Goldberg和Hoyt（2015）指出在聚會的第二次評量，已經很快出現社會微縮的現象，並維持到聚會第八次。該研究指出在治療團體成員關係的型態，確實在某種程度上反映了他們實際生活的人際。由於該研究只驗證「支配」與「從屬」關係，因此可以解釋成員個人存在的核心人際衝突在團體中重演。對於所有團體中關係的非移情面向之理解，則遺留無法清楚說明。雖然這項研究尚未能解釋所有的團體現象。不過依據Boyd之論，在團體的第二、三階段之間由於所形成的團體文化為成員個人可以直接表達。如此，Goldberg和Hoyt的研究發現正可以告訴我們，由於團體文化容許可以直接表達，成員重演實際生活中個人的

人際衝突，因此在這個階段團體衝突較為明顯。如果能夠善用團體衝突作為成員的學習機會，並順利解決了衝突，不只成員將獲得人際學習，團體也將進入第三階段，也就是凝聚或共享關係階段。

貳、結論

作為諮商與治療團體的領導者需要知道，在理論上團體各階段似乎可以清楚劃分。實際上，團體歷程和團體階段的發展與推進，並不是呈現一直線的往前，而是在各個階段之間沒有很清晰的分野界線可循，或是可以明確區隔。對於團體階段的推進，James Trotzer（1999, p.84）有很微妙的隱喻，他提到：「團體的每一個階段如同海中的浪，當浪頭沖上來的時刻可以辨識，但是這些浪的開始與消逝，則吞噬於持續在動盪的海水裡。」這段描述，說明了每一個階段之間轉換時的隱微，需要等到階段特徵明顯的時候，才容易被辨識和確定。這就是一個團體的歷程，從人際關係的角度去看，確實如此。雖然每一個階段有其明顯可辨的特徵，然而其意義和衝激，則只能在整個團體歷程的脈絡中去獲得（Donigain & Malnati, 1997）。因此，一個團體的各個階段都有其意義存在，也有其對團體成員的影響力。所以，循著團體歷程的脈絡去理解各個階段的意義，為領導者必備的知識和能力。只有了解階段的意義，方能有效的善加運用，協助團體成員處理在每一個階段的議題，創造學習的機會，並促進團體的發展。

Trotzer博士是筆者在美國就讀碩士時團體諮商的啟蒙老師，很強調團體歷程的發展必須有理論基礎，用以說明階段特徵的意義和對於成員的影響，方能提供領導者催化團體發展的指引。其次，Jourard（1968）主張只有模仿他人的理論或原理是不充足的，每位助人者都需要發展自己的理論觀點，才能真正有效協助他人。因此，作為一名治療師在為當事人服務之際，由於每個團體和每位當事人都是獨特的和不同的，當有感於理論與技術的不足之際，無須墨守成規，勇於創造和創新為解決困境必要的努力。

第六章
非結構式團體的歷程領導通論

　　非結構團體不是完全沒有結構，仍有一些的結構。這些結構與團體歷程的程序有關，因此可以稱為程序結構。這個程序結構一般至少有三部分，包括：第一次聚會，最後一次聚會，以及兩者之間的各次聚會。

❖第一節　非結構團體的性質❖

壹、非結構團體的源起

　　不了解非結構團體（unstructured group）領導的學生或領導者，常常以為非結構團體就是無結構團體；或認為非結構團體歷程，既然沒有事先計畫的內容，以及預定的程序和步驟，是毫無章法，隨意而為的一種領導方式，或是感到茫然不知道如何帶領這種方式的團體，這是對於非結構團體領導的一種誤解。在1940年末至1950年間，美國National Training Laboratory（NTL）的研討會中，除了講授式課程之外，出現一種「討論團體」（discussion group）的形式，既無領導者，也完全沒有結構，是一種很典型的無結構團體（nonstructured group）。後來演變為一種提供參與者作為個人的人際覺察之用，以了解自己的人際風格和團體的關聯，以及了解團體動力過程的一種體驗團體，稱為「訓練團體」（T-Group）。其實施形式，有安排領導者和不安排領導者兩種形式；即便有一位名義上

的「領導者」，也不負責領導團體，與沒有領導者差不多。「領導者」
的主要任務，通常只有團體聚會的開場白：「我想像團體成員來團體，
從自己作為成員的經驗，學習人們在團體中的行為。」然後便將團體完
全留給成員，沒有建議，沒有結構，沒有預設程序，沒有預定的討論主
題，也沒有很清晰的期待。最後，在團體結束之前，這位「領導者」邀請
成員探討個人經驗，作為結束團體。因此，「訓練團體」也是一種非結
構式團體（Shaffer & Galinsky, 1974），不過更近似無結構團體。這種形
式的團體，後來演變有敏察訓練團體（sensitivity training group）、會心團
體（encountering group）及個人成長團體（personal growth group）。從訓
練團體到個人成長團體的各種團體，在性質上Yalom（1995）認為都屬於
體驗性團體（experiential group）。自2000年起美國諮商學會（American
Counseling Association, ACA）指定至少20小時的體驗性團體為入門諮商師
的必修課程。這些團體最典型的形式便是非結構式。

貳、非結構式與結構式團體的主要差異

從團體歷程的領導方式，結構式團體和非結構式團體的主要差異即在
團體整體結構的高低。依Bednar和Langenbahn（1979）之見，團體的結構
與非結構，不是在一條直線上結構與無結構，兩極劃分的兩種壁壘分明的
形式，從某些角度審視，所有團體或多或少都有一些結構。

團體的結構元素，包括主題、架構、內容和材料、程序、步驟、時間
管理，以及使用的介入技術和方法。結構式團體通常領導者需要事先計畫
一個方案，以便作為實施的依據，領導者按固定的架構與時間，策畫實施
的各次主題、內容、使用的活動、討論的問題、使用的技術、時間管理，
以及實施程序和步驟等，安排成方案流程。實施的時候，領導者依預定方
案的程序實施，按部就班帶領成員，這是一種領導者中心的領導方式；非

結構式團體，指領導者只有預定的治療理論或原理，以及適合實施對象可能使用的介入技術和方法。領導者的功能，較著重在作為催化者的角色，如同個人中心法一般，是一種以成員為中心的領導方式。因此，高結構團體將會有一個如同一般科目教學方案的團體方案，包含著所有結構元素。通常醫院、社區機構的心理教育團體或學校的團體輔導課程，都屬於高結構團體；低結構團體，結構最低者，可能每次只有預定的團體主題。至於非結構團體，則連各次的團體主題也不是預定，而是根據當次聚會成員們在團體中自我揭露的內容和討論的取向，領導者萃取出成員們共同有興趣且關切的重要議題，作為該次聚會的討論主題。Trotzer（1999, p.91）強調：「諮商團體的意義和目的，必須從團體成員萃取，而不是從團體結構。」便是指非結構式團體的領導如何萃取團體的主題。

因此，在輔導團體、心理教育團體、自我肯定訓練、憤怒控制訓練團體等，具心理教育和訓練性質的團體，常使用較高結構的方式，以便達成領導者認為成員需要獲得的學習目標。非結構團體則不然，由於非結構式團體通常更能滿足成員需求，很適合用在治療的團體（therapeutic groups）。Yalom在接受Overholser（2005）的訪談時特別指出，結構式團體在心理教育團體和認知－行為方法的團體，固然有一定的角色和功能，但是大量減少了運用團體的特徵，即此地此時，這是團體最有力所在。通常短期的非結構式團體，特別適合用在與人際相關的問題之團體諮商與治療，例如用於正常人的個人成長團體、自我與人際試探團體、各種個人適應困難的諮商團體、解決人際、生活和人生問題的諮商團體。有心理障礙病人的心理治療團體（psychotherapy groups），雖然也可以採取短期的非結構式團體，以處理成員的人際問題和基礎性的改變。然而，長期的團體則更能夠提供成員面對他們在社會心理發展相關的議題，在團體歷程成員能夠從緩解症狀的目標，逐漸轉移到人際成長的目標（Yalom & Leszcz,

2005）。Overholser（2005）憂心地指出在美國這一代的治療師，有照手冊操作團體治療的趨勢；Yalom也頗有同感，並提出建議，即便使用手冊的治療師，也需要具備動力團體治療相關的教育，以便可以理解和處理任何在團體中出現的未預見之關鍵事件。

❖第二節　非結構團體歷程的議題❖

壹、團體歷程的結構化程序

　　現代的非結構團體，通常有一些歷程的結構化程序。領導非結構式團體並非毫無章法可循，領導者主要憑藉的是，個人所依據的理論和經驗。這樣的領導者，猶如熟悉航道，並且識水性的船夫，能順水推舟的引領遊客觀賞美景。雖然非結構團體的領導方式以成員為中心，不是領導者為中心，然而每一個非結構團體，除了每位成員有個人的目標，團體整體也有目標。所以，通常不會讓個人目標與團體總目標不相容的當事人加入作為成員，以免無法滿足成員個人需求；團體的方向，則依成員的需要與目標而啟動和推進，領導者運用所熟知的理論去理解和經營，並導引團體方向和協助成員去達成他們的目標。

　　不論團體的目的或理論的差異，非結構團體的歷程都有一些相似的結構化程序。這些結構主要有三部分，第一部分，即開始第一次的聚會。有一些必要的步驟，主要包括：(1)領導者自我介紹；(2)說明團體目標、性質、進行方式，甚至可能使用的主要技術；(3)簽署契約或同意書；(4)成員相互認識；(5)展開團體成員交談互動。因此，這些步驟也稱為展開團體的結構技術。第二部分，為最後一次的聚會。同樣有一些必要的步驟，主要包括：(1)協助成員回顧團體經驗；(2)成員自我評鑑學習和收穫；(3)成員相互回饋，具體指出對方的改變和成長；(4)領導者給予每位成員回

饋，通常使用書面回饋為佳，讓成員可以保留，以便事後可以閱讀；(5)協助成員計畫未來，包括將在團體中所學運用到團體外；(6)正式宣布團體結束。結束團體的最後一次聚會，通常會包括以上六項步驟，這些步驟又稱為結束團體的結構技術。這些步驟很重要，尤其成員自我評鑑和接受回饋，可以鞏固成長，為不可或缺的步驟。第三部分，為介於第一次聚會和最後一次聚會之間的各次聚會。在這一大段期間的團體歷程，領導者主要任務為展開各次聚會和結束各次聚會，以及協助成員善用各次聚會。

　　以非結構團體而言，展開第一次和最後一次之間的各次團體聚會通常不會有預定的活動。在聚會開始，領導者宣布：「聚會現在開始，今天你個人想討論的議題，若已準備好，就請告訴我們」，或是「今天的聚會現在開始，若有舊的議題尚需要繼續討論，請開始（略等待兩三分種）……。若沒有舊議題要討論，有新的議題想討論，請開始。」然後由成員自行開展話題，領導者關注成員如何交談，並從成員揭露的內容所涉及的議題和交談狀況，萃取與決定該次團體討論的主題。結束一次團體聚會，是根據當次聚會的全程內容和歷程，以及結束前的氛圍和時間，來決定如何結束。通常結束一次團體的聚會，可以由領導者對該次聚會內容或狀況做結論或摘要，或請成員就個人該次經驗提出結論或收穫。如果該次聚會沒有團體焦點議題，成員可能沒有特別重要經驗或收穫，最簡單的作法，可能只是宣布「現在時間到了，今天團體結束。」所以非結構團體歷程約可分為上述三大部分的基本結構化程序。有關第一次聚會和最後一次聚會，請詳見第七章「團體前期的領導」和第八章「團體後期的領導」。

貳、初期成員的不安與處理對策

　　由於團體早期的發展特徵為凝聚力低，成員很注意個人的安全，成員無法預測別人對於他的人際溝通會作何反應，因而對某些有潛在威脅

性的人際資訊，會感到高度冒險。這些包括回饋、自我揭露和團體面質（Bednar, Melnick, & Kaul, 1974），尤其對於矯正性回饋，更感到是最高程度的個人冒險（Rose & Bedner, 1980）。由於知覺自我揭露有冒險性，成員會減少有意義的治療性訊息的溝通。因此，Bednar等人（1974）建議對於早期團體互動做一些結構，以減少成員個人需要對於溝通訊息的結果負責。如此，可帶來較大量有意義的治療性溝通，且較快速發展凝聚力，隨著凝聚力提升，成員也越能負責自己的溝通。

　　基於前述實徵研究，建議在團體初始，領導者需要比較積極協助成員，包括提供微量的引導或結構，示範與鼓勵成員以有效溝通基本技巧互動等。因此，不若傳統精神分析或心理動力的非結構式團體的領導，成員需要完全負責團體的開展與方向等責任。團體初期成員的責任壓力過大，團體衝突也會特別激烈，由於處理衝突費時費力，影響所致，團體歷程發展與階段推進也需時較長。不過，也不若結構式團體的領導，由領導者負責與完全掌控團體進行的所有責任，成員幾乎完全依賴領導者，如此可能養成成員的依賴。

參、重構非結構式團體初期成員退化的概念

　　受到精神分析團體治療的影響，心理動力取向的團體治療都相當重視團體初期成員對於領導者的移情。在展開團體聚會的時候，領導者採取中立、不透明、不涉入的領導方式。Bion（1961）曾描述參與非結構式團體，個人會呈現出相當的退化，反映出對於依附和接納的焦慮。因此，自我克制而無反應的治療師（non- responsive therapist）可以提高成員的退化，以便用以闡述個體對這些力道（forces）的反應；而催化的、互動的治療師，則可以減少這種現象。由於受到Freud的影響，心理動力非結構式團體領導的假設，採取中立、不透明、不涉入的姿態，實際上可視爲利

用壞客體（bad object）原理。領導者的領導行為，企圖複製成員個人早年不稱職的父母行為，對幼兒無反應，不能滿足幼兒需求的經驗，以便誘發成員對於領導者的移情。

實際上，移情在團體任何階段，為無可避面的人際現象。一如Sullivan的看法，他所謂的「矛盾的扭曲」（paradoxic distortion），也就是眾所周知的移情，在每個人的人際互動，每天都在發生和上演。晚近有學者對於移情的觀點與傳統精神分析的觀點不同，主張移情為當事人對於治療師所有的感受、知覺和反應，包括扭曲的，也包括真實的（Teyber & McClure, 2011）。因此，如上所論述，團體初期的衝突，也可視為成員對於採取觀察者姿態，且無所作為的領導方式，心生不滿，成員對於領導者角色期待的落空與不滿意，而以過去習得的行為來反應焦慮不安的情境。所以，何必一定是心理退化所產生的移情所致，因此保持觀察者角色，不參與，中立，以及不透明的領導方式，令人質疑有其必要性。

其次，晚近學者不完全贊同矯正性情緒經驗是需要採取「壞客體」原則的治療方法，由病人早期經驗的重演（Castonguay & Hill, 2011）。治療師必須積極地去創造一個不同於病人早期的經驗（Kivlighan, 2013），也就是採取「好客體」原則，一個溫暖且有包容情緒能力的好客體，讓成員體驗不同於早期的經驗。在團體早期，成員對於陌生且不明確的團體情境，會感到焦慮不安，所以領導者需要比較積極地介入。對團體和個別成員做反映、接納、同理等反應，創造讓成員感到親切、安全與信任的氛圍與環境，刻意採取中立、不涉入和不透明的冷漠領導方式實無必要。有關矯正性情緒經驗之詳細論述，可參閱第十五章「矯正性情緒經驗」。從人際發展的觀點，由於人際動力取向的團體，重視團體中的人際學習，而不是偏重內在精神層面的防衛和退化的分析。因此，在團體初期，團體領導者應積極協助成員人際互動與關係的發展，減少退化的發生，以便催化團

體凝聚力的發展，並減少團體初期的衝突消耗。同時，鼓勵領導者以較真實的自己面對團體，減少成員的移情，領導焦點在處理團體歷程初期成員的需求，並協助和教育成員進入團體。

肆、治療師在團體歷程的領導任務

在團體，治療師很像個團體經營者，為了兼顧團體的人際互動和個人的問題解決，其任務有四：(1)創造諮商與治療情境；(2)團體中人際關係的經營；(3)結合問題解決策略或模式，以及成員面對問題解決的個人內在動力，以促進改變的發生；(4)建立結構化程序，俾便成員投入過程（Drum & Lawler, 1988）。在這四項任務當中，除了第(3)項之外，其餘三項都屬於歷程領導的任務，而第(1)項與第(2)項任務，則息息相關。由於團體諮商與治療的治療性情境為具有接納、反映、了解、支持和保護的人際情境，團體中人際關係的經營，便是在示範與教導成員具備且使用有效的基本人際溝通技巧，以促進團體產生凝聚力。同時，也在準備成員到了工作期具備助人的溝通技巧，以便可以相互協助，作為既是求助者，也是助人者。

至於所謂「結構化程序」，與結構式團體意涵不同。結構式團體為領導者使用事前計畫的方案，依據方案預定的內容、程序和步驟，以及方法和技術，或活動進行團體；而結構化程序，指領導者運用經營作為，在帶領非結構式團體時，使用少許的指引或引導，來協助成員進入團體，以及投入團體的歷程。例如，Yalom使用團體前對於成員的初晤會談（intake interview）（Yalom & Leszcz, 2005），便是團體歷程結構化程序的一種，目的用以教導與協助成員如何進入團體。除了使用初晤會談的辦法，在第一次聚會，領導者也可運用微量的引導與結構展開團體，來協助成員進入團體和展開人際互動，以減少成員對於團體歷程和情境未知的焦慮。因

此，在展開團體，領導者運用經營行為有其需要。在第九章「領導相關行為與介入技術」，有關領導者的經營作為對於團體歷程的正、負面影響，雖然在實證性研究發現，呈現不一致的結果（Lieberman & Golant, 2002; Shechtman & Toren, 2009），但研究結果也指出經營可以增進與團體連結（Shechtman & Toren, 2009）。研究結果的不一致，可能原因為：一方面Lieberman、Yalom和Miles（1973）對於經營的領導行為是狹義的定義，而Drum和Lawler（1988）的概念，則是廣義的定義；另方面可能不同類別的領導行為，也需要考慮團體階段的適配性，適配團體階段的經營作為，可以產生正向效果。

　　人際治療團體取向的學者主張，團體初期的領導任務主要有二：其一為，促進安全與信任的環境，也就是創造一個治療性的環境，使得成員可以開誠布公的分享他們的情感情緒和想法；其二為，協助每位成員明確的將他們的問題或症狀與他們的人際問題做連結（Choate, 2010）。如此，在初期促進成員自我揭露，以及不斷鼓勵成員相互回饋，並引導成員考慮處理他們的個人目標，可以逐漸準備成員進入工作期；在團體的後期，主要任務在幫助成員處理人際議題，並朝個人目標推進。團體領導將包括三項廣泛的目標：一為，成員學習較佳的社會化行為與溝通技巧，首先在團體中實驗和練習，之後，可以將團體中的學習遷移到團體外的實際生活；二為，成員學習和體驗到與他人連結，可以讓自己得以求助和尋求支持（Weissman et al., 2000）。當成員能夠冒險坦然分享個人需求，並接受團體的回饋，他們便準備能夠表達從他人得到支持的需求。

伍、團體歷程與內容的相對選擇

　　在非結構團體的歷程進行中，領導者必須持續保持注意和知覺在團體中的動力開展狀況。這個部分包括領導者知覺個人如何影響團體，以及領

導者個人又如何被團體和成員所影響。這種狀況領導者需要耳目並用，全力以赴，因此在進行討論或行動的任務當中，需要隨時知覺並持續監視團體的歷程狀況。有時候，某個成員可能帶來一個與他個人很有關聯的議題或話題，而且讓領導者自己很感興趣，在這種情況之下，很自然的領導者可能會傾向於完全被這個討論的內容所吸引，忘卻了身為領導者的自己已完全涉入這個內容，而忽略了團體歷程。當領導者變得越積極和活躍的涉入這個團體內容，其他團體成員可能相對地變成退到討論的邊緣。如此，變成了領導者在進行一對一，與一個特定的成員對話的情境，或如同領導者一個人在向團體成員演說自己所偏好的話題一般。這種情形很像領導者和成員們組成一個旅遊團，一起去一個遊樂園，領導者和成員們對於某個遊樂設施興致都很高，領導者便忘情地專注在介紹這些遊樂設施，而沒有注意成員們對於這些設施的使用狀況，或是領導者和一個成員專注的討論某個遊樂設施，沒有注意和照顧這個旅遊團其他人在做什麼或發生什麼是一樣的道理。在非結構團體歷程，領導者特別需要時時刻刻都不能忽略對團體整體狀況的掌握。

為了掌握團體歷程，領導者需要保持善於觀察和客觀，兩者同等重要，也不可分。「觀察」能獲得團體動態的資訊；「客觀」有利於理解正在發生的團體狀況。由於在團體歷程有時需要連結歷程與內容，以及對成員提出領導者對他們的觀察，以便協助成員對於團體歷程與個人行為的交互關係有所了解。因為在團體歷程若有一名成員提出一個話題時，這名成員的舉動是屬於團體歷程的一部分。俗云：「無風不起浪」，團體中成員的舉動與團體動力，互為因果關係；各次聚會中團體主題的形成，與成員共同的興趣有關。因此，當有一名成員提出話題的時候，領導者最好先觀察團體其他成員，對這名成員所陳述內容的反應。例如，有無成員出來回應？成員出來回應的興趣如何？出來回應的人數多寡？其他成員是如何在

觀望？如此觀察團體歷程，領導者便可以判斷這個議題是否適合作為此時團體討論的主題。由上所述，團體的內容和團體歷程在如何連結成員的工作之重要性，Kraus和Hulse-Kellacky（1996, p.93）有一個很貼切的比喻，就是如同「兩顆珠子與一條繩子」，做成一條鍊子，兩者不可或缺。

陸、觀望的重要

　　由於受到角色和訓練的影響，領導者通常是比較「關心人」的一種人。因此，當團體成員的討論處在兩難或似乎被困住的情境，領導者便難以眼睜睜地看著團體處於掙扎狀況，而不跳進去搶救。領導者需要強忍著想法或感覺而不說出來，可能很難。不過領導者如果保持觀望，忍著不說，這樣反而有時團體可能會出現更有產值的方向。由於身為治療師通常很習慣去解決問題，或直接處理，或積極參與當事人的問題解決，可能由於個別治療習慣使然，當處在團體過程需要這樣克制自己，就會比較困難。但是在團體情境，不管對於成員個人或團體，按照某種方式發展和解決他們自己的問題，通常會更有產值。雖然這樣可能會花費較長的時間，但是成員們可以從過程自行獲得學習，以及感到自己有處理問題的能力，對於成員們努力的付出，會是很好的報酬。這種狀況，如同只有一個小孩的家庭，無助的孩子，可能因為孤單無力，問題會更嚴重或危險。因此，父母比較需要協助孩子，如果有較多兄弟姊妹的家庭，面對共同的問題，孩子在相互支持和腦力激盪之下，也會發展出解決困境的辦法，而變得更有能力。因此，父母有時觀望就可以。個別治療情境比較像前者，而團體治療情境則比較像後者，故觀望是團體領導者需要學習的作為。

　　當然領導者退後一步，只是觀望，讓成員有發揮空間，也需要因團體階段而異。如同父母是否需要比較積極協助孩子，與家庭發展階段有關。孩子年紀越成熟的家庭，父母需要協助的程度可以越低；相反的，在家庭

發展的早期階段，孩子年紀越小和不成熟，父母需要協助的程度可以越高。在初次聚會，甚至團體初期的幾次聚會，領導者比較需要略積極一點去協助成員可以動起來，一旦成員開始感到在團體中彼此可以自在相處，領導者便需要逐漸降低介入的積極程度，好讓團體和成員可以逐漸學習負起責任。因此，最好的規則，就是領導者在決定是否跳進去或營救團體之前，先「等待與觀望一兩分鐘」（Posthuma, 2002, p. 136），成員們或許能夠自己處理。

❖第三節　螺旋模式的歷程領導❖

壹、團體前期螺旋模式的歷程領導

依據第五章「團體歷程發展與階段的原理」之團體階段假說，在理論上團體歷程可以劃分為社交、連結、共享關係、互助工作，退出與結束等五個階段。然而，在實務上如Trotzer（1979, 1999）所言，任何階段論在相鄰的階段之間特徵的變化，並不會完全清晰可區分。因此，從領導的實用立場，可以將團體粗略劃分為前期和後期。團體前期，包括社交階段、連結階段和共享關係階段；團體後期，則包括互助合作階段及退出與結束階段。團體前期的領導重點，在促進成員共享關係的發展，增進團體的凝聚力，並創造治療因子與治療環境。因此，領導者需要專注在團體的人際層面和團體層面，在這個時期的歷程領導，需要重視這兩個層面的心理－社會的性質。Gladding（2011）曾經提到，當成員在團體中彼此感到自在之後，領導者便可以統整成員個人內在反應於團體領導，所以在團體前期的社交階段和連結階段的領導，以採取人際焦點的團體領導策略為主。到了共享關係階段起的領導主要策略，方逐漸統整個別成員的內在反應到團體。在團體前期這段期間，團體歷程領導的任務與工作特別繁重，有部分

的領導任務與策略，需要跨越階段持續進行。採取螺旋領導的方法，主要
在催化團體歷程的發展。本節簡介螺旋領導模式，主要使用在團體前期，
以催化各階段的發展，至於團體前期和團體後期的領導細節，則另於第七
章「團體前期的領導」和第八章「團體後期的領導」詳細論述。茲先簡介
團體各階段的領導任務與策略，如表6-1所示。

表6-1　團體各階段的領導任務綱要

團體階段	成員的功課	領導任務	介入策略
一、社交階段	* 處理個人在團體人際的不安與焦慮 * 尋求規範的明確感	* 形成團體 * 確定成員個人目標	* 使用團體諮商的結構技術 * 發展團體的規範 * 建立團體的文化
二、連結階段	* 區辨和認定團體中他人的特質 * 尋找與試探有興趣的對象 * 連結關係 * 尋找個人在團體的位置	* 發展工作聯盟 1.連結目標與議題相似的成員 2.連接人際特質、情感情緒、困擾與經驗相似的成員 * 促進團體成員人際關係的發展	* 促進成員間互動與溝通的質與量平衡 * 示範與教導有效的人際基本溝通技巧 * 促進工作同盟的發展 * 推進團體歷程：連結個人與團體的過程 * 減少抗拒 * 處理權力競爭
三、共享關係階段	* 去社會角色，以真我互動 * 將團體作為滿足歸屬感和關係的來源 * 測試團體可信託的程度	* 促進共享關係 * 建立互助工作模式 * 處理次團體議題	* 聚焦當下的人際互動 * 連結不同次團體之間的成員 * 維持團體中分享的質與量的平衡 * 建立與發展團體治療因子

（續）

表6-1　團體各階段的領導任務綱要（續）

團體階段	成員的功課	領導任務	介入策略
四、互助工作階段	＊發揮友誼的利他 ＊獲得成就與自尊 ＊努力達成個人目標	＊賦能 ＊發展解決問題的能力與技巧 ＊學習改變	＊推進個體歷程使用解決問題的模式或策略 ＊善用團體成員的資源 ＊增進治療因子的力量與效用 ＊運用治療師的功能，以及諮商和治療技術
五、退出與結束階段	＊處理即將失去的親密關係 ＊回顧與評估收穫 ＊適當的道別與結束	＊處理成員的分離焦慮 ＊統整與鞏固成員個人在團體的學習經驗 ＊協助成員發揮學習遷移效果 ＊協助成員計畫未來 ＊處理遺留議題和轉介 ＊正式道別與結束團體	＊評鑑與回饋 ＊鼓勵嘗試新行為與獨立 ＊鼓勵成員運用團體成員作為團體外的支持 ＊轉介需要繼續治療的成員 ＊善用終結技術結束團體

貳、團體歷程的領導重點

　　介於第一次和最後一次聚會之間的各次聚會，領導者必須依循團體階段發展的理論和領導原理作為介入的依據。不論聚會次數的多寡，時間有限制的團體，其團體歷程粗略可以劃分為團體前期和團體後期的領導焦點和程序。在團體前期的社交、連結和共享關係三個階段，無論在哪一個階段，均以催化團體歷程的發展為領導之核心任務，所以領導的焦點，以團

體和人際層面的互動為主。在團體後期有互助工作和結束兩個階段，就互助工作階段而言，由於領導的任務在協助成員解決困擾和問題，或進行改變。因此領導主要重點為個體層面的工作，將個人內在動力與團體連結，其次為人際和團體層面。所以，領導者必須具備運用改變的原理與方法，以及解決問題的策略與技術，以協助個別成員；而同時能夠在聚焦人際和團體時，善用團體成員互助和作為資源，並強化團體的治療環境和氛圍。在團體的結束期，若是長期諮商與治療的團體，尤其需要注意團體中的個別成員的特殊狀況，例如有無對於團體即將結束，分離焦慮的反應特別高或異常的成員，或有遺留未解決問題的成員，以便妥當結束團體。

參、螺旋式推進團體歷程

團體歷程的推進，可區分為量和質兩種不同的性質，也可稱為廣度和深度兩種向度，不論是廣度的推進或深度的推進，都是由個別成員的自我揭露所帶動。其次，為了使自我揭露的成員不至於與其他成員所揭露的廣度或深度落差過大，加入其他成員的自我揭露，可以使得團體內部較為平衡，同時有成員加入人際交換和互動，也可以彼此獲得支持和促進關係。團體中未加入而處在觀察的成員，內心可能也默默的在跟進這個歷程，需要適時給予機會或鼓勵他們加入。由於團體中不同成員帶來的刺激，有利於其他成員的自我接觸與探索，因此提供機會給這些潛在成員也很重要，這項工作端賴領導者重視歷程領導的焦點轉換。

一、領導焦點的轉換

團體初期的主要領導任務，在促進團體凝聚力的發展，領導以團體歷程為主要焦點，不以成員個人的問題解決為焦點。在一個單次聚會的團體歷程，以螺旋方式推進，可以維持團體成員自我揭露的平衡和團體環境的安全，並增加成員團體經驗的意義。螺旋式領導的結構化程序與領導焦

點轉換，依序為：「團體層面」、「個體層面」、「人際層面」、「個體層面」，再回到「團體層面」（見圖6-1）。實施程序：**步驟一**，以團體為焦點，讓成員自動展開團體方向，因此「結構一」主要在「團體層面」的工作，以建立安全的團體環境為主，強調團體規範。**步驟二**，當有個別成員出來自我揭露個人關切的事件或問題，領導者需要表達與示範接納、尊重、同理和理解、回饋等了解性的反應。同時也需要鼓勵其他成員，向該名成員分享個人相似經驗或給予了解性的反應；主要在讓個別成員和團體都感到安心，不要企圖去展開該成員的問題試探，故「結構二」是「個體層面」，以推展橫向的廣度為主，而非垂直的深度，促進個別成員的開放與朝向個人目標。**步驟三**，一方面可以等待和觀察團體的反應，作為理解對於這位特定成員揭露的內容或議題，團體反應興趣的高低。另方面讓成員自動加入交談，引領團體發展，若有成員自動出來，可以觀察人際互動狀況，團體若對該議題有興趣，可能會有更多成員自動加入，包括揭露相似的經驗等。若成員出來說教、講道理或建議，務必教導這樣的成員分享自己相似的議題或經驗，或教導如何表達同理心和回饋，以平衡人際交換，故「結構三」的焦點為「人際層面」，可以將團體推進較深或較廣程度。重點工作包括促進成員的人際連結，成員的人際溝通技巧訓練，促進成員彼此的了解與支持，以便將這一段人際分享控制在安全的範圍，並經由人際回饋，增進自我覺察。在這個人際層面的結構當中，領導者可以嘗試協助成員，形成一個可以共同討論的主題。

然而，在成員相互自我揭露和討論的過程，有時候可能出來回應的某個成員，反而成為焦點，領導者需要觀察和了解這位成員如何成為焦點，並追蹤主要議題和討論方向的變動。因為有時候這位成為焦點的成員，由於能言善道，導引其他成員加入離題的討論方向，領導者需要指出來，讓成員回到正在討論的議題上。**步驟四**，將焦點回到第一位自我揭露

個人問題的成員，請他在聽取成員們的討論之後，對於自己的問題有無新的想法，同時也將這一段程序告一個段落，故「結構四」爲回到「個體層面」，協助成員個人省思與獲得。領導者務必記得這一輪第一位提出個人問題的成員，若他的問題爲眞實，且有求助意願，不要由於在步驟三的人際交談中有另一位成員成爲焦點，而遺忘了這一位成員，這樣會讓他感到被遺棄，且由於這一位成員在這一段人際交談中，往往獲得刺激，可能對自己的問題有進一步的想法或不同的想法，因此，他的再揭露有助於推進這個團體正在討論的主題。**步驟五**，再次將焦點轉回到團體。所以「結構五」再次回到「團體層面」，促進團體參與和推進團體歷程，邀請方才觀察而未加入討論的其他成員連結和回應，使團體成員們可以就此主題進一步的去探討。此時不只擴大團體的廣度，團體也被深化，大約依此螺旋推進團體初期的歷程，較爲安全，同時可以逐漸深化個別成員和團體。

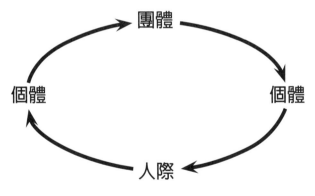

圖6-1　領導焦點的轉換

二、團體歷程的催化技術

團體諮商與治療的重要催化技術有：「推進」（processing）、「連接」（linking）和「包括」（including）（Thomas & Caplan, 1999）三類。推進又可分爲「推進團體歷程」和「推進個體歷程」。所謂「推進團

體歷程」是指在促使團體的改變中，團體能產生發展，可以包括縱向發展與橫向發展。縱向發展，指團體成員們自我揭露的深度；橫向發展，指團體成員們揭露的廣度。當領導者將成員個人歷程連接到團體歷程的時候，可以增加團體的廣度，例如一位成員揭露有親子衝突的議題，並作問題初步陳述的時候，領導者並不立即探問和深化該成員，而是連結有相同議題的成員，協助他們也可以陳述自己相似的議題。因此，以團體歷程為主，團體中自我揭露的成員，他們所揭露的程度可能大約相似，如此將有助於團體中自我揭露的平衡，這是團體歷程橫向發展所產生的結果。

「推進個體歷程」是指當事人調適其現實的方法，因此聚焦在當事人歷程，是推動團體卡住的輪子，由於個別成員沒有推進，團體也將停滯。如果領導者將團體歷程連接到個體歷程，以個體歷程作為焦點的時候，可以增加團體深度，這是縱向發展所產生的結果。團體要深入必須處理成員個人的內在歷程，例如具體經驗的揭露，領導者協助該成員探討與該經驗有關的情感情緒之覺察與表達。然後，領導者再由個別成員的內在歷程，連接到人際歷程與團體歷程。這個時候，由於該焦點成員的揭露為深度揭露，可能會有相似議題的成員加入，加入的成員將連接到該成員的情感情緒，也就是深度連接。由此，他們可以比較容易有深度的自我揭露與探討。所以，以推進個人歷程為主的時候，由於領導者需要聚焦在個別成員，應該選擇自願的成員，催化個體歷程有助於團體深度的推進；然而推進個別成員自我揭露的冒險程度，需要團體安全和支持的氛圍，兩者互為關聯，缺一不可。尤其切忌，不可以只不斷地聚焦推進一名成員，需要其他成員加入，連結人際歷程，形成人際互動的焦點，使得逐步深入的自我揭露成員有同伴相隨，可以增進安全和平衡深度。然而，也需要適可而止，回到緣起的成員個人，請他整理這段落的獲得，並連結個人歷程與團體歷程，也就是從個體焦點再回到團體焦點，逐步推進和催化團體的發展。

「連接」包括個體連接、人際連結與團體連接。個體連接，可以讓所有成員有機會檢視一個主題，在他們個人人生或生活的情形；團體連接，則是領導者就多個成員表露的訊息，提出他們相似之處，也可以是萃取出主題，讓團體可以進一步深入去探討。人際連結，當連結成員與成員時，可以包括：連結特質、問題、目標、情感情緒反應相似的成員，也可以包括連結兩個次團體中的個別成員，以促進次團體間成員的互動，減少區隔。

「包括」主要用以協助比較有困難主動參與，或被團體遺忘或邊緣化的成員，或是非志願的成員，使他們能參與並融入團體，如此可以讓這類成員感覺可以安全的被包括在團體討論當中。

這三類技術都是領導者在團體歷程領導必備。「連結」和「包括」用以建立和增進成員們的關係，可以促進團體凝聚力；「推進」爲推動團體發展和深化團體特別需要的技術。

三、團體初期領導舉例

團體初期，包括社交階段、連結階段和共享關係階段，以促進團體共享關係爲主要領導目標和任務。促進成員的互動和連結，以及維護團體的安全和經營友善溫暖的氛圍，都是領導者必須全力以赴的工作。以下，茲舉團體初期，在連結階段和共享階段之初，領導推進的兩例。

【例一】連結階段成員焦慮的處理

(一) 說明

在連結階段，成員正在試探和企圖連結其他成員的關係，以便獲得歸屬。領導任務必須特別強調建立團體安全和支持的環境，領導者需要積極表達了解和同理，提供正向回饋，並能與成員有情感性交流。因此需要一方面示範，另方面也教導成員能同理他人，給他人正向回饋和願意向他人揭露自己，以經營溫暖的團體氛圍。例一，在一個團體的第二次聚會開

始，雖然有幾名成員相繼出來說話，但是團體斷斷續續出現沉默。

　　成員A：「在團體裡說話，我會擔心別人的想法。」
　　領導者A：「大家還不是很熟悉，你這樣的擔心是人之常情。」（正
常化）。

　　若於團體聚會的第一、二次，有成員如此表述，領導者可以選擇先
觀望和忍著不說話，等待並環視整個團體，讓團體自己處理，也可以選擇
表達同理，然後環視整個團體，並等待其他成員出來回應。若聚會次數已
經較多的團體，領導者可以選擇前一種方式，即便團體就此落入長時間的
沉默，也需要讓團體掙扎面對這樣的歷程，可能成員可以獲得有意義的學
習。若是聚會次數尚較少的團體，領導者可以選擇後一種方式，較積極的
給成員反應。上述例子為領導者積極的反應，並以團體歷程為主，意圖促
進成員討論有關團體安全的共同議題，並非以個別成員為焦點。所以領導
者A給予成員A的揭露正常化，這樣不只成員A對於自己的揭露會感到安
心，其他團體成員也會比較安心。然後，略靜待與觀察團體，若成員們雖
然沉默，然而卻是焦慮相互觀望，可以邀請團體成員回應：「還有哪些人
有同樣的心情，請告訴我們？」這個積極邀請可以讓成員A這個議題成為
團體共同討論的主題，若是領導者選擇繼續忍著和等待，則在讓成員自己
發展方向。

　　其次，團體初期，最好領導者必須假設自己並不了解每位成員。這位
成員A的焦慮，究竟是她個人過去負面經驗的投射，或是人類普遍性對於
不明狀況的焦慮，或其他因素。由於無法確定，需要經過持續觀察，不可
武斷的妄下猜測，而且團體還在初期，團體的安全感是由成員個人主觀感
受來決定，領導者的領導任務也以團體歷程為主。因此不宜如下列三個不

當樣本：(1)領導者B認定成員A有移情問題，聚焦在個別成員，企圖去協助成員A試探內在，這樣做，成員A和整個團體的焦慮會升高；(2)領導者C認定成員A有缺乏自我肯定的問題，需要學習肯定表達，然而團體還在初期沒有支持性環境，成員會感到害怕坦白將破壞關係；(3)領導者D對成員A施壓，企圖讓成員能更多自我揭露，可能引發成員A的抗拒。

　　領導者B：「請你談談小時候類似的經驗？也許我們可以一起探討你的焦慮。」
　　領導者C：「團體中是誰或哪些人讓你感到擔心？」
　　領導者D：「你要不要先說一些看看，如果別人的反應讓你感到不舒服，你可以隨時停下來。」

(二) 討論

　　這個團體可能處在連結階段，因為社交階段的成員通常交談社交話題，不會公開表露自我揭露的擔心。而連結階段的成員由於處在內心衝突狀態，想進一步試探他人是否可以接納自己，又擔心被拒絕，因此比較會表達自我揭露的焦慮，成員容易出現關切團體安全的議題。在團體初期，一方面成員對於領導者和團體幾乎不了解，領導者當下的了解性反應特別重要，可以讓成員知道在這個團體裡至少有領導者能了解自己，會感到比較安心。就像孩子無論發生什麼狀況，知道至少媽媽會了解，就比較安心一樣；另方面在這個階段，安全需求仍是成員普遍的議題。因此，領導者A：一則表達了解在這樣情況之下成員A的擔心，給於正常化，可以讓成員A不致於感到被領導者和其他成員視為異類；二則邀請其他成員，可以促進成員對話和對他人回應的意願，以促進團體內的互動；三則讓潛在有同樣顧慮的成員有表達的機會。催化團體歷程為初期領導者的首要任

務，故首要爲聚焦在團體層面，其次爲人際層面，而不是個體層面。所以，就上述這個例子，團體的結構化程序目的，主要在促進團體成員的互動。結構化程序，因成員A發言，領導者需要先對他同理性簡單回應，第一個「結構」在「個體層面」。繼之，邀請相同經驗的成員，推進廣度，便將焦點轉到人際，因此第二個「結構」，在「人際層面」。最後，推向團體，所以第三個「結構」，共同討論團體的安全議題，會在「團體層面」。如果程序缺少或顛倒，則可能讓成員感到不安全或焦慮，例如下列領導者E和領導者F。

領導者E：「其他人也請説説你們的狀況。」
領導者F：「你對團體感到不安全。」

領導者E的介入，忽略了成員A的情緒表達，沒有先回應成員A，影響所及，不只成員A，也會影響到團體整體。由於團體初期成員尚未了解領導者，其他成員不知道領導者對於成員A的表達作何想法和感受，可能感到焦慮的期待與觀望領導者的反應。因此，當領導者E直接邀請他們表述，成員們可能質疑領導者的意圖，比較不會安心；而領導者F的介入只有重述成員A的內容，不了解領導者對於成員A的表述有何想法或情緒，成員對於領導者後續的動作會擔心。此外，其他成員也可能期待領導者F繼續聚焦成員A，這樣他們也可以避免自己成爲焦點，而有壓力。因此，其他團體成員將會期待領導者F和成員A繼續互動，而不是自己，因而可能保持沉默和觀望。

【例二】共享關係階段之初成員哭泣的處理

(一) 說明

在督導和訓練時，受督者常遭遇的情境，就是團體約在共享關係階段

之初，哭泣的成員，可能讓新手領導者不知道該如何處理比較妥當，或是好像可以鬆了一口氣，終於抓到一隻可以放上祭壇的祭品一般地，聚焦在這一位成員。茲舉下面例子：

在團體第四次聚會開始不久，有一名成員A敘說：「上一週，我的上司當著同事面前指責我犯錯的地方，讓我覺得自己很失敗，也很丟臉。」（邊說，眼眶邊開始轉著眼淚）。由於已經是第四次聚會，於是領導者忍著不說，並觀察團體的反應。相繼有三名成員先後出來回應。

成員B：「他讓你感到很丟臉，你一定會很生他的氣吧！」

成員C：「我老闆也是愛當眾罵人，明明私底下講就可以。我就特別討厭這種人。」

成員A：「這位上司從我到這個公司以來，給我很多指導，我很感激他，我不會生他的氣。」（很傷心的不停擦眼淚）。

成員D：「我認為你因為感激他，明明他這樣做不對，你也不好生他的氣。」

成員E：「我想知道你為什麼不會對他生氣。」

成員A：「因為他教我很多東西，我學到很多，才可以做到今天的位置。我覺得其實他是照顧我的，我真的很感激他。我不會生他的氣，我真的不會生他的氣。」（越講眼淚越多，不停地抽泣，團體氣氛凝重而沉默）。

成員C突然說：「我覺得你不是一個懦弱的人，你在這裡哭泣是想得到我們的同情。」

頓時團體出現緊張氛圍，成員A沒有回應成員C，只是繼續抽泣和擦著眼淚，其他成員都保持沉默，焦慮的看著成員A和C，領導者繼續觀察團體的發展。

這時候，成員D突然在座位上身體不安地往前移，並對著領導者A說：「我好想抱抱她（指成員A）。」不過成員D說完了仍坐在座位上。領導者注意到成員D在傾聽成員A的陳述時，特別專注，兩手掌緊緊互握在一起。

領導者A微笑的對她說：「我們團體沒有規定想做什麼，需要得到團體內其他人的同意。」（只提出團體規範）。

成員D起身，很快走過去擁抱成員A，而且一擁抱到成員A，成員D自己激動痛哭不止，領導者A環視團體，看到有些成員也想做什麼而有不安的反應。

領導者A便鼓勵：「若有其他人也有想擁抱XX（成員A）的，請自動。」繼之，有三名成員（E，F，G），走過去擁抱XX，且都紅著眼眶或流下眼淚，而成員C則一直在觀察他們四人。

在上述例子，顯然成員A的情緒觸動到成員B、C、D、E、F、G這五位成員個人的情緒性經驗，可能是個人有過相似經驗或內在未竟事宜。將成員A所陳述內容，對照她的情緒反應強度，不只不尋常，也和情緒強度不相稱。因此，成員A可能有個人過去未解決的相關議題，引起在職場事件強烈傷心的情緒，只是她個人未覺察。這個團體還未進入工作階段，若立即聚焦在成員A還不是適當時機；成員D很明顯的有個人深度隱私的議題，她非常謹慎地隱藏著，而內在受傷被觸發了的情緒經驗，很需要被安撫擁抱，成員D藉由投射和擁抱哭泣的成員A，來達到安撫自己這個內在需求；而成員C反應對成員A強烈的憤怒，可能隱藏個人對相似議題無法自我接納的部分，而投射到成員A；至於成員E、F、G也都可能有個人議題，而情緒沒有A，C和D強烈，或許比較可以冒險。由於團體還在初期和後期的轉換期間，領導者不只不合適主導聚焦「個體層面」去工作，甚

至過度企圖給成員自我揭露的壓力，也會讓整個團體和成員的焦慮都升高。

因此，領導者需要：一方面忍著，靜待和觀察團體的反應；二方面覺察團體凝聚力發展狀況，以便據以協助成員。在成員D、E、F、G四位成員各自回到座位之後，領導者A並沒有聚焦在成員A或D個人層面，而是將焦點放在人際層面，持續進行，以便完整處理這一個「人際層面」的結構：

領導者A：「B、D、E、F、G你們五位似乎內心特別受到A的陳述所觸動，願意分享你如何被觸動嗎？」團體沉默了一兩分鐘，期間成員E不斷地來回看領導者A和成員A，彷彿在期待許可或鼓勵。領導者以眼神給於非語言的鼓勵。

成員E：「我覺得A好委屈，想哭勝過想生氣，才會那麼傷心。我自己和我爸爸之間就有一點類似的經驗。過去我爸爸很沒有責任……」

領導者警覺到成員E可能揭露更多個人家庭隱私，由於團體進入共享關係初階段，而尚未有其他成員深入的揭露隱私，需要提醒該成員安全的議題。所以，領導者A及時介入提醒成員E。

領導者A：「WW（成員E）你現在正在提到的事，是你個人的家庭隱私，你確定可以放心和A，以及我們分享嗎？」

成員E略停頓了一下：「我願意和A分享，我相信你們不會笑我。……我小的時候，我爸因為賭博，常不回家，把家裡的錢揮霍光，我們生活很苦。我媽和他常吵架，甚至打架。小時候我非常害怕他們打架，總是躲在角落看著，不敢走開，怕媽媽被打死。現在我爸老了，七十多歲了，和我媽都搬來和我住一起。雖然奉養他衣食不缺，可是我心裡就是不原諒他，只是盡人子女的義務。我常不給他好臉色，也不和他多說話。兩

年前有一次颱風，雨很大。我開車回到家門口，看到我爸拿著一把大雨傘出來，在傾盆大雨中邁著老化的腳步，走過來給我遮雨和送傘，讓我沒有被雨淋濕（成員E突然眼眶轉著淚水）。然後他撐著另一把傘，在轉過身，上臺階進屋子的時候，看到他滿頭白髮和有些病傳的孤單背影。我突然感到我爸爸老了，不再是那個兇惡有力打我媽的男人，只是個普通的老人。雨那麼大，他怕我淋濕，地很濕，不顧自己會滑倒。那一刻，我忽然很同情他，不再恨他，也發現我爸還是疼我的。」邊說邊流淚，說完了還擦了一陣子的眼淚。

領導者A：「說到這段個人故事，你特別傷感和感恩。我聽到你看到父親疼妳的一面，以及覺得他也老了，脆弱了。雖然過去有很多不滿和委屈，卻不忍心再繼續生他的氣。因此你原諒了他，也想到該珍惜彼此的關係。同時，是否也覺得和爸爸錯過了好長的可以享受親情的歲月，而感到好失落。」

成員E：「你真的是說到我心裡頭的感觸。」

領導者A：「由於你個人的這個經驗，你能同理XX（成員A）可能也是有感恩寬恕和憤怒衝突的心情。」

在成員E回應之後，領導者將焦點轉到團體層面，邀請其他成員連結經驗和回應。由於其他傾聽的成員被觸動了，從他們相繼自我揭露的內容，表面上有親情衝突議題，關係失落議題等。然而，共同的核心議題為憤怒與寬恕的內心衝突，這都是成員A沒有明言，而其他成員自動連結的情緒經驗，由此可以看到，成員都是他們生活經驗中的專家。

(二) 討論

由於成員A自我揭露的時候，這個團體約在共享關係階段之初，雖然這些成員自己從成員A自我揭露的語言和非語言訊息，而自行連結成員A的情緒經驗，對於團體關係的發展有所幫助，但並不表示團體已經讓成員

感到很安全和信任，可以揭露較為隱私的資料，這是領導者在經營團體時所不可忽略。如果團體能夠越安全，成員的揭露將越個人化和隱私化，所以這時還不到可以聚焦在「個體層面」去工作的階段，需要以「人際層面」為焦點，持續促進成員個人的資訊交換，各種形式的資訊，包括情感、想法和行為，並相互回饋，以提升安全和信任感，來推進團體歷程的發展，以期團體成員能夠發展穩固的共享關係。

在這次的聚會，成員E冒險自我揭露和領導者A對於成員E的深度同理，一方面讓團體成員體驗到團體的安全和支持，因而帶動了其他成員開始冒險自我揭露；另方面也提升了團體凝聚力。該次團體聚會的前段，成員A的自我揭露，有成員B、C、D、E的反應，可以讓她覺得別人對於她的話題有興趣，而且有D、E、F、G擁抱的情感相挺，成員A的付出得到可以平衡的酬賞。成員E的冒險自我揭露是這次聚會深化的轉捩點，而成員E的自我揭露，則有三位成員F、G和H，向她分享與揭露個人情緒經驗。因此，成員E的付出也可以得到相對等的報酬。

就整個團體而言，在前段成員A與B、D、E、F四位成員的互動，深度較淺；到了後段成員E揭露的深度較大，成員F、G和H給她回報的自我揭露也較深，建構了團體支持的氛圍，所以在下來的聚會團體可能準備可以去工作。在團體歷程有兩段個別成員（A和E）出來自我揭露，都得到相對等的報酬，成為團體中自我揭露獲得成功報酬的典範，且整體上出來自我揭露的成員，人數過半以上，可以讓團體感到互動有深度且平衡，如此，可得以提升團體整體的安全和信任。而值得注意的是，成員E所揭露的是一則個人已經解決的親子關係議題，想以自己「已經過去」的經驗支持有困擾的成員A，這是共享關係階段成員會出現的利他行為，也可作為團體開始步入工作階段的指標。如果成員E揭露的是尚未解決的親子關係議題，則冒險程度更高，領導者更需要注意團體的安全和支持。

最後，成員C可能因投射性認同，而攻擊成員A，需另於適當時機處理。至於成員D的議題，為未解決的童年期特殊創傷，可能在團體是冒險性很高的異類議題，這樣的成員，即便在工作期也需要尊重成員個人的決定，領導者不可誘導。

(三) 團體結構化程序的說明

在第二個例子，團體歷程可以分為五部分的結構：(1)成員A揭露偶發事件，由「個體層面」結構開始；(2)團體成員自動聚焦在成員A的交談與互動，為聚焦「人際層面」結構的互動，領導者可以觀察成員人際現象；(3)因成員D的需求所啟動四人以非語言表露情感情緒交流，持續「人際層面」結構的深化；(4)領導者A轉換焦點於「團體層面」，帶動成員E和其他三名成員自動出來向成員E和團體分享自我，為「團體層面」結構的深化，為成員A鋪設接下來提高自我試探的可能性；(5)由於本次聚會重點在廣化和深化團體，而團體結束前團體氛圍真誠而凝重。在時間有限之下結束本次聚會，領導者A使用非語言的「情感連結」儀式，取代邀請團體成員以語言摘要經驗，也是在結束「團體層面」結構。

故本次聚會共有五部分的結構化程序，領導者依據團體發展階段，及對於成員反應的理解，去經營程序而產生出這五個結構化程序。這五個結構並不是事先計畫，而是由成員自發的行為和方向，經由領導者的逐步經營，呈現有程序的進展，所以非結構團體的領導作為乃有所本，並非毫無章法可循。

第七章

團體前期的領導

　　團體前期的領導，主要包括社交階段、連結階段與共享關係階段等三階段的領導工作。團體前期重要的領導任務為：(1)建立實際的團體；(2)建立團體規範與文化；(3)預防成員的流失。為了有效達成本時期的領導任務，可運用的領導策略主要包括：(1)歷程取向，非內容取向；(2)聚焦團體歷程的推進，非聚焦個別成員；(3)重視團體成員溝通質與量的平衡；(4)加強成員的人際溝通技巧訓練與學習；(5)建立人際交換的新規範；(6)建立團體的負責與主動的文化；(7)善用「此地此時」促進團體中的人際關係。在本章第一節和第二節將先就團體前期領導的主要任務和領導策略加以說明。繼之，將於第三節、第四節和第五節，分別就團體前期三個階段的領導任務與策略說明於後。

❖第一節　團體前期主要的領導任務❖

壹、建立實際的團體

自主與團體實體

　　團體初期的首要領導任務為建立一個可以作為治療的團體。從「社會微縮理論」（Yalom, 1995; Yalom & Leszcz, 2005）的觀點，這個團體為成員實際樣貌，也就是他們在團體的人際樣貌，一如其真實生活中的人際樣貌所組成的團體。在這樣如同微縮社會的團體中，可以觀察、評估和認識

成員個人的人際型態或模式，才能作為治療之用，亦即可以觀察到成員的真實樣貌，才有治療價值。因此，領導者要盡量減少使用結構和控制，並容許成員有足夠的時間發展自主性。在領導者很少主導之下，成員能夠自主地按照個人真實和習慣的方式與人互動，才能看到成員個人的實際人際型態。在有足夠的時間之下，團體可以從社交性的規範和關係脫離，努力發展親密的共享關係。在團體安全的氛圍之下，成員將感到自在與自由，並逐漸開始呈現出自己的真實樣貌，一如在家庭、學校、職場等人際之間的樣貌。在團體中，每一位成員與他人互動的特徵，就和他在團體外真實生活中與他人互動的特徵相同。換言之，在諮商和治療團體中，成員會出現他們個人人際的不適應行為特徵，成員個人實際的不適應人際特徵，將無需語言表達便呈現在他人眼中，這是越低結構式團體，由於團體動力的影響，越容易締造的團體特殊現象。

當團體如同一個社會縮影，最能呼應Sullivan視心理治療為人際生活的科學之精隨。在一個如同成員個人實際生活中的人際世界，去觀察、理解與治療一個人，使得諮商與治療更貼近實際；而不是依賴治療師對於成員個人內在世界的推測與假想。因此，在團體初期領導者除了展開團體的程序結構技術之外，要盡量減少對團體和成員的控制。

貳、建立團體規範與文化

團體文化包括團體的規範、風氣、氛圍、習慣和儀式等。在諮商與治療團體，規範是團體文化的主要內涵，團體中的規範，包括明文規定和非明文規定兩種。前者在團體第一次聚會，成員所簽屬的契約或同意書中已明文規定；後者，主要在團體互動之中逐漸形成。因此，團體規範的建立、形成和維持，便成了領導者的重要任務；而任何團體的規範、風氣和習慣一旦建立，便很難改變。由於在團體初期成員尚在觀望、猜測與摸索

規範的時期，為建立與養成團體人際新規範的關鍵時期。因此，有關團體規範的建立，慎始最為重要。

　　建立規範的策略，約有四種：(1)在團體前的初晤，或在團體第一次聚會，由領導者提出一組較為綜合的規範，並與團體成員討論，經成員都同意無疑之後，據以實施；(2)先提出基本規範，然後仰仗這個特定的團體增加相關的規範；(3)領導者先發展管理互動的基本指引，之後再與團體成員共同制定相關規範；(4)以發展觀來看待規範的訂定，領導者將在團體出現需要的時候再來處理規範的事（Trotzer, 2013）。由於成員初次參加團體，對於諮商與治療團體不熟悉，不知道與過去生活中熟悉的班級團體或職業團體有何差別，因此通常基本規範可以事先由領導者制定，不過不論領導者偏好何種策略來形成團體規範，都需要確定這些規範經過團體所有成員達成共識。其次，領導者有責任確定規範是否充足、合理，以及成員能遵守。若在團體開始之前，領導者已經備有一些明文規定的團體基本規範，除了在聚會的第一次必須提出基本規範讓成員知道之外，在初始的幾次聚會，領導者也必須百分之百的盡力去執行，才能培養成員遵守規範的行為。領導者在執行團體規範的時候，需要讓成員了解遵守規範的重要，才能提升成員遵守的意願，而不是命令性的要求成員。此外，在制定明文的基本規範時，不宜過多，以成員能夠實踐和落實為佳，過多的規範，一則成員不容易記得，二則難以實踐，一旦團體成員無法完全遵守這些規範，便無法養成守規範的行為。然而，規範也需要有一些彈性，例如通常基本規範會包括「不得在團體內食用飲料食物」，然而對於感冒略為痊癒便前來參加聚會的成員，可能喉嚨易乾燥便咳嗽，允許喝水乃是彈性變通。最後，有些規範不宜作為明文訂定的規範，例如不代言、不批評、不說教等，這些必須等成員出現此類行為時方給於改變，使能夠學習同理心，尊重或自我揭露。過多此類的明文規範，將使成員感到團體中很多禁

忌和限制，而容易變得很拘謹或感到憤怒，而領導者會錯過觀察到成員人際模式的機會。

　　至於團體非明文規範的建立，領導者、成員的期待，以及具影響力的成員，三者都是規範形成的主力。團體初期需要建立的人際新規範，主要包括：(1)願意自我揭露；(2)能夠自我監督；(3)自發性的程序；(4)此地此時的溝通；(5)使用「你－我」的直接溝通；(6)學習作為助人者；(7)對團體或當事人陳述，而不是只對領導者一個人陳述。有關規範的建立，尤其非明文規範的形塑，身教為首要方法，其次教導有方。首先，領導者必須示範傾聽、接納、尊重、同理、了解性反應、正向回饋等行為，同時需要努力去增強成員符合規範之典範行為，並阻止批判、指責和強迫他人說話的行為。對於團體規範的建立，領導者必須努力協助成員做到，直至成員對於新規範形成共識，能自行監督規範的實踐為止。尤其，從第一次聚會開始，便需要教導成員使用「我」陳述，來表達個人經驗和情感情緒，使用「你－我」的直接溝通方式，來與對談的成員交流。使用「你－我」溝通可以促進團體中成員的互動，是一項重要的規範。在我們的文化，當有成員聽到另一位成員的陳述而有所反應的時候，成員習慣向領導者（權威者）去說，彷彿在向領導者報告一般，而不是直接告訴那一位陳述的成員，因此領導者務必請他直接告訴對方。當領導者百分之百如此落實這項規範，遲早當有成員未直接去溝通的時候，會有成員出來協助糾正，這表示團體對於這個直接溝通的規範已經形成共識。

　　當有成員批判或指責其他成員的行為，領導者需要協助這名成員探討，導致他無法接納的個人原因。以一個團體為例，有一名成員A正在陳述她與已經過世的母親生前的衝突關係，由於母親從小偏心，不疼愛她，讓她一直對母親心存不滿，難以釋懷。然而母親死後，她便開始一直自責在母親病重住院期間，自己沒有完全放下工作，以便全心全力陪伴和照顧

母親最後一程，而是忙於在醫院和工作兩邊奔波。團體中有一位成員B邊聽邊出現不耐煩的表情，數度出來批評成員A，指責成員A對於母親在她小時候的偏心太看不開。另一位成員C則使用隱晦的指責，且不斷試圖去分析當事成員何以這樣內疚。當領導者請成員B和C停下批判與指責，回到他們自己內心，去探索這些行為背後的個人情緒與經驗。成員B陳述，童年為家族的寵兒，而現在則需要承擔家族的許多責任，因而自我覺察到，雖然過去作為寵兒感到驕傲，然而如今需承擔家族重任，有很多壓抑的憤怒。因此，對於成員A忌妒手足是母親的寵兒，感到很不以為然；至於成員C，兒時父親有家庭暴力問題，母親和她兩人發展共生關係，不諒解父親，直到父親死了，感到後悔沒有和父親好好相處，因此她覺察到自己試圖從成員A身上去理解自己的內疚。當成員A在了解他們倆人之內在心理經驗之後，表示不再因兩人的批評和指責而不悅，可以同理他們倆人。而團體其他成員從化解這場衝突，也自在地揭露自己的親子和手足議題。

　　所以，在團體初期領導者必須努力讓團體人際新規範百分之百落實，也讓成員體會與理解新規範的用處，了解新規範有利於創造治療的環境，成員才會努力做到。

參、成員流失與衝突

　　團體初期要重視成員流失的問題，並預防成員的流失。有效的領導者必須對團體成員進行評估，尤其是評估每位成員的發展水準和焦點問題。如此，才能為每位成員擬訂適切的治療目標和計畫，以減少成員對於團體的不滿意而中途退出。對於個別成員的應對，需要留意個別差異，例如在團體初期的三週都遲到的三名成員，處理的方法需要依成員個人的成熟水準來反應。對於比較不成熟的成員，領導者可能只需要說：「很高興看到

你來了」，對他而言是一種簡單容易體會的鼓勵；對於較成熟的成員，領導者可能可以這樣說：「上週你沒有太多說話機會，是否你有些不想來了？」或是這樣說：「是否你希望團體可以討論你比較感興趣的話題？」以表達領導者對該成員的期待之理解。而有的成員遲到，可能成為他人的代罪羔羊，需要防止這樣的成員被其他成員處罰。例如一個凝聚力尚不足的團體，每次有展開團體的困難，遲到的成員可能被指責造成團體得等候他一個人，或由於他的遲到干擾團體討論。

團體初期領導者需要鼓勵或協助成員投入團體。研究指出，團體成員總投入程度與成員流失發生的階段，以及不穩定出席的情形有顯著相關（吳秀碧、洪雅鳳，2006）。尤其在團體初期有成員流失，對團體是一種傷害，留在團體的成員可能質疑團體的效能，對團體失去信心，以致影響團體的發展，甚至有更多成員離開團體。所以，成員流失為領導者在團體初期不可忽略的議題。其次，團體初期的衝突即便不大，由於成員關係尚未穩定，容易造成成員流失。有關團體內衝突議題，詳見第十三章「團體中的衝突」。

❖第二節　團體初期的領導策略❖

在團體初期為了盡速發展團體凝聚力，四種有幫助的領導策略為：(1)歷程取向，非內容取向；(2)聚焦團體歷程的推進，非聚焦個別成員；(3)重視成員溝通量與質的平衡；(4)善用「此地此時」促進成員關係。

壹、歷程取向的領導

所謂團體歷程取向，是指「在互動的個體間（各個成員之間，以及與治療師）之關係的性質」；相對於歷程，團體內容則是指「已明著說了，實際的議題，進行的爭論」（Yalom & Leszcz, 2005, p.143）。簡言之，

「歷程」是指團體中的人際互動；「內容」指團體中成員的口語陳述。團體初期，團體和成員都尚未準備好可以助人，因此需要促進團體中的互動，以增進人際關係爲領導的重點，以推進團體歷程與團體的發展爲主，而不是聚焦在個別成員去探索。當然更不是聚焦個別成員去深化他所陳述的內容，因爲這個時期的領導重點，不在協助成員去解決問題。

貳、平衡溝通的質與量

爲了建立與維持團體的安全感，重視團體中溝通的平衡也很需要。所謂溝通的平衡，指團體中成員們自我揭露的量與質的平衡，即廣度與深度的平衡。若有成員的自我揭露和其他人落差過大，尤其在個人隱私的揭露過多，不但這名成員冒著團體傷害的危險，其他成員也會感到沒有安全感，而升高焦慮，團體將變得很抑制。此外，也盡量不宜有成員說話次數過多或過少，當然對於在團體初期沉默的成員，宜觀察與理解，不宜強迫其表達。主要在團體初期，應以維持人際交換的付出與報酬的滿意與安全爲要。

參、聚焦此地此時

善用「此地此時」，對於團體人際關係的增進特別有幫助。關係的本質，乃是情感，此地此時的互動，可以增進成員個人資訊和情感的交流，故有利於關係的發展。人性有期待被反應的需求，當一個人自我揭露之後，會期待和想知道，那些聽到他自我揭露的其他成員和領導者對他的觀感。由於此地此時的揭露具高冒險性，對於自我揭露者，聆聽的對方給予回應，不只可以增進人際的親密關係（Laurenceau et al., 2005; Reis & Shaver, 1988），也可以感到安心。所以領導者：一方面要協助成員願意自我揭露或表達個人想法或情感情緒；另方面，要協助其他成員也願意回

報給這位自我揭露的成員，自我揭露、同理或回饋都是很好的酬賞。

　　非結構式團體，在初期領導者需要更積極工作。所謂的積極工作，特別是聚焦在成員此地此時的互動，但不是引導方向。因此，「跟隨」的技術很重要，領導者需要積極地對於成員口語和非口語的行為給予反應。這些技術有同理、回饋、反映情緒、反映內容、表達正向情感等。在我們的文化，當我們小的時候父母常常會使用沉默，作為處罰或拒絕孩子的手段，因此孩子會害怕父母的沉默，或沒有反應。此外，在我們的文化，權威者沉默、沒有反應，也可能表示不贊同或質疑。無反應和沉默不透明的領導者，將使成員想起過去被拒絕或不贊成的經驗，而引發成員的害怕、不滿與憤怒。所以在團體初期，領導者需要做一個對團體成員有反應，且積極努力工作的催化者，而不是僅僅做一個沉默被動的觀察者。領導者需要親切地協助成員表達，且鼓勵成員主動回應彼此的表達。領導者自己也得自在親切地與成員交談，敏察成員的情感情緒，並給予了解性反應。

　　團體初期領導者的透明化，不是指領導者揭露個人生活世界或隱私，而是分享對於成員表達的反應，包括同理、回饋、喜歡或不喜歡的情感情緒。這是此地此時關係的互動，尤其成員在自我表露之後，不知道他人對她的看法，會感到焦慮。自我揭露的成員和其他成員會注意領導者的反應，因此領導者對於該成員透明的反應，不只對於自我揭露的成員可以降低焦慮，還能夠增進與領導者的連結。此外，也需要鼓勵成員彼此反應，所以治療師需要示範傾聽、尊重、不批判、接納、同理與回饋，也需要鼓勵成員們如此這般的彼此相互回應，以促進團體成員積極的互動。團體階段的發展，與成員彼此之間人際關係的發展，互為循環，而此地此時的人際交換，有助於成員關係的發展，如此可以增進成員自我揭露的意願。雖然成員自我揭露的內容，不是團體初期聚焦所在，然而卻有利於作為成員互動和歷程評論的平臺。所以，在團體初期領導者需要促進的，是成員廣度的自我揭露，而不是深度的自我揭露。

肆、成員的人際溝通技巧訓練

　　人際溝通與團體規範形成，有密不可分的關係，有部分的團體規範，需要經由人際溝通技巧的表達來形塑。在人際治療取向的理論，都很重視成員人際技巧的學習（Choate, 2010; Weissman et al., 2000）。研究也指出，人際學習是重要的療效因子（Yalom & Leszcz, 2005）。人際技巧的缺乏與社會焦慮和缺乏親密關係有關（Nielsen & Cairns, 2009）。在團體中人際的學習，溝通技巧為其中重要的一部分（Baker, Parks-Savage, & Rehfuss, 2009）。由於：一方面，來參加團體有個人困境的成員，通常比較缺乏有效的人際溝通技巧；二方面，在團體初期成員普遍容易使用社交場域慣用的人際技巧，以保持人際距離。因此，一則為了促進團體成員人際關係的發展，以增進團體凝聚力；二則為了創造支持性的團體環境；三則為了準備成員可以相互幫助。在團體初期需要培養成員有效的人際溝通技巧，不只可以營造療癒的團體環境，主要目的在期待互助工作階段，成員得以運用在團體中學到的人際技巧，作為工具來完成團體目標（Tuckman, 1965），因此在團體初期，改變和培養成員有效的人際溝通基本技巧，為重要且必須的工作。成員需要學習的人際技巧，主要有：(1)傾聽他人的陳述；(2)對他人的自我陳述給予回應，如同理、回饋或表示了解；(3)適當與適度的自我揭露；(4)使用「我－陳述」或「我－訊息」；(5)不代言；(6)不強迫他人。進一步詳述如下：

一、傾聽

　　對於治療師而言，沒有真正的「聽」，就沒有治療。俗話說，要「用心聽」。用「心」表示專注的聽，貼心的聽，如此才能真正聽懂內容所表達的意涵。包括對方已經明著說出來的意涵，以及未言明的弦外之音。能夠同理他人，是由於用心聽，而能設身處地的感受，加上真正用心聽需要注視著對方，因而還可以從對方的非語言捕捉到更多情感情緒訊息，使得

「聽到」更充分。在團體中，成員需要互助，因此傾聽是每位成員第一個必須學習的溝通技巧。「聽」也表達對正在陳述的成員之重視和尊重，有時候僅僅「聽」，就能給對方帶來療癒作用。由於「聽」也是團體中最基本的溝通條件，因此要如此教導成員來聽：(1)使成員能夠彼此傾聽，座位安排務必讓每個人可以看到其他成員的臉；(2)每次只有一人講話，餘者必須傾聽，並在對方說完了，才可發言或提問；(3)當領導者正對著團體或任何一名成員說話時，成員可能尚未聽完便開始說話，這時領導者不論自己的話是否已經講完，都應該停下來先聽成員究竟講什麼？一則這名成員已經有話要說，所以不會繼續聽下去；二則可能對於領導者方才講過的內容有立即性反應，所以領導者需要知道。

二、教導成員對自我揭露的成員，給予回應

在團體初期，成員往往對於他人的自我揭露，猶豫著是否該有所反應，以及如何反應；或可能以慣用的社交技巧來反應，例如安慰、建議、講道理。因此，領導者需要示範，並教導和鼓勵適當、有幫助的反應。在團體中有助於共享關係發展的回應，為給予自我揭露的成員：自我揭露、同理、回饋、反映情緒和反映內容，這些可以讓對方感受到支持。因此團體初期，首要教導成員給他人這些回應，也可以讓對方感到付出與報酬的均衡。由於初期缺乏安全感和信任感，通常成員自我揭露的意願較低。因此，領導者需要在每次團體結束之際，一再提醒成員保密的重要。

三、適當與適度自我揭露

自我揭露在親近的人際關係為常見行為，在團體初期人際關係尚為初淺，領導者需要協助成員適度和適當的自我揭露。一方面，可以讓成員體驗到自我揭露的安全；另方面，可以讓成員學到適當自我揭露的意義。適當自我揭露，指成員揭露個人訊息，而不是非個人訊息；適度自我揭露，指成員揭露的深度，不宜與其他成員落差過大，以免對該成員造成團體傷

害，感到喪失自尊。研究發現：在團體過程中團體成員自我揭露行爲的因素當中，最有影響力的主要因素，依序爲，「正向期待」、「正向楷模」與「領導者邀請」，「團體壓力」和「想被認可」；而影響成員有想自我揭露，卻未說出來的因素，依序爲，「自尊」、「信賴」、「歧異」、「退縮」和成員個人的反應「步調過慢」（吳秀碧、洪雅鳳、許育光，2005）。當團體中有成員揭露自己時，領導者需致力於協助該成員獲得有意義的回應，樹立自我揭露的成功或正向典範，具有鼓舞其他成員自我揭露的作用。而在團體中成員除了因爲要維護自尊，而會有想說卻未自我揭露之外，由於信任關係不足和害怕自己所揭露的與其他成員差異過大，而成爲「異類」，也是造成個別成員在當次聚會有要說，卻未自我揭露的原因。因此研究也指出，不論在團體前段、中段和後段時期，成員願意在團體中自我揭露，比率最高的原因都是「正向關係」（許育光，2011）。最後，團體初期應以促進成員水平的自我揭露爲主，研究指出成員「水平式」的自我揭露，更有助於團體安全和成員自我揭露的意願（許育光，2016）。總之，領導者能理解影響成員自我揭露原因和害怕自我揭露原因，可以促進成員自我揭露；能夠平衡團體成員適度自我揭露，則可以促進團體成員關係和團體凝聚力的發展。

此外，領導者需要注意成員自我揭露的兩種狀況：第一種狀況是，過去有過成功的團體經驗的成員，容易錯誤想像當前的新團體與之前已經發展親密關係的團體相同，而在團體初期過度自我揭露。因此，領導者需要留意這種成員的自我揭露情況，適時介入，平衡他和其他成員們的自我揭露深度，而不是任由那名成員不自覺地深入分享隱私，造成與團體其他成員揭露深度落差過大；第二種狀況是，高度神經質的成員，在團體初始便如錄音機一般的冗長自我陳述，甚至重複的自我告白，這是一種不在意有無聽眾，以相同議題的內容，自顧反覆講個不停的一種行爲，容易被新手

領導者誤以爲是冒險意願較高的成員，然而很快地領導者就會發現，這樣的成員對於其他成員或領導者的回應，沒有興趣，也不會眞正的去聽，這是成員個人不適當的人際特徵，團體初期無法協助她處理核心問題，對於這樣的成員，最簡便的方法，就是訓練她的表達技巧，領導者或許可以這樣對她說：「我有些失焦，請你用兩三句話，將方才講了約15分鐘的冗長內容再說一次，以便幫助團體和我了解你所要表達的主要意涵。」第三種狀況是，過度喋喋不休，容易被誤以爲是壟斷行爲（Trotzer, 1999），通常這類成員或團體的行爲，是由他人的話中引起，成員的交談變得七嘴八舌，或由一個成員總是搶著講個不停，模糊而無焦點，這種狀況可能由團體初期的人際焦慮所引起，以致毫無重點的快速交談。然而是作爲減壓或防衛，領導者要回饋所觀察到的團體歷程現象。介入的目的在減緩交談的步調，以及讓交談可以逐漸變得有重點。當團體漸漸發展接納的氛圍，這種過度喋喋不休的行爲便會減少。

四、我陳述

使用「我陳述」，在諮商與治療團體爲必要的表達方式。當成員迴避個人情緒感受的時候，通常會使用「你」、「我們」這樣的詞彙來表達。例如在華人的文化，憤怒爲不能被接受或不被允許的一種情緒。一個生氣的人，可能被認爲修養不好；一個生氣的孩子，可能被認爲這樣不對，會被恐嚇不可再發脾氣。所以，我們從小學習到生氣不被接納，無法接納個人有憤怒情緒的成員，在團體中可能這樣表達自己的憤怒：「她當著很多人面前就這樣罵我，眞的很丟臉。難道你不會生氣嗎？當然你就會很生氣，就很想揍人。」這個例子當中，這名成員使用兩次的「你」，實際上應該說「我」。同時在最後一句主詞「我」也都省略了，而想揍對方，也說不出具體是「何人」。發生這種情況時，可以請成員改口使用「我」再說一次。協助成員使用「我陳述」，目的在協助成員可以去「擁有」和

「體驗」個人的情緒和責任。這個規範到了工作期更顯得重要，對自己情緒沒有覺察的成員是很難真正的去工作。有關「我陳述」的教導和運用，請詳見第九章「領導相關行為與介入技術」。

五、不代言和不強迫他人

在團體成員人際溝通技巧的訓練方面，還有阻止代言和阻止強迫他人。這兩種行為，在團體初期也是常見的不當人際行為。被他人代言和替他人代言，容易形成配對關係，對於兩人的成長和發展都有阻礙，所以需要協助兩人都做改變。容易被他人代言的成員，可能在實際生活中就是比較缺乏自我表達的技巧或信心，或對於自我表達缺乏負責能力，因此把自我表達的權利拱手讓給他人。然而，當他人替他表達而發生問題的時候，他可以不用負責；而替他人代言的成員，可能在實際生活中沒有尊重他人自我表達的習慣，或不相信他人可以表達自己，以為自己比對方擅長表達，所以容易跳出來扮演代言的角色。在團體中，當有代言行為出現，領導者需要立即阻止。可以面質代言者：「你是否不信任對方有能力為自己清楚表達？」或直接阻止：「我認為他的事，由他自己來說也許比較妥當。」另方面，需要鼓勵被代言者：「你自己說看看。」並於該成員表達後給於正向增強。此外，也要阻止強迫他人的行為。在團體初期，成員強迫他人說話，為一種轉移焦點的自我保護行為，可以隱藏自我。同時，也可能是權力競爭的行為，用以控制他人。若領導者允許這樣的行為成功，強迫他人者便比被強迫者擁有較多的權力，很快可以看到「控制」與「順從」這樣的配對出現。因此，只要一出現這樣的行為，一定要阻止，並讓被強迫的成員，為自己做決定是否要說話。

❖第三節　社交階段的領導與第一次聚會❖

　　在團體發展的社交階段，第一次的聚會為較特殊的形式。不論哪一種領導取向或哪一種結構的團體，很相似的就是在第一次的聚會有一些共同的結構化程序需要完成。領導者需要運用團體開始的結構技巧，與個別諮商相同，第一次的諮商會談也需要使用結構技術。在這一節將說明第一次聚會的領導任務和結構技術。

壹、成員的功課

　　所謂成員的功課（members' work），是指成員處在團體之中，個人的心理狀態與努力在安頓自己的行為。在團體初次聚會，成員的主要功課，在安頓身心。通常成員初到團體，不認識其他成員，只知道團體中有兩種人，或更確切地說，有兩種角色。有一個人，或當有協同領導者的時候，有兩個人，角色叫作「領導者」，此外自己和其他人的角色都叫作「成員」。至於這兩種角色包括哪些任務，並不知道，也不確定，對於領導者角色的認知，除了可能從過去生活的經驗產生一些想像，例如過去學校的教師角色，以為團體的領導者，可能會如學校教師講課或引領大家。至於作為一名成員可以做什麼？或不可以做什麼？應該做什麼？或不應該做什麼？一概不知道，亦即不知道作為成員的權利和責任，也不了解這個團體情境的規範。因此，初期成員通常會有高焦慮，試圖使用習慣或熟悉的行為去因應，以便減少焦慮，這是人之常情。兒童或青少年可能在團體初始不知所措而焦慮不安，準備聆聽領導者的指示，就像在學校的課室裡一樣。有些成人團體的成員，會在團體初始帶筆記本來準備做聽課筆記，可以推測他們以過去的經驗，來準備應對當前的團體情境。由上述可知，成員要在這樣陌生的團體情境中生存下去，主要工作便是減少個人的人際不安全感和焦慮的情緒；其次，是努力要去弄清楚這個團體的規範。

　　由於成員並不知道，個人所熟悉的社交情境與諮商團體情境的規範差異。因此，在團體開始之際，成員會以個人熟悉或知道的社交規範，來展開個人在團體中與他人的互動，例如寒喧，或閒談社會事件，甚至講笑話。成員利用這些交談試著企圖打開人際關係，填充不知如何使用的時間和減少團體壓力。因此在團體初始，成員常會爲了一些聽起來不好笑的小事，爆發出神經質的笑聲，這些無非是爲了減少焦慮與緊張的行爲。但是，另方面成員又知道個人來參加團體的目的不在社交，心理感到不安而疑惑，開始階段團體進行緩慢，且容易落入沉默。

　　由於一個團體若經常有較長的沉默時間，起初成員可能會顯現焦慮不安，互相觀望或眼光迴避。壓力似乎在團體中輪轉不停，每個人都害怕焦點落在自己。但時間一久，他們便逐漸出現較自在的行爲出來，他們彼此好像隱藏著共謀，似乎誰也不會將壓力推向誰一般而感到安心。當領導者缺少警覺，容許沉默成爲團體的規範。這樣的行爲規範，可以視爲成員在團體歷程學習的結果，也可以視爲適應。團體在初期經常出現過度沉默或冗長的沉默，不只會降低團體動力，這些沉默也可能導致團體缺少意義，沒有績效，影響成員中途退出。認知－行爲學派的Flowers（1999）便指出這是建立了錯誤的團體規範。

　　團體初始成員主要以有限角色與他人互動，這種作爲在社交情境中可以與他人保持安全的心理距離，維持社交互動。所謂有限角色指兩件事：其一，不會讓他人知道個人擁有的所有角色，例如你可能已經結婚，但是你可能只讓他人知道你的職業角色，不會透露婚姻狀況的角色；其二，不會透露一個角色的全部，例如可能只簡單的讓他人知道你是學校教師，除此之外你不會分享有關這個角色相關的成功或失敗經驗等更多的個人資訊，尤其是失敗的經驗。

　　在這個階段，尚無法運用團體來助人。理由有：一則，領導者對於每

一位成員的了解非常有限；二則，成員彼此也相互不了解；三則，由於人際高度缺乏安全感，成員冒險自我揭露的意願低。如果領導者沒有適配階段的領導策略，團體成員容易流於閒談。

貳、團體階段任務與領導策略

基於上述社交階段的現象，在展開第一次團體聚會的領導任務有：第一、形成團體，包括協助成員認識領導者，以及成員相互認識；第二、建立團體規範與文化；第三、協助成員了解團體目標與性質；第四、協助成員形成個人參加團體的具體目標。所以，第一次聚會通常領導者得運用團體結構化程序技術展開團體，這個展開團體的結構技術，依序包括幾項基本工作：

一、領導者自我介紹

領導者的自我介紹，通常除了告知姓名，也得告訴成員你期待被如何稱呼，例如稱你：「陳心理師」或直呼你的名字「靜芬」就可以。就筆者個人的經驗，最好讓成員稱呼你「陳心理師」，而不是「靜芬」。由於我們屬於集體主義的族群，「人」、「我」的人際界線與個人主義的社會有差異，屬於個人主義的社會，人際界線比較清楚，所以很多治療師和成員喜歡彼此直呼對方名字，感到關係比較親近，然而他們對於角色的界線還是很清楚。但是，在我們的文化之下，如果領導者讓成員直呼其名，未來便可能有界限混淆問題；其次，集體主義也伴隨有權威階層文化，如果領導者讓成員直呼其名，有些成員會感到對於領導者這樣的稱呼不習慣。不過，在團體中成員對於領導者的稱呼，主要得視領導者個人的偏好和自在而定。

領導者的自我介紹，尚需包括個人與所要帶領的團體之相關專業訓練和工作經驗等背景資料，以表個人有專業能力帶領這個團體。

二、說明所要帶領的團體計畫

　　這個步驟主要在協助成員了解團體的目標、性質、過程、領導者的角色、責任與任務，以及成員的角色、責任與任務等。若領導者有使用特定的介入技術，也需要將技術的名稱寫入說明團體的簡介。如此，一方面可以協助成員了解他所要參加的團體；另方面可以協助成員知道如何進入團體。例如，成員可以理解未來為何每次展開團體，他們需要負責與決定自己要討論的個人議題，而不是等待領導者的指示。至於需要事先告知成員可能使用的特殊技術，是由於成員對於心理諮商與治療所使用的技術，通常可能一無所知或知道的很少，為了讓成員有機會簡要知道領導者可能使用的技術，以便未來成員可以安心與合作。例如，空椅法、誇張的實驗、幻遊、角色扮演等等，若事先成員有機會向領導者提問，以了解那些技術，甚至表達對可能使用的技術之個人情感或疑慮，並先得到了解和安心。在未來工作中他們將知道如何去使用，以便對自己較有幫助，否則未來在團體歷程需要使用該技術的時候，成員可能會感到不安與猶豫。

三、讓成員簽署契約或同意書

　　在成員相互認識之前，需要先讓成員簽屬契約或同意書，因為可能有成員不能接受契約當中的某些條款，而決定不參加。契約的內容，通常需要包括領導者可以帶領這個團體的相關專業訓練與經驗、聚會日期、時間與長度、收費與退費規定、領導者的職責、團體成員的職責（例如出席，缺席和請假）、不受保密限制的條款，以及團體基本規範等。在團體剛開始之際，需要有少數的團體基本規範，讓成員知道在團體裡可以做什麼和限制，或甚至在兒童和青少年團體也需要少許約定不可做什麼（例如對他人身體攻擊）的基本規範。有一些初步的規範能夠幫助成員減少在團體的焦慮。所以，同意書或契約當中形諸文字的規範，不宜過多，以免繁瑣而難以實踐。其餘的團體規範，則由領導者在團體進行歷程，協助成員逐漸

去形成和建立。

四、協助成員相互認識

在成員都同意並簽屬契約之後，參加的成員需要相互認識，以便可以形成團體和開始工作。在這個步驟，有些領導者會讓成員自由自我介紹，這種方式通常成員除了介紹個人姓名之外，會說明自己的職業、職位和頭銜。這樣的自我介紹內容和其他社交場域沒有差別，因此成員很容易將社交規範和社交文化也帶進團體，同時也讓成員個人在團體中的權力與地位埋下伏筆。團體初期，當團體沉默的時刻，成員的壓力都很大，此時在我們文化之中，社會位階較高的成員，例如年紀較長，職場位階或社會地位較高的成員，容易出來承擔開展的責任。於是，可能這位出來承擔打破沉默的成員，只是為了打破沉默而說話，並不是為了求助而自我揭露。很容易將團體導向一種社交交談的情境；或可能這位出來的成員，開始去指定團體中較年輕或看起來容易被他控制的成員，出來談自己的問題，而他自己如同領導者。這樣的場面，可能成員自己並不覺察，卻是一種如同宣示個人在團體的位置與權力的行為。

在團體開始的聚會，成員相互認識最重要的目的，不外可以記得彼此的名字，以便在團體交談時可以稱呼對方，其次對於彼此有些資料可資初步認識。因此，個人社會地位和職稱並不重要，也不需要，為了減少上一段所描述的缺失，並盡早讓成員相互知道一些「個人資料」，最好採取指定自我介紹內容的方式，或使用結構的自我介紹活動，而不是讓成員自由自我介紹。

Ribner（1974）質疑傳統開展團體以曖昧、不引導也不提供結構的領導方法，做了一項實驗研究。他比較在團體開始之前讓成員簽屬，有明文規定在團體中要自我揭露以便相互認識的契約，和在契約中未明文規定需要自我揭露的兩種團體。結果發現：在單次的聚會裡，契約有規定自我揭

露的團體，其成員自我揭露次數和深度，以及成員評定的凝聚力都顯著大於未明文規定的團體。然而，在成員相互喜歡的分數則相反，有明文規定自我揭露的團體顯著低於另一種團體，與過去在兩人配對的研究發現不一致。研究者認爲，可能在兩人配對會需要強迫自我揭露的壓力大，因此持保留而不揭露自己的參與者，會比較喜歡對方多揭露自己；在團體情境，由於個人可以讓其他人去自我揭露，因此比較容易逃避做自我揭露；或許聚會次數增加這種情況可以改變。其次，或許除了讓渡他人的原因之外，也由於讓渡他人，成員之間交易個人資訊的付出與酬賞不均，影響研究發現也不無可能。所以在團體聚會的初期，促進成員自我揭露和交換個人資訊很重要，且眞誠的自我揭露有助於人際成長。而以少許的結構，可以減少僵化的領導，但要以不干擾每一位團體成員自動自發的機會爲要。Bednar等人（1974）便建議在早期要結構團體的互動，可降低成員對於揭露訊息的結果之個人責任，導致較大量具治療的有意義的溝通，且較快速地發展出凝聚力。當團體凝聚力增加，成員便會負起溝通的責任，而團體結構也可以減少。

五、協助成員形成個人目標

　　來參加團體的成員需要有明確的目標，才有努力的方向。每位成員來到團體可能都帶著目的而來。然而，他們的目的可能是模糊或不適當，因此需要在團體中說明和討論，以協助每位成員有個合宜的目標。尤其，一些適應問題較爲嚴重者或病人，通常可能只知道自己感受的困擾，但是不知道自己需要的改變，所以需要和每位成員討論他的目標。有時候，也會有成員個人目標無法從團體達成目標，例如需要長期治療的成員，他的目標可能在短期團體無法達成，這樣的成員需要經過討論，以建立可達成的新目標，或給予轉介。如果可以在團體前進行初晤工作，形成成員個人目標在初晤中完成，第一次聚會，成員只需將個人參加的目告訴團體其他人。

六、結束第一次聚會

如何結束團體第一次聚會，是不容忽視的工作。由於成員對於團體諮商的認識模糊，好的開始可讓成員感到安心與有興趣，因此很重要。領導者在第一次聚會的角色，最重要的就是提供安全的操作。所以，第一次聚會領導者需要以親切態度，表達同理與了解，創造與維持友善的氛圍；對於成員能夠敏察、對自己能夠覺察，也能夠和成員交流情感情緒，觀察團體而不過於控制等，都可以增加成員對於團體的安全感。在結束的時候，能夠讓成員有機會表達本次在團體的感受，以及彼此回饋至目前的印象，都有助於提升成員對於團體的興趣。尤其，一般人在初見面，很渴望知道他人心中對自己的初步印象，何況這些下次還要相聚的人。因此，成員彼此回饋初次見面的印象，可以讓成員感到有意義。在我們的文化，初見面的人際通常比較客氣，會提供正面回饋的印象，具有人際鼓舞作用，有利成員對於團體有好經驗的開始。

七、第一次聚會最後的叮嚀

在第一次非結構式團體聚會結束很重要的步驟是，領導者要準備成員進入團體歷程的起步。領導者務必說明下次起的聚會程序與本次聚會不同之處，即在團體是屬於成員的，領導者將沒有預定的主題和程序。領導主要任務依循成員的需要與方向，協助成員就他們所提出的問題產生有意義的討論，以及推進團體歷程，創造與維持安全與信任的團體環境。所以，成員需要在本次聚會結束到下次聚會的期間，考慮下次聚會時個人想討論與己有關的議題，以便帶到團體來討論。如此準備成員，協助成員了解下次如何參與團體，並鼓勵成員為自己負責與培養主動。

除上述任務，在團體的第一次聚會，領導者需要開始努力建立團體的規範與文化。尤其團體的文化、風氣和規範，主要都與創造治療環境有關，因而慎始很重要。若不慎讓成員養成不利的文化、風氣和規範，等到

領導者感覺干擾團體之際才要去改正，通常容易引發與成員的衝突。

　　開始第一次聚會，除了一些必要程序之外，並沒有一定非得如此不可的作法。最重要的是，在一個諮商與治療團體的初始，領導者透過運用相互交流的反應，配合合乎同理心、尊重和溫馨的核心條件，積極地試著去建構互相信任與關懷的催化性基礎。當領導者建構了這個基礎，未來成員將逐漸呈現出他們希望超越開始之際的深度，去試探他們問題的線索（Gazda, 1975）。如何開始第一次團體聚會的作法，學者有不同的主張，可能與領導者個人的治療理念，以及領導風格有關。有關展開團體首次聚會，可參見第八章「領導相關行為與介入技術」的第四節「團體的第一次聚會」。

❖第四節　連結階段的領導❖

壹、成員的功課

　　這個階段，**成員主要的功課為連結關係**。團體在第一次聚會之後，團體繼續聚會，成員將不會滿足於停留在表淺的社交關係。在團體互動歷程，透過非語言與口語分享個人資料，成員逐漸可以區分彼此的特徵，而認同彼此。在這個階段，由於人性尋求歸屬的基本需求，促使成員在團體中開始尋找與試探可以進一步交往的對象，以便去做人際連結和發展關係。此外，當關係開始連結，在團體的人際網絡之中找到個人的位置和角色，也是每位成員意識或下意識感到的需要。歸屬感可以提升心理安全，有一席之地和角色，是成員個人在團體的一種人際存在的意義。

貳、團體階段任務與領導策略

　　根據這個階段的成員功課，領導者的任務除了繼續維持與發展團體

基本規範，以及建立與發展主動、自發、承擔責任等新規範之外，主要的任務便在協助成員發展工作同盟與促進團體成員人際關係的發展。主要介入策略爲：第一，從成員的表達，指出成員之間的相似性，包括困境或議題、經驗、情感情緒反應和個人特質相同之處，如此可以協助成員，去注意團體中與自己有相似特徵或狀況的成員，有助於增進成員彼此的連結；第二，教導人際基本溝通技巧；第三，減少成員的抗拒；第四，處理成員權力競爭議題。

一、連結

發展成員之間的關係，是這個階段的重要工作，領導者要善用連結技術（linking technique）；團體的凝聚力可以透過團體的連結過程而增強。連結使得個別成員之間，以及個別成員和整個團體之間產生聯盟，非常有助於增強凝聚力。Gladding（2011）建議在團體暖身之間或之後，領導者可以使用連結技術協助成員彼此相互連結，促進關係的發展，尤其連結技術尚可以持續使用在後續的團體階段，用以連結前面的各次聚會，以便繼續建立凝聚力。其次，Leszcz和Kobos（2008）建議領導者要負責發展建設性對話的情緒氛圍，其中包括協助成員從認知的或理性的互動，轉向情感的或感性的互動，這項責任必須在成員交談之中及時去執行，而不是等待成員的對話結束才去做，這就太遲了，不會有效果。

首先，團體中的人際關係發展，不能如同在生活中的社交情境，靠偶然形成；尤其沒有經過教導與學習，成員在互動當中，容易習慣性地將舊有的、無效的或社交技巧帶到團體的人際互動過程。在社交場域，當有人說出個人困境的時候，一般人最熟悉的反應，就是給建議、勸告或教導，這是一種自我抽離的方式，可以保持安全的人際距離，成員常常不經意地將這樣的溝通技巧搬到團體來。在團體初期由於缺乏有效的溝通技巧，也容易誘發成員潛在的壓抑情緒，並造成團體衝突。

在一個團體中，有兩位女性成員，成員A年約45歲左右，另一位成員B年近30歲。前者每當團體中有成員揭露個人情緒性經驗時，總是主動且積極地給予教導或建議；後者，則對於揭露的成員，屢次熱心不斷地以投射性的分析，解釋對方行為。經過一段漫長交談之後，領導者請這一位當事人說出感受的時候，當事人表達對成員A和B他們兩人的不悅，他期待的是理解與支持，而不是被教導和建議，也不是尋求被分析。其他成員並指出較年輕的那位成員的反應，好像自己是諮商師，最讓他們感到憤怒。這些成員將先前壓抑，被成員A和B缺乏同理反應的憤怒情緒借機宣洩出來，這個團體衝突事件當中，成員A和B嚴然成了代罪羔羊。於處理這兩名代罪羔羊的過程，首先需要協助團體成員相互理解。領導者從團體過程中的聆聽和觀察，反映成員A和B兩人的共同特徵是遇到困擾的時候，「只管處理自己的頭痛，不管自己的心痛」，亦即兩人都具有極端任務取向的特徵，容易忽略自己的情感情緒。此舉不只協助其他成員理解他們倆人何以未能關注，也未理解和同理他人，同時也讓他們兩人留意到，彼此相同且需要討論的個人議題。在這次聚會結束過程，A和B都自動起來去擁抱對方，彷彿擁抱自己傷痛的內在，可以看到他們兩人透過這個擁抱的非語言行為，表達了關係連結。所以，在這個階段領導者一方面使用連結策略，有助於連結成員之間的關係；另方面，要積極教導成員人際溝通技巧。

二、教導基本人際溝通技巧

協助成員學習有效的人際溝通技巧，為這個階段另一項重要的領導策略。D'augelli（1973）研究團體成員的人際技巧，對於凝聚力的影響，發現由人際技巧較高的成員所組成的團體，凝聚力比人際技巧較低的團體為高，且成員被評為比較有同理的了解，比較誠實和開放，也比較接納，且所討論的個人話題也比較有意義。所以D'augelli建議在成員組成之前，可

以篩選人際技巧較好的成員組成團體，效果會比較高。但很多時候無法只選擇人際技巧較好的成員來組成團體，且團體目的不同，有的團體可能對於人際技巧低的成員有幫助，因此團體初期很重要的領導任務，便是養成成員有效的人際溝通基本技巧。從團體連結關係的階段，要開始特別注重成員的基本溝通技巧之養成，並持續到成員能善用有效溝通技巧。在工作階段成員能夠求助與自動互助，特別仰賴他們有良好溝通技巧和對於溝通的自信。

首先，領導者需要示範與教導成員適當與有效的人際溝通技巧與態度，以利創造安全、溫暖與支持的團體氛圍。這個階段要教導成員的基本技巧，主要有自我揭露、同理和回饋；需要教導的態度，主要有不批評、不指責、不教導、不說教。當有成員自我揭露，而團體中有其他成員能以自我揭露回報，最能讓對方感到心理安全，知道自己不是特異，有普同感；有其他成員同理，則可以感受被了解；有領導者和其他成員回饋，則能知道他人的想法和感受，減少對於自我揭露內容的不安感，擔心他人會如何看自己，因此這階段的回饋，最好為正向回饋。由上，一方面有利人際關係的發展，另方面逐漸準備成員在進入互助的工作期的時候，具備有效溝通技巧可資運用。尤其這個階段的成員尚處在重視交換關係當中，自我揭露的付出之後得到回應的酬賞，可以讓溝通感到較滿意。Trotzer（1999, p.65）認為：「關係的發展，乃是人與人之間在互動中交換資訊的結果，而且關係發展的程度，有賴互動的密切程度，以及資訊分享的性質與深度。」Trotzer並指出在團體的第二階段，領導者的任務包括：(1)建立成員個人分享；(2)給於他人回饋；(3)建立親近感；(4)學習接納自己；(5)學習接納別人。顯見，在這個階段成員能夠自我揭露與相互回饋的重要，不只能夠促進團體成員的人際關係，也能增進成員自我接納和接納他人。實徵研究也指出，成員自我揭露的親密程度和團體凝聚力有正相

關，且隨著聚會次數的增加，自我揭露和凝聚力都呈現提升的現象，且前後達顯著差異，尤其低自我揭露組，最後提升的情況更為顯著（Kirshner, Dies, & Brown, 1978）。

其次，為了平衡團體成員自我揭露的質與量，教導成員自我揭露也很重要。其一，有成員自我揭露之後，領導者可以將領導焦點回到團體，作為推進團體歷程的方法，邀請團體成員有相似議題，然而不需要有相似或不相似經驗的成員，都能分享個人經驗，例如衝突的議題，可能是親子衝突或同事衝突的經驗。其二，當有成員揭露情緒性經驗之後，若有成員出來教導或建議，領導者或許可以這樣教導該成員自我揭露：「你講了一番道理，好像來自你自己實際經驗的感受，可否請你將你的實際經驗分享給XX聽。」或「你這些建議是否來自你實際體驗到確實有用，請將你的實際經驗分享給XX。」或是教導他同理心：「請你告訴他，你所體驗XX在那個處境的心情。」或「若是你遇到這樣的經驗，心情會如何，請告訴XX。」在團體成員互動中，當有成員揭露較深的隱私，領導者需要注意，在團體中整體揭露的水平廣度與垂直深度的狀況。可以平衡團體中揭露的質與量的方法，便是其他成員的自我揭露，而不是從垂直層面，繼續聚焦與探討該當事人的內在情緒經驗。

三、處理成員的抗拒

這個階段常見的現象是成員的**抗拒**。成員自我揭露，為個人願意向團體中的他人分享個人的擔憂和困境。抗拒（resistance）則剛好相反，且為個別諮商與團體諮商中常見的現象。不論在個別諮商或團體諮商情境，抗拒都讓治療的過程成為一個棘手的問題。導致成員抗拒的原因，一則可能團體還處在初期，由於缺乏安全感所導致（Yalom & Leszcz, 2005）；二則也可能來自於對抗領導者或整個團體，或可能受到領導者介入的影響（Morran, Stockton, & Whittingham, 2004）；三則由於抗拒為成員不願意

投入團體過程，可能來自於害怕回憶痛苦的經驗，以及表達困擾的情感情緒，如此可能導致難以發展出領悟或承諾去改變（Mahalik, 1994）。領導者需要敏察原因，對症下藥，而不是給抗拒的成員施壓，這樣只有升高焦慮，使抗拒更頑強。若是由於團體初期安全感的缺乏所致，需要加強團體安全和信任的提升；若是害怕面對內在經驗所致，需要加強支持和等待時機；或是對抗領導者或整個團體，可能由負面情感導致，需要給予表達機會，以便相互溝通；若是由於領導者或領導介入所致，領導者需要自我省思，揭露個人感受，並邀請成員討論。

四、注意成員的權力競爭

在這個階段需要注意成員的權力競爭，以及成員在團體位置的形成。當團體成員進行關係的連結，在關係發展的過程，也是彼此權力分配與位置高低形成的過程。權力競爭有時容易造成團體衝突，為本階段需要注意和妥善處理的領導議題。權力的運用與成員個人在團體中的位置有密切關聯。領導者需要留意成員權力的運用，協助成員善用個人資源，可以減少權力的差距與競爭。尤其團體中的配對關係，為另一種不可忽略的權力分配與操控。團體中配對的關係有幾種形式：依賴與被依賴、求援與救援、控制與順從、代言與被代言、討好與被討好。這些配對關係都隱含著某種形式的權力操控，對於成員個人的學習與成長有阻礙。例如求援者往往不直接說出個人需求，而是利用一種操縱行為，操縱對方去滿足他個人的需求，而對方則不自知地落入這樣的圈套；依賴者或被代言者也有類似狀況，因此他們可以輕鬆享有成果，同時不必為負面的後果負責。

❖第五節　共享關係階段的領導❖

壹、成員的功課

　　進入共享關係發展的階段，成員將團體視爲歸屬感的重要來源。成員主要的功課，在努力冒險去社會角色，以眞實的自我相互交流。因此，彼此可以感受到對方的眞實與眞誠。成員之間的親密情感增加，可以體驗到友誼的親密和對於團體的歸屬感。Maslow（1943）認爲我們人類都有一種欲求情感性的關係，以及在團體中有個位置，若不可得我們將感到孤獨與社會孤立。從生物學觀點，正如Adler的主張，我們人類屬於群居的動物，天生便有群居的傾向，所以當缺乏關係的時候，我們不只感到孤獨，也感到無助，甚至缺乏生存的安全感。因此，被包括在團體，或有歸屬感，可以提升生存的安全感。參加團體的過程，也可以視爲成員在團體生存的過程，感到無法生存，或無意義的生存，便會離開團體。

　　Trotzer（1999）進一步提出，愛與歸屬的需求有幾種程度，從只是被接納，一直到在婚姻和家庭關係當中極爲複雜的親密。人類需求愛，開始表現在社會情境，欲求能夠被自己感到有吸引力的每個人或每個團體所接納。當個人感到被接納時，就會感到滿足與有歸屬感，且與他人或一個團體有關聯，有助於個人產生自我認同。此外，被接納也導致自我接納的產生，由於如此，在這個階段最容易建立親密關係，爲兩人或三、四人之間的關係，所以成員特別容易形成配對關係，或親密的次團體關係。而在這個階段，成員已經逐漸發展出共享關係，團體成員得以自由自在地與他人分享眞實的自我，不必擔心被拒絕，也不必浪費精力用在保護個人的角色或人際面具上面。然而，這個階段成員可能處在兩難的狀況，一方面享受親密的友誼關係；另方面想要向團體求助，又擔心冒險將破壞親密的關係。

貳、團體階段任務與領導策略

根據這個階段的成員功課，領導者的主要任務有四：一為，促進共享關係的發展；二為，維持團體中分享的質與量的平衡；三為，建立互助的工作模式；四為，處理次團體議題。

一、維持溝通的平衡

首先，非結構領導方式容許團體成員依照個人步調進行工作。在這個階段由於成員感到可以自由自在的說話，可能有些成員會較吸引他人對他的興趣而成為焦點，以致揭露過多。反之，較沉默的成員在團體熱烈的交談中，容易被忽略與邊緣化。因此領導者得適當的，試著去平衡團體中自我揭露的程度，以便多數成員可以被包括在討論中，並維持成員的自我揭露和團體的程度落差。

二、促進共享關係

在溝通過程，成員能夠自我揭露，其他成員能夠給予相對等的相互自我揭露（Sprecher & Hendrick, 2004），或同理（Laurenceau, et al., 2005; Prager, 2000），固然有助於人際親密關係的發展，若成員可以給予自我揭露者提供正向回饋，則更能促進彼此的關係。由於彼此自我揭露的資料，乃屬個人彼地彼時的資料，同理為對於他人彼地彼時的處境，表達當下身同感受的理解；而回饋則是訊息接收者，當下對發出訊息者的情感情緒和想法的自我揭露，所以回饋的冒險程度比同理高。團體成員相互自我揭露與彼此提供正向回饋，在團體初期對於促進成員之間的關係發展，特別有幫助。尤其成員經過上一個連結階段，開始進一步的人際關係發展，若能形成共享關係，可以支撐成員被面質時的焦慮。若不能與團體中的其他成員發展出共享關係，則面質會導致成員的退縮或迴避。因此在這個階段，通常也是成員會繼續留在團體或離開團體的一個關鍵階段。研究

發現，除了理論取向、團體時間程度和團體人數多寡之外，領導者介入意圖在提升凝聚力等因素，對於團體產生凝聚力有顯著影響（Burlingame, McClendon, & Alosno, 2011）。所以，領導者需要致力成員之間的人際關係發展。在共享階段，團體成員的人際信任、接納、尊重，以及彼此的了解越多，則成員自我揭露和回饋的冒險程度就會越低，甚至可以自由自在地自我揭露和提供回饋。如此，個人得以學習和成長的機會就越多。

　　Luft和Ingham設計了一個關係發展的模式，用以解釋關係發展的過程，即眾所熟知的「裘哈利之窗」（Johari Window）（Luft, 1984）。在這個模式之中，影響自我揭露多寡和提供回饋的核心因素，就是冒險。當面對可能被讚美或拒絕的兩難，人有自我保護的防衛機轉，不管是積極或消極的個人資料，我們不會輕易公開揭露個人隱私，除非我們可以確定不會受到攻擊或傷害，或是我們可以保證關係有足夠支持力。因此若是已經公開的個人資料和客套的回饋，這樣的冒險程度很低。相反的，自我揭露越隱私，給的回饋越真實，所需的冒險就越高，因此在這個階段比較適宜鼓勵成員給他人正向回饋，以促進關係。

　　通常在這個階段，成員開始人際試探。由於此時成員的姿態，都反應在人際歷程底下，可以開始試探沉默或過度說話的成員的那些個人經驗，或在團體歷程他人對他的體驗（Leszcz, 2008）。此外自我揭露的成員若得到其他成員的回饋，有四項獲得：其一，學到他人如何看待他個人的行為；其二，可以學到他的行為如何影響他人對他的感受；其三，學到他自己的行為如何影響他人對他的看法；最後，他的行為如何影響他對自己的看法（Yalom, 1999, 2005）。從這樣的學習，當成員能意識到個人的行為責任，團體才能進入解決問題或進行改變的工作期。所以，在這個階段領導者需要聚焦在此地此時，並協助成員彼此回饋。此地此時的回饋是一種關係雙向交流的歷程。進行此地此時的回饋，最有用的幾個條件

為：(1)回饋必須清楚和立即；(2)反映此地此時；(3)簡單而通俗易懂的溝通，不用專業術語；(4)需要包含傳送出回饋者的情緒元素，且傳達有關回饋接收者與傳送者之間關係的訊息；(5)當傳送者冒險做這項揭露關係的溝通，應以不判斷、不批評的方式，留給接收者自由評估空間，他對於彼此關係要做得更好或更不好（Rothke, 1986）。雖然回饋很重要，在這個階段消極性的回饋（negative feedback）或矯正性的回饋（corrective feedback）都要避免或盡量減少。消極性的回饋，通常含有評價、批評，甚至攻擊的語言和非語言；矯正性的回饋，則以描述方式，將傳送者所見到接收者的行為和傳送者的情感情緒反應告訴接收者。所以，Leszcz（2008）建議團體初期的回饋最好多聚焦在吸引力與接納的感受，在團體整體具有信心，相信有能力可以容忍強烈的負面情緒之前，要避免憎恨的刺激。

三、凝聚力與團體發展的危機處理

　　Trotzer（1977, 1999）認為在團體的凝聚階段，成員可能流連在享受團體中的親密感，而沒有去冒險說出自己的困境，領導者需要提醒和鼓勵成員去冒險。在集體思考方面的研究，Dyaram和Kamalanabhan（2005）指出，凝聚力與表現非單純的關係非必然導致較高的表現，需要其他中介因子和調合因子相伴。可見只有凝聚力，不能保證團體成員會努力而有產值。此外，Kelly與Duran（1985）的研究發現，在很高與很低程度凝聚力的組，會產生較差的團體表現，呈現一個曲線的關係；這樣的研究發現，一般比較可以理解凝聚力低團體表現會較差的狀況，然而凝聚力很高的團體表現較差，則較令人費解。或許從另一項實證研究結果可以說明原因，該研究發現，高凝聚力的團體在團體思維的時候，會陷入兩難的情境，由於被期待一致，而妨礙創造力的發揮（Lang & Claus, 1998）。

　　精神分析學者主張，團體成員能去負起責任之前，停留在親密的凝

聚力當中，可能是一種退化，產生和諧的幻想，成員意識或下意識迴避衝突的發生（McClure, 1990）。有學者以「對話」的概念來描述孩童的成長和統整，認為對話是一種歷程，開始於母親和幼兒姿態的交互作用，逐漸成為溝通的先驅，最後達到可以口語化溝通的階段（Leal, 1982）。溝通為產生黏附（coherence）的路徑，孩童的發展路徑可以見到有機體逐漸獲得黏附的狀態。自我概念和自我認同的概念都在暗示著一種黏附形勢的發展（Pines, 2008）。由於團體歷程中的黏附，使得成員再度進入孩童時期的黏附路徑，甚至退化也可能以虛假親密形式呈現，成員可以分享相同之處，同時拒絕面對進一步的分化。有些配對的成員，則是由於一人投射到另一人，並將其理想化，或是迫使對方進入他個人外化被自我禁制的親密關係。由上，凝聚的力道能夠成為抗拒去分化和發展的力量，因此領導者需要充分的覺察這項團體危機。並需要自己可能部分被包括，部分不被包括，並自在的置身在團體凝聚的想法之中，唯有如此，領導者才能協助成員和團體走過這個危機。

四、建立互助合作的工作模式

由於團體治療並非由領導者在團體中進行個別治療，因此在成員逐步朝向工作階段時，領導者需要協助成員建立互助的工作模式。當領導者鼓勵成員冒險，朝向解決問題和改變去工作時，會面臨成員考驗領導者和團體。有成員可能會以低冒險的問題，來測試團體的安全程度，以及領導者和團體的可信託度，也就是團體和領導者能協助他解決問題的能力。因此會提出兩次聚會之間或近日真實的個人困擾，然而與個人來參加團體的主要目的或想談的困擾無關的問題。這類困擾通常為常見問題，例如孩子在學校與教師的輕微衝突困擾，或個人與同事一個小小的衝突之類，主要是用來試探領導者和團體能否理解，能否支持，或協助解決問題的能力如何。如果有成員測試成功，不只對於這名成員，團體其他成員同樣會對於

團體和領導者的信心，都將起很大鼓舞。這個團體將很快進入互助工作的階段；若這個測試失敗，也會引發成員對團體的失望與退縮。所以，這個階段為進入互助工作階段的重要轉換階段。Trotzer（1999）特別重視成員的責任，主張進入解決問題或改變的工作期之前，需要先培養成員負起改變和處理困擾的責任能力。增進成員責任能力的領導重點，可以包括：協助成員自我評估，認識自己的想法、情緒和行為的責任，體驗和建立責任，尊重他人，以及盡本分互助等，這些都需要以成員的共享關係作為基礎。當成員能自己對問題負責，也能相互協助，團體便會快速進入工作期。

五、處理次團體

在這個階段由於配對和次團體的發展為不可避免，這些配對與次團體有情感關係的意義，有助於成員留在團體，然而也可能存在潛在的衝突。團體首次聚會，成員通常依熟悉程度或投射，選擇安全人物的旁邊位置就座。例如，性別的熟悉，會選擇與同性別成員鄰座；年齡的熟悉，會選擇與年紀相仿的成員鄰座；或投射壞爸爸而選擇遠離該成員的座位。物理的鄰近性和關係發展有關，領導者若在團體開始放任不管，個別成員將與其他成員接觸機會相對較少，容易在相互認識有限的時期，因地利而與座位較相近的成員的發展次團體。在團體初始通常成員彼此感到較安全，才會選擇相鄰而坐，因此更容易就地利之便發展次團體。有時候可以觀察到，只有半邊或小半邊的成員較熱絡交談，對面半邊或大半邊成員只有觀察和傾聽。

為了預防次團體之間的衝突，領導者可以利用物理的設置。於團體最初的三次聚會，在每次團體開始之前，邀請成員坐在尚未有機會鄰座的成員旁邊。如此，可以增加成員接觸和互動的機會，以避免過早發展出次團體。其次，在團體成員的互動過程，領導者要觀察和注意可能成為次團體

之間的成員互動狀況，努力協助潛在的不同次團體之間的成員，相互有良性溝通與交流的機會。連結不同次團體之間的個別成員：包括連結彼此目標、議題、經驗、情感情緒、人際特質的相同。如此，當團體中的次團體形成，次團體之間成員的關係為有連結的正向關係，而不是對立的關係，如此可以減少對立的次團體給團體所帶來的干擾。此外，Yalom提醒領導者必須在準備團體之際，便明白告知成員，將次團體在團體外的接觸提到團體中討論，這是成員的責任；並鼓勵成員在團體中公開討論次團體的成員聯盟，以及他們在團體外的接觸情形（Yalom, 1995, Yalom & Leszcz, 2005）。所以，領導者需要知道次團體的利弊，對於次團體的形成固然無法禁止，也不宜鼓勵，當團體中出現潛在的次團體或明顯的次團體，都必須處理有方。

❖第六節　討論與結語❖

壹、討論

　　團體前期，為團體中成員人際關係發展與改變的重要時期，反映在團體發展與團體階段特徵的改變。這個時期也是團體發展績效成敗的關鍵。成功的團體發展，成員關係由生疏到親密的發展與改變，成員感到歸屬感的滿足，產生對團體的認同，形成「我們一體」的感覺。成員能夠彼此開放和分享真實的個人。透過對他人開放自己，才能更深入了解自己，並將他人的觀點內化，而產生改變，以及更新個人的活力，也對他人產生基本的信任感。這些都將驅使成員朝向親密，並準備進入互助工作期。失敗的團體，成員對團體不滿意或感到無意義，自我禁制或觀望不前，團體處在不穩定狀態，可能發生團體內嚴重衝突與成員中途退出團體的狀況。因此團體前期領導的重點在團體的發展，而不是聚焦在解決個別成員的問題。

領導者需要致力於成員人際關係的建立與推進，直至形成有凝聚力的團體。

　　由於MacKenzie（1983）發現團體氣氛深深地影響團體的社會-情緒和人際的團體環境，讓大家注意到團體氣氛對於治療團體的重要。Joyce, MacNair-Semands, Tasca和Ogrodnicznik（2011）從研究發現，成員的參與，和注入希望、社會學習、安全的情緒表達，及關係衝擊（impact）的覺知等四項治療因子有正向關係，而這些治療因子與衝突則有負相關。顯然，成員的參與很重要，有助於產生治療因子；而衝突則不利成員的參與程度，也不利接納和普同化。但是，衝突若採取人際學習的行動來處理，則有利於治療因子的產生。後來Gold, Patterson, & Kivlighan（2013）也研究團體氣氛與產生療效因子的關係。他們發現：採用人際聚焦的團體，衝突與產生治療因子有正相關，而且也與使用人際行動的學習有正相關；而衝突與接納和普同化兩項治療因子，則有負相關。衝突越多的代價，就是接納、普同化和利他越少。成員的參與，只與利他有正相關；成員的迴避，則與所有治療因子沒有相關。從研究發現，Gold等人認為成員的人際學習來自體驗和解決人際的衝突。因此建議在一個團體的歷程，混合著有些聚會次數有衝突，有些則沒有衝突，這樣的團體可能比較有療效。若衝突太少、太低，成員沒有人際學習的機會；若衝突過多、過高，則造成成員感到孤獨和不被接納。從前述Joyce等人和Gold等人的兩篇研究發現，可以確信成員的參與對於產生治療因子很重要，而衝突不只不利於成員的參與，也無助於產生治療因子。尤其衝突過多，則對成員有害。但是，衝突並非都不利於成員，團體中些許的衝突，反而提供成員人際學習的機會，若能善用，且成功處理衝突，則對成員反而有利。尤其採取體驗的人際學習方法很有幫助。

　　筆者提出的團體發展階段模式，強調團體前期的人際聯結與關係發

展，獲得晚近Lo Coco, Gull, Fratello和Giordano（2016）的研究實證。他們探討在團體早期的聚會和後期的聚會，團體關係對於成員個人人際問題改善的影響，發現：在團體早期的聚會，積極聯結（bonding）的團體治療關係，與人際問題改善有正相關。亦即當成員個人知覺積極的關係分數越高，而別人也知覺積極關係的分數越高，表示成員感到個人與團體整體能相合諧的時候，成員在人際問題越有所改善。在團體早期的聚會，積極工作關係（working relationships），則與人際問題改善呈現負相關；相反的，在團體後期的聚會，成員知覺積極工作關係和氣氛，則與人際問題改善具有正相關，由於成員感到個人的目標受到支持，而且成員們認為尋求改變，比積極聯結關係更為重要。因此團體後期的聚會，成員的積極聯結並無顯著的互動。從研究結果，Lo Coco等人建議治療師，在團體早期聚會的領導，要優先聚焦在協助成員發展積極的聯結，同時需要注意成員在個別之間的聯結（bonding），以及團體整體的聯結；而在團體後期聚會的領導，則需要聚焦在積極的工作關係。至於成員負向的關係，這是一個有待繼續研究的議題，他們建議領導者必須對成員知覺的負向關係有所區辨，方能創造讓成員有所學習的機會。

貳、結語

　　本章在團體前期三個階段的領導方面，強調主要任務在連結成員，促進成員共享關係的建立，獲得前述Joyce等人、Gold等人，以及Lo Coco等人研究發現的支持。連結（connect）成員關係，也就是形成Lo Coco等人所謂的聯結（bond），不只在建立團體凝聚力，也是在創造團體的支持環境或治療的氛圍。這個時期的領導任務不在聚焦個別成員的工作，若聚焦在個別成員的工作，將遭遇被聚焦的成員之抗拒，而且會引發其他成員有壓力和感到焦慮，害怕自己也會被聚焦。所以，前期的領導，必須：一

方面致力於成員之間關係的連結，另方面需要將成員的衝突，視為成員人際學習的機會，採取人際學習的行動，協助成員從體驗獲得人際改善。如此，除了可以發展團體凝聚力之外，創造安全與支持的團體環境，也準備成員在團體後期互助工作所需的基本人際技巧，使得團體可以去工作。此外從Gold等人的研究結果，衝突有如雙面刃，在團體前期若發生團體衝突，可能傷害團體和成員，但是領導者若能夠協助成員積極參與和處理衝突，而不是迴避衝突，則可以讓成員有機會從處理過程的經驗獲得學習，不只很重要，也頗具治療價值。總之，由晚近這些實證研究的發現和建議，都呼應了筆者在團體階段模式與領導的理論建構。

第八章
團體後期的領導

❖第一節　團體後期歷程的領導❖

團體後期，主要包括「互助工作」和「收穫與退出」兩個階段，也就是Yalom所謂的「進階團體」，或是其他學者主張的「工作階段」和「結束階段」（Corey, 1995; Jacobs, Harvill, & Masson, 1994; Trotzer, 1977, 1999; Welch, Ayresm & Weissman, 2000）。由於經過團體前期三個階段，團體成員已經發展出共享關係，成員關係親密而真誠，能關切彼此的需求，也願意不計較付出和報酬而去滿足對方的需求。此時團體呈現很成熟與穩定的狀態。在這個時期團體的氣氛和凝聚力，具備使成員能夠在團體中檢視個人關切的困境與問題之要件。支持的氛圍和親密的關係，使成員不用害怕被評價或被拒絕，可以去試探對問題的理解和不同的問題解決辦法，並且在團體外的世界去冒險作改變之前，也可以先在團體的安全環境中試驗新行為。在實證研究也發現團體後期的聚會，成員不再有明顯的積極聯結之互動，而成員知覺積極工作關係和氛圍，則與人際問題改善具有正相關（Lo Coco, 2016）。換言之，在團體後期成員感受到團體有接納與支持的環境或治療的關係（therapeutic relationship），便會積極的去工作，以改善個人的問題。

在此時期，團體中的成員以助人者和求助者的兩種角色，視情境與機會交替轉換角色，彼此互助。而且若有其他成員在處理與自己相似的困擾與問題時，個人也能夠獲得觀察治療（spectator therapy）的機會（Trotzer,

1999）。所謂觀察治療，Trotzer（1999, p.32）定義為：「每一個團體成員有機會看到他人討論與自己相似的問題，並且看他人在團體中解決問題。因此成員可以不用揭露他們自己的問題，便能夠體驗到團體的利益」。此時期團體中的人際學習、宣洩、普同化、自我了解、注入希望、利他主義、家庭經驗重現、認同與模仿、替代性典範等治療的因子，會變得更有影響力，以及可以有效的運用。成員們會更投入團體，去發掘並分享生個人生活中的問題。

在互助工作階段，團體聚會開始展現真實性、豐富性與複雜性。治療師在角色的運用，主要有二：一方面要以催化者的角色去推進團體，鼓勵成員善用個人資源和團體資源去協助其他成員，以便處理成員個人的困擾與問題；另一方面，也兼具參與者、觀察者和專家三種角色，去協助團體和成員個人，並保持團體與現實接觸。這個階段是準備成員有計畫的，有可用的技術，有新的行為，可以重新進入他在團體外的現實世界之重要時期。所以，這個階段的團體，如同一個協助成員去現實世界進行改變的轉盤，是團體對於成員很重要的一個階段。

然而就領導方面而言，在互助工作階段，理論上並沒有一套固定的公式，可以指引治療師。所以，Yalom也提到進入團體後期便要開始面對長期的修通過程（working-through process），而他所描述的治療因子將增強力道和效能。然而，此時期也是個很難去描述的發展階段，而且也無人能夠提出具體的程序指引。主要可以看到的特徵，為成員在反思、真實性、自我揭露與回饋等能力的成長。因此，Yalom認為治療師需要應用角色和技術的基本原則，在團體和每位成員的治療（Yalom, 1995; Yalom & Leszcz, 2005）。Hoekstra（2008）也有類似的主張，認為人際取向的領導，主要必須具備精通、彈性、真誠和轉化團體過程的能力。可能此時期的團體運作，是治療師運作諮商與治療的科學與藝術性質兼具的展現。

　　其次，對於重視團體歷程的領導者，分析學派持系統論的團體治療學者Foulkes和Anthony（1957），以及Schlapobersky（2016）的主張也值得參考。他們認為團體運作包括「結構」、「過程」和「內容」等三部分，而「結構」和「過程」為密切不可分。「過程」，是指團體中情緒和經驗的波動和動力的升降，事件的關聯與溝通及關聯的改變，成員之間的回應（reactions，通常指快速而較欠思考）和彼此的反應（responses，通常指經過思慮），以及對領導者和領導者自己的經驗之反應，包括移情和反移情等。Foulkes and Anthony（1965, p.149-152）稱這些團體經驗為團體的特殊因子，而這些正是團體過程的社會化因子，為影響心理障礙的治療因子。在團體中，參加的成員被團體接受，可以使他能夠表達自己與溝通，並且和周圍的人維持連結。Foulkes and Anthony（1957; 1984）很強調互相溝通的不斷變化之特徵，會影響團體溝通的扭曲程度，而讓個人發生困擾。個人處在所屬的社會架構中所發生的便是這樣的社會化之自然過程，然而在治療團體中的特殊過程，將適得其反，因而能產生治療。Foulkes（2002）提到在團體治療過程，社會化是個人正常進行中的一部分經驗，每一個成員都在積極對抗社會生活的基本問題。因此領導者需要協助成員積極解決自私自利或自我中心的需求（egotistic needs）和衝動，與團體所施加的限制，兩者之間的衝突。從以上觀點，筆者主張在團體前期的過程，領導者可以觀察和促進溝通，以及促進連結，並協助成員獲得人際學習為主；而團體後期的過程，則利用前期從觀察所獲得對於成員個人的了解，善用社會化過程的治療因子，在治療中以協助團體和成員個人為主，要避免成員重踏他們原來社會化的錯誤過程。

　　隨後，在本章的第二節和第三節，將分別論述互助工作階段，以及收穫與退出階段主要的領導任務和策略。

❖第二節　互助工作階段的領導❖

壹、成員的功課

　　此階段成員的功課最重要者，為努力達成個人來參加團體的目的。成員參加團體都有個人的意圖與目標。在團體初期，成員不知道可以如何利用團體，也不確定團體能夠如何協助自己，以滿足來團體的需求。然而，到了此階段，團體中的共享關係相當穩定，處在共享關係的人們會關心共同的利益，且會為了維護共同利益而努力，而成員參加團體最重要的共同利益，就是團體的諮商與治療效能。因此，成員將會努力互助來協助彼此，期待團體呈現有幫助的效能。此時，由於關係的親密與信任，一方面，團體成員感到可以自在地冒險向團體求助，成員開始揭露個人生活與困擾，並期待能夠從團體獲得協助；另方面，團體成員對於揭露困擾的成員，也能盡量給予真誠的關懷，願意付出時間、精力、分享個人經驗、想法、技術、策略等等，來協助揭露困境的成員，充分發揮友誼的利他。由於在絕大多數的人際情境，人都有自尊的底限，即便在團體的共享關係中自我揭露，成員仍舊會努力要維持個人最起碼的自尊，這是領導者務必放在心上的一件事。

貳、團體階段任務與領導策略

　　根據此階段成員的功課，領導者主要的任務有四：(1)協助成員得到賦能（empowering）；(2)善用團體資源協助成員；(3)協助成員發展解決問題的能力與技巧；(4)協助成員改變或解決問題。對應這些領導任務，需有適當的領導策略，才能使得這個階段有效能與產值。首先，領導者需要增進與運用團體中的治療因子之力量。由於凝聚力為其他治療因子的核心因子，在互助工作階段，成員處在穩定親密情感的共享關係之中，團體

具有相當的凝聚力，團體的安全與信任高，且共享關係中的成員，具有將滿足對方需求視爲己任的特質，因此有利於運作其他治療因子的力量，來促進成員的改變，或解決問題。而經過前一階段的學習，成員也逐漸熟悉運用互助模式的方式。

一、賦能

首先，領導者需要了解一個認爲自己面對困境很無力感、也很無助感的人，是很難提起改變的動機。所謂習得的無助感，乃是長期處在無從逃避的痛苦情境，無法運用個人資源去突破困境，感到無助，而學習到放棄主宰所致（Seligman, 1972），所以處在無助感和無力感的個人，很難有動機和能量想要去改變。成員能夠覺得有能量去面對自己的問題或困擾，爲產生改變動機的基礎，所以，在這個階段讓成員獲得賦能（empowering）很重要。

經過多次的聚會，領導者和成員，以及成員彼此，不只有較廣和較深入的認識，對於成員個人資源也有所了解。在互助工作階段，由於成員將揭露較多隱私和個人的脆弱，甚至從領導者或其他成員得到矯正性回饋，往往容易感到自尊下降。因此，需要繼續重視對於成員個人的正向回饋，或重構與促進個人的積極自我概念，以及提升其自尊爲要。當給予成員個人的正向回饋時，領導者特別需要具體指出他的資源，例如毅力、智慧、才幹、耐心、經驗、完成、成就等等，且需要重視成員過去的成功經驗。即便只是很小的成功事件，需要給成員有分享經驗的機會。此外，也要鼓勵其他成員給予正向回饋，指出這個成員的優點和長處，俾便準備這名成員可以去面對和處理問題和困境。在協助個別成員的過程，領導者要持續留意與維持成員適度的自尊，或重構失敗的認知，並鼓勵非焦點成員的其他成員努力作爲助人者的角色，以提升這些成員的個人自尊。

其次，運用普同化也是一個好辦法，若有其他成員也分享相似經驗，

可以讓自我揭露的成員減少降低自尊，或對自己感到特異或怪異。最後，認定個人的價值也是另一個提升自尊的辦法。認定成員雖然有困擾，然而這個人仍是有價值的，而最重要的是，盡量不要或避免讓成員揭露和正在處理的問題無關之個人隱私。

二、運用團體資源

在此階段，領導者要加強成員的互動和互助，最直接的方式就是善用團體成員的資源。團體諮商與個別諮商最大差異之處，即在於團體資源的運用。在個別諮商情境，治療關係中可以提供和運用的資源，僅來自治療師一個人，在團體諮商與治療情境，則具有多元資源的優勢。個人中心理論主張，團體所必須的資源應該來自團體中所有的人，而不是來自某一個人（Coulson, 1999）。團體中的治療關係為合夥的關係，在團體中，不管是成員或是領導者，每個人的背景不同，造就每個人不一樣，各個成為特殊的人，且身為領導者需要裝作我不是個治療師，我都和你們完全一樣，也不需要期待成員對領導者的尊敬，因為成員也有他們各自的特殊背景，這就是個人中心諮商與治療理論對於團體中權力分配的獨特觀。資源即權力，所以這樣的理念，並不是領導者妄自菲薄，而是要讓成員可以看到他們每個人都有權力，可以和領導者共事，如此可以讓每一名成員能善用自己的資源，或個人資源被他人所善用，而感到自己有能力和有價值。

當團體組成，包括有共同問題，然而為異質性特質的成員時，成員之間的資源將變得更加豐富。成員個人的資源，包括生活與人生經驗、各種技巧、智慧、知識、才幹，甚至相異性與情感等等，所以運用與善用各個成員的資源，這項策略的目的，在催化團體成員的助人者角色。Tuckman（1965）提到在團體的「表現階段」（performing stage），也就是一般所謂的「工作階段」，成員利用他們在團體學習到的人際技巧，作為工具來完成團體目標，成員學到和他人的關係，能夠採取和扮演促進團體活動，

以及學習的雙重角色，團體如同一個合夥的工具，能善用其力量處理高層的問題。在此階段，領導者需要扮演更多催化而非指導的角色。

　　因此，團體諮商與治療的互助工作階段，不是領導者與個別成員「單打獨鬥」的舞臺，其他成員則只是觀眾而已。而是應該如同一個戲班，每一名成員都有他作為主角，而其他人作為配角的一齣戲，領導者如同經驗豐富的舞臺總監，與成員共同完成一場又一場成功的即興演出。領導者如同善用資源和人力，以及經營程序的舞臺總監。雖然沒有任何一場演出會是相同的戲碼，但是他總是知道如何在幕後導引成功的演出，以滿足成員。如此才能如Yalom所言，非結構團體沒有既定可循的程序指導原則，但是也不是毫無章法，所以善用團體成員資源，可以擴大團體協助的潛力。Trotzer（1999, p.128）便確信：「團體的至高績效，取決於擴大對團體資源的運用，以獲致有關個人需求和問題最佳可能的解決。」同時，團體成員透過給予他人協助，了解到自己的價值，團體中提供成員這個體驗的機會，顯然很重要，俗話說「施比受有福」。成員從這個助人的過程，發現和找到個人資源的價值，而能肯定自己為有資源和有價值，帶給成員個人被賦能的機會。因而在團體中有機會扮演助人者，也成為成員增進自尊的方法。

三、協助成員解決問題

　　諮商與治療，不論個別方式或團體方式，共同的功能就是協助成員增進解決問題的能力與技巧。在解決問題的過程，成員必須同時學習到解決問題的技巧，亦即不只給魚吃，還需要教導釣魚的技巧。協助成員改變或解決問題，當然是這個階段主要的領導任務之一，也是成員來團體主要的目的所在。使用解決問題的模式或策略，來協助成員解決所提出之個人生活中的問題，為簡便又有用的方法。參加諮商與治療團體的成員，也會以處理個人人生或生活問題為目的，團體成員所提出的困境，有些不涉及需

要進行較複雜治療的改變。雖然成員提出其困境，期待獲得問題的解決，但是以諮商與治療的觀點，增進個人解決問題能力，具有發展與預防的意義，也很重要。所以領導者需要協助成員學習與體驗問題解決的過程，這些程序如下（Trotzer, 1999, p.128）：

(一)辨識、澄清與了解問題。

(二)產出各種解決問題的辦法，主要可利用腦力激盪、創造性思考與差異思考歷程等方法，來想出各種辦法。

(三)評鑑各個辦法，可利用批判思考、現實考驗與聚斂性思考等方法來評鑑。

(四)作決定（選出一個能活用的辦法）。

(五)作計畫，主要為發展出應用的策略。

(六)練習，在團體中先行嘗試新行為。

(七)應用，主要為到團體外的實際社會使用這些改變，並回到團體報告結果與經驗。

(八)評鑑，用以決定這些改變是否解決當前問題。

為了促進上述解決問題模式能夠成功執行。在上述的第二步驟的實施要訣，包括：(1)最好請當事成員至少先提出一個辦法，以增進他對於解決問題的責任和減少無力感；(2)對於所提出的辦法，一律先不給予評鑑優劣或可行性，尤其長期習慣的行為型態，個人想改變的動機較弱，若提出辦法就先逐一討論優劣，可能會被該成員逐一否決掉，最後他可以再次深信，沒有辦法可以協助他改變，這樣他可以繼續抱怨困擾，而不用努力改變；(3)當所有辦法想出來之後，要向焦點成員確認是否還有辦法可想，以便讓他自己確定已經提出所有可能的辦法了。其次，在解決問題模式的第四步驟之實施要訣，包括：(1)由於任何辦法，最後都得由當事人自己去執行，因此需要請當事人自己來評鑑各個辦法的優劣順序，其他成

員居於協助評鑑立場即可；(2)當評鑑完畢，當事人抱怨沒有最理想的辦法時，應該清楚的提醒他，他想解決問題，而既然已經無法可想，鼓勵他「一籮筐的爛橘子，也只好選出最不爛的一個」，以免他找藉口，逃避去改變。第五步驟的計畫，則需要越具體，越可能去執行。至於第七步驟，可以借用現實治療的原則，來協助成員強化改變的意願，當該成員沒有在團體外實踐改變時，現實治療學派的Glasser（1965）主張不要問：「爲什麼？」，由於通常會讓成員有找藉口的機會，即便他找來理由，也無需回應，只要再問他想要改變與否即可。如此才能讓成員體驗到領導不放棄他，很期待他改變。

四、協助成員療癒的改變

　　若成員的困擾或問題與他的發展或長期適應有關，不是具體的生活事件或人生事件，則需要進行治療性的改變。治療師便得運用諮商與治療的適當技術，以及治療的原則來協助成員，這樣的成員則很依賴治療師的功能和運用治療因子來協助其改變。由於經過團體前期發展的歷程：在社交階段，初邂逅的人際情境，治療師可以觀察成員個人接近或迴避陌生的人際。除同儕關係之外，也可以觀察和體驗成員個人對於權威人物關係的反應；在連結階段，可以觀察與了解每位成員如何展開人際關係，如何運用權力與建立和其他成員的關係，以及如何面對衝突；在共享關係階段，可以觀察與理解每位成員的人際模式與特徵，以及在團體中的角色和位置；對於形成次團體的成員，可以觀察其在次團體內的角色與相互的依存關係。由此，在團體發展的歷程，治療師已有機會掌握各個成員的人際型態、風格與特質，以準備在這個階段可以協助成員處理各類的人際議題和中斷不良人際循環的模式。

　　這個時期，成員很需要表達情感情緒或宣洩，並因團體中其他成員的反映，而能夠將情緒與認知統整。然而，通常效果有限，故領導者需要知

道有效的統整方法以提升效果。實施的程序（Leszcz, 2008），如下：

(一)首先了解成員所呈現的個人人際風格之特徵：無可避免的，在團體中一向成員對於團體歷程會存有緊張的反應，此時成員個人顯現的特徵為追求或迴避情感的親密、權力和接納。

(二)回饋和觀察：當領導者在闡釋成員的盲點與潛隱的扭曲之際，也將產生觀察和回饋，最好以無攻擊的方式分享這些反應；而領導者去澄清扭曲，成員個人將獲得對自我較為客觀的圖像，也就是了解自己如何去連結他人和影響他人。

(三)成員個人對自我的見解開始較有理解與客觀反映的時候，對於一般輿論的現實，則較能確實知道。

(四)成員對於自我的呈現能加以負責，並能同化與他人的連結，為自己選擇這樣的觀念。

(五)了解前述的責任，則可以產生賦能感而啓動無扭曲和一般輿論所認定的新行為，如此即為擴大個人行為的型錄。

(六)成員冒險和後續接收的回饋，可以導致認定這些新的人際方法，並能引領他在團體內的改變。

(七)成員在團體外的改變，也反映在團體內的改變，且會產生順應的循環。

參、初入互助工作階段成員的冒險舉例

互助工作階段初期在團體結構化程序方面，由於領導者需要運用團體協助個別成員為首要任務，催化團體歷程已經較為次要。由於這個時期開始有成員想利用團體，但是不確定團體的可信賴程度，會出來冒險的成員，通常有較高的求助意願或動機，然而也需要再確定團體的安全和可信任。此外，到這個階段領導者已經觀察每位成員較長時間，對個別成員也

比較了解。在下面的例子，成員A個人的焦慮，可能來自過去被拒絕的經驗的投射，因此謹慎的測試團體。所以領導者適當的介入如下：

聚會開始一會兒，成員們散漫的交談著，突然成員A很認真地說出心裡的真實情感情緒。

成員A：「在團體說話我一直都很焦慮，擔心別人會怎樣看我這個人」。（團體氣氛突然變得凝重，領導者環視了整個團體，可以看到成員們的一些焦慮，然而團體很沉默）

一、適當的介入如下

領導者A：「在這個團體，一方面你似乎有話要告訴我們；另方面你擔心自己可能不被接納，因而處在兩難狀況。」

成員A：「確實這樣，就是有一些擔心。」

領導者A：「你願意將你想像的擔心告訴我們嗎？」

二、不適當的介入如下

領導者B：「我們已經相聚很多次，我覺得大家感情還不錯，應該沒有人會批評或判斷你，所以不用擔心。」（企圖安慰，對成員沒有幫助）。

領導者C：「你的擔心可能來自你過去的負面經驗，讓我們一起就這個部分來試探看看。」（欠缺了解性反應，可能引發該成員不安）。

由於團體在互助工作期的初期，成員開始要冒險揭露個人問題或困境。若在團體中還沒有冒險成功的典範，第一個冒險的成員由於沒有機會確定冒險的安全程度，通常容易受到過去經驗的影響，投射團體中有令他感到害怕的人物，或將早期家庭經驗的情緒投射到團體整體。當成員個人的問題涉及社會評價特別負向的狀況，這名成員對於冒險還是會比較猶豫，而希望得到保證和再確定不會被拒絕、評價、指責等等，才能安心冒險。因此，領導者對於成員個人的同理和逐步協助安心等工作，必須作

爲優先，讓成員安心了，通常能夠提高成員冒險的意願。因此在這個例子，領導者A的介入，首先同理成員A的兩難，可以讓成員感到領導者的了解。當邀請成員A來處理他的擔憂的時候，該成員的意願才會提升。領導者B的介入，忽略成員A的感受，企圖說服成員A，可能會讓成員A感到領導者不重視他，只重視自己的工作，讓他感到有壓力。雖然成員A自我揭露感到焦慮，可能確實來自過去的經驗，由於領導者C沒有了解性反應的支持過程，直接要求成員A去面對，可能會讓成員A感到被侵犯性的威脅而產生防衛。所以，領導者B和C的介入不適當。

❖第三節　收穫與結束❖

英文"termination"和"ending"，雖然都有結束、終結或結局的意思，但是在諮商歷程的最後時間點，普遍都使用termination這個字，而少見使用ending。或許ending特別有終結或結局的意涵，而termination則有最後停止和新的開始的意涵。就像中文「再見」這個詞很妙，雖然用在別離，卻有再見面的意涵。在一個已經發展信任、接納、包容、支持和鼓勵的團體氛圍，需要結束和離開這樣的團體，成員們可能會感到情感的糾結。尤其，有些成員有創傷或坎坷的人生經驗，結束團體歷程對他們可能特別困難。由於結束牽涉到關係的終結，可能讓成員感到失落與哀傷。因此，在結束治療團體的歷程，治療師可以告訴成員這是這一個治療團體的結束，也是他們新生活的開始，可以強化他們對於未來的希望。同時，需要有足夠的時間和適當的技術，用以準備成員的結束和離開。另方面對於領導者而言，結束一個團體可能也有情感情緒的反應。因此，領導者也需要有調適的時間。這個時間可用以評鑑自己的表現和效能，進行自我督導。如此，領導者可以肯定自己的成長和潛在的能力，在這個過程也能省思自己的專業強項。所以，不論對於成員或領導者而言，結束不只是收穫與離別，更

是步向新的生活和人生階段，可能有些微的感傷，然而應該有更多的期待和希望。茲就這個階段的成員功課和領導者的任務與可使用的策略說明如後。

壹、成員的功課

收穫和結束階段，由於即將退出團體，成員主要的功課為：處理即將失去親密關係的分離焦慮，回顧與評鑑收穫，以及適當的道別。團體的組成，是為了解成員個人的困擾與問題，並尋求解決之道。所以，當成員在團體所呈現的問題或所帶來的困擾解決之後，任何一個諮商與治療團體，最後的工作就是妥善結束團體。在這個階段的成員，一方面將團體內的學習與經驗，遷移到團體外的實際生活中，去實踐和改變；另一方面以團體作為支持、鼓勵和確認個人在團體外成功改變的來源。因此，這個階段的團體，是成員獲得增強和激發改變的動力之重要堡壘。當成員無論在個人內心或外在人際，開始體驗到成功，也開始相信自己的改變，這就是到了可以結束團體的適當時間了。Trotzer（1999）認為結束團體可以讓成員為自己負起責任，增強已經發生的改變，並協助成員逐漸回到他自己生活的主流。所以，收穫與結束階段的團體之主要任務，就是協助成員整理個人的團體學習經驗和作結論。

在長期諮商與治療的團體或是開放式的團體，結束團體無論對於領導者或成員，都有較充分的時間作準備；而在短期和時間有限制的團體，結束團體是由聚會期間的長度來決定，時間一到，團體就得結束，並解散團體。因此，有時候成員會感有一些不容易。尤其共享關係深厚的團體，成員會感到較高的分離焦慮，害怕團體的結束也是友誼關係的終止，將喪失重要的支持與鼓勵的夥伴。此外在結束團體階段，成員會評估收穫，以確認團體和關係的價值。既然團體一定得結束，基於團體歷程已經發展的人

際關係，當然成員也會期待彼此能夠適當的告別。

貳、團體階段任務與領導策略

依據上述成員的功課，領導者的主要任務為：(1)協助成員處理分離焦慮；(2)統整與鞏固個人在團體中的學習經驗；(3)協助成員計畫未來；(4)協助成員發揮學習遷移效果；(5)給予成員相互正式道別與結束。

一、處理分離焦慮

聚會越久和關係越親密的團體，結束團體，成員越可能產生較高的分離焦慮。由於具有共享關係，成員會將團體不只視為很重要的支持來源，也是愛與歸屬的需求來源。結束團體對成員而言，彷彿意味著這個重要來源的終止，因此會產生分離焦慮。在向成員預告團體的結束即將來臨之際，領導者需要敏察，並提供成員分享這些焦慮情緒的機會。

在美國短期團體聚會次數為20次以內，英國為40次以內，在臺灣通常短期的團體，聚會約10次左右居多，因此需要在結束團體之前約兩週向成員預告；若聚會更長的團體，最好更早一些提醒成員。如此，一方面鼓勵成員，若還有打算利用團體討論個人議題者，必須善用剩餘聚會次數的時間；另方面給予成員離開團體的心理準備。對於有分離焦慮的成員，也有機會分享情緒，並得到處理，由於親密關係的分離，有焦慮乃人之常情。短期團體成員的分離焦慮，通常都在平常且容易處理範圍，一般只需要有機會表達便足夠，聚會結束後，成員們可能會互相交換通訊資料，以保持聯繫，如果團體成員同意，這是可以容許的行為。在團體結束後，成員離開了團體，他們可以繼續利用這些夥伴關係作為支持網絡。

二、評鑑與鞏固學習

為了協助成員發揮學習遷移效果，領導者要鼓勵成員將團體內的學習，到團體外去嘗試改變與學習獨立，並回到團體分享去做改變的經驗，

以便可以提升成員去實際生活的世界做改變的可能性。同時也可以在進行改變的過程，得到團體的反映、回饋、支持與鼓勵，以增強改變的效果。另外，為了協助成員統整與鞏固個人在團體中的學習經驗，在最後一次的聚會，領導者需要邀請成員自我評鑑個人在團體中的學習經驗與收穫，或是獲得的改變；同時，也要邀請成員相互回饋。若是聚會次數較多的團體，通常可以容許成員利用較多次的聚會來進行這項工作。如此，成員可以一方面繼續不斷評鑑團體經驗，逐漸鞏固學習與獲得，另方面利用團體內所學持續在團體外去進行改變，並獲得團體的回饋，逐漸發揮學習遷移效果，產生較為理想的改變效果。

三、計畫未來

　　領導者需要依據成員的學習遷移狀況與效果，來和各個成員討論未來計畫，協助成員將團體中所獲得的學習，應用到團體外的生活當中，這項未來計畫，越具體越好。有時候可能到了團體即將結束之際，發現成員另有些議題不適宜或沒有足夠時間在本團體處理，領導者需要指出與提醒該成員未來可以繼續尋求諮商與治療的部分，並提供轉介資訊或給予轉介協助。有時候，成員確實還會有尚待解決的議題或因為分離焦慮而要求延長團體聚會時間或增加聚會次數，領導者應加以理解其需求依賴團體的原因，同理他們的情感情緒，並協助成員了解團體必須依計畫結束的原因，然後向成員確定團體結束。確實需要繼續接受諮商與治療的成員，應以轉介方式來處理，不可應成員的要求，多數時候可能只是部分成員的要求，而延長團體聚會，這樣對於成員也是一種學習，即對於時間界限的學習。

　　至於團體最後一次的聚會，領導者可以使用團體結束的結構技術。這項技術執行的參考步驟：首先，第一個步驟為，回顧在團體歷程成員個人的重要經驗。第二個步驟，請成員自己評鑑整體的團體學習經驗，並檢視個人學習與成長。第三個步驟，提供成員彼此回饋機會。成員彼此回饋

的方式，可以採取繞圈的方式，視時間的多寡，由每位成員選擇二至三人作為對象，給與回饋；或使用書面方式，只需給予每人一張A4白紙，在左上角寫上個人在團體中被稱呼的名字，然後從右手或左手邊傳出，每個收到的人依紙張上面成員的名字，書寫給予這名成員的回饋，依次傳到最後，這張書面回饋便回到每位成員手中。然後，邀請每位成員向團體讀出收到的回饋，只要讀出就好，切勿回應或評論，其他成員也只需專注傾聽即可。這樣做的目的，在使收到回饋的成員，可以不受干擾的去吸收與內化；若是無法書寫文字的團體成員，可以使用口語回饋方式，或繪畫方式來相互回饋，這些方法得視可用時間的長短，以及成員特質來選擇，並彈性運用。第四個步驟，領導者需要給每位成員回饋，由於成員通常特別重視領導者的回饋，因此領導者應慎重地在事前以書面方式，準備給每位成員的回饋單或回饋卡，在團體中則需要逐一送給每一位成員，並略作口頭補述。通常領導者給成員或成員相互書面回饋的益處，一則成員回去之後可以重複再閱讀，二則不會因當天收到多人回饋，而事後立刻遺忘。第五個步驟，為最後的步驟，領導者需要明確告知成員團體結束，這個團體不再聚會。

四、道別與結束

在結束團體的最後一次聚會，若有成員未能出席，而這名成員是被團體包括的成員，由於沒有機會在團體中向他告別，會讓團體成員感到若有所失，或感到悵然。團體的結束，猶如人生的結束，或宴會的結束，每個人都期待完滿結束，想說未曾說的話，想聽未曾聽的話，所以都希望在最後一次可以說或聽到。在一個只有十次聚會的短期團體，最後一次聚會由於有一名成員因故請假，出席的成員當中有一名成員提到：「這次是最後一次的團體，少了一個夥伴讓我感到有些可惜。」團體中有幾人點頭表同。顯然，成員經歷過同甘共苦的共同歷程，不能共同結束與道別，可能

會有不完滿感。因此，領導者需要事前鼓勵成員，在最後一次聚會盡量不要請假，若事先向團體請假的成員，領導者可以在該次聚會結束前，預留幾分鐘讓他可以和團體成員相互道別。

❖第四節　結語❖

團體是一個觀察和了解每一位成員人際特徵的理想場域。不論在團體的哪一個階段，都在複製成員實際生活世界中不同場域的重要人際特徵。在團體初始運作尚未成熟之前，領導者的任務，在教導和訓練成員們的基本人際溝通技巧，以形成一個具有歸屬感的團體，可以滿足成員來到團體的需求之一，就是尋求歸屬感。繼之，需要不斷監視和處理團體內的衝突。待協助成員成功締造了一個具凝聚力的成熟團體之後，成員也有一些人際學習和人際技巧。這時領導者的任務重點在調配，讓成員可以完全負責團體的方向，自主發揮他們的資源和處理問題。領導者則負責運作團體資源和提供特殊的治療介入。

此外團體與群眾的差異，為群眾沒有組織。所以一個諮商與治療團體，即便在第一次聚會的時候，雖然非正式的團體組織尚未形成，還是有最簡單的正式組織，就是由領導者和成員兩種角色組成的團體。這兩種角色各有被期待的職責。Boyd（1994）認為就建立關係的方式而言，不論是在社會系統或文化系統，在團體的不同階段，建立關係的方式可能各異。社會系統的情感情緒在一個階段是依賴，另一階段則是獨立；而文化系統在一個階段可能是含蓄的表達，另一階段是直接的表達。由此觀點，在團體初期，成員從過去的社會學習，比較需求依賴領導者，而且在自我表達也傾向含蓄，較少揭露個人情感情緒；而後，當非正式團體逐漸形成，成員個人除了「成員」這個基本角色之外，在看不見的團體組織也獲得更多的非明文規定的角色，會朝向發展得比較獨立和自主，而且在自我

表達將會傾向開放，而比較直接。

　　所以將Boyd的理論應用在諮商與治療團體的領導，在團體初始的聚會，如果領導者完全沒有作為，可能會被成員視為有失職責，而讓成員感到焦慮、挫折和不滿，因此即便只是少許引導或協助成員展開團體，實有必要。相反的，在團體後期，成員較獨立與自主，成員依照自己的需求運用團體，領導者若採取控制，例如使用預設的結構活動，將無法滿足成員自主和獨立的需求。而另一方面，在團體的文化系統，團體初期由於成員傾向保守，而隱藏真實的自己，人際互動比較客氣，也就是保持心理距離。隨著團體的發展，在文化系統自我表達將變得較直接，因而容易產生衝突。由於成員越直接表達，而傾向呈現出現實生活中個人實際的樣貌，人際心理距離也變得越接近。在這個過程，成員可能因觀點的差異和分歧，且不能相容。不過團體內的衝突不盡然都是負向和破壞，成員需要經過相互認識，學習與包容的過程，而發展出屬於一個團體特有的有利文化。因此領導者必須將衝突視為可以提供成員學習的機會。成員可以學習在擁有自己獨特的觀點之外，也能夠接納和欣賞不同的見解。擁有這樣的文化，在成員個人的現實生活中很重要，而治療團體則是提供學習的重要場域。

　　最後，有效的治療師，不管他自居的諮商與治療理論的取向為何，有一些共同的屬性，包括同理、親切與接納（Luborsky, Crits-Christoph, Mintz, & Averbach, 1988）。而且治療師的無效與有效，在這些屬性上的相似，遠勝於治療師在治療理論取向的差異（Yalom, 1985）。無論採取何種取向的治療，那些屬性都是導致治療成功或失敗的關鍵。而治療師的團體諮商與治療取向，以及他在團體當中變化的元素所涵蓋的那些概念，都會成為他形塑個人在團體中所使用的治療介入技術，以及作為領導者的功能（Leszcz, 2008），這些都是身為治療師在領導團體的時候，不論在那一個階段都需要謹記在心。

第九章
領導相關行為與介入技術(一)

　　諮商與治療有一種趨勢，即不同諮商與治療理論所發展的介入技術，有彼此借用和融通的狀況。因此，無法從所使用的技術，去論斷治療師的理論取向，而是需要從治療師的團體治療理念，才能知道他的治療理論取向。如果一項介入技術可以達成治療師介入的意圖和目的，當然便是可用的技術。因此，治療師不只必須充分了解一項介入技術的操作，在引用一項介入技術的時候，更需要清楚知道自己的介入意圖與目的，以及該項技術與個人理論的相融程度。

　　領導者在團體歷程需要適當有效的介入行為或技術，不只能夠提升領導效能；有些介入技術，也能夠提升成員對於團體歷程的參與興趣。由於領導風格的影響，每位領導者可能有個人偏好的介入技術，經驗豐富的領導者往往能夠為特定的成員或團體創造獨特的介入技術。不過對於新手或較少經驗的領導者，能夠參考現成的技術，則可以豐富個人領導團體的介入。除了技術之外，根據晚近實徵研究，領導者的個人作為也影響團體效能。本章特地介紹基本的或常用的領導相關作為與技術，以供領導者參考。

❖第一節　領導者的自我揭露❖

壹、領導者自我揭露的意義

　　自我揭露，指個人對於當前情境如何反應的披露（Johnson, 1972），是個人以私人的程度，非角色對角色，向他人分享自己的一種能力（Trotzer, 2005）。領導者在團體中需要以「人」對「人」的關係和成員互動與溝通，因此領導者不能處在完全不透明的狀態，成為一個神祕的人物，或不可接近的人物。雖然，領導者可能努力要讓成員感到他和他們在作為一個人的價值是平等的，然而若領導者完全不透明，是很難以讓成員感到平等的關係。以「人」對「人」的真實關係或許比較可以讓成員感到平等，而讓成員可以感到領導者也是一個人，最基本的方法之一便是領導者的適當自我揭露。所以，Hill也提到領導者的自我揭露可以改變助人關係中的權力平衡（Hill, 2004/2006）。Yalom特別提到，身為一名團體治療師，他比在個別治療更重視自我揭露。對於自己想嘗試去做的或自己所說的等等，能夠開放將是較為人性化和透明的作法（摘自Overholser, 2005）。

　　其次，領導者的適當自我揭露可以減少成員的移情發生。領導者需要治療性的運用自我，藉著領導者逐步揭露自我，可以協助成員確認對於領導者的印象，並將確定領導者在當下是一個真實的人。再則，在團體中領導者也需要示範和教導成員做自我揭露。領導者的自我揭露之所以對團體有幫助，是由於可以給成員一個學習榜樣，也就是示範（Rogers, 1957; Yalom & Leszcz, 2005）。從個人中心學派觀點，自我表露能讓治療師變得更有自發性和真實性，而能夠在諮商關係中與當事人締造真誠而了解的氛圍。

貳、領導者自我揭露的運用

　　對於成員有益的領導者自我揭露，首要條件為適度與適當。領導者善用適度和適當的自我揭露，對於團體和成員具有多樣功能。適度，是指領導者的自我揭露資訊不宜冗長，或太多；否則，成員可能感到不勝負荷或不勝其煩。由於領導者和成員的角色不同，領導者過於冗長或太多的自我揭露，將如同一個嘮叨或有情緒困擾的母親不斷對子女吐苦水，子女會感到不知所措或厭煩。此外，也可能將團體的焦點反而轉到領導者個人身上，或將本次聚會的目標遺忘到一邊去了。其次，適度也暗示領導者不要常用自我揭露，如此領導者的自我揭露才會讓成員留下深刻印象，這是物以稀為貴的道理。

　　所謂適當的自我揭露，似乎是比較含糊的名詞。適當，可以包括：領導者清楚個人自我揭露的意圖。在團體中領導者的一舉一動可能都被成員注視著，領導者的自我揭露需要視同使用一項技術去使用，因此明察自己的揭露意圖為必要。其次，為揭露個人從過去經驗所獲得的洞察，而不是冗長的個人故事。Hill使用「洞察性的自我揭露」（self-disclosure of insight），指稱治療師的自我揭露（Hill, 2004/2006）。另外，Trotzer（2005）認為領導者必須有自知之明和自我覺察，他的自我揭露才不至於傷害到團體和成員。由於缺乏自我覺察的揭露，可能無益，甚至造成傷害，因為「說者無心，聽者有意」。最後，真誠的分享，而不是為了炫耀自己的成功，可以為當事人帶來希望。總而言之，由於領導者在團體中的自我揭露必須當作一種技術來運用，才能有利於成員，領導者不當的自我揭露，反而會造成對團體和成員的無助益或傷害。

參、領導者不當的自我揭露

　　領導者自我揭露的時機很重要，在團體初期揭露領導者個人弱點或困

擾，對於團體和成員可能壞處多於益處。由於團體初期正需要建立起成員對於領導者和團體可以協助他的信任和信心，成員對於領導者個人一無所知，惟對於領導者的角色有所想像。若領導者在團體初期揭露個人的脆弱和尚未解決的困擾，這樣可能變成了成員對領導者唯一的認識，將使成員原來想像可以信任、有能力的助人者意像完全破滅，而感到失望。當然領導者無需是萬能，但是也不可以讓成員感到所托非人。

其次，治療師利用自我揭露來滿足個人的需求，缺乏自我覺察或不清楚個人意圖的領導者，可能誤以為心裡想到的都可以揭露，或是在聽取成員揭露的過程，引發個人也衝動的說出心中所有積累的情緒經驗。最後，領導者自我揭露的內容過多、過長，不只容易造成領導的意圖和內容失焦，也使得領導者成為團體焦點。如此，在團體初期可能承擔了成員需要自我揭露的壓力，在團體後期可能讓成員感到領導者對自己比對成員有興趣，這些都不是訓練有素和有經驗的領導者該發生的作為。

肆、適度自我揭露的要件

團體中適度的自我揭露，對於領導者和成員都很重要。揭露的時機、揭露的長度、揭露的深度等，都與揭露的效果有關聯。以下為促進成員在團體適度自我揭露的要件（Brown, 1992）：

一、讓成員感到安全：要讓成員感到安全，主要需要向成員提示他們有選擇決定要不要自我揭露，以及為自己的選擇負責，如此讓團體成員感到對於自我揭露，個人是可以主宰，心理自然會感到比較安全。

二、需要基本團體規則：需要有不得強迫他人自我揭露的規範，如果領導者強調在團體中任何人，包括領導者本人，都不得強迫或引誘成員作非志願的自我揭露，可以減少成員的害怕，這條團體基本規則在團體初期尤其必要。

三、團體成員可以主宰自我揭露的決定權：也就是成員個人能夠決定何時、如何自我揭露，以及選擇與決定揭露的內容。

四、自我揭露的內容應與團體目標，以及個人的治療目標有關，以免流於漫談或非團體可以處理的範圍。

五、在自我揭露之前，要考慮團體的發展階段，以及其他團體成員能夠容忍的揭露範圍。例如在團體初期，一名成員深度的自我揭露，可能讓其他成員感到震撼或驚嚇。

六、成員持續的反應和感受要揭露出來。假如克制或不表達個人的反應，將會抑制參與的程度。或是當團體過程已經受到衝激，成員們克制的反應和感受需要揭露出來，如果成員沒有揭露，領導者需要敏察，並提供揭露的機會。

❖第二節　五種有用的領導作為❖

領導者除了運用領導策略，需要適配團體發展各階段之外，也需要適當使用領導作為。在團體歷程的領導作為，可歸納為五大類的領導行為，即：(1)引發與刺激引發（evoke-stimulate），包括領導者邀請成員表達和發言，領導者發問，反映和挑戰；(2)執行與經營（executive-management），包括阻止團體內傷害性的互動，建議團體進行的程序，建立團體常模與規範，以及引領團體歷程；(3)意義歸因（meaning attribution），包括使用解釋、摘要、邀請和尋求回饋等技術，以及提供參考架構，以便協助成員理解；(4)支持與關懷，包括保護成員，同理和支持成員，以及提供友情和情感；(5)運用自我，包括領導者此地此時的自我揭露，揭露個人價值觀及如同成員一樣做個參與者角色（Lieberman, Yalom, & Miles, 1973）。在這五大類領導者作為當中，領導者支持與關懷的行為，為領導者表達情感和友善，特別有利於經營治療性的氛圍。新手

領導者往往由於拘泥於「治療師」角色而過度自我禁止，保持與成員的距離，很少能示範自在地與成員有情感性的交流。若再加上缺乏其他技術，而僅僅依賴使用發問、探問來引領團體歷程，甚至過度反映和挑戰成員，將使得團體凝聚力的發展嚴重受到阻礙。在督導新手領導者的實務工作時，看到有領導者在一次聚會中，沒有同理、關心或表達對成員的興趣，也不曾給成員回饋，唯一使用的技術為反映成員非語言行為的意義。團體成員因此對於領導者感到相當憤怒，並口頭攻擊領導者沒有作為，只是在監視他們的舉動。而缺少意義歸因的運用，也使得成員對於參加團體或自我揭露減少意義感和產值。在團體初期，可能因此容易造成成員的流失。

在實證研究發現：領導者的行為對於團體歷程有不同影響，作用方向也不盡相同。整體而言，領導行為最有影響力的是「支持」。支持對於團體歷程有四方面的影響，即影響成員的抗拒、成員與團體的連結，以及與領導者的連結，還有對治療的正面印象。支持可以減少抗拒，促進成員與團體和領導者的連結。其次，「意義歸因」也很有影響力，有增進成員自我揭露和減少抗拒的作用。而領導者「運用自我」和「經營」兩者，對於和成員及團體的連結也都有正向影響。至於「刺激」，對於自我揭露也有積極影響，不過「刺激引發」和「經營」兩者，尚有一些負面影響。即「經營」，雖然可以增進成員與團體連結，但是卻阻礙成員自我揭露；「刺激引發」雖然可以增進成員自我揭露，然而會阻礙成員和團體的連結（Shechtman & Toren, 2009）。不過有關「經營」對於團體歷程的影響，也有實證研究結果指出，呈現不一致結果（Lieberman & Golant, 2002; Shechtman & Toren, 2009）。因此，領導者在團體歷程運用「經營」和「刺激引發」的時候，對於這些領導作為對於團體的正負影響必須有所認識，以便適度運用。尤其在團體初期，特別需要注意謹慎和適度使用「刺激引發」，由於這項作為容易導致成員的被動，減少自主的發展，甚至容

易引發團體成員的焦慮。另有研究指出，「意義歸因」對於療效有正向影響，同時發現「情緒表達」、「反映」和「了解」等，對於療效也有正向影響（Lieberman, 2008）。從這些研究結果，可以看到「支持」和「意義歸因」對於團體和成員具正面影響力，而沒有負面的影響發現，為領導者必須特別重視的領導行為。「支持」為創造治療性氛圍的核心因素，而「意義歸因」，則有助於成員自我理解，兩者都會讓成員感到參與團體的價值。其次則是「情緒表達」、「反映」和「了解」三種領導作為，可以讓成員感到被關懷，而覺得團體歷程有意義，因此在領導實務能夠配合團體發展階段和情境需求，運用上述領導行為將可產生更好的領導績效。

❖第三節　產生有意義的歸因❖

在每日生活中，當發生了問題，對於問題的起因往往會因人而有不同的定義和歸因。例如孩子挑戰權威，可能被定義為叛逆而歸因是年齡的因素；也可能被定義為寵壞而被歸因為管教不當；甚至可能被定義為學壞了而歸因是孩子有不良同儕。不同的定義和歸因，換成白話說，就是不同的眼光和看法，將引導不同的人在處理問題時，有不同的重點和方法。同樣，在領導一個團體難免也有遭遇問題的時候，領導者若具備基本概念，便可以作為導引與參考，來協助解決不可避免的領導困境。對於團體中發生的一些問題，領導者需要有能力展現出不同的眼光或是看法，才能提出有意義的歸因，方能妥善的解決問題。例如，在團體的初期領導者沒有任何引導或結構，團體成員多數時候保持沉默，團體內壓力很大。假如領導者定義為成員都很抗拒，或成員不努力去善用時間，歸因為成員有不當行為，這樣的歸因不只是不正確，對於領導也沒有幫助；若定義成員對於進入治療團體缺乏經驗，歸因為焦慮，則對於改變這樣的問題有幫助。領導者可以提供少許的引導或結構來協助成員，便能夠解決成員都很沉默的

問題。

　　其次，領導者若要對團體的問題產生有意義的歸因，必須要能去想像。由於人通常很難去理解他無法想像的事物，因此具備團體相關的基本概念，能夠幫助領導者去理解遭遇的問題，而讓領導者有較好的想像能力。然而，這是一件不容易的事情，團體是一個奇妙的組合，有「看得見」和「看不見」的團體。例如，成員有看得見的正式角色，就是「團體成員」，然而更重要、對團體動力影響更大的，是成員因團體發展的不同階段，會發展和改變那些看不見的角色，例如「專斷者」、「求援者」、「救援者」、「鼓勵者」等等，都是從團體互動中產生的成員角色。團體規範也是一樣，有白紙黑字寫明的明文規範，也有在團體歷程逐漸形成的非明文規範，甚至成員之間的情感網絡，就是典型看不見的團體的一部分。對於領導者，概念化「看不見」的團體這部分，比「看得見」的團體更是一項挑戰，何況是去統整「看得見」和「看不見」的團體兩個部分，使得成為對團體的統整概念。Hawkins（2008）認為領導者需要將團體想像成為如同一張有系統的地圖，並隨著聚會時間越久，在團體結構的發展方面，領導者也需要有能力對團體形成一個整體的概念。為了對團體產生一個有意義歸因的圖像，領導者可以就團體的四方面，即個體、人際、團體整體，以及結構來看。如此，可以幫助領導者在面對團體的三個層面，即個體、人際、團體，以及結構等整體系統，從經驗中產生對這些的理解，也就是對於團體能夠產生出一個有意義歸因的圖像。

　　此外，對於成員個人在團體中的事件，領導者也需要有正確見解或做出有意義歸因的能力，作為建構介入的依據。例如，有成員抱怨這個團體好像對他沒有幫助，假如這個問題是發生在第三次聚會，由於團體還在初期，領導者可以反映：「或許你不是唯一一個感到對於團體的功能不確定的人。」這樣便可以讓這個議題，成為團體成員們可以體驗和公開討論

的議題。又例如，若有成員略帶憤怒的口氣說：「這是我最後一次參加團體聚會。」究竟領導者要認為：「可能這是她人生中一直在重複的人際關係型態？」或是要認為：「這是對領導者的挑戰？」或是「團體中有某些成員不高興而要她離去？」或是「在表達需要有人求她留下來？」以上問題到底何者正確，的確不容易確定。若領導者有基本的概念，根據在團體中的觀察，能夠歸因這是她在人生親密關係重複發生的困難問題，或許如此可以成為一個在團體中討論的有意義問題。但是，即便領導者做出這樣的歸因，還是需要保留對成員個人的解釋，直到可以辨識出來這個議題為「團體共同緊張的議題」時，再來解釋這個緊張與每位成員的關係。

如前面所舉兩例，領導者需要先對成員個人的問題做了反應，並隨後將該議題轉成為團體議題來討論的這種狀況。其實對於成員個人問題的反應，不論領導者選擇從團體的哪一個層面來解釋，原則上若能繞著團體作為涉入的系統，比較不會將團體的議題，變成為成員個人或次團體的議題（Horwitz, 1977）。如第一個例子，團體議題為團體的功能；第二個例子，團體議題在人際親密感。這樣做，不只對於團體可以產生較多意義，對於成員個人也比較有利，或可避免發生傷害。

當團體由一個階段發展到另一個階段，由於關係網絡的擴散力量，團體影響成員的界限也會一直改變。如果領導者在催化團體的時候，能夠認識這些事，並能夠隨伴著情感，而不是只有理性的來經營，則可以提升團體凝聚力，並維持團體統整。

❖第四節　團體的第一次聚會❖

團體的第一次聚會除了一些例行必須的程序，諸如領導者自我介紹、說明團體性質和目的、成員簽署同意書、成員說明個人目的和相互認識之外，最重要的便是展開團體成員的交談與互動。雖然當前的團體領導者多

數已不再完全遵循傳統精神分析論的領導方式，而是採取比較積極的引導。然而，心理動力取向的領導，多數仍舊深受分析論帶領初次團體方法的影響。此處先介紹兩位採取觀察和不引導的學者所建議第一次團體聚會的作法，一人為心理動力學派，另一人為個人中心學派；再介紹兩位採取事前準備作為引導的學者所建議的第一次團體聚會的作法，兩位學者分別為人際治療學派和認知－行為學派，以供團體領導實務參考。展開第一次聚會該如何進行比較適當，學者主張不一，可能需要根據領導者個人對於團體諮商和治療的理念和個人領導風格而定。各學派的學者所提倡的第一次聚會領導方法，都有值得參考之處。

壹、採取觀察和不引導的作法

廣義的心理動力學派之領導方法，通常受到傳統精神分析學派三大原則的影響，即：不涉入、中立、不透明。因此個人中心學派和其他心理動力學派對於展開初次團體，通常採取觀察和不引導。屬於心理動力學派的學者，Rutan（1999）將初次聚會作為提供領導者觀察和理解成員「打招呼」風格（"hello" style）的機會，也就是觀察成員在團體初次聚會如何接觸他人的風格。處在全新而陌生的情境，可以讓領導者觀察成員因應這個情境所使用的各種防衛策略。這個學派認為，雖然成員在團體討論的內容有重要性，但是不如他們如何接觸各情境的行為所蘊含的意義更為重要。初次聚會，團體的任務就是在評估情境的安全，尤其第一次聚會是成員在尋找他們彼此所分享的共同基礎面。可能有些領導者會企圖減少焦慮，以便催化互動和安適感，然而心理動力學派的領導者，對於評估下意識的資料更感到興趣。因此，不會去干擾或打斷沉默，而是抱著有興趣的態度，觀察成員如何應對沉默，以及最後沉默和成員的團體角色如何發展。在這樣的團體，主要在協助成員個人理解他們是如何在因應一個新的或陌生的

人際情境。團體就如同一個實驗室，讓成員探討他如何因應新情境，每個人在團體的因應，就如同他在家庭和其他生活團體等處的因應。

　　至於個人中心學派，共同理念以當事人爲核心的領導方法。對於第一次聚會如何開始，採取與精神分析論的領導方式相當接近，但是Coulson的觀點與Rutan相似，他們的意圖都與精神分析學派的領導者有所不同。Coulson（1999, p.122）這樣陳述：「在一開始我不要知道將會發生什麼，或是團體可能將會如何是好。假如我是去引導一個團體，我將會提前將團體帶到成熟的焦點，減少在團體內產生較多解決之道，以處理我們共同立即性的問題。」所以Coulson主張第一次聚會或團體初期不採取引導，是爲了避免「揠苗助長」，或「欲速不達」之弊。這對於操之過急的領導者，會是很好的一種提醒。

貳、採取事前準備成員的作法

　　人際治療學派和認知－行爲學派，都重視團體初次聚會開始之前對於成員的準備，以便協助成員能夠在略引導之下進入團體。實證研究結果發現，經過事前準備訓練的成員，在出席和中輟情況的表現優於沒有參加準備者（Piper, Debbane, Garant, & Bienvenu, 1979），有參加解說準備的成員，在團體中人緣較好、對團體較滿意、治療也較有進步（Yalom, Houts, Newell, & Rand, 1967），團體前準備對於團體過程和治療效果有正向影響（Meadow, 1988）。因此Yalom並不贊同團體初始領導者完全不做什麼事，而主張領導者需要提供一些結構與引導來展開初次團體，這樣比較有效率。所以他重視在團體初次聚會之前，先對每一位未來成員進行個別初晤的程序，利用這項初晤工作好好準備成員，讓成員可以知道如何進入團體（Yalom, 1995; Yalom & Leszcz, 2005）。這項初晤程序的目的在篩選成員，同時也在教育和準備成員進入團體。

在初晤的時候，主要在蒐集成員個人參加治療的動機、自我的堅強程度、環境壓力源和個人發展史等資料。雖然成員個人的基本資料都很重要，其中主要重點在獲得成員個人的人際歷史，以及了解成員個人問題的人際行為。所以會對他們當前和過去的人際關係，包括家庭、朋友同事和親密關係等，多做探問。在這項初晤工作，也將探討他們對於團體相關的害怕、關切與期望，並讓他們對於團體操作的實際情形，有一個比較切合實際的圖像。此外，也會教導他們人際模式團體治療的主要概念，例如團體如社會縮影、人際學習、此地此時概念等，治療師的主要企圖，在展示團體治療的原則可以用來協助他們的問題。所以，這項初晤工作等於給成員進行了完備的導向工作，讓成員對於進入團體有個準備，而領導者不只可以掌握成員一些先備資料，也在初晤與成員建立初步關係。所以，經過了初晤程序之後，在團體初始的沉默便比較有個擔保。

在團體初次聚會，團體會出現沉默，而成員會期待地觀望著領導者。由此，領導者可以努力將團體普遍且立即的帶進此地此時。領導者可以詢問成員們在團體此刻的感受如何？如果團體成員的回答為：「感到焦慮或不舒服」，則鼓勵他們擴大這些感覺，盡可能地描述仔細一些，是在焦慮些什麼？他們對負面結果有什麼的想像？並試著將這些想像與他們個人所困擾的問題，或其他此刻浮上心頭有關家庭、朋友、同事等經驗做連結。這樣的初晤程序，帶給成員可以將個人在團體中的經驗，類化到現實生活的關係，這就是此地此時的方法。除此之外，領導者也使用其他辦法，可能鼓勵成員談談為何來參加團體和期待從團體獲得什麼。領導者聆聽的重點，將會在成員所表達與人際有關的部分。

至於認知−行為學派的作法，Flowers（1999）主張在團體的初次聚會使用3×5公分卡片，請成員將個人想在團體處理的問題寫兩則：一則為容易揭露的問題；另一則為難以揭露的問題。這個前置作業，也可以轉換

成為：一個為較不嚴重的問題；一個為較嚴重的問題。這樣的前置作業可以讓成員表達期望和建立團體規範，能避免非結構團體初始的一些困境。就認知行為治療而言，Flowers認為在團體初次聚會的開始，過於長久的沉默特別沒有產值，且建立了錯誤的團體規範。這個「問題卡」就使得成員在第一次聚會之前，已建立起負責自我揭露的團體規範，這是使用「問題卡」的優點。

　　領導者需要告知成員當他們來到初次聚會，他們可以揭露或不揭露卡片上所寫好的問題。若不揭露先前寫好的問題，而去談沒有寫在卡片上面的問題，則事後還是得將口頭陳述的問題寫在那張卡片上，以便追蹤他們在團體所做的自我揭露。這個方式是在結構中提供成員有選擇餘地，由於未來的評估就立基於第一次聚會前成員個人所寫的問題。雖然未來的聚會，成員仍舊得寫「問題卡」，卻可從他們在團體所自我揭露的紀錄，用來對照問題卡，作為追蹤，同時也提供了評鑑和評估成員的規範。這個辦法值得參考之處，即在開始便讓成員學習責任。

　　團體開始，領導者通常只說：「誰要先開始？」然後只需等待成員自動出來，或許會有片刻的沉默，沒有關係，由於成員在事前寫了問題卡，有助於思考如何利用團體。

參、採取結構方式

　　短期的團體第一次聚會最好有一些結構，在必要的例行公事完成之後，通常的步驟便是成員自我介紹和說明參加團體的個人目標。筆者就讀碩士時的團體諮商啟蒙恩師James Trotzer博士，喜歡的技術是使用簡單的「稱名繞圈」活動，讓成員可以快速記住彼此的名字。繞圈開始，首先領導者說明每個人只說自己的名子，不用冠上家族的姓，然後由領導者，若有協同領導，則由說明作法的這一位領導者先開始，另一位將會是最

後一人。領導者只說自己希望在團體中被稱呼或自己的名字，例如「陳老師」。然後輪到第一位成員，例如「何靜芬」，則只說「陳老師，靜芬」，論到第二位成員先復述第一位成員的名字，然後再加上自己的名字「晏晟」，而變成「陳老師，靜芬，晏晟」，第三位成員「凱麗」也依樣接下去，說：「陳老師，靜芬，晏晟，凱麗」，直到繞完一圈，再由任何一位成員開始，依同樣方法繞一圈。通常為了示範，第一輪可以由領導者開始。如此，繞個幾次，成員不但彼此可以記得一些人的名字，且在繞圈當中有人忘記對方名字，便有其他成員會出來協助提示，團體成員開始有互助行為，也打破僵局。自我介紹之後，便是成員說明參加團體的目標。

筆者就讀博士階段，「進階團體實驗室課程」的恩師David Welch博士則偏好先讓所有成員繞一圈，每個人只說自己的名字，然後，與成員討論他個人參加團體的目標。若完成前面的例行公事和自我介紹之後，剩餘時間便使用所謂丟「郵票」（stamp）的技術，目的在協助成員開始多知道一些彼此的個人資訊，也是一種繞圈活動。繞圈開始，領導者以引導語指引「郵票」內容，例如「每個人請分享兒童時期最快樂的一個經驗。」或「每個人請分享八、九歲時候，成功或有所完成的一個經驗。」成員便依序做分享。由於在團體第一次聚會，所以「郵票」多半是分享正向的個人資料。這個活動可依時間長短決定繞圈次數，每次「郵票」的指導語內容不同。直到聚會時間快結束，可以約略留時間，讓每一位成員說出至目前彼此的印象。

從上述兩種協助成員相互認識的結構活動，相同之處在於不會帶進成員個人的社會頭銜和職位。DeLucia-Waack（2006）認為，在第一次聚會需要讓成員聚焦在個人目標、團體過程和動力，以及自我覺察。由於成員需要有自我揭露，才可能有自我覺察的產生，可以使用一些活動來促成。筆者使用的方法為一種隱喻技術，是讓成員給自己取一個可以描述自己這

個人的「隱喻名字」，例如「小草」、「大熊」、「蒲公英」、「寒塘鶴影」、「秋風」之類。在簽妥了契約或同意書之後，便可以開始自我介紹，成員只說自己真實姓名和參加團體的個人目標，領導者可以協助成員具體化個人的目標。之後，便是請成員向團體介紹自己所取的隱喻名字。並請成員告訴團體為何給自己取這樣的名字，同時鼓勵其他成員提問或連結自己，或分享聽了這個名字的聯想，最後請每一位成員給團體中兩、三人回饋本次聚會初步認識的印象。若還有時間，可以進行一些問題，包括聚焦在成員自我揭露的感覺，自我揭露對其他人的影響，成員之間的異同等，然後就自我覺察再做一些推進。由於這個活動可以知道每一位成員如何看自己，或對自己或人生的期待、幻想或理想，且能增進成員對於彼此相互感到有興趣。更實用的是，這個活動可以促進成員後續交談，也能獲得較多有關成員個人資料，且這個「隱喻的名字」活動，在時間運用能夠有彈性，過程可長可短，視團體第一次聚會所餘可用時間而定。

　　可能有成員會取一個搞笑的名字，領導者可能擔心這樣的名字會影響後續成員去談論他痛苦的情緒。事實不然，由於成員取任何名字，都在透漏著可以去了解該成員的有用訊息。有人可能以取個搞笑名字來掩蓋面對人際的焦慮；有人則用以吸引他人注意，甚至有些成員喜歡取有「小」字的名字，以表自謙，或可能自卑，或是由於自我不成熟，喜歡停留在較早階段，感到比較安全或需要被照顧。由於意義歸因很重要，所以成員若取了如上述的名字，同樣可以與他探討取這個名字的個人意義。當成員開始介紹他們自己的時候，領導者需要重視賦予成員的經驗有意義，由此交換，有利於發展成員們的共同性和分享個人關切的事（Leszcz & Kobos, 2008）。如果不想使用隱喻，也可以請成員說出自己名字之後，說明這個名字是何人幫他取名的，這個名字對他有何特別的意義，或因這個名字發生過有趣的事或好處或壞處等等。讓成員從介紹自己的名字，也提供一些

個人相關資料，使得其他成員對他產生興趣。此外，也可利用這個活動，在成員的交談過程教導與建立團體重要規範。

肆、結論

由上述，可以看到Coulson和Rutan在第一次聚會展開團體的作法，兩人很類似，會採取觀察、不干預、不引導；Yalom則運用聚會前的初晤準備成員，並在初次聚會的團體中盡量聚焦在此地此時；而Flowers則比較有結構地使用「問題卡」推進初次的聚會。這些不同作法的背後，各自有不同的領導意圖，並反映著他們對於團體治療的理念。所以，第一次聚會是否要使用引導？需要多少的引導？如何引導等，端視領導者個人的領導理念而定。如果領導者使用引導或結構，需要知道引導會帶來什麼，以及對於團體發展的利弊。初次聚會有些微的結構和引導，不用給成員過度承擔展開團體的壓力，既可讓成員仍舊保有很大的自主性，也可減少如Coulson所擔心，團體提前成熟的情況，便可以在團體歷程觀察成員在不同安全程度中的人際樣貌。

其次，在團體初期，尤其是第一次聚會，成員處於社交關係情境。Rutan提到要觀察成員「打招呼」的風格，可能需考量社會和文化相關的因素，對於初見面的成員在社交行為的影響。成員如何因應初次聚會的自我揭露壓力和沉默，除了反映內在心理的因素之外，文化學習也會反映在其因應行為上，尤其文化因素可能影響成員初次聚會的行為表現更大。華人有敬老尊賢的文化，通常社會地位較高者或年長者會被賦於較多權力。

最後，有關初次聚會成員的自我揭露壓力和沉默的處理，在短期型團體與長期型團體的領導作為應有不同。在長期型團體，領導者可以不涉入、不引導，甚至保持中立，由於有較充足的時間讓成員去爭扎，終會到達發生衝突，而領導者介入與處理衝突之後，仍有充足的時間進行後續各

階段的領導工作；然而在短期型團體，由於時間的有限性，領導者需要較積極處理團體發展的任務。在團體初期，沉默若過多或過於冗長，由於成員可能逐漸學會如何在團體的沉默中生存，這對於短期型團體是一種時間的耗費，領導者不得不謹慎。無怪乎Flowers認為在團體的初期，過度冗長的沉默是個錯誤的規範。

❖第五節　時機❖

對於團體領導者而言，時機（timing）是最重要的技術之一（Hansen, Warner, & Smith, 1980）。生活中我們會聽到諸如，由於時機到了，某個孩子突然變得很懂事。同樣的，在治療團體領導者介入的時機，也是一個技術介入會有效的決定性因素。然而，這項技術的使用卻沒有指引的原則或規則可循，只能依賴領導者個人實務經驗的積累。在此僅能提出一些觀點作為參考。

壹、介入時機和介入技術

有效的介入與兩項因素有關，即：介入時機和採取的介入技術，任何其中一項不適當，都將影響介入效果。對於領導者而言，所有領導技術的使用時機，都必須依據發生在團體歷程的當下；所採取的任何介入技術，也必須和團體特定時刻，正在進行的歷程或內容相符。更確切而言，介入必須與任何直接涉入的特定成員個人狀況一致。舉例，如果一位成員在團體歷程的當下已經很防衛了，領導者若在他的一個議題上再給予施壓，這樣的介入將會使得該成員更加防衛。因此，不只這個介入要與團體或成員個人當下正在進行的狀況或內容一致，而且需要在最理想的時間點上。有時團體成員正在討論的過程，過早介入，可能打斷或阻擾了他們的互動。然而太遲介入，可能錯失了介入的催化作用。例如，團體在討論一個議題

的時候，成員們經由交談而情緒正逐漸出來了，如果領導者過早介入，可能成員變成轉向和領導者交談，而不再繼續相互討論。這一來可能使得他們的情緒因而煙消雲散，再也回不到那個有意義的狀況，也錯失解決的機會。不過，有時領導者需要及早介入，以免成員情緒過度高張，然而對於害怕衝突的領導者而言，通常由於個人對於衝突的焦慮而容易過早介入，以致失去讓成員的情緒可以出來，且能夠去解決衝突，只是被迴避掉。反之介入過遲，可能讓團體衝突變得一發不可收拾。因此，去辨識這兩種情況的差別，才能抓到最理想的介入時機。

貳、團體互動活絡時的介入時機

有一種情境，團體成員的討論可能比較活絡，正在進行腦力激盪或是交換想法，領導者也會面對何時是介入最佳時機的難題。下面三點可供參考（Posthuma, 2002）：

一、是否團體成員離題太遠？

二、是否成員們的討論互動，遠比停留在這一個話題上更重要？

三、是否大部分的成員或是只有少數幾個成員加入想法的交換？

斟酌上述狀況，可以幫助領導者決定何時，以及如何介入。通常從團體成員的反應可以協助領導者知道，介入時機是催化或不是。如果領導者介入了，而成員忽略了領導者所帶進來的注入，那大概可以確定這個介入時機不對；如果團體納入領導者介入的注入，並且繼續下去，這就表示介入時機得宜，而且也可能對準了標靶。也就是領導者採取的介入技術和時機，讓成員感到很受用或正中下懷，而促進當下的討論。

參、新手領導者與時機

對於新手領導者而言，把握時機是一項很大的挑戰。有句諺語：「寧

可少做少錯，不要多做多錯」，很適合用在領導團體有關時機這項技術上。新手領導者往往有過度積極的情形，由於新手領導者認為，領導者就是需要負責讓團體去工作，一定需要有所作為，因此會多介入或認為要多作為。這種情形，尤其容易發生在團體沉默的情境，主要原因來自領導者個人處在團體沉默的不自在。俗云：「度日如度年」，可以用來描述新手領導者在團體沉默過程，感到時間特別難熬。新手領導者容易對於沉默時刻有錯覺，感覺時間特別長，而過於焦慮，就不會等待最佳介入時機。對於團體沉默的介入時機，很重要的就是時機的時間本身（Posthuma, 2002），領導者需要保持留意時間，看看時鐘或手錶（最好是有時鐘），以便讓介入可以適當，而順利地結束沉默。

肆、團體即將結束的介入時機

　　介入產生的價值與領導者介入的態度，以及團體那時候正在進行的狀況和內容有關。假如成員正在激烈的討論，而團體聚會時間幾乎快到了，此時很重要的是，介入必須努力在所剩餘的時間內，協助團體成員解決正在討論的議題，並處理他們個人的情緒。在某些情況，由於機構的要求必須絕對準時結束團體聚會，若由於還有未竟事宜，而結束了團體，成員仍遺留很高情緒，如此對於成員個人或團體都將不會有產值。因此，有些時候不妨提醒成員所剩的時間，並指示需要準時結束，例如可以提醒：「還有五分鐘團體就得結束，我們得考慮關於結束」或「我們還有十分鐘可以用來分享我們的想法和感受」。然而，在某種情況下這樣的介入可能讓團體很突兀的終止，或形成打壓成員的參與。不過，有時候卻可以促進成員達成一個重點，或作成決定，或朝向支持，或摘要評論，或給團體一個舒服而有產值的結束。因此，領導者在團體即將結束之際，需要提前注意團體正在進行什麼，而斟酌的介入的注入，需要留給成員們完成的時間，來決

定介入的時機。

❖ 第六節　使用「我陳述」❖

壹、緣起

如第七章所述，使用「我陳述」為一種與他人關係的有效溝通方法。在團體初期領導者需要努力教導成員有效的人際溝通技巧之一，便是「我陳述」或「我訊息」的溝通方式。在1970年代「我陳述」已使用於親子溝通和師生溝通的訓練。由於使用「我陳述」來表達情緒很少會具攻擊性，也較少會發生對他人負面評價的問題，因此不會傷害到訊息的傳遞者和接收者雙方的關係，且可以促進接收者改變的意願（Gordon, 1970, 1974）。使用「我陳述」由於傳遞的既不是批評對方，也不是直接衝著對方，所以不會發生像使用「你陳述」帶有批評和歸咎的問題。由於一個人在說話當中很容易忽略了覺知自己的行為對他人的衝激。然而，當使用「我陳述」的時候，說話的人便能夠意識到自己的情緒責任，以便去和訊息接收者分享。同時能去溝通對方的行為對陳述者（我）的影響，留給對方去覺察和負起調整自己的行為之責任。所以Gordon（1974）表示「我陳述」也可以稱為「負責任的訊息」，且使用「我陳述」所要確認的部分，可以為對方保留表達的空間，因此能夠開啟發生衝突雙方的溝通（Hopp, Horn, McGraw, & Meyer, 2000）。

在諮商與治療中重視使用第一人稱的學派有：阿德勒學派、完形學派（Dinkmeyer, McKay, & Dinkmeyer, 1997）、個人中心學派，以及存在治療學派（Parrott, 1997）。這些學派都強調當談到自己的時候，使用「我」來取代使用「你」、「我們」等，目的在讓當事人覺察自己的情緒和情緒是自己的；也有在強迫當事人為自己的情緒、行為或態度負起責任

的意涵，而不要去怪罪別人。有時這種表達方式有助於讓當事人了解到他需要採取行動才能改變現況（Erford, Eaves, Bryant, & Young, 2010）。

貳、「我陳述」的技術運用

「我訊息」或「我陳述」的使用方式演進至今，大約有三種常見的使用技術（Erford et al., 2010）：

第一種，為單純的「我訊息」，主要用來確認一個存在的問題。由於只有傳遞訊息的成員自己做此陳述，因此對於接受訊息的對方威脅性比較少。使用的時機是在一位成員想要確認一個問題，但是又擔心對方防衛的時候，可以使用這樣的技術。如下例：

M1對著M2說：「你可能覺察到我們幾人都把你當小妹妹看待，我們確實很想照顧妳。可是我很不喜歡你在團體裡只要有人指出你的缺點，或指出你攻擊別的人時候，你就不說話，然後裝出很委屈的樣子，好像你反而是受害者的樣子。我覺得你想要我們都同情你和保護你，而你就可以不用反省自己的行為。」

M2：「真的嗎？你說的，嚇我一跳。我從來不覺得我在偽裝什麼的。而你卻指責我在裝小，以博得你們的同情。」說完了之後就低著頭，看著自己的腳，小聲啜泣。

這時團體氣氛變得凝重，團體陷入沉默，可能這個沉默有意義，領導者要忍著，不急於打破沉默，先觀察和等待成員的反應。

第二種，為複合式的「我訊息」，通常用在只要改變行為，便可以解決問題；或是有成員希望展開一個比較複雜問題的對話，可以使用這一種「我訊息」。複合式的「我訊息」包含三個部分：(1)對該問題的描述，最好使用行為描述的方式；(2)這個問題或行為對該成員的影響；(3)該成員體驗到的情緒。簡言之，複合式的「我陳述」，使用時的順序為先描述

對方行為，其次為自己所受到的衝激或對方行為的效果，最後則是表達自己的感受。例如成員說：「你這樣是在罵人，你以為你自己沒有錯。」可以教導成員改為「我訊息」，說：「當你這樣說我的時候，我感到被譴責，因此覺得心裡不舒坦。」在這個有順序的溝通當中，可以看到個人的情緒，是由對方行為的衝激或效果所引起，不是由對方的行為所直接引起。

第三種，最常被使用在團體治療當中，用來教導成員的指導語，如下列順序：

(1)當你_____（描述對方行為），我感到_____（描述自己的情緒）

(2)由於或因為_____（描述對方行為的效果）

(3)最後是_____（自己的感受）

有需要的時候，還可以增加第四步驟，我要_____。這樣的表達有先發制人的角色，可以找出解決問題的途徑。例如：面對一個只有反對，沒有建設性意見的阻礙型成員M2。成員M1學習到這樣表示：「你一再反駁我的提議，讓我覺得越來越洩氣。我好像踢到鐵板一般，感到很挫敗。我決定不再說話，等你提出辦法再討論。」

不過在團體治療當中，並不是完全都不適合使用「我們陳述」。當有一個人，這個人可能是領導者，也可能是成員，認為團體有一個問題或關係有了問題，需要溝通，則可以使用「我們陳述」來溝通。例如領導者可能會這樣反映：「我們似乎比較有興趣停留在這個議題的表面來交談。」這樣的陳述方式與「我陳述」不同之處，在於不去辨識問題來源，也不暗示或指控有某個或某些成員該負責這件事，因此比較不會引起成員防衛或抗拒。如前述的例子，這樣的團體情境和成員彼此都有關聯，需要共同來解決。因此，使用「我們陳述」的技術，對於領導者想要特別強調團體一

起來解決問題有所幫助。不過，當領導者或一名成員需要為問題負起責任，卻利用這樣的技術來迴避，而推卸為團體的問題，或當領導者或一名成員利用這樣的技術來控制或強迫他人，都是不當誤用這項技術。

第十章
領導相關行為與介入技術(二)

❖ 第一節　重構 ❖

壹、重構的定義與性質

重構（reframing）是治療師協助當事人換個角度或方式看事情的一項很有用的技術。Eckstein（1997）主張「重構」可視為一種特殊的解釋技術。重構可以改變一個情境的概念或情緒的觀點，並將之置於另一種脈絡或框架，而仍然符合原來情境的事實，卻得以改變該情境的意義（Watzalawick, Weakland, & Fisch, 1974）。因其將一個問題情境，以新的方式呈現，讓當事人採取一種較為積極、有建設性的觀點（Guterman, 1992）。同時也是比較不會引起當事人防衛的一種友善的技術，因此談論重構，首先必須先了解什麼是「構造」（frame）。Bateson（1955, p.46）對於「心理的構造」（psychological frame）給於這樣的定義：「為一個位置或一組資訊（或有意義的行動）」。換句話為，心理看事物的位置或資訊的組織。所以「構造」，也有「框架」的意思；「重構」也有「改變視框」，或「換個視角」的意思。個體的「心理的構造」，有些狀況是在一個人覺知能意識到，並有語言表徵，例如「下雨」、「樹叢」、「工作」、「娛樂」；另有一些狀況可能是在下意識未覺知，而且沒有準備好的外顯語言可以說明，例如下意識影響人際的因素，「可怕的人物」、「暴力」等。此外，構造有概括性和排他性的本質，且人與人之間

可能有共同的構造，然而也有每個人獨特的構造（Bagwell-Reese & Brack, 1997）。同一件事，有一些人會有共識，而另一些人可能有不同見解，每一個構造會與其他構造形成連鎖狀態（Brack, Brack, & Hartson, 1991），例如一個小時候被父親暴力相向的當事人，看到「男人」，就連想到「暴力」。因此，探討一個人的心理構造爲一種有用的建構，可以解釋這個人的知覺和資訊的運作。

貳、治療師使用重構的目的與功能

重構的目的在協助當事人從另一種優勢的觀點去看情境，使得情境似乎較少問題，或較爲正常，因而對問題較爲開放（Corey, 2007）。當治療師使用重構技術，可以給當事人提供一個新的觀點，期望當事人可以用不同眼光去看其情境，並看到結果，行動會較爲合宜（Eckstein, 1997）。所以當治療師使用重構的不同觀點時，必須符合情境，一如當事人的觀點，或甚至比當事人原來的觀點更好，以便可以說服當事人（Kraft et al., 1985）。簡言之，使用這項技術的時候，治療師接納當事人的世界觀，並在其架構內創造出一個可行的改變（Guterman, 1992）。如果能夠成功地重新架構，可以導致當事人對於原先以爲不能解決的情境，看到可以解決的曙光，或是視爲根本不是問題（Hackney & Cormier, 2012）。此外，重構可以讓當事人採取一個全新的方法去呈現問題。

這項技術源自於Adlerian治療，以認知爲處理焦點的技術，在Adlerian治療的四個發展順序當中，第三個順序爲心理解釋（Dreikurs, 1973）。在Adlerian治療有一級改變（first order change）和次級改變（secondary order change）之分；一級改變，只去順應（adapt）問題，而重新定義問題，則用以產生根本的改變。所以重構可以作爲一種用以創造次級改變之用的介入技術（Eckstein, 1997）。由於重構可以將消極的看法，經過再定義而成

爲積極的解釋，因此這項技術具有一種鼓勵的作用。

　　Clark（1995）認爲心理解釋技術包括兩項共同元素：其一爲治療師向當事人介紹新的構造，當治療師要給當事人傳授替代的視框時，對於當事人的經驗之意義或構造，給予再概念化；其二是多數的定義，不論隱晦的或明顯的定義，都與治療師的治療理論有關，或與治療師的觀察有關。所以治療師的解釋，所提供的視框爲當事人所未曾意識到，例如：將當事人認爲他的父親很「頑固」，以新視框解釋爲很「有決心」，假如當事人說：「我不能……」，就給予再概念化爲：「我不願意……」或「我選擇不……」。在Adlerian治療的心理解釋步驟當中，重構的元素，目的在對當事人賦能（empowering），使他能負起責任。重新架構也能夠使得當事人從怪罪他人，變得比較能夠爲自己的行爲負責（Young, 1992）。

參、重構技術的操作步驟

一、重構的三個步驟

　　第一步，治療師必須使用不批判的傾聽，一再的傾聽，以便獲得對於當事人問題的完全了解，這是一個非常重要的開端。因爲治療師使用重構，必須依據對於當事人和他的世界觀之確實認識，如此當事人才能與新的參考架構產生關聯；第二步，一旦了解了當事人的問題，治療師便可以在當事人對於自己行爲的看法和新的觀點之間搭起橋梁，此時涵蓋了一些當事人的看法，來建議新的觀點；第三步，治療師要增強所搭的橋，直到當事人發展出轉變的看法，例如給當事人指定家庭作業，來強化他能夠從新的觀點去看自己的行爲（Erford et al., 2010）。

　　若用在如犯罪矯治對象或非行少年的諮商與治療情境，Kolko和Milan（1983）尚建議三步驟，用以擴展和支持重構的運用：(1)重構行爲；(2)指定行爲（prescribing behavior）；(3)使用契約來維持行爲。這樣可以協

助當事人，不只認知改變，也確實去改變行為。

二、重構技術的變化運用

重構技術在實際運用時，可以有幾種變化，即：「重新命名」（relabeling）、「正向解釋」，或「正向弦外之音」，或「重新歸因」等（Eckstein, 1997）。「重新命名」為一種特殊形式的重構，包括以一個較為積極的弦外之音，取代一個負面的形容詞。例如，一名婦人描述丈夫是「醋罈子」，可以使用「關心」來取而代之；又例如，一名女孩說：「我媽管我太多，什麼也不讓我做。」可以使用：「你媽太愛你而設限，這樣她可以安心」這樣的說法來取代。「正向弦外之音」的過程，則在移除一個症狀或診斷的命名，以當事人可控制的具體行為描述來取代。當被診斷為有疾病名稱，通常當事人可能感到無法控制，很無力，可以使用只描述他的症狀行為，例如對一位兒子有過動症的母親，可使用「你一直在找辦法，可以使他專注在一件事直到完成。」取代使用疾病名稱。從實徵研究結果，Swoboda、Dowd與Wise（1990, p.256）建議，重構技術是克服憂鬱的有力技術，他們在治療憂鬱症患者最常用的重構說法，例如：「孤獨和感覺低潮，表示對於隱居和基本的自我滿足非常容忍」或是：「寧可對自己感覺很差，也不對他人抱怨，表示願意為他人的好而犧牲自己。」由於語言的操作與文化有很深的關聯，因此運用重構技術的時候，需要使用貼近當事人的文化，且當事人能理解的詞彙。

❖第二節　提問與探問❖

「發問」是人際之間很自然的溝通方式，可以區分為提問（questioning）和探問（probing）兩種，雖然都以開放式問題協助個別成員，可以覺察、思考或內省，甚至帶動成員參與或成員之間的互動，但兩

者性質仍有差異。提問具有自然反應的性質（Benjamin, 1987），當人的興趣或好奇心被引發，自然就會提問。四、五歲的小孩最愛問東問西，乃好奇使然，不過領導者的發問，則需視為一項技術，審慎使用。團體中的提問，可以協助團體成員考慮自己和思考之前沒有想過的部分，讓成員的漫談得以聚焦有重點；或當成員的討論卡住，能協助澄清；或協助成員表達重要情緒或特定經驗的情緒；或能協助也能轉化曖昧不明的沉默，成為積極的討論（Benjamin, 1987; Clark, 1989; Hill, 2004/2006）。因此，適當的發問對於團體歷程有幫助，領導者需要學習能夠變化，使用不同的問題來提問。

領導者提問應具有目的，為了評估、面質、聚集成員、連結、管控、擴充等目的，能作為推進團體歷程的工具。因此，依提問的目的可以有幾種問題：(1)使用支持的問題，讓成員自己省思和回答；(2)提出切題的問題，這是與當下團體成員經驗有關的問題，以便帶動討論；(3)運用調整的問題，領導者可以管控成員言談的次數和時間的選擇；(4)至於擴充的問題，這是相對於封閉式問題而言，能夠使成員表達或促進成員表達；(5)開放式問題，可以提升成員擴展表達和產出更多內容（Clark, 1989）。由於適當的提問能產生多樣功能，因此身為領導者，一方面需要克制過度依賴發問來引導團體，形成領導者中心的領導；另方面不要總是提出一成不變相同的一些問題，讓團體歷程少了很多功能，也變得制式。

至於探問，則有協助成員更深入個人自身的功能。成員可能不願意負責深入個人問題，然而在領導者的指引之下，則能夠或願意去深入探討。不過成員都有個人的內心構造之敏感點和限制。有效的探問，首要條件是需要依賴領導者能夠覺知成員個人的敏感點和限制，如此才能成功探問，而使得成員能進入較深層，否則，將會引起防衛。其次，雖然探問對於成員的自我內省很有幫助，不過得替成員保留開放的退路，以免成員覺得領

導者咄咄逼人，或被逼到無路可退，會因為感到有威脅感，而憤怒反彈或退縮。所以，雖然探問可以協助成員深化問題的探究，但是領導者必須永遠記住，領導者只是開啓，而將走步的權力留給成員個人決定。

❖第三節　以家族爲本的團體技術❖

雖然，團體治療並不是在團體中進行個別治療，然而目的也是在協助個人達成其治療目標。晚近學者有感於團體治療理論的限制，也致力於向團體治療形式相關的領域借鏡，例如借用家族治療理論的概念或技術（Ritter, West, & Trotzer, 1987; Trotzer, 1999），以便從比較複雜的團體情境，去理解和協助團體中的個別成員。

壹、家族治療理論在治療團體的應用

就團體的內容而言，出現在治療團體中有一部分重要議題或問題直接或間接和家庭有關聯，成員來自原生家庭的問題或麻煩，傾向於出現在治療團體。因此，家族治療理論應用在團體治療，對於團體層面現象的理解，更勝於應用在團體歷程。

隨著對於家庭動力的理解，以及家庭生命在個人發展關聯的理解，將有助於理解團體成員的問題和促進建構解決策略和改變的可能性（Trotzer, 1999）。因此，以家族爲本的團體技術，對於理解和處理團體成員個人人際現象的原因和個體內在心理的原因都有幫助。就人際原因而言，每位成員都是他個人家庭的一員，因此在團體中每位成員，都在反映他的家庭和別人的家庭不同或相同。就個體內在原因而言，每個人都有自己的家庭背景，而每個人的家庭背景，就是個人成長的場域。因此，就成員在體驗他的家庭場域而言，成員們都是專家，故可共同聚焦在此部分，每位成員將會有一些有意義的貢獻。因此，以家族爲本的團體技術，有如

成員與成員之間一座天然的橋梁。透過家庭相關有意義的分享，得以促進團體凝聚力，並就此，可以創造出能夠認識彼此異同的情境。

貳、以家族為本的團體技術

在此介紹筆者設計與喜好的三個以家族為本的技術，有：「家族水族圖」、「家族隱喻」、「生命的承傳」。創造這些技術的靈感，來自家庭星座理論（Adler, 1959; Toman, 1959）和家族治療理論（Minuchin, 1974）的啓發。

一個人如何知覺自己和原生家庭其他成員的特徵、位置、角色、情感，以及規範，不但影響著他的人格發展，也將複製到個人未來人生所處的其他團體，影響著個人如何進入一個團體，以及處在團體的人際型態和態度。而這樣的現象也常複製到治療團體。因此，在團體中使用與家族知覺相關的活動，有助於延伸到成員對團體知覺的相關議題的討論，通常在協助成員了解個人的人際議題相當有幫助。

【活動一】「家族隱喻」

對於一個人的家庭概念，華人的家庭有時候不限於核心家庭，可能涵蓋更廣的大家族。這個活動主要用來協助成員覺察個人內心所形成，團體中的自己和其他成員的角色和位置的圖像，以及對團體氛圍的感受等。尤其在團體初期，當團體卡住不前的時候，可以促進成員對團體整體的覺察，有利於團體歷程的推進。

活動說明：

(一)邀請成員將這個「團體整體」比喻成一個「家庭」或「家族」，這個團體是像什麼樣的家庭，並描述這個「家庭」的氣氛。

(二)這個「家庭」裡面有哪一些家庭成員的角色，以及他們的個性或行為特徵，必須包括成員自己。

(三)對隱喻進行討論，包括核對彼此對他人角色的描述與這個人自己的自我知覺之異同，以及每個成員在自己家庭的位置和角色與被其他成員的角色隱喻之關聯等等。

(四)對自己和這個隱喻「家庭」的期待，以及自己可以做些什麼或想改變成什麼角色。

【活動二】「家庭水族圖」

活動說明：

(一)每一名成員一張A4白紙和一盒彩色筆或蠟筆。

(二)請成員想像若他們家庭就像一個大海。家庭中的每個人，包括自己，都是這個海中的一群水族（即海裡的魚、蝦、龜、螺等等），那麼每個人會是什麼水族？以及會在這個海的什麼地方？

(三)請成員將A4白紙想像就是這個海，並將想像的自己家庭水族繪畫到這個海裡。

(四)請每一名成員在團體分享他的圖畫在敘說什麼。

(五)當每一名成員分享的時候，其他成員需要遵守一些規範：

1.鼓勵其他成員可以反應的行為

(1)當有一位成員在分享其畫作時，其他成員務必注意傾聽。

(2)可以就個人在圖畫上面所看到，且感到有興趣的部分，向畫圖者說：「請多告訴我一些」。

(3)可以告訴畫圖者，自己對於整張圖畫或圖畫某些部分的個人想法或感覺，務必使用：「這是我的想法……」或是：「這是我的感受……」來陳述。

(4)可以和自己圖畫相同的地方作簡要連結。

2.約束其他成員不可做的行為

(1)不可以批評或嘲笑他人的圖畫或繪畫技術。

(2) 不可以解釋任何一個他人的圖。

(3) 不可強迫畫圖者回答不想回答的問題。

　　這項技術可以用來協助成員自我揭露，並連接到個人在團體中的位置與角色，甚至延伸討論到實際生活中的其他團體中的自己。從實務經驗，讓成員畫「家庭水族圖」，能協助成員有趣又自在談論他所知覺的原生家庭中成員的特徵、關係、情感、位置和角色。在隱喻中，由於成員可以自己決定如何呈現他自己和家人，因此成員通常會提供非常豐富的個人資料。尤其，在兒童和青少年團體，這項技術不但能幫助他們比較容易去談論自己和個人的家庭圖像，也能夠促進他們有意想不到的豐富資料之交換。

【活動三】「生命的承傳」

　　這項介入技術來自Toman（1959）家庭星座理論的啟發。家庭代間的建構與傳承，對於團體工作期或問題解決特別有用，個人在自己、人際、生涯或靈性等方面的決定，特別容易受到來自原生家族傳承的影響。下面的活動可以用以探討成員個人內在心理動力，對於個人在這個團體內和團體外人生運作的影響。

活動說明：

(一)請成員帶來家人照片（或繪圖），包括的家庭成員如下：

1. 個人母方的祖父母。

2. 個人父方的祖父母。

3. 個人的父母（或繼父母）。

4. 目前的家（如果已經獨立成家，才需要這一項）。

(二)讓成員分享下列有關個人家族的資訊：

1. 成員介紹照片（或圖畫）中的家人，包括這些人在原生家庭的排行和個性特徵，以及和自己的情感關係。

2. 分享一件個人記得的這個大家族的重要事件。

3. 自己與家族或祖父母或父母各代有關聯的特徵、態度、價值觀、人生觀或信仰。

(三)從上述分享延伸去討論成員個人當前在團體中的接人待物相關的信念、價值觀、認知和行為。隨後可延伸討論團體外當前個人的生活型態、價值觀、決策和問題等。

雖然，在團體中使用家族理論為本的技術，很容易發展出討論重點和應用。不過，Trotzer（1999）提醒需要注意的一些事項：首先，領導者必須記住，以家族為本的技術，作為在團體治療的應用，主要在擷取家族理論的概念而不是內容，因此不要讓成員感到需要揭露有威脅性的個人或家族資訊，成員可以保留不想揭露的隱私，以便成員可以自在地揭露他們與團體相關之共同資訊。其次，注意不要聚焦在促發有關家族的議題，因為提到家族往往會觸動個人痛苦的來源。雖然領導者不能禁止成員完全迴避去提到痛苦的家庭經驗，但是領導者需要就使用的目的，來監視和調整成員情緒，以避免偏離使用目的。再則，家族為本的技術，主要在善用個人來自家族的資訊，幫助成員處理在團體提出的問題或困境，因此避免落入冗長的家族故事和細節。最後，要以成員個人為焦點，而不是聚焦在他的家族，以免形成進行家族治療。

❖第四節　角色扮演❖

角色扮演（role playing）為一種實驗或經驗性質的技術，已成為許多學派所使用的一項技術。目的用以幫助當事人去了解對一個處境的視野或人際互動的不同觀點。當治療師認為當事人對自己或自己的改變，需要發展較深入的理解之際，便可以使用這項技術，因為這項技術可以提供當事人一個安全、自由冒險的環境，去執行一項被決定的行為（Erford et al.,

2010）。大部分的角色扮演，是由當事人再演出自己或另一人，或當事人自己的反應，或是在一個情境當中的一些處境，然後從治療師或團體成員獲得回饋。角色扮演進行的時候，是以現在式演出，而不是以過去式或未來式演出，通常選擇一個較簡單或不太困難的情境再扮演，然後逐漸朝向較複雜的情境演出。

Hackney和Cormier（2005）指出角色扮演有四項共同的元素：元素一，稱之為「會心」（encountering），意思是能去了解另一人的視角，因為有時候當事人可以換角色，去演出另一個人，這個人正是涉入當事人困擾情境的人；元素二，就是「舞臺」，有基本道具的空間，以便增進經驗的現實感；元素三，為「獨白」，即當事人表達出內心的個人想法，以及相關情感情緒，經由獨白，治療師和其他成員可以理解當事人的非理性信念；元素四，是「替身」，即再演出那個場景當下，由治療師或其他成員，站在當事人的背後說出當事人沒有表達出來的想法或情感，可以引領當事人增進對自己的覺察。

在角色扮演的階段方面，有些學者主張角色扮演可以分為三個或四個階段。即第一階段「暖身」，第二階段「行動」或稱「演出」，第三階段「分享與分析」；也有學者將第三階段再區分為「分享」和「分析」兩階段，因此就成為四階段。理由在於角色扮演之後通常當事人的情緒被引發，在分享階段，當事人可以進行個人訊息分享，將個人在角色扮演中的體驗告訴團體，並接受回饋。因此，分析可以等待下一次聚會再來進行。

Young（1992）將前述的三個部分，再給予擴充，成為具體的七個步驟，如下：

(一)暖身：治療師首先需要向當事人說明和解釋這項技術，而當事人則需要詳細地描述個人願意改變的態度、行為或表現；同時，需要鼓勵當事人討論任何有關不情願參與角色扮演技術之處。

(二)設定場景：協助當事人布置舞臺，安排一些家具或道具。

(三)選角：由當事人指名，並描述涉及在那場景的重要人物。

(四)演出：當事人表演出標靶行為，假如當事人有困難做到時，治療師可以示範該行為；當事人應該要從最不困難的場景開始，然後逐漸朝向比較困難的場景，在這一個步驟進行中，治療師可以打斷當事人的演出，以便指出當事人正在做的行為，就是造成他的困擾所在。

(五)分享與回饋：治療師和其他成員以具體、簡明，描述的，以及可了解的回饋方式提供給當事人。

(六)再演出：當事人在團體聚會當中和聚會之外，重複的練習標靶行為，直到治療師和他都相信已經達成目標為止。

(七)追蹤：了解實踐的結果和進步狀況。

另外，Young（1992）提出一個變通的角色扮演技術，稱之為「鏡子技術」（mirror technique），與Fritz Perls使用的誇大技術相似，這項技術主要使用在團體諮商與治療。當事人在重演場景的過程，當出現重要行為的時候，請當事人退出演劇，由另一名成員接手當事人的位置，同時以誇張的方式，再演出原來當事人表演的該行為或反應。如此，原來演出的當事人可以觀看和評鑑自己的反應。由此可以討論新的反應，並由當事人去實踐。

後來，Erford等人（2010）再將前面七步驟加以簡化，提出一種五步驟的角色扮演過程：

(一)將需要學習的行為具體化。

(二)決定出一個事件的脈絡或環境。

(三)從小部分的場景開始，然後再到較複雜的場景。

(四)從最低冒險的參與角色開始扮演，再向上工作到涉及較高冒險的情境。

(五)將角色扮演應用到實際生活，也從最低冒險的情境開始，再向上工作到涉及較高冒險的情境。

　　角色扮演是一項很有力量的諮商與治療技術，作為探討有關人際的問題時，尤其適合不同年齡的當事人，也特別適合團體治療情境。選擇使用七或五步驟方法，可因治療師個人偏好而定。最後，如果在進行角色扮演時能夠錄影錄音下來，將特別有助於分析當事人在所指定的角色表現的優點和掙扎。

❖第五節　角色轉換技術與空椅技術❖

　　衝突有兩種，一種為外在的人際衝突，另一種為個人的內在衝突。內在衝突包括：(1)兩個不同目標的衝突、(2)兩種需求的衝突、(3)愛惡的趨避衝突。內在衝突的形成為內化早年權威人物，尤其是母親教養的準則與個人長大之後自體（self）的需求出現衝突有關。另一種狀況，是社會期待的準則或道德的要求與個人基本需求的衝突。總之通常衝突的發生，為一邊是來自內化權威的要求或社會的規範，另一邊則是個人當前需求或慾望。通常這些分裂的部分，乃個人內心感到衝突或矛盾，而不能自我接受的部份，由於焦慮而被分裂，然後再壓抑在下意識，使自己不覺察或否認。

　　角色轉換技術（role reversal technique），最早由完形學派所創，用以協助當事人處理因內心衝突或矛盾，而否認或未覺察的問題。在完形治療當中，當治療師覺察到當事人所呈現的行為，是在下意識的情緒之反轉或顛倒，由此當事人的行為呈現不一致、不聯結或破裂的現象。治療師便運用角色反轉技術，協助當事人達成統整這些衝突和矛盾部分（Harman, 1974）。現在使用這項技術的治療師，已經不限於完形學派。當治療師覺察當事人內心正經驗衝突或分裂，導致他的困擾或問題，可以使用這項

技術協助當事人辨識內心所處的矛盾情境當中不同的角色或分裂的部分（Hackney & Cormier, 2005）。

治療師可以邀請當事人扮演導致焦慮的那個角色，以便去接觸那些通常是被否認和埋藏的部分。然後再協助當事人對自己的觀點、態度、信念等，進行對矛盾的檢視。當事人經由扮演另一個角色和檢視自我衝突的兩邊，可以提高對個人處境的覺察，並處理被否認或埋藏的議題（Erford, Eaves, Bryant, & Young, 2010）。不過當治療師使用這項技術的時候，可能會遭遇當事人的抗拒。因為當事人覺得治療師要他去扮演一個讓他不舒服的角色。所以，為了可以順利執行這項技術，治療師必須在團體安全的情境下，並提供大力的支持和鼓勵，來協助當事人能夠自在地去參與這項技術（Hacknery & Cormier, 2005）。

此外也可以使用「空椅對話」技術，以協助成員自我覺察個人需求（need）和要求（demand）的來源。並經由覺察和釐清衝突來源，達成自我統整或作成抉擇。這項技術，為使用兩張空的椅子，用以代表當事人內在衝突的兩邊，讓成員輪流來回坐在其中一張空椅進行對話，如同有兩人在對談。必要的時候治療師可以協助成員的對話，例如問他：「這個要求從哪裡來的？」

角色轉換技術和空椅技術，不只可以協助成員處理內心的衝突或矛盾問題。治療師也可以變通運用在成員的人際議題當中，以協助成員擴大人際知覺的視野。學習從不同的透視管道，去看自己和情境，以獲得進一步的知覺。尤其在團體中領導者可以提供機會，邀請成員擔當另一人的角色，來演出自己所困擾的情境。有時也可以請其他成員扮演當事人和他的對手，而當事人作為觀察者，觀看兩人的互動。在團體情境，演出後的團體討論情境，成員可以從其他成員和領導者聽到各種不同的看法和感受，將會很有衝擊。

　　最後，領導者也可以就當天會談的後續，以家庭作業方式讓成員於回家之後，在兩次聚會之間以自己對手的角色和位置寫一週的日記，以增進對個人情緒的覺察（Erford, Eaves, Bryant, & Young 2010）。

❖第六節　使用活動❖

　　「練習」（exercises）一詞，指領導者為了團體的特殊目的而使用的活動（activities）（Jacobs, Masson, Harvill, & Schimmel, 2012），在臺灣一般習慣稱之為「活動」。通常口談治療（talking therapy）的方式為，當事人使用語言直接表達其內在世界的經驗，或直接表達在非語言的行為，並經由治療師以語言方式協助其統整經驗。若使用練習或活動，則比較少經由直接表現或表達，而是較多經由經驗的統整（experiential integration）（Gladding, 2012）。例如很多人熟悉的「盲人走路」，這項練習的目的在協助成員體驗和訓練對他人的信任能力。在訓練過程，當事人體驗個人對他人信任的程度，另方面逐漸體驗到依賴他人的安全而學習去信任對方。所以經由經驗統整認知和情緒，通常具存在主義色彩的治療，例如完形治療的Fritz Perls、人文治療的Rogers和人際互動治療的Yalom等，都比較重視經驗或體驗的療癒力量。但是這些大師在他們的會談中幾乎不重視、也不使用結構式活動或練習。Perls運用「此地此時」當事人對自己內在或外在環境或身體的體驗，達成自我統整；Rogers則重視治療關係，主張治療師必須提供無條件積極的關懷，這是當事人早年所缺乏的經驗；Yalom則重視「此地此時」成員互動經驗的歷程闡釋。雖然從結構活動或練習過程，可以產生出可供討論的有用資料，但治療師必須知道，體驗或經驗不等於結構活動，如此才能掌握體驗性技術的精神，協助當事人獲得經驗的統整。

　　對於在治療團體中使用「活動」，有兩極端的看法：一種主張避免使用任何預設的程序（Rogers, 1970），採取這種立場，主要以成員為中心取向的領導，認為使用活動需視當下成員的需要，以及對成員有幫助來決定。通常在非結構式團體，雖然領導者可能會使用結構活動，但幾乎不使用預設的活動，甚至完全不使用；另一種，主張對於使用活動，採取比較中庸的觀點（Carroll, Bates, & Johnson, 2003; Gladding, 2012），採取這種立場者，不反對在團體初期使用預設的活動來減少成員的責任和壓力，不過通常也不贊成過於氾濫的依賴預設活動來領導團體，因為如此將剝奪成員自主自動和責任的發展，甚至干擾團體歷程的發展。尤其在工作期，若是預設的活動，不應該不分狀況的使用，甚至不應該經常使用。

　　採取比較隨和中庸的學者，不否認活動的功能，認為領導者可以使用活動的理由（DeLucia-Waack, 1997; Kees & Jacobs, 1990; Pfeiffer & Jones, 1972-1980）有：(1)可以增進成員的自在程度；(2)能夠提供領導者有用的訊息；(3)有助於產生團體的討論內容和焦點；(4)可以轉換焦點，也可以深化焦點；(5)能提供體驗性學習的機會；(6)增加趣味和放鬆；(7)可以視團體發展階段與目的來使用活動；(8)使用活動來轉化發生在團體中的狀況，使成員可以得到人際和內心的學習；(9)使用經驗性活動，使成員可以發展一個行動計畫，去轉化團體中的學習到個人團體外的生活中。

　　雖然採取中庸立場的學者贊成可以使用活動，不過也提出不當使用活動將產生不利的結果有三：(1)團體成員將變得過度依賴領導者；(2)成員可能由於對團體和個人再來會如何感到無從主宰，以致對領導者產生憤怒，甚至憎惡；(3)過於頻繁使用活動，將干擾團體階段的自然發展（Gladding, 2012）。這些不利的弊病，領導者應在決定使用活動時放在心上，減少不當使用活動，對於完全依賴預設活動領導團體的領導者，更是重要的忠告。

　　由上述可知，領導者使用或不使用活動，需要充分理解活動的性質和用途，以及活動對團體和成員的影響。或許活動本身無所謂好壞，但是在不適當的時間、對象、情境或團體階段使用，可能對於成員和團體都會產生反效果。由於使用活動有限制成員自由的意涵，以成員為中心的領導取向，要盡量少使用活動，尤其不應該使用預設活動的領導方式。

❖第七節　閱讀治療方法❖

　　閱讀治療（bibliotherapy）是一種表達性治療，為當事人的人格和文學作品的動力互動歷程，可以與寫作並用（Fran, 1981）；寫作方式可以是創作、書寫心得或日記。1930年代專業諮商人員已將閱讀治療用於諮商與治療，諮商師利用讓當事人閱讀一系列的書籍，以便協助當事人改變想法、情感情緒和行為。閱讀治療方法的原理在於，當事人需要認同一個所遭遇的問題與他相同的人物，透過閱讀一本書，當事人能夠去認同一個人物，因而能夠學習如何解決他的問題（Abdullah, 2002）。閱讀治療也如同替代治療，這一個替代方法能讓當事人釋放情緒，並獲得生活的新方向和探討與人互動的新方式。可能有不少人體驗過從閱讀小說，獲得悲傷紓解和對自己的問題的看法產生重構，當前已有不少學派整合或使用這項技術進行治療。

　　閱讀治療，主要可以分為三個階段：(1)認同（identification），為當事人將自己與作品中的人物或情境做連結；(2)宣洩，為當事人感受到作品中的人物或情境和自己的情緒共鳴；(3)頓悟，為當事人從作品中的人物或情境，產生對自己的了解，也學到有效地處理個人問題（Fran, 1981）。閱讀治療的目標，有五項：(1)教導建設性與積極性的想法；(2)鼓勵對問題自由表達；(3)協助當事人分析自己的態度和行為；(4)強化對當事人問題尋找替代性的解決辦法；(5)允許當事人去發現他的問題與別

人的問題相似（Vernon, 1993, p.93）。因此閱讀治療除了情緒紓解功能，主要以處理認知爲重點。

　　根據閱讀治療的階段和目標，在團體實施的程序一般可以包含四個步驟，即：辨識、選擇與認同、討論和追蹤。步驟一「辨識」，即需要先辨識成員的需求，準備選擇適合成員的書籍。步驟二「選擇與認同」，需要選擇包括適合成員可能產生認同的情境或人物的書籍。此外，一則這本或這些書必須能夠合適成員閱讀的能力水準，二則故事中的人物必須是成員可以相信（Jackson, 2001），同時又與當事人的目標和價值觀相似的（Young, 2013）。在這個步驟，只要符合上述條件，甚至童話故事也可以使用在成人團體，由於童話故事中不乏害怕被遺棄、手足競爭、受虐、自尊、喪失人生意義等議題，故事可以引發有意義的討論。尤其是成人成員，由領導者和成員共同選擇的故事或由成員自選的故事，比由領導者獨自選擇的故事，最能貼近他們的情感情緒（Brown, 2009）。步驟三「討論」，通常指定成員在聚會之外的時間先閱讀書籍，然後在聚會時間與治療師或團體成員討論書中重要的部分，治療師在討論過程可以詢問成員有關書本中的主要觀點，或認爲對於當事人有幫助的話，也可請他書寫心得（Erford et al., 2010）。如果當事人是兒童或青少年，或比較不可能自行閱讀者，也可以在會談或聚會中選取部分來閱讀和討論。步驟四「追蹤」，主要工作爲治療師與當事人一起共同討論當事人所獲得對自己的了解，以及從認同書中人物所獲得的學習（Vernon, 1993）。在追蹤階段，治療師除了使用口語討論之外，也可運用表達性藝術治療的媒材，或角色扮演，或其他創作方法等，來讓成員個人能夠表達他的經驗（Jackson, 2001）。

　　在上述四個步驟中，尤其以第三步驟「討論」爲核心步驟，關係到這項方法的成效。爲了讓成員能夠去認同故事中的人物，在會談中治療師

需要邀請成員個人重述故事，而成員可以選擇如何去做，例如使用口頭敘說，或是利用表達性藝術治療媒材或角色扮演等。在這個過程，首先很重要的就是要讓成員專注在故事中的人物所體驗的情感情緒，第二步再協助成員指出故事中人物的情感情緒、關係或行為的轉化，然後治療師可以協助成員去比較自己與故事中人物。在此步驟主要在使成員能夠去為故事中的人物辨識替代性的解決方法，並討論各種方法解決的結果（Jackson, 2001）。

運用閱讀治療技術時，很重要的就是治療師必須保持成員的心理處在現實狀態，而不是幻想脫離現實。且治療師必須選擇他自己已閱讀過的書籍，知道這本書籍或這些書籍的內容，才能選擇來使用。除了讀書之外，由於現在影視媒材多元又普遍，在當事人或成員閱讀期間，也可引用影片觀賞、DVD和影帶觀賞、電影觀賞等，作為輔助，不限於只使用書籍。

傳統的閱讀治療方法，在成員有問題時，治療師為他選擇書籍去閱讀，以便幫助他可以解決問題。後來的非傳統閱讀治療方法，稱為互動式閱讀治療法，這種方式治療師安排成員參與不同的活動，允許成員可以省思他們的閱讀、書寫日記、角色扮演、繪畫，也可以包括團體討論，使第三步驟的「討論」變得更多樣化，更能切合成員的興趣，甚至可以產生更豐富的展現。

閱讀治療已廣為運用在學校、社區和醫院等不同場域和機構，當前在臨床上使用閱讀治療來協助憂鬱病患，都由專業的治療師擔任（Gregory, Canning, Lee, & Wise, 2004）。除了臨床使用閱讀治療之外，學校心理師或輔導老師也可以在班級團體輔導或小團體使用讀書治療來協助學生。不過很重要的就是需要引起學生的興趣，如果是小學生可以使用布偶來輔助作為故事中的人物，並由老師說故事或帶領閱讀故事之後，隨之便是帶領學生一起討論，以促進有深度的思考。

❖第八節　促進成員互動❖

團體成員的互動不只可提升團體的動力和成員的精力，也與團體凝聚力的發展有關聯。促進成員互動常被視為領導的重要任務，成員的互動，不只是口語的溝通和交流，也包括非語言的溝通和交流，例如臉部表情、眼神、身體姿勢、手勢等等。在成員的互動中最重要者，莫過於成員相互對話，所謂相互對話，當然需要兩人互相以口語交談，也就是有來有往的對談。

領導者促進團體成員互動的技術很多，然而有些交談情境常被忽略。尤其最常疏漏的就是忽略成員三種可以「交談」的情境，列述如下：

第一種情境，當領導者邀請一位成員說話，在這位成員說出來之後，沒有其他成員出來回應該成員的表達，而領導者也未邀請其他成員回應。這種情況並不表示，在場的其他成員聽了沒有反應。在我們的文化中，小孩被鼓勵「聽」，沒有鼓勵「說」。過去臺灣老一輩的常教導孩子：「小孩，有耳，無嘴」。意指，有長輩在，小孩不要說話。因此，有時候成員只是不主動出來說話，或由於禮讓，等待其他人先說，結果就這樣錯過了交談。例如領導者向成員A表示：「聚會四次了，我觀察到你每次都很專注，傾聽著團體中夥伴們的交談，但是你卻很少發言。」成員A這樣揭露：「其實，在團體中我學到很多。嗯！在團體中很多時候我不敢說話。是怕自己說的，不是那麼重要或那麼有意義，而浪費了大家的時間。」由於領導者沒有注意到團體中其他成員的非語言反應，未能讓其他成員對該成員的表達給予反應的機會，領導者就將這個議題結束了，焦點轉到團體，或其他成員，或其他話題。此時，領導者最好環視團體默許其他成員出來回應，或則，也許可以口頭邀請團體其他成員：「在聽到XX（成員A）這樣說之後，你想到什麼或有什麼要給該XX回應的。」如此，成員與成員之間可以增加交談的機會。

　　第二種情境，當有成員自我揭露之後，若有成員對他回應，在我們的文化中很常見的是，前者聽了總是默默接受，或可能不認同，也不會說出來，以表示一種有聆聽的禮貌行為。例如，有位成員A這樣自我揭露：「……。其實這件事我忍了很久，到今天才想也許可以說，不然我擔心自己的問題，比起別人的問題或許不是那麼重要。」成員B企圖鼓勵成員A，便對成員A說：「你不用想那麼多啦！我從來不會像你這樣想，總是說出來再看著辦，沒有說出來，怎麼知道別人的反應。」成員A聽完了，只對著成員B微笑。這時，常見領導者可能沒有邀請成員A表達對成員B所說的話有何反應，反而將焦點轉到別的成員或別的話題。此時，領導者若邀請成員A：「你聽了XX（成員B）對你說話，你有何想告訴XX的？」如此才能將成員A和成員B的交流過程透明化，否則成員A可能的想法或反應，成員B並不知道。要這樣來教導成員對話，主要功能在讓成員學到兩件事：其一，他人對自己的影響可以說出來；其二，知道自己所說的話對他人的影響。

　　第三種情境，當一名成員表述完了，其他成員七嘴八舌的對他回應，而領導者並未處理。如此，可能該名成員可以選擇性反應，或完全不予反應，或僅表示：「我知道了。」或只有點點頭，或甚至只有微笑，如此領導者和其他成員並無法知道他究竟想些什麼。因此，在這種情境，領導者需要介入，請每位成員依序給該成員回應，且讓該成員再反應之後，再輪到下一名成員與該成員對話。如此，成員將體驗到人際影響，也學習到多交談有益。

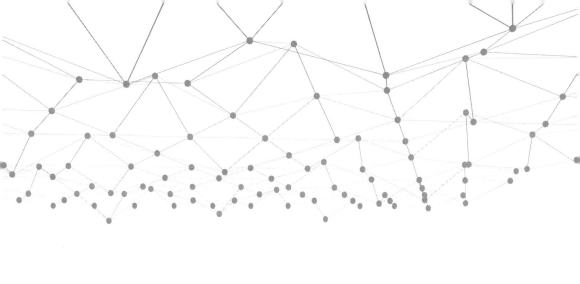

◆ 第三篇

團體中的重要議題與
治療機制

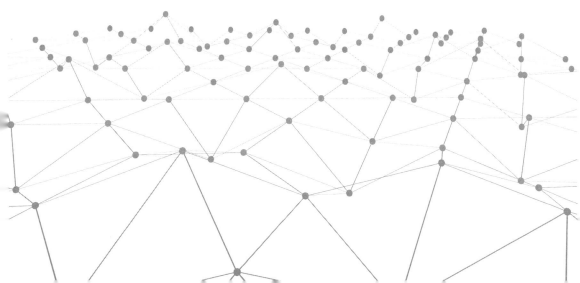

緒 論

　　談論團體治療的重要議題，可能多數人立刻會想到治療因子（therapeutic factors）。創造治療因子，為團體領導的重要工作，在治療因子相關研究中，尤以I. Yalom、J. Tinklenberg和M. Gilula三人研究發現的11項治療因子為最著名，即：注入希望、普同化、增加資訊、利他主義、原生家庭的矯正性重現、社會化技巧的發展、模仿行為、人際學習、團體凝聚力、宣洩及存在因子（摘自Yalom, 1985）。有關治療因子的研究，至目前發現在不同機構或不同種類的團體，療效因子在治療結果的重要性排序，並未完全一致（Kivlighan, Coleman, & Anderson, 2000）。也就是不同機構和不同種類的團體，療效因子與治療結果相關不一。有研究發現，對於比較不嚴重的病人，經由人際互動的自我了解和人際學習，以及自我揭露或宣洩，為比較重要的療效因子；然而，對於比較嚴重的病人，凝聚力、利他主義、普同化和注入希望，則比較重要（Crouch, Bloch, & Wanlass, 1994）。在門診病人的研究則發現比較重視宣洩、自我理解和人際學習，其次為凝聚力和普同化（Yalom, 1995）。進行療效因子比較的時候，造成這些研究發現結果不一的原因，學者認為主要是由於沒有一個理論，足以說明何以這些團體或這些成員族群，在治療機制的行動上可能的差異（Kivlighan & Holmes, 2004）。有關經驗團體（experiential group）方面的研究，也有如此的缺失，學者認為，雖然經驗團體已成為訓練諮商師必備的學習活動之一，然而在研究方面也缺乏理論依據（Author & Achenbach, 2002）。

　　團體是一個動力的實體，對於其成員有直接或間接的衝激（Bion, 1961; Yalom & Leszcz, 2005）。在團體中，成員會願意改變個人知覺系統的信念，以便個人行為的方式能夠成為他自認為比較會被團體所接受，因

此在團體會出現社會影響力。這些社會影響力，主要來自成員互動中的重要人際因子，造就對個人的行為、態度和情感的改變。在治療團體中的重要人際因子，以Yalom（1985, 1995, 2005）的主張最受矚目，他見識到那些人際因子對於團體過程的重要，並據以發展領導技術，以增進人際學習，他稱那些人際因子為治療因子（therapeutic factors）。Yalom探討治療因子的方法，受到NTL（National Training Laboratory）研究導向和Kurt Lewin的影響（Donigian & Hulse-Killacky, 1999），在史丹佛大學與他的同事研究會心團體（encountering group）（Lieberman, et al., 1973），以及其他研究，並從那些實證研究發現，人際學習是各種團體的重要治療因子，因此脫離傳統上個體病態心理學和治療發展的模式，團體帶領者從檢視人際和社會力量，以理解團體現象為重點。Yalom的創見，開啟團體治療新的一頁。雖然團體治療始自1930年代精神分析論的學者，嘗試團體心理分析的治療方式，不過其協助的主要對象都是以病人為主。二次大戰後，由美國NTL的「訓練團體」（T-Group）開啟以正常人為工作對象，而後由「訓練團體」演變成最普為人知的「會心團體」和「個人成長團體」（personal growth group）。這類團體，不只普遍作為精神科、心理師、社工師等專業人員訓練之用，也使用在一般正常的人。

　　Yalom（1985）認為「會心團體」或「個人成長團體」與諮商團體不同。那些團體都以成員個人探索的經驗為主，鼓勵成員說出深層困擾，再檢視其基本生命價值和自己與個人生活風格的差距，探索長期以來個人的困頓等。從提倡會心團體者的角度，認為古老的醫療模式再也無法處理心理疾病，由此疾病與心理健康，以及治療與教育之界線，越來越模糊。到了1960年代，由於在心理健康的臨床工作人員有參加和學習領導會心團體之類的團體經驗，也引用了會心團體的技術，作為心理治療的技術，並從「訓練團體」研究的方法，來作為臨床的研究方法。尤其在1980年代，一

些臨床人員也會推薦病人參加「訓練團體」。不過後來由於「訓練團體」和「會心團體」過度強調他們的團體治療功能，引發與臨床心理專家方面的緊張關係，認為兩者仍有不同（Yalom & Leszcz, 2005）。

　　的確，要將團體分類不是一件容易的事，有些專業團體組織並不像團體工作專家學會（Association for Specialist in Group Work, ASGW）這樣強調團體的分類。ASGW的學者花費超過25年歲月，企圖將團體加以分類，終於在2000年ASGW公布四種性質的團體為：任務與工作團體、輔導與心理教育團體、諮商團體與人際取向問題解決團體及心理治療與人格重建取向團體。然而，性質相鄰的團體，例如心理教育團體和諮商團體，或諮商團體與心理治療團體，彼此之間都會有重疊，且有難以完全區分的部分（Ward, 2006）。因此，在治療因子方面，心理治療團體、諮商團體或經驗團體之類的團體，也會有相同的一些治療因子，便不足為奇了。

　　不過，畢竟心理治療團體、諮商團體和經驗團體為不同功能與任務的團體。Merta等人（1993）認為，正常人參加的「經驗團體」，以聚焦在個人議題，以及學習的過程和技巧為主，與病人在治療團體中，主要聚焦個人的改變為主，有所不同。當然影響個人的成長因子和導致病人改變的治療因子，可能不盡相同，受到Merta等人的想法啟發，Kiweewa、Gilbride、Luke與Seward（2013）便著手研究受訓的準諮商師參加的經驗團體，發現在影響個人成長和自我覺察的14項因子當中，有12項因子共占了86%，其餘2項因子占14%。這12項因子分別為：替代典範、真誠／真實、催化者的介入、自我揭露、認定／接納、普同化、凝聚與連結、團體內容、團體結構、衝突的處理、個人的個性、教育意義；其餘為，定期出席和積極參與以及團體外動力（團體外交往）。從這些發現結果顯示，可能經驗團體和治療團體的影響因子不盡相同，不過Kiweewa等人特別強調，對於接受訓練的人或正常的人，使用「成長因子」（growth factors）

的詞彙，以取代「治療因子」，則具有積極性的意義。

　　然而，團體中除了成長因子或治療因子之外，還有在團體初期或後期，就團體歷程或就成員個人而言，不容忽視的治療因子和機制。從第十一章至第十六章，將詳細論述此地此時、矯正性情緒經驗、投射性認同、代罪羔羊、團體中的衝突，以及團體的支持性環境等，與治療因子或治療機制有關之重要議題，以供諮商與治療團體領導者參考。

第十一章
此地此時

　　「此地此時」（here-and-now）的運用由來已久，這項技術與存在主義思想有關。「此地此時」原本是指時空的一種概念，華語也稱作「當下」。存在主義主張一個人只能活在此地此時，改變也只能在當下；過去已成歷史，馳馬難追，無從改變，未來尚未到來，無法預測和掌握。佛教主張「放下屠刀，立地成佛」或是「活在當下」，都強調一個人能掌握的作為，只有當下，只有現在。心理諮商與治療，則根據存在主義的這個思想，發展出在一個特定時空下的治療技術，完形學派、個人中心學派也都重視此地此時。在個別諮商與治療運用此地此時，主要在處理治療師與當事人的關係，這項技術A. E. Ivey稱之為「立即性」（immediacy）。治療師運用當下對當事人、對治療關係等，表達自己的感受（引自Hill, 2014）。

　　在團體進行中的溝通，不只包含成員們語言的內容，也包含成員們如何溝通的歷程，這是一個動力的現象場。團體動力，是當團體處在行動中或進行中所發生的狀況，而不是團體成員所陳述的內容；此地此時的團體動力，或成員關係之間的人際動力，乃是治療的重要素材。因此，Yalom（1985, 1995, 2005）主張團體中運用此地此時，主要在作為一種協助成員的介入素材。歷程闡釋，乃是領導者同時運用此地此時成員互動交流的內容與歷程，來協助成員自我發現，當成員自我覺察他們的溝通性質，便能夠導致自我發現，繼之可以啟動改變，而此地此時的運用也與團體的性質有關。Yalom所提出的住院病人團體治療，由於團體性質屬於單次架構為

主，因此這類團體即非常注重此地此時的運用，甚至團體中發生的所有事件，都可用來作爲人際關係互動中的素材。而在一般門診病人團體，因Yalom強調矯正性的情緒經驗，目標置於矯正人格問題，因此他很強調此地此時的運用，甚至期盼治療師從第一次聚會時，就得把此地此時放在心上。

由於要利用團體人際情境作爲改變的工具，所以人際諮商與治療取向的領導者，都會重視此地此時的運作所產生的療效。可以協助領導者運作此地此時的療效有兩種主要介入技術，即：回饋和歷程闡釋（process illumination）。然而，成員不會自然地在團體互動歷程給其他成員回饋，而是由領導者運用治療的透明化和建立規範，以及示範，在這個過程協助成員提供對他人有助益的回饋。本章將就此地此時在團體諮商與治療的意義，領導者使用此地此時的時機，領導者運作此地此時的行動等，進行說明。運作此地此時的技術有：回饋、歷程闡述和矯正性情緒經驗，都是相當具有衝擊力的技術。有關矯正性情緒經驗，則另於第十五章詳述。本章主要說明回饋在歷程闡釋的運用，以及提升回饋和歷程闡釋的運作效果等。

❖第一節　此地此時在團體治療的意義❖

以此地此時導向的歷程，可讓團體留在有向心力的方向，當成員開始認識到，他們主觀經驗的自我揭露和回饋對於彼此相當重要，成員便會感受到相互親近。在團體諮商與治療中運用此地此時，主要有兩項意義：

壹、此刻就改變，增加未來改變的可能性

Ormont（1993）認爲此地此時的概念近似於「當前」（present），強調此地此刻的情感和關係的直接體驗，其重點在於體驗的性質。人際治療

取向，普遍重視運用此地此時的行動。Zimmerman（2008, p.118）建議：
「領導者的首要任務，就是將成員帶到一個此地此時的構造，然後開始歷
程闡釋，也就是同時揭開一個人的分析，或評論團體此地此時的歷程，主
要在『揭露有關揭露的經驗』。」團體中進行的溝通，有兩個層面：一為
內容層面；另一為歷程層面。歷程和參與交換言談及想法的成員相互之間
關係的性質有關。因此，這是一種後設溝通的性質，有隱晦的和未使用口
語明言的訊息，而這些也都是人際溝通歷程的重要元素。

　　存在主義學者May（1981）對於此地此時的概念最令人激賞，他強調
個人只能活在當下，過去已經成為歷史，個人不可能改變歷史，而未來還
沒有到來，是否有未來，個人不但不能把握，即便現在，個人也無法為未
來做什麼，固然個人可以計畫未來，但不一定能實現，只有當下決定改變
及做什麼，個人可以掌握，決心改變，就是現在立刻去做，才能成就。因
此，有成功的此地此時，可能成為未來成功的基礎；有成功的此地此時，
可能造就成功的歷史。如果一直將改變推到等一下，或明天，也就是未
來，乃是個人以為自己有無限的未來，這是不切實際的想法。所以，團體
領導者既無法改變成員團體外的過去生活，也無法確定可以掌握改變成員
團體外的生活，但在團體的當下，成員有改變意願之際，領導者可以協助
成員進行改變自己的想法、情緒和行為。如此，便可以期待成員將從團體
中有所學習，能夠遷移到團體外的實際生活中去做改變。

貳、成員在團體的一小步，是個人世界一大步的起點

　　人際團體諮商與治療的核心，以成員與領導者，以及成員與成員，彼
此關係之間的現象和歷程，作為臨床觀察的焦點。假如能適當地檢視這個
現象與歷程，可以為Sullivan所謂的「並列的扭曲」（parataxis distortion）
（等同移情）和不適應的人際型態的闡釋，提供依據。由於成員與領導者

的此地此時，只是客觀可見的成員個人一小部分的「微縮世界」，然而卻反映了成員個人生活整體的「大世界」。領導者可聚焦在此地此時，積極檢視自己對於成員的反應，並利用闡釋來深化對於成員人際核心的理解。

　　領導者處理成員的焦點，應該聚焦在成員個人過去的經驗，或是成員個人當下的經驗。也就是，需要聚焦在個人內心取向或是人際取向，這個聚焦因領導者的治療理念而異。然而，不論領導者個人的取向為何，人際學習皆為重要的團體療效因子，人際學習包括人際攝受（interpersonal input）和人際發揮（interpersonal output）的學習。前者，例如接收他人回饋，而改變自我概念；後者，例如改變個人的人際關係型態。從人際學習的觀點，聚焦在團體此地此時的人際互動和交流的過程，為治療的重要行動。與Freud主張聚焦在早年的經驗很不相同，晚近人際取向治療學者都主張，將內在問題轉化成為人際的問題，便能成為可以觀察和可以操作，以便進行治療的改變。因此，聚焦在此地此時，就成了不可或缺的治療手段（Chen & Rybak, 2004; Kiesler, 1982; Teyber, 1997; Teyber & McClure, 2011; Yalom, 1985, 1995; Yalom & Leszcz, 2005）。

❖第二節　此地此時的運用❖

壹、使用此地此時的時機

　　至目前在文獻上找不到有特別的原則，可以指引何時適合或不適合使用此地此時。由於此地此時不只是人際的關係和情感而已，還涉及場域和時間的因素，故不當的聚焦此地此時，可能讓一個人經驗到羞辱感。例如，同樣一句話：「你講話的口氣，讓我感到你在生我的氣，我會害怕，也迴避你。」在社交關係與社交場域中，想要說出這句話的人，可能很難以啟齒，一旦說出來了，對方可能感到很尷尬或感到被羞辱，這就是時機

和場域都不對。如果在共享關係中的人，如親子、夫妻、好友等關係，在地點與時機都合適的時候才說，對方可能會開始反省自己的行為如何影響你的感受，如何影響你對他個人的觀感。這樣的道理在團體中也一樣，團體還處在社交和連結階段，並不適合使用此地此時的技術，在團體的共享關係階段，時機才比較合適。所以，運用此地此時，有賴領導者去觀察與敏察時機的適當性。雖然Yalom並未特別指明此地此時應在什麼階段使用最好，但他認為治療師應將此地此時放在心上，從團體第一次聚會開始，每當團體中有個議題出現，領導者就要想「如何能使這議題與團體的主要任務產生關聯？」、「如何能夠使這個議題在此地此時重現？」（Yalom, 1985, 1995; Yalom & Leszcz, 2005）。

　　不過Chen和Rybak（2004）對於此地此時的運用，與Yalom（1995）的看法略為不同。Chen和Rybak非常強調使用「時機」（timing）的重要性，並認為最好運用在工作階段，由於此階段已建立起較高層次的信任感，假如在團體未成熟的階段，例如在形成階段或衝突階段，Chen和Rybak認為即使用了所謂的「攪熱鍋子」（Stirring-the-pot）的方法，類似Yalom所謂「促成此地此時的技術」（Yalom & Leszcz, 2005），可能點燃的火很容易就熄滅了，而無法產生預期的效果。然而，當團體夠成熟之後，這些技術則可以幫助成員們有很好的體驗，且在工作階段，團體成員也會知道，歷程闡釋的過程對他們的重要性，可以幫助他們更能了解自己。Chen和Rybak，以及Yalom在使用此地此時的時機，主張不同，主要原因在於，使用此地此時作為技術的目的有些不同。

　　團體初期使用此地此時可以增進成員關係，成員願意揭露對於他人自我揭露所反應的個人內心訊息，即後設自我揭露（metadisclosure）。例如，揭露對於某成員所表露的感受、回饋或反映等，都需要較高的冒險，故恰好的時機很重要。團體初期的任務，以凝聚力的發展為核心，成員彼

此當下的人際互動與情感交流，能夠變得活絡就很有幫助。成員揭露團體外或過去的事，都是屬於比較安全的話題，領導者可以適度善加利用他們交談的內容和互動狀況，聚焦在此地此時，作為增進互動和情感交流的媒介。這個目的在增進團體成員的互動，而不是去探究成員個人的問題。例如，當成員A：「我從小就比較膽小內向，我最害怕在眾人面前說話，怕說錯。所以在團體大家都出來講話，我通常都是聆聽，直到最後一個才會出來。」領導者可以先回饋成員A自我表達的行為，如此給潛在有相似問題的成員，也獲得替代性增強。因此領導者給成員A的後設自我揭露：「我聽你所說，覺得你很真誠，也蠻有條理的告訴我和團體有關你內心真實的情況。」接著再將焦點轉到團體，邀請其他成員：「團體中還有人和A相似嗎？感到在這裡出來說話有焦慮，可以和A分享。」當A表達之後，若有一個或一個以上成員也自我揭露或回饋，由於他們彼此連結了相同的憂慮，或感受到自我揭露得到酬賞，由此他們彼此便會開始連結關係。

在團體初期聚焦在此地此時，比較需要依賴領導者的運作，可以增加團體的動力。由於此地此時技術會聚焦在團體立即性的內容或議題，由此成員之間的對話和交流會使得成員對彼此的興趣可以提高（Chen & Rybak, 2004），尤其在團體的共享關係階段，成員的關係變得親密之後，可以享受彼此關係中的情感。成員的交談與互動，便自然地開始聚焦在此地此時居多，會互相揭露較多此地此時關係中的訊息。由於增加互動頻率，讓團體更有活力。在團體的後期，則此地此時，可用以協助成員進行自我人際覺察和改變。

貳、此地此時與揭露內容選擇

團體成員在交談與互動的當下，基於興趣、或好奇、或關切，可能

對他人比較傾向探究深度或垂直的自我揭露。然而，身為領導者不可只對深度的內容感到興趣與關切，對於成員水平的自我揭露，也應感到興趣與關切。由於內容與歷程，為此地此時不可分離的整體，即便成員水平的自我揭露，在成員互動歷程也可能呈現很有意義的現象。領導者運用此地此時，主要準備進行個人或人際歷程闡釋，或團體歷程闡釋，因此需要聚焦成員個人層面或團體層面的動靜，觀察此地此時的對話，並私下考慮相關的一些問題。這些問題，就個人層面有：「成員自我揭露的經驗如何？」「他在那一些時刻感受到有所觸動？」「今天是何原因讓他說出這些訊息？」「對於他個人此刻的感受能否再多說一些？」「他對於團體反應的感受如何？」「有什麼期待或害怕的？」「他期待誰有反應？誰會批評？」「這名成員能否去檢核或是就卡在他個人的假設之中？」就團體層面有：「團體處在哪一個階段，當下團體的氛圍如何？」「其他成員的參與狀況如何？」「團體的接納與支持程度如何？」由於個人和團體這兩個層面的要素，都是領導者在進行歷程闡釋之前，需要先行敏察與思考的問題，以便作為決定採取歷程闡釋行動時機的參考依據。

參、歷程闡釋的準備

　　進行歷程闡釋，領導者需要讓團體聚焦在此地此時，然後觀察與了解團體交流狀況，並協助團體成員超越只單純去體驗，而能更進一步應用團體去統整個人經驗。這個歷程，將由聚焦此地此時和檢視剛剛才發生的行為，所形成的一個省思循環；在這個人際歷程，領導者兼具「參與者」和「觀察者」兩種角色。作為參與者，領導者需要有能力對成員透明化，以及對攻擊者與被攻擊的成員都能平等的給予同理；作為觀察者，領導者必須能夠保持成員在此地此時的對話流程，允許成員按照他們的步調進行。領導者運作團體此地此時的最終目的，在協助成員統整個人認知性與情感

性的經驗。

至於如何將成員彼地彼時的自我揭露，帶到團體的此地此時，通常有三種素材可資領導者運用：

一、成員團體外，過去彼地彼時的生活事件。

二、團體聚會週間，成員團體外的活動，延伸了團體內的學習。

三、團體聚會週間，成員個人生活的問題。

將這三種彼地彼時內容的討論，引到此地此時，便可以使用歷程闡述來協助成員個人。例如一名小學女教師在團體中抱怨，在課堂管理學生專注的困難，但是每當其他成員給他建議，她就說：「我知道……，但是我就是不能夠……」，領導者便反映：「你說出你的困難之後，當大家關心的給你意見或建議，你就會說我就是不能夠……，最後大家都感到很挫折，不敢再向你說什麼。你說過，你生活中沒有人願意幫你的忙，是否也是由於你說出困難，而他人給你建議時，你也會說我就是不能夠……」上面例子，領導者將那一名成員抱怨團體外的生活事件，先帶到此地此時，再以歷程闡釋技術，來協助這名成員自我覺察個人的人際模式。由於這一名成員在團體的此地此時，正在重演她在團體外不良的人際循環模式。在她過去的經驗，她發出求助訊息，得不到期待協助的滿足，而感到失望；然而，她卻學到這樣可以讓他人感到無力，最後放棄對於改變她的期待。所以，便形成了她向他人求助，同時預期會得不到協助的失望。這樣的人際循環模式，不斷地在她的實際生活中發生人際循環，因此領導者聚焦此地此時來協助這一位成員，可以開啟通往改變的一扇門。

肆、運作此地此時的行動程序

此地此時能產生治療效用，是由「體驗」（experiencing）和「歷程闡釋」兩個不可分離與不可缺一的行動所構成（Yalom & Leszcz,

2005），兩者缺其一或兩者分隔在不連續的時間裡，都無法具有治療力量。所謂「體驗」，是指領導者或成員當下對於其他成員、領導者、或團體整體的強烈情感情緒。採取歷程闡釋時，有兩小步驟：領導者在觀察到一段成員特殊的互動交流之際，首先要退一步覺察自己內心的反應，也就是領導者要先體驗。如此領導者才能去檢視團體成員的議題，並對照該成員在團體此刻的狀況，有出現平行歷程的現象；接著，去觀察其他成員對這一名成員的人際態度或風格的反應，也就是去觀察其他團體成員的體驗。如果領導者的體驗和其團體成員的體驗相似，便能夠考慮採取歷程闡釋。因此，無論領導者、或成員個人、或團體整體能夠體驗，為決定後續採取介入的首要條件。所以領導者和成員都必須具備自我覺察的能力，才能向內去感受經驗。其次，為適當表達自己的情感情緒的能力，協助成員自我覺察個人的體驗和培養成員情感情緒的表達技巧，為歷程闡釋的先備條件。茲分別詳述如下：

一、自我覺察

　　發展情感情緒覺察能力的主要理由，在於可以對自己有更好的體驗與理解，以及發展對他人有更好的體驗與理解能力。有能力體驗他人、理解他人，以及溝通對他人的理解，就是具有同理能力。然而，有人害怕面對全部或某些情感情緒，或害怕被情緒淹沒。若一個人迴避去體驗自己的情感情緒經驗，這個人也不可能對他人有真實的感受，或不能夠體驗他人的情感情緒，因為情感或情緒正是他要迴避的一種經驗。同理和投射性認同的差異就在：前者覺察自己對他人經驗的情感情緒之理解，是以自己的經驗來推測他人經驗的感受；而後者則未覺察，並將自己的情感情緒移置在他人身上，再經由內射（introjection）到內在客體，以為那就是他人的情感情緒。由於這是下意識歷程，這個人自己並不自覺，所以發生對他人投射性認同的人，主要由於分裂（split）的防衛機制，將個人的認知和情緒

經驗隔開，並壓抑（repress）情緒性經驗，以致不能夠體驗自己的情緒。當成員發展出有能力開放自己的經驗，才開始對他人會有真實的感受，以及比較可以確定不是對他人投射。所以，能夠感受和表達個人的情感情緒，在人際溝通很重要。而能夠向他人適當表達自己的情感情緒的第一步，就是一個人必須能夠自我覺察。

在團體歷程，通常成員需要聚焦在當下，然而這個比聚焦在過去和未來困難。由於成員的困難或情緒經驗，若非過去事件在當前還讓他感到沮喪無力、懊惱錐心、怒氣難消，或是還感到羞愧不已，便是面對未來事件讓他感到焦慮、害怕或煩惱不停，因而使他不容易聚焦在當下。此外，成員也習慣聚焦在認知和想法上，不容易聚焦在情感情緒，為了增進成員對於當下經驗的自我覺察能力，可以利用五種：身體的感覺、解釋感官訊息、情感情緒感受、意圖及行動等，有助於自我覺察的訊息來協助成員（Brown, 1992），茲詳述如下：

(一)身體的感覺：即透過身體接受訊息，雖然這些訊息通常由他人傳遞出來，對於個人卻有獨特意義。例如，在團體聚會的房間裡，其他成員都覺得有些冷，唯獨一人覺得熱，而且心跳加速，臉頰泛紅。由於這一名成員是第一次參加治療團體，並在團體中說話，從身體的感覺，可以連結到他當前在團體經驗到的情緒反應。進一步，或許可以連接到一件隱藏的過去事件，或是與抗拒有關聯，也就是與他迴避去面對的內在情緒經驗有關聯。

(二)解釋由感官提供的訊息：解釋，乃是去推論經由感官所知覺的某些事；解釋可能使用假設、印象、結論和應用來推論。例如，一名成員感到呼吸急促，心跳變快，這些身體訊息，可以推論他可能在團體中說話的時候，需要面對數人的眼光，讓他感到緊張害怕。

(三)感受到的情感情緒：這類訊息是當情緒反應的時候，個人所得到

的感覺。情緒的產生可能是，正在經驗的或對於想起正在經驗的人、事、物的一種反應。例如，一個由社會人士組成的自我成長團體，成員們正熱烈地分享自己與父母之間的有趣故事（當下發生的事），其中一名成員雖然專注聆聽，卻時而若有所思（想起過去的事），都未加入交談（對於當下新事件的反應），且紅著眼眶（是對於過去事件的反應）。情緒是個人的反應，對於這個人有意義和作用，由於團體成員談論父母的事，這名成員正被引發回憶多年前死去的母親，紅了眼眶透露傷心的情緒，這個失落對他而言，還未完全過去。

(四)意圖的訊息：意圖，指一個人從經驗裡所要獲取的。例如，在一個團體的第三次聚會，成員們都高談闊論，然而內容完全與自己無關。成員可能想要去迴避冒險自我揭露，因而領導者應該要清楚成員們的意圖，而讓他們可以在團體談他們的意圖。

(五)行動：行動可以是語言或非語言，這一類型的訊息，來自對於所知覺的元素之行為反應。例如，一名成員每次聚會都要選擇坐在領導者的正對面；又例如一名成員準備說話的時候，看到大家目光都在看他，於是喃喃地說：「我如何才能比較不緊張呢？」或他只是尷尬的笑笑，然後才決定開口。領導者可以反映與描述這類成員的行為，協助他們可以覺察自己行動之下的情緒，並表達出來。

二、適當表達情感情緒的能力

情感情緒表達能力為學習的結果，常因人而異。成員有情感情緒表達的各種障礙狀況，可能有些人幾乎任何強烈的情感情緒，都感到難以表達；有些人可以表達正向情緒，而無法表達負向情緒，例如可以向他人說出感激或喜歡，卻無法說出生氣或不愉快；有些人則容易表達負向情緒，而很少表達正向情緒，例如容易向他人說出憤怒，卻不容易向他人說出喜歡；有些人則兩種困難都有，無論喜歡或厭惡都無法說出口。

　　文化與情緒表達也有關係，在我們的文化和社會，有些情感情緒多數人都感到難以開口，例如有人感到憤怒、害怕和內疚等情緒，比較難以適當和公開表達；有些人則感到一旦開始表達，會害怕情緒失控，一發不可收拾或崩潰，而喪失顏面；有些人對於表達較強烈的情緒感到有困難，由於自己判斷那些都是非理性的情感情緒，若公開表達會被他人視為奇怪或怪異；另有些人的困難，因害怕公開表達某種情感情緒會破壞人際。然而，克制情感情緒可能會傷害個人內心的學習，或傷害團體的功能，或阻礙關係的發展。

　　造成阻礙個人覺察和肯定自己情感情緒的原因有二：(1)保護自己無法接受的經驗或不愉快的情緒，避免自己碰觸那些內在經驗或情緒，這種情形就需要處理成員個人的防衛；(2)沒有能力認明或辨識，以及使用語言表達自己的情感情緒。通常阻礙成員個人無法表達情感情緒，以及接收他人回饋的時候做出反應，主要源自於早年的學習。早期經驗不只影響個人學習對他人的情緒表達，同時也發展出表達的障礙。有情感情緒表達困境的成員，在早期的原生家庭生活中，可能缺乏典範，或不容許，或不鼓勵情感情緒表達。例如，小時候因為得不到所要的玩具而生氣，媽媽便說：「你生氣，讓我不喜歡你了。」或說：「不准生氣！」或：「再生氣，我就打你！」如此以條件式、阻止式或恐嚇式的教養方式，孩子無法學習到情緒相關語彙，以及使用語言表達情緒。也可能從這樣的經驗，孩子發展出覺察和表達情感情緒的障礙，因此日後便難以表達自己的情感情緒。如果媽媽能夠同理，並對孩子說：「得不到那個玩具，你很傷心是嘛！」這樣不只容許孩子表達出情緒，孩子也學到說出與經驗有關的情緒語彙。因此，可以發展成一個容許自己表達情感情緒的人，同時也能認明個人情緒，並有適當情緒語彙可以表達。在傳統華人文化和社會，情感情緒表達普遍比較含蓄和不鼓勵。此外，男性和女性在這方面也有差異，通

常男性為問題解決取向或行動取向，對於表達情感情緒也比較少或有困難。

在諮商與治療團體，領導者可能觀察到，成員沒有意識到自己的情緒和想法，而將個人情感情緒訴諸行動，導致某些不適當的行為。傾向於沒有覺察自己的情感情緒或意圖，就去行動的成員，其他成員可能視其行動為衝動或失控，且這類成員由於他的行動來自於未覺察個人的情緒，領導者也很難預測其行動。例如，領導者可能反映所觀察到的一名成員的非語言行為，而這名成員可能無法從領導者的反映，覺察與自己非語言有關的內心情緒，反而不悅地對領導說：「我的行為有什麼不對？」所以，在團體中往往需要協助成員發覺個人表達情緒的障礙，以及學習克服的方法。

❖第三節　歷程闡釋❖

壹、歷程闡釋的定義與性質

在團體中討論過去，亦即以過去事件的內容為焦點，並非毫無益處和幫助。但是就人際取向團體治療的理論立場，不如以歷程作為治療焦點，更具有治療的力道。「歷程闡釋」是一種治療技術，用以協助成員適當表達情感情緒，以及「付出和獲得」的歷程評論。當成員從歷程闡釋體驗到，能夠在不用被探問和解釋之下，便能夠發現個人基本問題，或產生成長，就會領會到歷程闡釋這項技術的治療效用。Yalom（1985）認為「歷程闡釋」是一種對於此地此時的行為和此刻人與人（成員、領導者、團體）之間的關係，進行深入評論。歷程闡釋可以使團體聚會更有產值，因為歷程闡釋可以使得團體的進行，轉到此地此時的互動，而產生具有治療的利益，並深化成員的經驗。

有效進行歷程闡釋需要具備條件，首先，領導者必須認識「歷程」。

Yalom（1985, p.137）曾提出一個廣為接受的「歷程」定義：「歷程就是彼此正在互動的人與人之間關係的性質」。其次，領導者不只要覺察團體正在上演的一切，且需要認明和評估影響，以及選擇方法和適時向團體成員描述相關的歷程。亦即，將團體帶到歷程導向和促進這個導向。同時，當成員停止口語陳述的當下，領導者需要以溫和而堅定的口吻提醒成員，以便讓成員保持對於團體此地此時正在發生的現象有所覺察。

再則，領導者需要具備觀察、覺察和教導的技巧。通常成員可能不習慣在人際之間作開誠布公、或立即性、或直接性的表達，且也可能不習慣或尚未學習到對自己的情緒負責，因此需要領導者的教導，同時也促進成員相互接受歷程闡釋。領導者經由觀察技術和對自己內在經歷的覺察，便能夠保持聚焦在此地此時導向，並協助成員從內容交談的互動，特別是彼地彼時內容的談論，轉換到現在正在經歷的部分。如此，成員能夠注意到此地此時的互動關係，並發展對個人內在經歷的覺知，如果成員了解到個人團體外的行為特徵，如何反映在團體當中個人的行為，便能夠深入了解白己在真實世界的個人行為和人際關係。

貳、歷程闡釋的類別

進行歷程闡釋，首先領導者必須將團體聚焦在此地此時的歷程，來協助成員增進自我覺察。其次，需要知道可以作為評論的內容，由於歷程闡釋重點為團體當下正在進行的歷程，而團體的層面可分為：個人層面、人際層面和團體層面。因此，此地此時的歷程也可分為三層面：一為，當下的個體歷程，即成員個人的內心歷程；二為，當下的人際歷程，成員之間互動的歷程；三為，當下的團體歷程，即以團體整體作為觀察的歷程。因此，領導者將有三種可以觀察到的正在進行的歷程，敘述如下：

第一種，當下的成員個人歷程：雖然這是個人內心過去的人際經驗

之內化，然而在團體人際互動當中，可能不知不覺被喚醒，而顯露在人際互動的語言或非語言。這些語言或非語言反應，是反映來自成員個人核心議題的活動狀態，通常可以觀察到或感覺到這個成員的劇烈情緒。Leszcz（1992, p.57）指出：「與客觀情境不成比例的劇烈情緒燃燒起來，通常是可利用的某些核心人際變化的跡象，那些反映了個人的自我感被觸動到。」當成員的劇烈情緒反應時，不只可以從臉部表情和肢體的非語言觀察到，也可能出現不妥當的人際行為，常見者如：截斷他人的話、叫人閉嘴、退縮、語言攻擊、變得防衛、指責、阻止、否認、轉向救援者、轉移注意、偏離話題、不置信、保持距離等（Chen & Rybak, 2004），可供領導者參考。

「未竟事宜」，往往是成員個人人際複製與循環的重要因素。在完形治療常協助當事人將個人過去經歷的「未竟事宜」帶到此地此時，以現在式陳述，以便協助當事人進行改變。在團體治療歷程之中，更有機會發現當事人的「未竟事宜」。在團體可以請成員以「好像」這件事正發生在此地此時一般，再陳述和再體驗那件事，且必須包括認知和情緒。Yalom認為這是利用一名成員的過去事件與經驗，來幫他了解和改變他現在與別人互動的方式（Yalom & Leszcz, 2005）。由於現在再經歷過去事件，可以讓個人的情感情緒與經驗連結，去完整體驗和感受原來事件的情緒強度。通常成員並不知道「未竟事宜」對於個人當前的功能有負面影響，也不知道將過去帶到此地此時的用意，因為成員並不知道個人過去的經驗，可能形塑團體中的個人，以及對於他們會來到團體也扮演著重要的因素。經過歷程闡釋，一旦成員體驗到不同或觀察到差異，他們就會了解將過去帶到團體當下的價值。所以，當有「未竟事宜」這類反應發生的時候，領導者需要介入協助團體，以免成員個人再落入舊式的人際循環圈套。

第二種，當下成員的人際歷程。即團體中成員之間的人際歷程，為可

以觀察到成員彼此語言與非語言交流的部分。這一種的歷程闡釋，為領導者在團體歷程對於成員人際的觀察所作描述而不判斷的評論。在團體中常見的成員人際議題有二：一為，權威議題，出現在成員與領導者或權威象徵的成員之間的關係，當領導者感受到一名成員，對他或權威象徵的成員有情緒，這種情況可能反映成員個人的權威議題；二為，競爭掌控議題，可能出現在兩三名成員之間，相互競爭，這種狀況可能反映家庭中的手足競爭議題。協助個別成員的人際歷程闡釋，與存在治療的詢問很相似，也和矯正性情緒經驗似乎雷同，當領導者引導團體成員成功地使用此地此時的模式，便可以使用歷程闡釋。

這個例子發生在一個由社區人士所組成的個人成長團體的片段。當成員談論其生活事件，領導者觀察到一名成員（年約25歲）在團體當下發生的平行現象，亦即人際型態的相似現象。領導者先指出相同之處來相互對照，以便可以進行此地此時的歷程評論：

M1：「小時候我非常怕我父親，其實我父親不太管我們，我父親很忙，都是我媽媽在管我們。我父親不太講話，看起來比較嚴肅，不過對我們也不兇。以前鄰居小孩常常到我家和我玩，我們又開心又很吵鬧。但是只要一看到我父親回到家，大家就趕快一哄而散。一下子都安靜下來。我就跑進自己的房間躲起來，直到吃晚餐才出來。也不知為什麼就是怕我爸爸。」（彼地彼時的事件）。

M2：「會不會你們犯錯的時候，媽媽就會說：『等你爸爸回來的時候再讓他好好教訓你』，因為小時候我媽常這樣，我們都不怕我媽，都只怕我爸。」

領導者對著M1說：「就像剛剛，我發覺你和我目光接觸的時候，會有眼光迴避的情形，我感到你似乎有些怕我。其他人是否也有同感？」（領導者透明化，領導者將成員談論過去事件的內容帶到此地此時，並給

予回饋：這就是你的行為，以及你的行為給我的感受）。

M2對著M1：「我發現你（M1）確實很少看老師（領導者）。我以前也很怕我中小學的老師，不敢正視他們的眼光，一直到大學才比較好些。」

M3：「我也注意到你（M1）和老師眼光相遇的時候，你就會看地板或趕快轉頭看別人，讓我覺得你有些膽小，怕權威。」（M3回饋：這就是你的行為，以及你的行為給我對你的看法）。

M1：「有嗎？我有這樣嗎？」（害羞的笑著）。

M4（中年男性）跟進：「我也注意到了，覺得奇怪，妳人個兒不小，但是似乎很怕老師。我感覺你和老師講話的時候，就會變得像個小學生。」（M4回饋：這就是你的行為，以及你的行為給我對你的看法）。

領導者對著M1說：「在團體中，我不記得有造成你可以害怕我的行為。」（面質）。

M1：「在團體中你確實都對我們都很同理和包容，沒有批評或指責過我。你若不說，我確實沒有發現我怕你。經他們這樣反映，我可能真的是有些怕你，才會不自覺的迴避眼光，甚至有些話不敢說。但是想想，我真的沒有理由需要怕你。」接著轉頭看M4。繼續又說：「這樣一想，在團體中我也可能有些怕你（M4）。所以上次你談到家裡的衝突，想給你同理都怕說錯話。可能就是我從小一直都怕我爸，怕權威吧！所以才會怕你們兩人。就像我現任的主任，其實人也不錯，他認為我很耐操，常會交代我一堆工作。平常我的工作已經不少，有時忙到快崩潰。就是怕他，都不敢跟他說拒絕的話。覺得自己很嘔。」（個人的行為影響個人對自己的見解）。

領導者：「你想過要改變這種受苦嗎？」（啟動改變動機的問句）。

M1：「當然很想啦！只是沒有辦法，心裡就是怕怕。」

領導者：「或許就像現在這樣蠻好的，你已經可以不害怕的將你對M4和我的感受，直接對我們說出來。此刻你覺得如何？」（協助成員將情感性與認知性的經驗統整）。

M1：「喔！現在嗎？還好，說出來，好像也沒甚麼可怕，心裡比較輕鬆。」

領導者：「我鼓勵你在團體，以後就像今天這樣對我或M4說出想說的話，或說出內在的感受。」（鼓勵M1在團體中嘗試改變）。

第三種，當下的團體歷程。即團體層面的歷程，這是將團體視為整體的觀察所做的闡釋，可以讓團體開展一個有意義的討論方向。假如一個團體的第三次聚會，有一段漫長的時間，成員都熱烈地在談論彼地彼時的事件，或與個人不相干的事件，這時領導者可能評論團體迴避任務，決定停留在安全的話題。由於在團體聚會第三次，團體成員有一些安全和信任感了，所以當領導者做了這樣的歷程評論，並邀請每個成員回到自己對團體的體驗，說出對團體的感受，成員們便可以開始討論團體中的安全議題與自己的關聯。如果這樣的團體歷程評論發生在團體第二次聚會開始之際，團體成員不能接受歷程評論，將可能感到被攻擊，而合理化他們的行為或否認在團體所為。所以，歷程闡釋的時機很重要。

舉例：在一個社區人士組成的人際關係團體，聚會的第四次，團體成員正在討論家人關係的過程。在多數成員分享了一些個人與家人的淺層故事之後，領導者觀察到團體突然逐漸聚焦在一名成員M1的身上，不斷地探問，或建議，或教導。這名成員正是在團體當中比較被動，比較沒有主見，然而也比較不自我肯定的人。所以當大家將焦點放在她身上的時候，她難以招架的順從。領導者決定介入，運用團體歷程闡釋。

領導者：「請大家停一下，我們回想一下剛剛團體到底發生了什麼？我們每個人怎麼了？我看到大家突然不再繼續分享自己，而集中不斷地詢

問M1。我想先請M1說出剛才的感受，以及她的期待。」

M1：「因爲太多建議和提問，我都被問到有些失焦和糊塗了。而且一時那麼多建議，也讓我感到很混淆。其實剛才很想先多聽聽每個人的問題，看看有沒有和我一樣的。」

領導者：「顯然，各位這樣做對M1沒有幫助。我邀請各位都回到自己想想，你剛才爲何沒有繼續在團體分享自己。」團體沉默一會兒。

M2：「我自己可能……談到我和我哥哥衝突的事，不光是因爲我爸喪禮的時候，他提到分財產的事。還有一些比較複雜的原因。一時不知道是否該說出來。剛好大家都在談M1的事，所以就……嘿嘿。」羞愧的搔頭。

M3：「我和M2可能都一樣吧！都害怕自己的事再談下去，就是面子的問題啦！」

成員相繼說出轉移焦點在M1的原因，都是害怕喪失自尊。成員們能覺察與知道自己內心與行爲的關聯，且彼此聽到隱而未說的部分，獲得了解彼此共同的心聲，如此領導者才能夠協助團體成員推進歷程。這個害怕喪失自尊的議題：若從團體是一個微縮社會的角度，這就是做「人」（as a person）的問題，從社會層面的切入，在華人文化「家醜不可外揚」。領導者需要考慮成員面對解除痛苦和保留面子的內心衝突，如何帶領成員們一起討論，來解決每個人這個相似的心理衝突，成員將可以進一步冒險自我揭露。如果從客體關係論觀點，成員將團體整體視爲是一個可怕，愛批評，好貶抑的客體（group as an object）。領導者介入的處理，將以每位成員的內在客體關係作爲探討的重點，這兩種很不同的諮商與治療觀點，介入也會大異其趣。以前者的觀點來處理，爲人際取向治療的方法，成員可以不用揭露深度隱私，因爲就在當下每個人都害怕這個團體，而這個團體卻是由成員們（多個「人」）所組成。因此，可以經由每位成員自

我揭露害怕,而彼此得到相互了解和接納,改變對於團體氛圍的知覺,也感受到普同感,進而突破冒險的障礙。

參、歷程闡釋的步驟

歷程闡釋主要在揭開成員此地此時行為的意義,以便協助成員了解個人的內心與人際行為的關聯。因此,所要探討的成員行為,並非從一個單一的偶發事件去著手,通常是就成員一段時間或一系列的陳述及互動,來理解其間的動力,並給予回饋,以便協助成員自我領悟。Yalom主張一旦領導者成功地協助成員,轉到此地此時的互動型態,便可以將這個互動轉換成治療的利益(Yalom, 1985, 1995; Yalom & Leszcz, 2005)。這些可以轉換為具有療癒的步驟,便是歷程取向的回饋。

Zimmerman(2008)將Yalom(1985, 1995)的歷程闡釋步驟,簡化成為更簡明的步驟如下:

一、這就是你的行為。

二、這就是你的行為讓他人的感受。

三、這就是你的行為如何影響他人對你的看法。

四、這就是你的行為如何影響你對自己的看法。

五、最後領導者再問成員:「你對自己所創造的世界感到滿意嗎?」

由Zimmerman的簡述步驟,可以很清楚看到歷程闡釋宛如一步一步的程式,協助成員個人去逐步領悟個人自我,基本上這樣的溝通,為後設溝通的性質。Yalom認為:「每一個後設溝通都在傳遞有關兩個互動的個體之間關係的性質」(Yalom & Leszcz, 2005, p.143)。

可能有成員對於他人會立即形成一些觀感,然而通常一個人對於他人的觀感,需要在繼續接觸這個人之後,方發展出來。雖然我們對於他人觀

感的形成，是來自對方行為的結果，然而更正確地說，是以我們個人經驗的觀點，來解釋別人的行為。因而團體中成員個人對別人的體驗，有一部分是受到個人過去事件影響的結果，不過成員對別人的觀感，主要仍由別人的行為所引起。此外，個人如何接受別人的回饋，也受到自己過去經驗的影響。因此在團體中進行歷程闡釋：一方面，成員接受了他的行為有哪一些影響了別人所回饋的觀感，以及如何影響了別人所回饋的觀感，他將會學習到自己哪一些行為影響別人對他的觀感；另方面，給予別人回饋的成員，也學到自己哪一些觀感與評價從何而來（例如性別、個人經驗、文化或社經階層）。所以，無論助人的或被協助的成員，對自己的覺察和了解都得以成長。

❖第四節　回饋與歷程闡釋❖

壹、回饋在歷程闡釋的運用

在團體中自我揭露的成員，得到其他成員的回饋，有助於個人在「裘哈利之窗」（Johari Window）的未知區（或潛在區）的開發（Trotzer, 1999）。在裘哈利之窗，一個人的公開區越小，未知區也將越大，表示一個人很少讓他人知道自己，相對的獲得他人回饋也少。因此，不只影響他人對他不知道的部分很大，個人對自己不知道的部分也很大。想運用個人潛能，就必須開發未知潛在的部分，可見團體中成員的自我揭露與獲得他人回饋，對於自我揭露成員的重要。由於成員在團體的行為，往往與其團體外的人際場域的行為模式相似，成員在團體中的行為模式，只不過是他在團體外的生活世界人際實際狀況的一小片樣本。所以成員想了解個人的自我，在團體互動中的此地此時，將垂手可得。因此，所謂「歷程闡釋」，或許可以稱為「平行歷程闡釋」（Chen & Rybak, 2004, p. 288），

似乎更爲貼近實際情況。

在以團體歷程爲焦點，不以團體內容爲主的時候，領導者同時是觀察者，也是參與的角色。當領導者觀察到成員的行爲線索之際，首先要想想這些行爲型態的意義，並進一步尋找證據來印證領導者自己的想法，而不要快速跳進去解釋。領導者的任務，是提供回饋，主要在讓團體成員有機會，自行解釋此地此時到底是怎麼一回事，以便去獲得自我領悟。所以，當領導者觀察到團體成員互動的動力線索時，作爲人際取向的領導者，必須聚焦此地此時，並努力採取歷程取向的回饋。

「回饋」是一種交流的歷程，由提供回饋者，無論是領導者或團體成員，先開始告知對方有關自己的感受，再告知雙方之間有關的訊息。在進行此地此時的回饋有幾個最有助益的條件：(1)回饋必須清楚和立即；(2)反映此地此時；(3)簡單而通俗易懂的溝通，不使用專業術語；(4)需包含送出回饋者的情緒元素，且傳達有關回饋的接收者與傳送者之間關係相關的一些訊息；(5)傳達者得冒險揭露這項溝通。在團體中領導者或成員提供回饋時，應以不判斷、不批評的方式，留給接收者自己對於關係要做得更好或更壞的自由評估空間（Rothke, 1986）。

由前述，歷程闡釋是一種歷程取向的回饋。由此可知歷程闡釋的任務旨在協助成員自我領悟，不在提供改變的建議或辦法，更不是去替成員個人解釋其行爲型態的意義。

貳、提升回饋和歷程闡釋運作的效果

回饋和歷程闡釋，主要都期待結合情感情緒的表達和認知的統整，然後產生改變。在團體諮商與治療的情感性表達和宣洩，期待能夠因他人的反應而產生與認知統整的效果通常不佳。爲了可以提升兩種不同性質的元素統整之效果，需要比較仔細的操作指引，以供領導者參考。Leszcz

（2008）認爲這項工作不能毫無章法，因此提出有效的統整方法。茲說明實施程序與要點如下：

一、向來成員對存在於團體歷程的緊張，無可避免地會有所反應。在團體個人顯現的特徵，爲追求或迴避，權力、情感的親密和接納，此時個人所呈現爲其人際風格的特徵。

二、在闡釋成員個人盲點與潛隱的扭曲時，領導者將先觀察，再產出回饋。

三、領導者分享這些反應，最好以無攻擊的方式進行。

四、在澄清扭曲之後，隨之成員將獲得較爲客觀的個人圖像，也就是他如何連結他人與影響他人。

五、成員個人對自我的見解，開始比較有理解與客觀的反映，對於現實一般的興論，能較爲確知。

六、成員個人對於自我的呈現，能加以負責，並能同化，也知道和他人如何連結爲自己的選擇。

七、成員了解前述這樣的責任，便可以產生賦能感，而能啓動無扭曲和一般性興論認定的新行爲，如此，即爲擴大其個人行爲的模板。

八、他人冒險和後續的回饋，可以導致認定這些新的人際方法，並能引領在團體內的改變。

九、成員在團體外的改變，乃反映在團體內的改變，且會產生順應地循環。

此外，領導者也要掌握歷程闡釋的原則。需要聚焦，由團體外而到團體內；由抽象到具體；由通泛的到個人的；由個人的再到人際的（Yalom & Leszcz, 2005）。茲舉四個例子說明相關原則如下：

原則一，爲從成員談論團體外的他人特徵，協助成員聚焦團體內的人際知覺。

例如，在一個由社區成人組成的團體，在第二次聚會，過了半小時的場面：

M1：「團體好沉默喔！這樣好了，我來談一下上週發生在我們辦公室的事。我們組長是個好人，所以在分配工作的時候，有人就不聽指派，意見很多。我常看不下去，會跳出來替他說話。所以上週我們組裡那個意見最多的人，在組長分配任務的時候，又囉哩叭嗦一堆意見，我就跳出來。這次她的口氣不好，我的口氣也不好，就吵了起來。她竟然罵我狗腿子，想起來就一肚子氣。」

M2：「要是我也會很討厭這種人。」

M3：「唉啊！現在這種人多的是，我們公司就有很多這種人。」

M4：「見怪不怪就好了。」

領導者：「各位請等一等，M1談到一個團體中難以參與合作的人的時候，你們每個人都反應很有興趣。而我們這個團體中的每個人如何？從上週聚會到目前，從交談和互動當中，你對於團體中的夥伴有何印象或認識？我鼓勵你告訴對方，以便了解到目前為止彼此的認識。」領導看著M1，說：「剛才團體沉默的時候，你就跳出來說話，和你提到在辦公出來替組長說話相似。」

原則二，為成員迴避揭露個人實際的情感情緒經驗。可能意識或下意識選擇談得很抽象，而不夠具體，此時，領導者需要引導成員針對具體的事件來討論。

例如，在一個婦女人際探索團體，成員有一段交談如下：

M1：「我老公的家人都超有禮貌的，有禮貌到讓你覺得很有距離。不像我們家的人有話就直說，有時候難免有些衝突，但是感覺還比較好。」

M2：「假如是我，也會比較喜歡有話直說，不要好像很有教養，卻假假的，好彆扭。幸好我老公家的人不是這樣子的。」

M3：「你們不知道太不客氣也不好。我老公家的人就是很不客氣。到我們家裡，什麼東西喜歡了，就拿走，也不說一聲。好像那就是他們家的，真是『我家就是你家』的便利商店。」

M4：「哎喔！太禮貌也不好，太直接不客氣也不好。到底怎樣才好。」

M1：「我認為禮貌有需要，但是不要太過頭，好像大家隔著一層空氣似的。」

M3：「要他們剛剛好，可能很不容易吧！我覺得那就是他們的家教。大家都成年了，你說怎麼改？」

上述這段團體歷程，成員們正在討論他們個人人際困擾的議題，但都很抽象，看不到事實具體的樣貌，也聽不到成員個人的具體經驗。成員的情感情緒也使用間接的語言在表達，領導者可以邀請每位成員，就其陳述的議題舉實際發生的例子，來說明他們自己所陳述的狀況。

原則三，即便開頭的成員所陳述是一個具體的事件，在團體成員討論的時候，也可能變成如同座談會一般，討論共同關切的議題，卻僅就泛泛性質來談，而迴避就個人實際況狀來揭露。因此領導者需要邀請成員揭露個人的實際經驗與情緒。

例如，在一個由大學生所組成探討異性關係的團體，有一次聚會的情況如下：

M1：「我和之前的男友分手，是因為發現他劈腿。但是對質他，卻始終否認，總是一堆藉口。我實在無法忍受，就提出分手。好不容易心情才稍微好一點。但是到現在他偶而還會來找我，我實在不想再見到他。可

是也很難做出很兇的叫他別再來找我。不知道該怎麼辦？」

M2：「對了，我上週看了一個電視節目，就是談當前臺灣男女情侶關係的問題。上那個節目的專家就是我們系裡的老師。他就提到現代人的愛情觀和以前的人很不一樣。什麼海枯石爛早已成為骨董級的名言了，而不是情人的誓言。嘿嘿！劈腿如同家常便飯喔。哈！哈！」（將個人交談轉變成非個人性質的交談）。

M3：「你這麼說，不就是說劈腿可能是有被發現和沒有被發現的差別而已，好可怕！」

M4：「現代人流行吃速食嘛！愛情也是吃速食，高興則合，不高興則分。而且對感情關係沒有安全感，有幾個備胎，也許覺得比較安全，以免失戀好慘。」

從上述團體成員的討論內容，完全是一般性論述，而非個人化的分享或自我揭露。然而，他們的話中都隱含著個人不同經驗元素的反應。領導者需要引導成員回到M1和每一名成員們的個人經驗來討論。領導者或許可以這樣說：「方才M1正在告訴我們她被劈腿的傷心事。同時也不想要藕斷絲連的困擾。我們是否應該回到M1這部分，給予回應。或是你有類似經驗，也來給M1分享。」

原則四，為領導者得從成員彼此所說內容，以及他們如何說的歷程中加以觀察與體驗。以便了解成員互動關係的動力狀況，作為考慮選擇介入的策略與技術之參考。

例如，在一個社區成人的成長團體，有這樣一段交談：

M1對著M2：「我覺得你，雖然在團體好像很參與，對每個人都會給同理或表示關心。可是我總覺得好像有些親近，也有些不知道如何親近你。」

M2：「怎麼會這樣？！我在團體都很坦誠，也會說我自己的事」。

M3：「是啊！你說話的時候都很誠懇，但想一想好像不怎樣認識你。我想你比較少分享自己內在的情感或個人經驗。大家在談個人困擾的事的時候，你也會說你也有這樣的困擾，但是都點到為止。我覺你有些事沒說出來，也聽不到你內心真正的感受。」

M4：「我覺得你好像一個包裝得很好的禮物，我很喜歡你，可是我不了解你。」

在成員相繼給M2回饋之後，領導者可以從每個成員的回饋，轉到成員人際現象來看，而做這樣的歷程闡釋：「剛才夥伴們努力在告訴你，他們想親近你，但是有困難接觸到真實的你。記得你之前提過，在你的生活中雖然交友廣闊，然而很難有親密的朋友，總覺得有些孤寂感。方才夥伴們給你回饋的訊息，兩件事好像有共同之處，或許可以供你參考。」

由前述四個例子，即領導者需要循循善誘，特別是在團體初期，成員容易流於談論團體外事件，領導者可以引導成員，將團體外事件連結到團體內的事件，來討論團體內的事件或人。如此聚焦此地此時的人際，免於空談或高談闊論，對於成員自我了解和關係的推進，才有助益。

❖第五節　結語❖

由於個人發展和習得的人際模式，會複製在往後的生活人際情境當中，而形成不適應的人際循環。因此，人際取向的治療莫不重視治療歷程的此地此時之重要與運用，此地此時的互動歷程，可以成為非常有用的治療性素材。而歷程闡釋，被視為是介入此地此時的重要技術，這項技術已被學者不斷改進而變得更具體和更有原則可循。由於歷程闡釋可用在團體

的成員個人心理歷程，或成員的人際互動歷程，或團體整體的歷程，所以領導者必須能夠判斷介入的層面和時機的適當性。最後，雖然歷程評論有回饋的性質，然而比單純的回饋技術，更需要領導者對於團體中發生在此地此時的現象之敏察與理解，並熟悉歷程闡釋技術的原則和運用。

第十二章

團體中的投射性認同

在團體中很能引發和操縱成員行為的防衛機制，就是投射性認同（projective indentification）。有些防衛機制，例如否認、投射、理智化，可能比較容易被辨識出來，而投射性認同，則是比較難以被辨識的一種防衛機制。在團體諮商與治療的情境，投射性認同對於團體中成員之間的情感情緒，以及人際關係頗具負面的影響，甚至包括對於領導者亦然。投射性認同，可能逐漸破壞或暗中破壞治療的進步，也破壞團體歷程的進展，無論個別成員或領導者，都可能成為這項防衛性互動的標靶，而影響團體的凝聚和穩定。

Mikulincer和Horesh（1999）從研究投射機制在成人依附和對他人知覺的角色獲得的結論，認為心理安全的人對於他人的表徵或意象，在防衛性投射或投射性認同方面，似乎都不會有偏見或扭曲。而且與心理不安全的人相比較之下，也不會將所認定的自己或對自己否認的特徵，有投射到他人的傾向。心理安全的人，由於有安全的基礎作為內在的資源，可以促進樂觀，對於生活和適應抱持建設性的態度。因此，不需要以防衛的方式，來使用他們的心理表徵，而且也較少發生投射性的扭曲。其次，心理安全能促進有彈性和複雜的認知基模。這樣的認知基模，可以讓不同的或對立的各個資訊都能夠相容並存，不論對於自己的看法，或和他人的關係當中，都能夠容忍衝突和不明確。所以安全的人，知覺他人為一個真正「完整的客體」（whole object），而不是個人想像的，只用來滿足自我中心需求的一個「部分客體」（partial object）。投射性認同為一種基本

的防衛機制。尤其人格異常者，在人際情境會使用各種基本的防衛，若未改變，當事人本身將會經驗到長期的人際困境。而在人格異常的病人所使用的基本防衛當中，以投射性認同又最爲麻煩（Steinberg & Ogrodniczuk, 2010）。本章主要在說明投射性認同的概念、功能與過程，並提出團體中發生投射性認同時的處理，以供領導者參考。

❖第一節　投射性認同的概念❖

「投射性認同」一詞，乍看之下令人感到似乎相當熟悉，由於「投射」和「認同」是比較常見的自我防衛機制，當這兩個名詞聯合在一起的時候，其意義就變得很獨特。投射的定義是：「在他人身上所知覺的特徵，爲一個人自己所擁有並想否認的」（Newman, Duff, & Baumeister, 1997, p.980）。Schafer（1976）認爲投射的資料或內容，可確定是在個人的自我（ego）界線之內，且被自己排除的個人屬性、慾望、想法或行爲，爲個人不希望認爲是自己所有。所以即便在一個人獨自的情境，也可以想像另外一個人，有他自己不能接納且排除的那些特質。投射性認同和投射，有很明顯的差異，通常需要發生在人際情境。若在團體中發生投射的現象，可以從觀察中看到一名成員將自己的特徵，歸因爲另一名成員的屬性，然後他在情感情緒上，似乎會和那一名成員保持距離，而且好像他被那一名被他投射的成員所擊退一般；同時，那一名被投射的成員也會發現，被對方歸因的特質，並不能反映是他當下的個人經驗。很不同的是，投射性認同的投射者，會與被他認爲具有那些其實是他所投射的特質之成員，相互涉入密集的人際交換互動，並透過密集的人際交換，使得對方發生被誘發的行爲（Clark, 1997）。例如在團體中，A成員對B成員投射A成員自己所拒絕的「笨拙」這部分，經由同理和控制的密集互動結果，那一名被投射的B成員會逐漸被誘發而呈現「笨拙」的樣子，然後A成員可能

攻擊或嘲笑B成員「笨拙」的樣子。

　　有關投射性認同的概念，英國、歐陸、美國和拉丁美洲的學者，各有一些不同的看法，以致他們各家的定義也不盡相同（Aguayo, 2013）。這個概念最早是由Klein（1946）所創，用以從妄想－精神分裂（paranoid-schizoid）的立場，描述早期幼兒發展的歷程，雖然她是客體論的學者，不過也引用Freud雙重驅力（dual drive）的理念。Klein主張投射性認同是促進嬰兒逐出攻擊趨力（她所謂的死亡本能）的過程，嬰兒投射他「壞」的部分到母親或主要照顧者這個客體，由於嬰兒認定他的客體，且內化了較早所分裂的部分，因為這個「壞」，嬰兒體驗到迫害的焦慮，便由內心轉換到外在。Klein視「分裂」（split）為基本的過程，使得好的與壞的表徵維持分離，如此一來彼此就不會相互汙染。不過Klein忽略了投射性認同，也可能涉及「好的」自我的部分。若是投射分裂出來這部分的自我，假如發生在安全的所愛客體，導致的不是感到情緒的枯竭，而是相互滋潤，由此嬰兒可以得到適當的心理發展（Ramchandani, 1989）。因此，「分裂」似乎是投射性認同過程必要的一部分。

　　原先Klein所主張的投射性認同，完全是一種內在精神的現象，到了Bion（1962），對於投射性認同的看法則變成擴大到包括內在精神的和人際的現象。Bion對於投射性認同的觀點更廣，從幻想到真實的客體關係之領域。Bion將母親視為，作為嬰兒的「壞」分裂出來的表徵之容器。有能力的母親，能夠中和了不愉快的感受，然後嬰兒再內射（re-introject），原來的表徵已被改變，並成為柔化了的理想意象。由於嬰兒再內射「好」的意象，所以母親在作為容器的人際歷程之角色，能促成嬰兒正向精神的發展。由此可以了解Klein和Bion對於投射性認同的看法，都是當作一種發展的機制，並不是病態的防衛。

　　Odgen（1982）和Kerngber（1987）在投射性認同的概念則是屬於

比較激進派，且通常在臨床上也都將投射性認同，視爲是病態的防衛（Zosky, 2003）。Kerngber主張投射性認同由於從「壓抑」經由「分裂」到「投射」，因此自我（ego）的自體（self）和客體之間的界線，便呈現模糊不清的狀態；而投射，則沒有喪失自體和客體的自我界線。因此Kerngber相信投射性認同，比投射爲更原始的防衛機制。Odgen則認爲投射性認同是一種普世的現象，顯然他並不認爲投射性認同是一種防衛機制。Odgen認爲這種現象爲一個人下意識的投射性幻想，引起另一個人與他一致的感受。不過Odgen強調，雖然接收者的感受和投射者相近似，但是並不相同，接收者的相對移情，則被合併爲投射性認同的一部分。投射者下意識希望除掉自己「不要的」或「感到危險的」個人部分，且希望以很有力量的控制方式，轉放到他人身上，結果便以一種交換的人際互動，導致引發他人與投射者一致的感受。

尤其在治療團體，成員持續不斷地忙於在下意識中，將他人加入與他演出一場他的內在客體世界的人際互動歷程，被投射者可能包括領導者和其他成員（Clark, 1997）。在治療關係中，一個成員必須給治療師的角色或許就是一個成員他自己或一個客體的表徵。也如Bion的概念，接收者是作爲「容器」的功能，去處理或拒絕作爲容器，都會使得投射者的幻想感到更爲害怕。與移情很不同的是，使用投射性認同的當事人，不只以他過去的客體關係，用很扭曲的方式看待治療師，且會對治療師施加壓力，以使治療師對自己的體驗，一如當事人下意識對治療師的幻想。因此，Ramchandani（1989）主張使用投射性認同的當事人，是由於缺乏能力去使用壓抑、修正（modification）、昇華、反向作用等等比較適應的防衛，去處理個人難以容忍的內在精神方面的經驗。

❖第二節　投射性認同的功能與過程❖

Segal（1964）提出投射性認同有四種功能：第一種，爲避免分離；第二種，爲獲得對壞客體的控制；第三種，爲排除自己壞的部分；第四種，爲安全保持自己好的部分。從這四種功能可以看到，後三種功能似乎與分裂有關聯。Odgen（1979）也主張投射性認同有四種功能：第一是防衛，經由投射到他人，可以作爲防衛，以對抗令自己不舒服的情緒或想法；第二是溝通，讓別人可以理解他；第三是維持客體關係，尋求客體關係爲人的本性，投射性認同的歷程可以和客體維持密切的關係，這一項功能與Segal的避免分離的功能相似；第四是作爲心理成長的手段，這個概念與原來Klein（1946）認爲是一種發展的機制，兩者想法相同。而似乎也和Segal的第四種功能相近似，維持內在精神的安全，是個體成長和發展的要件。此外Odgen也認爲投射和再內射的過程，是個人終身不斷改變的歷程。

投射性認同，不只是一種內在精神的現象，也包括似乎可加以辨識的成分和過程。Odgen（1979）和Kerngber（1987）都將投射性認同過程，劃分爲幾個部分的構成要素。Kerngber指出投射性認同過程的四步驟：(1)首先將自己無法忍受的部分投射到他人；(2)在第二和第三步驟，維持同理客體和控制客體；(3)第四步驟，是在下意識誘發客體，使客體在人際互動反映出被他投射的資料或內容。第二和第三步驟也隱含說明了分裂，以及自體與客體界線模糊不清的狀況。Ramchandani（1989）則指出投射性認同的形成，是經過一連串三個相關的一組策略，即：(1)首先是「轉向」（redirection）和「不承認是自己的」。個人在心中努力因應難以容忍的經驗，使用轉向到方便的對象，例如母親、知己、配偶或治療師，或可疑的客體等。此外，將難以容忍的起因歸咎於對方，所以他便「憎惡」那個客體，並相信客體「憎惡」和想「毀滅」他。由此，他對於他已經歸

咎在對方的那一些情感情緒性經驗，有一種「分享所有權」或「同理」的感覺。(2)接下來便是「操縱」。對那些被他歸咎在客體的情感情緒及客體感到緊張，導致他在實際生活對客體傾注他幻想的互動。於是他便開始在下意識操縱和控制與這個客體的真正關係，以便獲得與自己內在精神的掙扎有一致性；(3)最後，就是「引誘」。在客體這一邊，是相當被動的參與投射者精神的掙扎。然而由於發展出互補或一致性的認同，以致客體現在會有感覺，並屈服於被操縱。在互補的認同，是客體認同投射者下意識所想像的客體；在一致性的認同，是客體認同投射者對自己的想像。

綜合而言，有助於具體區辨防衛的投射性認同，可以分為三個時期：在開始時期，投射者企圖使用投射，將他自己不要的特質轉換到接收者；第二個時期，投射者利用人際交換，來控制和操縱誘發接受者的感受，其實那些感受是來自投射者；第三個時期，投射者一致性的認同接受者，且持續誘發他（Ogden, 1979, 1982）。由於投射者施壓上演某種行為，於是接收者便呈現那些被投射者所強調和加以惡化的特質。投射者好像不自覺的、無法控制的配合著。事實上，他們若能夠覺察，則是可以控制。由於投射性認同，也可視為投射者尋求同理的關係，尋找一個有助於包容他的情緒的客體（Grotstein, 1981）。就像一個能包容的母親，會對著哭泣的孩子，溫和的反映其情緒：「你餓了，對不對？」。所以治療師能包容，並同理的反映，很重要。就不會落入這個投射性認同的人際交換遊戲。

❖ 第三節　投射性認同作為要求 ❖
　　　　關係的不適應手段

壹、投射性認同是幼兒成長的機制

客體關係論主張，在幼兒發展「分離－個體化」的歷程，為了避

免自己退化到早期完全依賴母親的狀態，而發展出一種「妥協型式」
（compromise formation），而變得「憎恨－依賴」（hostile-dependent）或
「迴避」的兩極狀態。因此可能抑制了對於未來關係的協商能力，或是能
夠變通規則的成熟依賴。Hartman、Kris和Lowenstein（1949）認爲，孩子
發展出對母親或主要照顧者的「憎恨－依賴」關係，是由於直接表達攻擊
有危險，而用來努力因應過度攻擊。假如不能解決，而個人處在衝突困境
當中，會威脅到他所依賴的客體。因爲孩子害怕由於他們的憤怒而被破壞
的母親會離他們而去，使他們落於孤獨和缺乏的處境，又由於帶著脆弱的
自我，無法包容那些憤怒情緒，於是孩子對憤怒作改變。

Winnicotte（1971）便看到「憎恨－依賴」關係型態具有發展的契
機。孩子自我肯定，成長到了某一種程度，心理便除了他自己萬能之外，
否認所有一切，在孩子的幻想中，每天都在摧毀他的世界。當他體驗所毀
壞的客體，既不是他的父母，也不是他自己，就會逐漸看到外在現實的形
狀，很明顯的與其內在想像的世界有別。假如父母平靜的適當設限，而不
會對孩子報復，孩子便能將父母從內在精神的想像，轉換成爲外在人際的
關聯，孩子就可以使用父母的力量，來補償他所失落的心理萬能，以及對
新經驗的模糊感。因此，在安全的環境下，孩子可以放棄幻想的內在生
活，而發展與他人的實際人際關係。所以孩子在成長和發展的歷程，需要
可信賴且會以他們的成就爲榮，以及令他愉快的外在客體。假若在孩子成
長歷程，父母不是一個可信賴的外在客體，這個契機就可能成爲發展的一
種危險，使得自我受傷（ego-impaired）的孩子，無法發展出足夠強壯的
自我。

貳、自我受傷的男孩，投射性認同是一種需求連結的溝通方式

Braucher（2000）認為在諮商與治療團體中，來自環境重大缺失而自我受傷的少年，投射性認同是他們用來溝通過去他們所難以獲得的關係之需求。在他研究一群飽受無助，非常脆弱及憤怒感受的少年，發現他們在成長歷程找不到成長所需要的那種外在客體。由於缺乏一般孩子所期待的環境，以致自我受傷，而無法包容緊張的情感情緒，因而他們投射自己內在的情感情緒和所認定的自己，且以為那是接收者的。同樣地，在諮商與治療團體，他們也會投射所不要的自己那個部分到領導者，以便他們可以得到領導者的包容。他們誘發領導者那些他們自己不要的感受，以便和領導者分享他們的內在經驗。這種現象可以視為是，少年在下意識用來連結他人的方式。雖然這是防衛而不適當的，可能會招來人際衝突，然而卻是他們唯一在使用的方式。因此，當領導者能夠去包容，提供了矯正性情緒經驗，改變了他們的感受，且被他們內化之後，這些青少年乃可以接受過去所錯失的親職教養，而得以發展比較穩定的依附。

尤其一個青少男，生長在沒有父親，而母親有高壓力的家庭，且缺乏家庭以外的支持網絡，這樣的青少男便出現高風險。由於男孩在成長過程會希望像自己的父親，以父親作為他的自我理想（ego ideal），有一個可以愛，可以模仿，能夠內射的父親人物，這樣可以使得男孩能夠以父親為典範，去發展自我認定（self- identity）（Ross, 1994a）。尤其男孩在成長歷程，能夠向他人分享自己父親的成功和成就，有助於小男孩克服被貶抑的感覺衝撞著所居住的世界，且從成長學習得到控制。尤其在相處當中，父親可以協助兒子發現技巧，作為去試探和實驗的能力，因此有一位慈愛的、有能力的父親，男孩可以學習去組織自己的能力和調整自律（Ross, 1994b）。若處在與母親「分離－個體化」的歷程，而缺乏可以認同的父

親，以便和父親連結，作為取代他過去過度依賴母親的狀況，男孩很可能感受到孤獨無助，以及極端的脆弱與憤怒。由於在他的環境中對外尋求不到可靠的，且能夠以他為榮和愉快的依附，於是他的自我受傷，而無法包容強烈的情緒，因而會投射他的內在情緒，並認同那些情緒是那個被他所投射的人所有，藉此來表達連結關係。不幸的是，他的投射性認同通常帶來人際衝突，而不是親密的連結。由於被他投射性認同的人，無論是父母、老師或同儕，會拒絕他或無法包容他的痛苦情緒。這樣的男孩，便需要諮商與治療的介入。而團體諮商與治療的方式，可能對這樣的青少年特別有幫助。

參、從投射性認同，詮釋重複暴力的男性

由於客體關係論可以解釋一個人早期的內在自體和客體表徵，如何在成年時的人際關係中重現。因此，也可以用來詮釋發生家暴的暴力男人，尤其是不斷重複暴力的男人。他們以投射性認同作為防衛，以對抗自戀的脆弱，是導致暴力的因素。有暴力的男人，主要來自暴力或暴力目睹者的家庭，由於內射很多的壞客體，導致發展相當脆弱的自我結構。以暴力虐待女人或其他的男性，是使用慢慢對別人注入他自己的「壞」，來感覺到別人的方式，主要用來排除他對自己有缺陷和低自我價值的感覺。如此一來，不只可以排除那些對自己的負面感受，且與他所看見對方的弱點，在相較之下，可以感受到自己強而有力。在這樣的過程，當他看到對方令他厭惡的特質——其實這些特質本來是屬於他的內在——便逐步強大而成為暴力，自體那些不好的感受，現在被外化成為配偶、自己的孩子或他人的部分。由於從對方身上看到的其實為自體要排除的強烈憤怒情緒，這個男人強烈的厭惡感，便以暴力對付配偶、自己的孩子或他人。原因在於去對抗內在憤怒的壓力或威脅感太大，然而經由投射性認同，這個男人

可以在內在精神安全之下，便能將自體感受的憤怒趕走（Zosky, 2003）。從Kerngber（1987）的理論，一個暴力的男人在對他人施暴之後，他的緊張便得以鬆弛，由此可以讓他再度與客體接合。但是，由於害怕配偶或被他施暴的他人離去，施暴之後的自責時期，他很脆弱，同時也是感到很絕望。由於投射性認同的發生，是在一個人的下意識，因此再度發生分裂和投射。所以Kerngber的分裂假說，或可用來詮釋Walker（1984）的暴力循環觀點，一個家暴的男人，其實是非常害怕被遺棄關係的人；但是卻使用暴力來要求關係，往往一再施暴，而極其嚴重者甚至完全不能忍受讓關係離開。

❖第四節　投射性認同與團體歷程❖

在團體中觀察投射性認同，可以看到接收的成員發現被歸因的屬性與他個人當下的體驗不相符。而投射者也會密集的涉入，與這名被他將自己的特質投射的成員的互動。因此接收的成員會體驗到有壓力，越來越會去認同和發生被歸因的屬性之行為。由於認同和投射性認同有別，如果只是一種認同的防衛機制，這個人會積極地認同被他理想化的對象，特別是那些可羨慕的特質。而那名被理想化的對象，則是處在被動的角色。相反的，在投射性認同的認同防衛，則會涉及兩名或甚至多名成員之間的密集互動，也就是雙方都加入密集的交換互動。

投射性認同，在團體是相當複雜的互動概念，可能會有多名成員涉入。例如在一個團體當中，A成員體驗到明顯的自我貶抑，而下意識將這樣的感受投射到B成員。這個過程可以讓這名投射者A成員感到減少自我貶抑；而這樣的互動，會涉及經由密集火力攻擊的評論，引發令B成員不愉快，且越激起接收的B成員的自我貶抑感覺。經由循環的動力，投射者A成員，共鳴地認同接收者B成員自我貶抑的感受。尤其，團體中可能發

生兩種狀況：有一種狀況是，其他成員感受到快速和密集挑撥的威脅，當接收者甘受投射者言語的羞辱時，其他團體成員可能因而變成被動的觀察者，沉默的袖手旁觀；另一種狀況是，當有一小撮的成員積極涉入互動，且相對地反擊時，則成為另一種反應型態。可能這一種互動結果是，這名接收的B成員淪為團體的代罪羔羊。所以，投射性認同與團體中代罪羔羊的產生，有密切關聯。在團體歷程，當一名成員很快出現投射性認同，領導者能夠考慮有關防衛理論的要素和處理策略，方能有效的面對和處理。

　　此外，在團體諮商與治療情境，投射性認同的互動品質，將影響到團體內多重系統的層面，也涉及團體成員之間重要的界線議題。投射性認同為一種，由一名成員使用其個人層面精神系統的投射，而接收投射的成員，則在人際系統層面。由於當一個團體的人際系統層面在交流的時候，會改變團體三個階層的所有各個層面的系統，即個人層面、人際層面及團體層面的系統，因此，可以看到投射性認同影響整個團體所有系統的層面（Agazarian, 1992）。團體中界線的存在，才使得團體內各個系統層面的功能可以區分清楚，並得以運作，何況領導者的工作重點，需要依據清楚劃分的界線，才能夠去聚焦。當發生投射性認同，個別成員個體系統層面的內在精神界線的交流，在人際或次團體系統層面，就會呈現模糊狀態。原因在於，使用投射性認同的投射者，關閉了他內在精神的界線，而投射了自體所不要的特質。然而接收者，收到了被投射的溝通，跨越了接收者脆弱的精神界線（Clark, 1997）。由於投射性認同的交換，發生在很容易有滲透性的人際層面，因此當投射性認同發生的時候，成員各自的心理統整和自主都發生妥協而混淆人際系統層面的界線，所以領導者必須介入澄清和調整界線的違規越界現象。

❖第五節　團體中投射性認同的處理❖

　　由於在團體發展的不同階段，成員出現投射性認同與階段發展有關聯。因此領導者需要認識，並採取階段適配的處理策略。基於投射性認同的複雜性，可將團體劃分為三個時期，來討論不同時期的處理策略（Clark, 1995）。以下分別說明團體初期、團體中期和團體後期，在團體中若有成員使用投射性認同時的處理。

壹、團體初期投射性認同的處理

　　在團體初期，當領導者正努力建立溝通和基本規範時，若有一名成員使用投射性認同，引發對另外一名成員的羞恥、攻擊或憎惡，將誘發負向人際互動和對於團體規範的負面效應，對於團體發展特別具破壞性。然而，由於投射性認同的複雜性，即便領導者對於投射性認同的理論有所理解，仍會感到很棘手。在實務上，尤其新手的領導者，在團體有一名成員使用此防衛，若未能有效處理，投射的成員將持續與被投射的成員維持交換互動的型態。由於他們兩人的人際界線已經變得模糊，因此可能對團體造成很深的影響。

　　在團體初期，成員正在建立關係和形成規範。當領導者努力建立不判斷和支持的氛圍，此時若有一名成員使用投射性認同，來操縱和強制的影響他人或團體，可能會暗中破壞了團體規範的建立。如果有一名成員，開始以貶抑或輕視的評論，來操縱和誘發另一名成員，領導者便可以清楚知道，這是發生了投射性認同。在反應方面，接受誘發的成員會顯現被威脅，但是也被對方言語的虐待所引誘，而投入交換的互動。當交換的激發者（即投射者）維持持續不停攻擊的程度，兩個或多個成員的個人界線將開始變得模糊。因此，領導者必須介入，去保護脆弱的團體成員，同時要告知投射者和被投射者，這些是激發者個人的情感情緒。如果領導者能夠

同時反映投射者和標靶成員的情感情緒，如此他們兩人才能感到被了解，同時可以減少投射性認同互動的情緒張力。繼之，也許可以邀請其他成員，就他們對各方所觀察到和知覺到的衝突行為，來進行回饋。讓團體其他成員表達他們的觀察，也許可以立刻減少投射者在標靶成員的聚焦。領導者若沒有引出其他成員的回饋，團體可能會傾向於被動的，看著激發者針對接收的成員誘發被威脅感。

「修正」（modification）這項技術，對於投射性認同具有療癒性（Clark, 1995）。在團體中有些時候成員的回饋，實際上其意圖想引起一些建設性，然而其言語卻未能明確表達，反而以一種間接而有攻擊性的方式出現，而成為令對方不了解，也不能接受的回饋。若領導者發覺成員回饋的內容，包含有潛藏的目的，便可以使用這項修正技術，要求這一名成員以直接的方式，重述那不可接受的回饋。茲舉一例：在一個團體中李炎使用投射性認同，持續地批評性的評論劉千。因此，引發小圓有目的的要給李炎回饋。然而她卻這樣說：「我覺得你很白癡ㄟ，你一直不斷對劉千找碴，但是我卻發現你從來不會去看看你自己的缺點。」這時領導者介入，先同理李炎的感受：「你聽到小圓這樣說你，一定感到很不舒服。」接著領導者對小圓說：「我想你有話要說，但是你剛剛對李炎說話的方式，會讓他聽不懂你真正想說什麼？你可以不要用貶抑他的方式再說一次。」如此，領導者對於投射者（李炎）和觀察的成員（小圓），都能表達同理。小圓於是說：「好吧！我的意思是你不要老是找劉千的碴，為什麼你不談談你是怎樣在理解別人。」小圓如此對李炎說之後，引起李炎對於小圓對他這樣的觀察，感到有興趣。便來問小圓：「你認為我如何理解他人？」在小圓回應之後，領導者請其他成員，就觀察到李炎在團體的行為，也提供回饋給李炎。

雖然「修正」這一項技術有助於處理對投射性認同相對所產生的不

良行為，如果投射者繼續攻擊標靶成員，則領導者必須採取更進一步的行動，來保護接收的成員和維護團體的統整。使用「阻止」（blocking）的技術，可以使領導者介入和打斷。例如講故事或講閒話等，相對產生的不良行為，使用阻止的技術，也可以讓領導者以堅定卻是寬容的方式，防止進一步的投射性認同的溝通交流（Clark, 1995）。當投射性認同的成員使用誘發行為，變得很明顯的時候，領導者也許可以這樣對他說：「你有很強烈的情緒，但是我不能夠讓你以這樣的方式來自我表達。我們在團體裡就是要彼此支持，而你的行為是在攻擊。」領導者以這樣的方法直接涉入，可以將團體動力從交換的雙方移開，特別是當使用投射性認同的成員為殘酷的風格時，團體成員都臣服於其下，阻止是領導者必要的介入手段。但是在另外的一種情況，如果一個次團體開始發動反擊，此時領導者需要立即阻止這個具潛在破壞力的報復。雖然阻止具有冒險性，然而除非領導者能夠介入這場憎恨的交換互動當中，否則投射者容易遭受到團體成員提早「拆穿」他的防衛，譴責他的脆弱。這樣將導致投射者情緒的代償功能減退，由於他對自己沒有頓悟，而是感到被攻擊，對於投射者並沒有療癒性。

在團體初期，領導者可能很難認知投射性認同的動機性動力。由於在憎恨的互動中，接收的成員好像只是一個被動的受害者，領導者若只是努力去改變投射性認同交換的任何一方，通常很難停止這個交換的互動。如果領導者能夠反映代罪羔羊（即被投射者）所體驗的情感情緒，便可以促進其他團體成員，對於他們自己在交換的雙方所觀察到的了解，而能夠支持代罪羔羊（Ohlsen, Horne, & Lawe, 1988）。當接收的成員繼續以代罪羔羊角色演出，而不是善用其他成員提供的支持，在投射性認同雙方交流的動機，就變得更明顯了。因此接下來的工作，在團體的目標便需要去釐清一個成員，他在使用代罪羔羊角色的錯誤和正確看法，並發展比較適應的

行為。

　　此外，在團體初期領導者也可能淪為投射性認同的對象。一個使用投射性認同的成員，可能輕視領導者領導團體的能力，而引起缺少經驗的領導者以敵對的反應對付被批評，並質疑自己的領導能力。當領導者在面對成員的嚴厲言語評論而呈現越脆弱的型態，則成員越可能增加對領導者的責難，導致團體失敗的情形（Clark, 1997）。Zender（1991）指出，當領導者感到被操縱成為受害者角色時，領導者將抗拒屈服於隨伴的無力感或憤怒，此時極為重要的反應是，領導者再認知和杜絕被誘入投射性認同的接收者角色。假如領導者持續體驗到一種脆弱的型態，便需要在督導之中探討這個未解決的議題，如果是協同領導的方式，協同領導者可以協助對方認知他的弱點，並肯定維持控制一個團體的責任。此外，就個人界線的控制方面而言，當被成員的投射性認同挑戰時，領導者應以開放的方式，去同理的反應成員的溝通，同時也要充分的封閉界線，以維持領導者自己的認同（Durkin, 1981）。因此，一方面領導者可以運用各種技術和策略，以展現領導團體的能力；另一方面則保持觀察者的立場，避免落入一名團體成員的誘發和操縱的圈套。

貳、團體中期投射性認同的處理

　　在團體中期，當團體的信任程度和凝聚力都增加的時候，便可探討投射性認同的動機，以及考慮涉及防衛的不同觀點。進入團體的共享關係階段，成員對於彼此呈現的支持增加，同時較少被使用投射性認同的成員所威脅，或較少批評那個使用投射性認同的成員。在這個時期，領導者需要認知投射方面，看清楚成員們的交流，以及使用操縱方式持續涉入成為代罪羔羊的成員的情形，然後澄清存在投射性認同本質中的衝突和矛盾，以及與代罪羔羊的關聯，這些為團體中期發展的目標。由於投射性認同，

將造成界線問題。就界線這項議題而言，在團體成員之間越凝聚的人際關係，越能提供一個支持的情境，讓個人得以開放精神層面的界線和調適新的訊息，並刺激認知結構的改變。此時期領導者可以選用的技術包括：面質、認知重建、重構和解釋等，以協助投射者和接收者去學習對於自己的行為型態有嶄新和不同的看法（Clark, 1997）。

首先，以「面質」技術而言，能夠協助領導者和其他成員去認知，使用投射性認同或其他防衛機制相關的不一致現象。面質技術的主要焦點，在一名團體成員所陳述的內容與後面所列的五項當中任一項，或一項以上的不一致或矛盾。這五項包括：(1)非語言行為；(2)之前所陳述的內容；(3)行動；(4)客觀情境；(5)顯著的遺漏或漏洞等（Clark, 1997）。當領導者使用面質技術的時候，同時應邀請其他團體成員，就領導者面質投射者的部分，以他們的觀察提供回饋給該成員。如此領導者的面質，能和其他成員的反應相互認證，避免由於只有領導者獨自一個人面質，而被投射者反駁。例如，領導者可以對使用投射的成員（假名為齊云）說：「在上次聚會你提到你最痛恨被人打壓，然而剛剛你的作為也在打壓小李。你們其他人怎樣看待剛剛齊云對待小李的行為？」由於其他成員的回饋與領導者的觀察相同，可以促使投射者去思考自己的行為。

其次，「認知重建」技術強調將負向和自我挫敗（self-defeating）的認知，轉換成為具建設性和有目標的看法（Meichenbaum, 1977）。通常使用投射性認同的成員，抱持有失功能的核心信念，從他投射到另一名成員或其他成員的敘述內容，便會透露出來。經由其他成員的回饋，這一名使用投射性認同的成員，能夠開始了解自己對待他人的負向態度，實際上是來自於他對自己的基本信念。這不是在澄清他的非理性想法，而是他被團體挑戰，才知道努力去改變在信念系統中失功能的假設（Ellis, 1995）。在諮商與治療團體，不但要去引發這樣的成員，去改變那些不適

應的信念之動機，也要協助他建構不一樣的觀念；借助團體成員們的支持性回饋和鼓勵，這樣的成員，方得以在團體內和團體外實踐新的、且有目標的思考方式。

最後，「重構」這項技術，使用經由語意的改變可以讓一個人局限的看法產生積極的改變（Cormier & Cormier, 1997）。因此，重構可以協助投射者，對於他個人使用投射性認同作為防衛發展新的參考架構（Clark, 1997）。例如，領導者可以這樣對投射的成員說：「是否可能你在小劉身上所看到的，反映了某些你對自己的感受？」。在領導者如此介入之後，再討論新的觀點，並聽取其他團體成員的回饋。最後，領導者可以做結論，並鼓勵這一名成員不要迴避，而是當作挑戰，去努力改變。因此，重構這項技術也可以代表聚焦在語意改變的解釋技術的另一面，聚焦在分類和標明有關的語意改變（Clark, 1995）。例如，領導者可能對一名成員說：「你表現出有能力去接納自己較為不好的特質。何不利用這種開放的胸襟，去建構對自己積極的看法。」與重構不同，若是解釋技術的建議這方面，則強調理解因果關係，企圖就個人的動機考量，去解釋一個人的行為（Levy, 1963）。所以，使用建議方面的解釋，主要在邀請這名成員去探討投射性認同的功能和自己所堅持的相關核心信念。協助成員澄清因果的架構，若不當行為與成員個人使用投射性認同有關，也許可以協助該成員去了解和促進對防衛的控制。例如，有一名成員知道在團體中，自己有藐視另一名成員的不當行為，然而卻難以理解和控制自己習慣的行為型態。直到後來有一次聚會，當團體中大家談論到親密關係議題的時候，這名成員出來直接抨擊正在說話的一名成員，因而被其他成員指出，每次當大家討論親密關係議題的時候，他就會出來批評或攻擊。對於這名成員，或許領導者可以這樣介入：「是否可能談到親密關係讓你感到不舒服。你提過在你的原生家庭生活經驗，家人都是有距離的和冷漠的？」提出這樣

的因果架構解釋，接著需要和這一名成員充分討論，並讓其他成員一起來回應。

參、團體後期投射性認同的處理

在團體後期，當成員建構了比較適應的觀點和增加自我了解之後，團體焦點將會有目的的治療行動或解決問題的行動。雖然使用投射認同的成員，可能努力要控制自己不去使用投射性認同，然而防衛的習慣性特質為牢不可破的型態，需要持續努力去打破。在諮商與治療團體的優勢為使用投射性認同的成員，在其他團體成員的支持和鼓勵之下，會變得比較少去依賴防衛。因此在這個時期，行動取向的策略會特別有幫助。可以設計一些策略來協助成員脫離自動反應的型態，減少投射性認同的次數（Clark, 1997）。例如阿德勒學派的「逮到了自己」（catching oneself）和「好像」（as if）這兩種策略，能幫助使用投射性認同的成員，去預期自己傾向於使用防衛的情境，而提高對於使用防衛的自我警覺（Dinkmeyer, Dinkmeyer, & Sperry, 1987）。例如，一名成員對於親密感到厭惡和威脅，當其他團體成員都在討論比較私密議題的時候，便可以使用「好像」技術，其他團體成員可以鼓勵和支持這名投射者，在一小段時間之內，自己假裝做一個新的個人「認同」，表現出有容忍力和有約束力的行為。又例如，在團體中當一名成員開始感到很厭惡另一名成員，並開始蔑視那一名成員的時候，他能夠及時「逮到了自己」的狀況，並即刻中斷這樣的互動，同時也主動去討論他所體驗到的厭惡情緒，便可以逐漸鬆動和改變這個牢不可破的習慣型態。

由於在團體進入工作階段之後，成員對於自己會去使用投射性認同有進一步的覺知，因此在防衛方面，變得越來越能區分和調整（Matthews, 1992）。而且成員的界線，也從缺乏彈性和不穩定，變得有彈性和穩

定，因而在面對特殊情境的時候，學到可以適當開放和關閉界線的能力（Durkin, 1981）。如此，便可以減少團體中的投射性認同發生的困擾，使用投射性認同的成員，個人也獲得改變。

❖第六節　領導者成爲投射性認同的對象❖

在處理成員投射性認同的最大陷阱，就是領導者被該成員的忌妒、攻擊、具體的或扭曲的現實等，所引發的緊張，或是領導者自己的相對移情。就自我表徵和內在客體的投射發生在治療團體時，客體關係論的概念運用在理解關係的變化無常方面，將很有幫助。成員早年的創傷關係，由於帶著痛苦的影響，以投射性認同的方法在團體中重現。投射性認同能夠同時以內在精神的和人際的兩種概念的名詞來理解（Steinberg & Ogrodniczuk, 2010）。

對於自己的相對移情經驗的知覺，是領導者去了解成員究竟透漏了什麼關鍵，且在領導者找到方法，讓這個成員能夠以語言表達出來，以及以療癒的方式去探討到底是什麼，一直到能夠理解潛在再創傷化發生的這個點。當成員對其個人早年受虐和被忽視的感受，成爲他個人的知覺能夠去碰觸的時候，他在未來回憶起早年所經驗的創傷，就比較不可能被壓倒。如此，這個成員將變得比較能夠分辨他早年無助的經驗和他現在已經成年了的情境之差別，且能夠知道現在個人的資源，以及那些在他早年環境中自己所得不到的資源。因此，他就不需要以投射個人的自我表徵和內在客體到當前人際的方式，來防衛他的害怕和憎恨進入他的意識可覺察當中。如此一來，這名成員便能夠發展較適應的互動方式，以及對於當前的現實維持比較實際的看法。

當領導者本身成爲一名團體成員的投射性認同對象，處理這樣的問題

並沒有很具體的方法（Ramchandani, 1989），但有一些步驟和原則可作為參考：

(一)首先，領導者要確定自己成為某個成員投射性認同的對象。可以作為指標的是：當領導者開始體驗到，對自己和該成員有情緒張力的感覺，而那些是由該成員所分享過的感覺。所謂當局者迷，因此通常督導者或諮詢者，會比較客觀和清楚這樣的狀況，在知道和被告知投射性認同時，最困難和痛苦的第一步，就是領導者自己能夠疏離投射性認同的能力（Ramchandani, 1989）。

(二)一旦知道之後，有利的方式是：就這樣與被投射性認同所引發的感覺，共處一段時間。這個原則知易行難，由於會感到很有壓力，而要去阻止這一名成員停止繼續讓領導者感到被控制、被攻擊或麻木，以便感到可以控制。假如需要提前採取行動，那就是「包容」。如此，通常來自被誘發感覺的心理壓力可能就會消失，而領導者或許能夠獲得心理距離和新的看法。但是在這個過程本身有一些冒險，因為在容忍被誘發情緒和所謂的「治療的受虐狂」（therapeutic masochism），兩者一線之間可能很微薄（Ogden, 1982）。因此，有個諮詢者比較不會使自己壓力過大。此外，最好不要打算採取曖昧不明的等待那些感覺自己消失掉（Ramchandani, 1989）。還有，如果因投射性認同，而讓領導者對自己或對於該成員感到有安全之虞的時候，需要設限，以避免發生危險（Kerngber, 1987）。

(三)需要努力去辨別該成員投射性認同的實際成分和幻想成分。只要該成員體驗到領導者一如脆弱的自己，該成員便不能考慮以脆弱的領導者作為防衛，來對抗自己感到有缺陷的想法（Ogden, 1982）。該成員有機會發現實際的無助和需求，有助於分辨對於實際的領導者和他幻想的領導者。不過太直接或以羞辱方式，去面質該成員的投射性認同，只會增強他

的害怕，因爲那樣做，好像領導者要卸除他用以防衛面對自己缺陷的武器。

(四)這個步驟是，去解釋該成員下意識幻想的本質、動機、脈絡，以及他防衛的用處。但是對於比較不健康的成員，可能得再等待。因此「包容」和「沉默」方式給這個成員得到的解釋，對於這樣的成員，可能這樣就有療效（Ramchandani, 1989, p.245）。如此，直到該成員有能力象徵化，以及自我客體（self-object）分化的發展，才能積極地處理。這樣的處理方法，與Volkan（1976）的見解相似，他便認爲治療師涉入病人的內射和投射的歷程，需要維持一個病態的關聯。實際上，這個辦法或許可以提供一個機會，讓病人將被修改的治療師之特殊功能，同化到修補病人的個體化之中，而改變了他的內在精神的結構。

在團體中成員使用投射性認同固然是一種防衛的方式，同時也可以視爲是成員的一種溝通方式，用以和領導者或其他成員溝通他內心無法容忍的經驗（Ramchandani, 1989）。甚至也可以視爲成員要求關係的一種方法（Braucher, 2000），是他在過去所發展出來，與他人連結關係的一種錯誤方法。雖然在團體中發生投射性認同，或許是複雜而棘手的問題，然而有效的處理，則具有很高的治療價值。因此，這是一個團體治療師必須重視和認識的議題，且需要了解其本質和處理的策略。

第十三章
代罪羔羊

「代人受過」（scapegoating）是一種值得注意的團體現象，也是一種團體的動力過程。團體進行中在成員互動之際，不只可以聽聞成員陳述的內容，還可以觀察到成員如何陳述與相互交流，前者為團體內容，後者為團體歷程。團體歷程經常會呈現很多有意義的訊息和現象，領導者若能理解這些訊息與現象，便能較為有效介入和處理團體歷程。

在團體歷程中，領導者和成員，以及成員和成員之間的互動，所呈現諸多具有治療意義的現象之一，便是「代人受過」，而被攻擊的成員便成為團體的「代罪羔羊」（scapegoat）角色。領導者若未能有效處理代人受過的現象，不只這名被犧牲為代罪羔羊的成員會受到傷害，團體歷程也會產生障礙。在團體治療情境，代罪羔羊很普遍，其動力卻未受到應有的重視（Scheidlinger, 1982; Token 1972）。Clark（2002）建議在處理任何團體的時候，代罪羔羊都應該被視為重要的療效因子。因此，對於代罪羔羊的理解與處理，為領導者必備的能力。本章對於代罪羔羊的論述，將分別從新精神分析學派的客體論與社會學的人際理論，來剖析代人受過和代罪羔羊產生的原理，並提出處理的建議，以協助治療師可以從不同角度，去理解團體歷程與代罪羔羊產生的關係，以便有效處理這個阻礙團體歷程與成員個人成長與發展的障礙。

❖第一節　代罪羔羊的意義❖

　　Freud的代罪羔羊概念，源自基督教的聖經。代罪羔羊有兩種：一種代罪羔羊為背負所有人的罪，被從社區驅除；另一種代罪羔羊則是肩負著所有人的正向特質，而被送上祭臺，獻給神（Scheidlinger, 1982）。前者，被驅逐出團體；後者，成為團體的犧牲者。無論成為哪一種的代罪羔羊，都很少是為了個人生存的理由，而是為了團體。中國民間故事「河神娶妻」，便是敘說一個村子每年選出美麗年輕的女孩，被當作祭品送給江中的河神，以保村子當年沒有水患，這是活人祭的故事。臺灣民間信仰當中也有類似的儀式，只是用的不是活人，而是焚燒或埋葬紙製替身或草人，替一個人將疾病或邪氣帶走。不論哪一種都有相同功能，就是人為了淨化個人或社群，而將邪惡轉稼到一個受害的代罪羔羊，這個過程便是代人受過。

　　原始的代罪羔羊，是一種宗教或民俗儀式當中的替身，如今被引用在團體諮商與治療，作為隱喻一個團體成員的一種角色。從小團體動力的觀點，角色包含一名成員具有社會的與心理的不同特質，在團體互動當中產生。角色可以說明一名成員在團體中的地位、功能、任務、責任等等（Mabry & Barnes, 1980）。代罪羔羊，為團體中的非正式角色，當一名成員或一個團體感到備受威脅，且被視為可能會遭報復的時候，便選定一個無辜的人或一個外在團體用來歸咎罪名，這就是代人受過的過程（Clark, 1997）。因此，代罪羔羊往往扮演一種可以讓團體的緊張得以轉化的功能和角色，以使團體成員們獲得一統（an unity）（Vogel & Bell, 1960）。

❖第二節　代罪羔羊與失功能家庭❖

　　Kizziar（1989）提出四種失功能的家庭：(1)酗酒或藥癮家庭；(2)情緒或心理障礙家庭；(3)身體或性虐待家庭；(4)宗教基本主義或嚴格教條家庭。Body（1998）認為當一個人是在失功能家庭長大，會從父母的行動、語言和態度遭受到痛苦和創傷。由於這些創傷，使得一個人的成長發生變化，與一般孩子不同。由於那些家庭的父母缺乏提供準備一個人成長為成人必要的親職教養，且當一個人被迫去成為家庭中不自然的角色，也將發生失落童年（loss of childhood），覺得自己的童年被剝奪，並沒有真正的童年歲月而感到哀傷。

　　Wegscheider Cruse（1981）認為來自酗酒的失功能家庭，子女在家庭中獲得的角色，是用來彌補父母的缺陷，以及保護和照顧父母的問題，父母和子女形成共生（co-dependence）狀態。子女傾向發展出四種角色：(1)「英雄」，往往長子、女容易成為這個角色，容易過度負責，要求完美和成就，這個角色是用來讓這個家庭可以引以為榮；(2)「代罪羔羊」，獲得這個角色者通常是次子女，特徵為外化的行為、反抗和違法，這個角色讓家人將注意力從酗酒父母（或其中一人）轉移到這個孩子，他讓家庭壓抑的憤怒找到出口，其實他的行為也可以被視為是求助行為；(3)「失落的小孩」（lost child），特徵為害羞、孤獨、隱形，覺得在家裡被忽略，感到孤獨和如同外人；(4)「吉祥物」（Mascot），通常老么容易發展這樣的角色，以丑角和過動來尋求成為家人注意的中心，他以丑角娛樂家人，想讓大家覺得好過一些，事實上在家庭中他可能感到很焦慮和害怕，他也常被過度保護，可能持續到成年期都不成熟。Fische和Wampler（1994）研究酗酒家庭的成年子女，發現：酗酒的原生家庭，對於子女的角色和人格類型都有影響。「英雄」角色為原生家庭的緩衝器，「失落的孩子」和「代罪羔羊」比較容易受到原生家庭傷害的影響，不過

子女的性別不同，受到的影響也有差異。與「代罪羔羊」和「失落的小孩」相較之下，男性的「英雄」和「吉祥物」都扮演著原生家庭的緩衝器，而女性的「吉祥物」角色則否。

Alford（1998）從實徵研究獲得的結論為：(1)過去認為酗酒家庭才會出現代罪羔羊角色，這個實證研究發現不只酗酒家庭，失功能家庭都有相同狀況；(2)失功能家庭對於代罪羔羊的影響最大；(3)來自失功能家庭的成年子女，會認同代罪羔羊角色。雖然家庭影響最大，但是家庭外的因素也具影響力，例如媒體。由此可見，不只酗酒，其他失功能的家庭，父母對子女的影響都極為深遠，由於失功能家庭的父母容易粗暴對待子女，因此不只對個人的兒童期有影響，對個人成年後的角色和人格也有相同影響。

研究指出，被父母粗暴教養的孩子，比較容易霸凌他人和被人霸凌，原因和孩子的情緒自律相關密切（Shields & Cicchetti, 2001）。在兒童期被虐待的成人也相似，會對配偶和子女暴力相向，以及成為親密關係中的受虐者（Dutton, Van Ginkel, & Starzomski, 1995; Egeland, Jacobvitz, & Papatola, 1987）。因此，被霸凌常常與代罪羔羊相提並論，被霸凌和代罪羔羊的小孩，往往無法自衛，也沒有導致會被霸凌的原因。由於失功能家庭通常很壓抑情緒，可能由於被霸凌的孩子和代罪羔羊的角色，都是家人壓抑憤怒的出口，他們內在的憤怒無法表達，只有當被他人攻擊的時候，他才能夠表達他的憤怒，因此他會發出討打的線索誘發被攻擊，或憤怒情緒外化的行為，而攻擊他人。由上述可知，失功能家庭對個人角色和人格影響之一般，由於代罪羔羊傾向在人生其他團體中複製原生家庭的角色，諮商與治療團體的領導者若能使用初晤，掌握每一位成員的發展史，將有助於觀察和發現團體中的代罪羔羊。

❖第三節　代罪羔羊的產生❖

　　團體中代罪羔羊的議題，在心理學或社會學都視為是一個值得重視的問題。因此，對於代罪羔羊的產生，無論在心理學或社會學都有學者提出相關理論，值得治療團體領導者作為理解代人受過發生的機制。在心理學方面，主要從精神防衛角度來詮釋代罪羔羊的產生。學者認為代人受過，對於代罪羔羊個人的精神功能有深層的效應，同時這種現象對於團體中的次團體，甚至整個團體也都會受到影響。團體成員使用代人受過的歷程，與替代（displacement）、投射、投射性認同（projective identification）等三種防衛機轉有關（Clark, 1998; Ganzarain, 1989; Gazda, Ginter, & Home, 2001）。替代，為情緒的轉移，將一個人或一個情境的情緒，轉移到另一個人或情境或事物之上；投射作用，是將個人不能接受的部分或特質，轉換到另一個人身上（Capuzzi & Gross, 2003/2006）；而投射性認同，則為較複雜的防衛機轉，一個人誘使或操縱他人，以一種被限定的方式去行動或反應的人際行為模式。主要在人際情境當中，由一個人內心發出投射，而被投射者感受到，便在不知不覺和不知道之下，去回應投射者所投射的幻想。被投射者則在不知不覺中，成了投射者內在情感情緒和內在表徵的容器（Cashdan, 1988/2001）。

　　在諮商與治療團體中與投射性認同有關的行為，代罪羔羊便是一種常見的行為型態。作為在涉及投射性認同的兩人交換關係之接收者，這個被投射的標靶人物，便呈現傾向發生被投射者所誘發的行為，繼之便被其他成員認為是一個被指定的代罪羔羊。由於這個標靶成員似乎容易被攻擊他的投射者那些輕蔑或毀謗的語言所觸動，而其他成員也許會開始將這個脆弱的成員作為開玩笑、作弄、戲謔或其他攻擊性行為的對象（Ohlsen et al., 1988）。當領導者想處理這個複雜的投射性認同和代罪羔羊時，很重要的是需要了解和認知在某個層面，這個標靶成員是一個「志願」的接收

者，除非領導者能夠介入到涉入代罪羔羊的多個成員之間的交互作用，否則團體可能會達到止於表面和轉移注意的一條死胡同，而領導者也可能成為成員投射性認同的標靶，而成為代罪羔羊的角色。一名使用投射性認同的成員，可能善於觀察領導者的弱點，並作為怪罪領導者為團體或團體成員失敗的來源。有關投射性認同可詳見第十二章。

在社會學方面，對於「代罪羔羊」的產生，主要從人際和團體的角度去詮釋，也十分值得諮商與治療團體的領導者參考。在面對不可避免的焦慮情境，人會使用各種手段來減少或降低焦慮和提升滿意。常見以兩種手法：其一對個人自己，使用合理化；其二在人際，則使用替代或代人受過。當人覺知自己無法接受的特質時，可能會感到威脅個人自尊，於是會將某些特質投射到他人，同時認為對方就是那樣的人（Lindesmith & Strauss, 1968）。社會學家Cooley（1998）對於「自我」的研究，認為個人對於「自我」的看法，存在社會互動當中，他人的姿態就好像是一面「鏡子」，讓一個人可以看到自己的映像。Yeung和Martin（2003）認為一個人是在社會中，透過他人對我們的知覺來看自己，並獲得對自己的認同。一個人從早年便開始鏡中自我的發展，除非中斷了所有社會人際互動，否則將終其一生不斷在修正這個自我。

所以從Cooley的理論，在治療團體中當成員無法確認自己是否能夠完整的被團體所接納時，可能：一方面，想像該如何在他人面前呈現自己；二方面，察言觀色調整自己的言行，以符合他認為他人可以接納的自己；三方面，將自認為不會被接納的部分，以投射來降低焦慮。在團體互動當中，當有成員將自己認為不可接受的部分投射在特定的成員身上，歸咎給這個特定成員，並認定對方就是這樣的人，而被投射的成員，則經由「鏡中自我」將別人的投射進行認同和內化，以致於成為個人特質的一部分，於是形成了代罪羔羊。而投射者則可以利用代罪羔羊，來提升個人的社會

地位。由此，從「鏡中自我」的理論，團體中代人受過的發生，可以視為一個願「打」，一個願「挨」的互動過程。

另外，從社會學「排除理論」（social exclusion）的觀點，代罪羔羊是團體或團體中個別成員排擠異己的產物；該理論主張，人會透過比較差異來展現人己的異同。因此，為了保持一個團體的「一統」，就必須靠排除「異己」來維繫或獲得平衡（葉永文，1998）。被選擇與被排除的行動，就是「代人受過」。由此，可能出現兩種代罪羔羊的型態：第一種為，在一個團體內對異己的排擠，在相似體的社群當中，為了保持其整體的一統性，異己者必須被殲滅，於是同一個團體中的異己者，便成為代罪羔羊；第二種為，排除一個團體中的外來者，通常為外來者由於屬於少數族群，由我族群排除他族群，為一種對於一個次團體整體的排除，被視為外來的次團體便成了代罪羔羊（葉永文，1998）。根據排除理論，在諮商與治療團體中，第一種可能成為代罪羔羊的類型，可見於某個成員由於言論、主張、舉止、表現、外表或其他個人特徵與其他成員特異，被視為是個異類成員，便容易成為眾矢之的；而第二種可能成為代罪羔羊的類型，則見於特定的次團體，可能信念、性別、社經階層、宗教、種族、或其他屬性為少數者，整個次團體遭到排擠。領導開放式的團體由於會在團體歷程中途加入新成員，也需要注意這個新成員成為代罪羔羊的可能性。

❖第四節　代罪羔羊的功能❖

從團體整體的角度，由上述社會學的排除理論，在一個團體有壓力或不安定的時候，代罪羔羊便扮演著被排擠與被犧牲的一種無辜的受害角色。換言之，被視為「異己」的代罪羔羊，實際上具有穩定團體的重要功能和角色。所以社會學的觀點，可以提供領導者在篩選成員和組成團體

時作為參考。在心理學方面，Clark（2002）主張可以分別從個體精神功能、人際功能和團體功能等三層面理解代罪羔羊的功能。這樣的觀點或許可以帶給治療師系統且較充分的理解代人受過的功能，而能找出解決的策略。

壹、在個人層面的功能

代罪羔羊的形成，可能與個人原生家庭經驗有關，特別常見於來自失功能家庭的代罪羔羊，容易在治療團體複製這樣的角色。對於這樣的成員，雖然沒有明顯跡象顯示他個人沒有意願，然而通常某種程度上他誘發了他人的攻擊，所以他好像是先發制人的代罪羔羊（Gazda et al., 2001; Ginter & Bonney, 1993）。可能這樣的成員，由於感到自己不值得被他人所接受，為了不被他人所忽略，與他人有連結，即便是負向的互動，也是他心理願意付出的代價。因此，這種成員對於應付他當前的行動，被人拒絕的忍受力勝過其他原因（Levine, 1979）。這樣的成員，通常具備一些誘發他人攻擊的代罪羔羊之特質（Token, 1972）。俗話說：「他看起來很討打。」或可用來形容在他人眼中這樣的成員。由此，似乎團體中的代罪羔羊，是他可以和他人維持關係，而不至於被忽略的模式。

貳、在人際層面的功能

替代，是人際形成代罪羔羊的原因之一。當有一名成員或數名成員將自己無法容忍的情感情緒，重新導向或遷怒到一名脆弱的成員，使他成為代人受過。這名被迫成為代罪羔羊者，通常被對方認為是弱者且不會報復；而這些使用遷怒防衛機轉的成員，通常是那些不能夠直接向引起他的情緒的人，去表達情緒的一種人，由於他們害怕或不能接近那個人（Clark, 1998）。因此，找人代為受過，可以去除或迴避個人的情緒責

任，例如在團體中，遷怒便是很典型的現象，對權威人物感到憤怒，卻找個似乎懦弱的成員出氣，使自己不用去面對可怕的人處理那些情緒。有時候，若團體中有一名成員被另一名成員作爲替代的對象，在這個代罪羔羊被攻擊時，其他成員看到這是個脆弱的代罪羔羊，也會順勢加入攻擊，以減輕個人相似的負面情緒責任。顯然，這個代罪羔羊冤枉的成了團體所有其他成員的出氣口。

其次，成員也可能使用投射，歸因個人不能接受的行爲或特徵到他人身上（Clark, 1992），被歸因者便成了代罪羔羊，並感受到一個或數個成員對他持有負向情緒。然而，投射者卻認爲對方對他有負向情緒。因此，對待被他投射的人抱持懷疑和攻擊的態度（Clark, 2002）。

至於認同（identification）與投射性認同，在團體治療上是很重要的兩個概念。團體成員個人的改變，可以經由認同團體中的某個成員或領導者，然後經由內射（introjection），再創造（re-creat）出成員內心的客體意象（image），如此可以引發成員個人自我的轉化（transformation），使得成員個人模仿或認同這個客體。另一種可以導致成員改變的途徑，是經由投射性認同（Ganzarain, 1989），這個概念結合了同化與調適兩種概念，即個體對於自己內在不好的情感情緒之投射，可以除去或減少對自己負面感受的責任（Klein, 1961）。

投射作用，可以發生在獨處或人際的情境；而認同或投射性認同，則需要人際情境。從客體論的觀點，在團體中當成員爲了減少自己不能接受的那個部分，透過投射性認同，轉換到另一個特定的成員身上，將這個成員作爲自己情緒或內在表徵的「外在容器」（external container），甚至將整個團體視爲一個客體，成爲自己「外在容器」。將整個團體作爲客體，有兩種情況：一種是整個治療團體，一種是團體中的次團體。後者，這整個次團體被視爲一個客體的情形，是將這個次團體視爲「外來的團

體」（Ganzarain, 1989; Horwitz, 1983）。因此，這個被選擇的對象，無論是一個人或是一個團體，就成了團體成員情緒容器的代罪羔羊。不過分析論認為可以將一個團體視同一個客體的原理，這種論調是值得質疑的，比較可能是個人複製他的原生家庭經驗。

在人類發展的過程，嬰幼兒以母親為其情緒的外在容器，母親能夠適當包容嬰幼兒的情緒，而不是報復或拒絕，有利嬰幼兒情緒的調適與發展。在個別諮商與治療中，當事人對於治療師的移情，治療師的包容，可以使當事人獲得矯正性情緒經驗。從通用系統論（General systems theory）的觀點（Ganzarain, 1977），自我與客體界限的可滲透性，使得自我內在得以改變，而導致個體的改變，行為也得以改善或情緒得以成長。當被滲透的元素是負向的情緒或特質的個人部分，這個人便成為代罪羔羊，他的行為將出現負向的改變。在團體中，這種可滲透性使得自我和團體界限可以延伸。當團體成員個人的情緒在團體中得到包容，如同母親是一個嬰兒情緒的外在容器，成員個人可以去自我調適情緒，可以減少代人受過的發生。然而，很重要的是，若團體中的代罪羔羊不是領導者本身，領導者需要能夠及時辨識出團體中代人受過的現象和成為代罪羔羊的成員，以便能當下處理。

此外，Bion（1952）強調人與人之間「互動」的重要性，主張對於投射性認同更貼切的說法，應該是「溝通的投射」（communicative projection）或「投射的互動」（projection interaction）。溝通的投射或投射的互動之性質，可視作為人際的溝通，這個人際溝通的歷程可以分為三個部分：(1)透過投射性認同，發展個人在團體的社會自我和角色；(2)如果將投射性認同，視為是一種互動現象，則投射者將會引出被投射者的某些情緒和行為。投射性認同，可以視為投射者與接收者在潛意識層面所進行的雙向互動歷程。就此理論觀點，成員個人在團體中的角色為互動的產

物。透過被投射，然後經由個人認同之後，同化（assimilation）成為個人在團體的社會自我和角色，再由投射者內射，而認為對方就是這樣的人。由此，代罪羔羊的情緒或行為，事實上乃源自投射者。

由上述觀點，當團體成員使用投射性認同時，成員個人自我和團體的心理界線相互滲透在一起，將個人自我藐視的部分經由投射，傾倒至一個特定的成員身上，再經由被投射者的認同，使得這個特定成員成為代罪羔羊（Ganzarain, 1989）。在人際互動中，這名被投射者將會被投射者激發，而出現投射者自我藐視的行為，其他團體成員由於感受到被投射者的緊張威脅，可能會攻擊這一名所謂「罪有應得者」，或只是成為被動的觀察者。故「代罪羔羊」之所以產生，主要與成員個人內在的心理衝突有關。

參、在團體整體層面的功能

從新分析論的觀點，主張和個人尋找代罪羔羊相同道理，團體整體也會重複的以負向方式聚焦在單一成員，或甚至團體之外的一些人。團體集體以轉向的功能，整個團體對著一名成員表達憎惡的回饋，如此團體便可以不用冒險，以及去阻止需要詳查代罪羔羊以外的其他團體成員的責任，而讓這個代罪羔羊承擔整個團體的責任。當團體互動變得彼此有威脅感或干擾的時候，整個團體轉移注意到一名特定的成員時，團體動力將會變得很模糊（Trotzer, 1999）。而以團體整體尋找代人受過的現象，通常有三種類型：

第一種類型，為全部或大部分的團體成員，可能花很多時間不斷探問同一名成員（Token, 1972）。特別明顯的是，以攻擊性或問訊性的問題，諸如：「你怎麼還不趕快離開這樣的關係？」「你不覺得你這樣做很不夠聰明嗎？」「你到底為了什麼這樣做？」這些問題都會讓被問訊的成員感

到自己是很糟糕的人，甚至進一步孤立這一名「異類」的成員。顯然這一名成員承擔了其他所有成員迴避去正視和詳查自己的問題所帶來的焦慮和不安。

第二種類型，代人受過的情況是，團體整體持續以負向談論著團體外的人，而很少談論團體中每個成員自己的責任（Levine, 1979）。這種以團體外的人作為代罪羔羊，最常發生在監獄的受刑人團體，成員以不斷指責法官判刑不公，或指責受害者應該為他們的入獄負責。也常見於學校不良適應學生的諮商團體，成員聯合起來不斷批評教師或學校的不合理，或指責學校訓育人員的處置不公平。這種情況主要在於成員遷怒，將個人內在負面情緒替代到不在場的人，可以迴避需要討論個人的行為責任。

第三種類型，當有一個比較具攻擊性或競爭性的成員缺席的時候，團體成員以這個缺席的成員作為討論的焦點。以這個缺席的成員為一種代罪羔羊，作為承擔團體成員此地此時需要自我揭露的團體壓力（Yalom, 1995, 2005），由此他們可以不用談自己。

若團體的功能一直以團體外的人，作為指責和討論的來源，可能成員的改變就遙遙無期。因為，成員可以不用為自己的負向情緒負責，也不用面對困難和挑戰。團體集體創造代罪羔羊，以便可以轉化團體內的緊張和迴避責任，同時也成為他們團結的基礎，唯一被置身度外的人，就會是只有領導者一人了。所以，領導者需要及時敏銳覺察一個團體如何使一名成員或一個次團體成為代人受過的現象，以便介入干擾團體動力的代罪羔羊問題。

❖第五節　團體中代罪羔羊產生的時機❖

社會學主張，「代罪羔羊」特別容易發生在團體中人際交流的危機期間。團體有三種危機時期：(1)當成員個人內心不安焦慮、感到無能、

脆弱、憤怒之際，或由於有改變想法所產生的內在衝突的時候（李郁文，
1997）；(2)當團體內成員們新的意識型態開始浮現，而團體內的衝突危
及領導者的權力時，領導者想要鞏固其瀕臨動搖的支配權地位的時候；
(3)當團體目標無法達成或是不盡人意的時候，團體中的「異質成員」便
很容易在團體情境中變成「標靶人物」（林萬億，1998）。在前述第2種
危機情況，若不幸地此時領導者有意或無意之間，為了維持其個人「功能
感」，以一個特定成員作為減少團體沉默壓力，或作為提升團體產值的承
擔對象，這個成員將成為團體的代罪羔羊，而領導者可以維持他的地位。

　　因此從社會學的角度，代罪羔羊容易出現在諮商與治療團體初期的
原因，可能由於初期團體的功能和情境，與成員參加團體的期待、想像或
理想不同，而成員個人的困境所帶來的負向情緒，正等待著「宣洩」。此
刻，一方面成員個人需要處理，當個人處在「面對」或「迴避」負面情感
性經驗的兩難情境而感到內在心理衝突，此時便容易出現尋找解決的出
口。故使用將自己認為不可接受的部分投射在他人，可以避免自我揭露和
冒著個人被團體拒絕的危險；另方面成員個人外在也面對團體不明確狀
態，不知道坦誠自我揭露能否被團體接納，焦慮的不安感和團體經驗的挫
折隨之被強化。有些成員便會立刻想到：「誰應該為這些情況負責？」於
是，最有可能的首選對象之一，便是被視為「無所作為」或「無能」的領
導者。Lewis、Beck、Dugo和Eng（2000）指出，隨著團體歷程的發展有
四種領導者，其中有一種被稱為「代罪羔羊型領導者」，常出現在團體初
期正在形成規範的時候，需要解決很多團體衝突之際，作為成員批評、攻
擊或非語言負向情緒的目標；其次，便是團體中易受傷和脆弱的成員，或
特異的成員，便容易成為團體中負向與粗暴行動的互動焦點人物。

　　Jayanth（2013）的研究發現，在被排除的對象，地位高者會聯合地位
低的成員，當這些地位低的成員被包括的時候，他們就不會使用排除，而

這名聯合他人者可以提升地位。有一種例子，就是對於團體沉默容易感到強烈壓力的新手領導者，特別容易在團體初期，過早以一個團體成員作為焦點，並聯合其他成員，讓這名成員承擔團體壓力。而其他成員正感到團體內的壓力，以及是否去面對自己負向經驗的內心衝突，兩者所夾擊的不安和焦慮，便轉移到這一名已經被推上祭臺的成員，正可以解除他們的困境，致使這名成員頓時成為眾人質詢、建議和說教的轟炸焦點。

此外，在團體的衝突階段，為代人受過的另一種時機。在團體中不是所有的成員都會將砲口猛烈攻擊領導者，由於無法公開批評領導者，而去攻擊同儕是一種安全表達攻擊或報復的方法（Yalom & Leszcz, 2005）。可能由於「依附」權威（領導者）的需要，使得團體中的「異質成員」成為「代罪羔羊」，作為替代領導者被其他成員集體攻擊（Rosolato, 2002/2008）。Yalom（1995）認為若沒有領導者與成員共謀，代罪羔羊不可能一直存在下去。成功的處理團體中的代罪羔羊現象，除了可以化解團體的溝通障礙和衝突情境，還能夠協助成員自我探索。因此，具有治療的意義，為不容忽視的團體現象。對於團體中代人受過和代罪羔羊的產生，身為領導者有必要加以理解，俾便處理和避免代罪羔羊的產生。

❖第六節　領導者的議題❖

在諮商與治療的團體歷程，領導者面對代人受過的現象，可能會有三種反應類型：(1)領導者自己有反移情產生，而未能自我覺察，可能會相信那個成員「討打」或「活該」被攻擊，因而未能及時提供重要的支持與保護（Gazda et al., 2001; Rutan & Stone, 2000）；(2)若領導者本身有被淪為代罪羔羊的早年背景，可能會高度保護這個被團體成員拒絕或惡意捉弄的成員（Schoenewolf, 1998）；(3)為領導者本身淪為代罪羔羊，尤其領導者是個很權威的人，不去理解成員企圖在爭取權力和主宰。這樣的領導者

最容易誘發代人受過，而成為團體中的代罪羔羊（Clark, 2002）。

　　由前述領導者對於代人受過的三種反應，團體成員和領導者也容易發生後續三種相對應的情況：第一種情況，領導者本身可能對代罪羔羊進行反移情的攻擊，主動以詢問或攻擊的語氣對付該成員，或在其他成員攻擊該成員的時候，加入攻擊，或故意袖手旁觀；第二種情況，領導者可能吃力不討好，被視為和團體中的「代罪羔羊」站在同一邊，而與其他成員作對，也成為那些攻擊的成員所攻擊的對象，而自陷泥沼；第三種情形，領導者被成員改變在團體中的角色，成為團體中眾矢之的，就是代罪羔羊，而喪失領導功能。因此，在團體歷程發生衝突或攻擊狀況之際，領導者的自我覺察，以及對於團體現象的敏銳察覺為首要工作。

❖第七節　預防與處理團體中的代罪羔羊❖

　　在團體的任何階段，都有可能出現代罪羔羊的現象，代罪羔羊被認為是一種重要的療效因子（Clark, 2002），同時也是障礙團體歷程的因子（Trotzer, 1999; Yalom, 2005）。因此，預防與處理團體中的代人受過歷程與代罪羔羊角色，為領導的重要課題。根據前述的討論，提出下列建議供作參考。

壹、成員的篩選與組成

　　從「排除理論」，由於異質的成員容易成為代罪羔羊。因此，在成員的篩選和組成需要避免很異類的成員，或有異質性的次團體組成的團體。然而，有時由於現實的限制而無法控制團體的組成，則需留意下述的情況：

　　(一)團體前的初晤程序，不但可以用來準備成員進入團體，對於每位成員的個人發展史有所理解，也有助於了解成員參加團體想解決的問題或

困境，以及可以作爲理解團體歷程中成員行爲的參考。對於來自失功能原生家庭的成員，需要觀察和了解他們在團體歷程的攻擊行爲和被攻擊行爲的特徵。

　　(二)在團體成員篩選與組成的時候，要注意避免性別、年齡、問題等與其他成員差異過大的成員。例如，主要由40歲左右年齡的成員所組成的團體，避免只有一名或兩名年約20歲的成員；又例如主要由女性成員組成的團體，避免只有一或兩名男性成員包括其中；在問題方面亦然，例如以夫妻關係議題爲主的團體，避免只有一人的議題是成員個人有外遇，以免容易被其他成員視爲異類成員。此外，領導者需要及早發現團體中可能被視爲「異己」的成員，協助該成員可以公開討論隱晦或隱藏的訊息，增進成員相互接納。

　　(三)由於無法選擇的特殊情況，團體中有時會由不同團體（例如愛心媽媽團體和其他義工團體）所組成的團體，要留意這些來自不同團體的成員所形成在團體內的次團體。尤其，人數較少的次團體可能成爲弱勢團體而淪爲代罪羔羊。

貳、處理團體初期的壓力

　　在團體初期的領導，一方面要協助成員適度而眞誠的自我揭露，以增進成員對於彼此的認識，提升對彼此的辨識和認同，以減少移情；另方面聚焦在此地此時，協助成員相互回饋，以增進彼此關係和促進團體凝聚力，可以減少團體挫折與團體內在壓力。尤其在團體的初期，從「鏡中自我」理論，可以善用投射性認同的「正向」性質，在團體中協助成員提供他人正向回饋，有利成員個人內化正向「社會自我」，並具有協助成員賦能（empowering）的作用，不但可以減少代罪羔羊問題，還可以促使成員去面對自己過去迴避的內在負向經驗，以便準備去工作。

　　其次，當成員面對冒險自我揭露與害怕被拒絕的兩難時刻，領導者需要能夠同理，並協助成員有機會說出內心的害怕，而不是強迫或提高團體壓力，企圖讓成員去揭露他想迴避或害怕的情緒經驗。例如，領導者可以對這名成員說：「我可以感受到你的兩難，你不用詳細揭露你所害怕的那個經驗，不過你是否可以告訴我和團體你對揭露的擔心是什麼？」在團體中成員們若可以說出害怕的情緒之緣由，則可以減少壓抑和投射。

　　最後，在團體初期，領導者需要較為積極地協助成員互動，反映團體成員談話的方向，創造支持的氛圍，協助形成有助益的團體規範。然而，有時仍然不能避免時，領導者需要成為這個代罪羔羊的角色，來當作工具，以便澄清團體中的議題。

參、領導者個人的移情和反移情

　　領導者在領導一個團體，應當高度注意和自我覺察，個人的移情和反移情狀況，以避免或減少在團體中將特定成員作為代罪羔羊。尤其，新手的領導者最好有督導者協助，以便及時發現個人的投射、移情和反移情等問題。當領導者自己淪為代罪羔羊的時候，領導者需要自我省思與覺察，若由於個人過於權威和控制而引發成員的憤怒與攻擊，則需要將個人的覺察和成員分享，並和成員討論團體責任與權力的分享。若成員由於個人的移情，而遷怒領導者的時候，領導者需要能夠去包容成員的情緒，提供矯正性情緒經驗的處理。從排除理論，領導者由於角色與成員為相對角色，也可能被視為「異己」或「異質」的「團體成員」。因此，當團體整體不安、焦慮或有危機的時候，若領導者不能及時覺察和處理，領導者也可能淪為被團體成員圍剿的代罪羔羊。所以，當領導者覺察到團體的不安、焦慮或危機的時候，需要自我揭露個人的真實感受，並邀請成員分享他們的不安和焦慮情緒。

肆、當出現可辨識的代罪羔羊之處理

　　由於投射和投射性認同，可能都來自成員個人早年的經驗。當團體群起攻擊一名被淪為代罪羔羊的成員時，領導者應協助這一名成員有為自己說話的機會。同時也要協助其他成員回到自身，檢視和詳查自己的憤怒或恐懼的來源。當每一位成員都能回到自身，去檢視憤怒或恐懼來源的時候，可以協助成員分享他們的共同議題和覺察個人的投射與投射性認同，以便化解代人受過狀況。

　　當團體成員們以一名缺席的成員，或不在團體內的人，作為討論的焦點，來承擔他們需要自我揭露的壓力與風險時，領導者需要向成員說明不討論不在場的人的規範；由於這個人不在場無法和他溝通，這樣的討論無濟於事。因此，一方面需要停止這樣的討論；另方面可以邀請成員分享他們個人對這一名缺席成員的感受，以取代去討論這名成員的行為或特徵。此外，也需要在這一名成員出席的時候，與這名成員分享他們對他的感受（Yalom, 1995; Yalom & Leszcz, 2005），避免背後談論不在場的成員，成為團體可接受的規範。如此，才不致引發成員們對於團體的不安全感。

第十四章
團體中的衝突

❖第一節　團體中衝突的意義與衝擊❖

壹、衝突對於團體和成員的意義

研究指出，衝突在團體發展方面扮演著重要角色（Rybak & Brown, 1997）。傳統分析論的治療團體，特別重視和強調衝突的治療性意義。因此，如第十五章在「矯正性情緒經驗」提到，主張治療師以操縱的方式，誘發移情導致的團體內衝突。事實上，在非結構式的治療團體無需特別操縱，衝突可能發生在團體任何階段，團體內的衝突是很平常的現象。衝突雙方的成員以帶有情緒的互動方式，並相互攻擊，以致爭辯越烈。**衝突本身不是原因，也不是結果，而是一種過程與方法**。衝突必有肇因，也將導致一些後果。依此，知其因，衝突便有解套的辦法。

諮商與治療團體內的衝突，主要由分歧、敵意與對立的想法所激發，無論來源為何者，團體中發生衝突，都將對團體造成衝擊（impact）。從系統論的觀點，在積極面向，團體衝突可能導致團體中成員個人和人際界線擴大，能相互包容與連結（von Bertalanffy, 1951, 1968）。Lewin（1951）便視衝突為一種力道（force），能將已經形成的型態解凍。因此，有學者主張人際衝突的建設性方面，包括鼓勵成長，開啟更為親密之門，以及在關係之內建立界線（Kottler, 1994）。由此，衝突不完全為消極性的意義，也會具有積極性的意義。

貳、團體內衝突的衝擊

　　諮商與治療團體的學者都認為團體中的衝突，不只具有負向功能，同時也具有正向功能（McRoy & Brown, 1996; Rybak & Brown, 1997）。團體治療優於個別治療之因，其中包括在團體中，治療師可以獲得成員衝突的清晰圖像，且可以看到成員被引出的移情情感的光譜較廣。由於發生多元移情，且移情的情感表達往往更立即性和更強烈（Guttmacher & Birk, 1971），且衝突就發生在現場，諮商與治療團體是一個很有力量的人際學習實驗室，治療師可以直接觀察、解釋和介入。有效處理衝突，對於成員具有學習和療癒的價值。因此，就諮商與治療團體而言，衝突是團體凝聚的危機，或是產生治療的轉機，端視領導者對於衝突的認識與處理能力。

　　就團體內衝突的積極性衝擊而言：首要，可能帶來促進團體凝聚的機會。團體內的衝突，可能發生在團體的任何階段，不過通常最普遍發生在團體的初期，由於成員彼此所知有限，對於領導者亦如是。因此，移情成為團體內普遍的人際現象，對於領導者和其他成員的扭曲性投射，而造成不滿意或害怕等情緒，或由於控制與權力的對立議題，所引起的焦慮。當然也有因害怕暴露自己，或可能由於文化的刻板印象所產生的不友善觀感等多種因素所致。有關衝突行為的互動模式指出，衝突包括三種行為：(1)迴避的行為，為否認和消極行為；(2)分配的（distributive）行為，為面質和競爭的行為；(3)統整的行為，為支持與分析的行為（Zornoza, Ripoll, & Peiro, 2002）。因此，衝突的行為不盡然都是很消極，領導者若能夠成功的協助團體成員渡過衝突最困難的時刻，便能使衝突經驗成為珍貴的學習經驗。

　　從系統理論的觀點，Rybak和Brown（1997）的研究結果支持了系統理論的觀點，認為團體衝突對於團體系統具有克服抗拒和產生改變的功能。同時，成員也從解決衝突過程學到建設性的對話。解決了衝突，成員

不只對領導者與其他成員有較眞實的認知，對自己也有較好的理解。同時，也給團體關係注入新的活力，增強成員之間的信任關係。這些將增進成員彼此的了解與接納，團體的緊張狀態得以紓解，即便對立的討論，也可能增加興趣與動機，而有助於提高團體凝聚力。

從人際治療取向的觀點，團體內衝突可能提供成員人際學習的機會。人際治療取向的學者，都重視團體衝突的人際學習價值（Rybak & Brown, 1997; Wall & Nolan, 1987; Yalom & Leszcz, 2005）。研究指出，開放與能容忍差異有關，對於不同的人和不同觀念的經驗，越能開放的人，越能容忍差異。而在缺乏容忍的團體之中，不論高開放或低開放的人，都將發生彼此觀念的衝突（Brandt, Chambers, Crawford, Wetherell, & Ryna, 2015）。當衝突發生時，成員便有機會學習如何建設性地解決衝突，衝突提供成員學習更深層次的自我揭露的機會，並能獲得其他成員的回饋，而得到自我發現與自我理解。而這些經驗，則是在成員個人的生活世界中所缺少。此外在衝突的雙方之間，可觀察到：接納的產生，來自了解；了解的產生，來自溝通。衝突發生，在有效的溝通過程，一方的成員可以學會不只是看到他人表面的情緒，而是能進一步理解在表面呈現的憤怒情緒背後所隱藏的可能是害怕、罪惡或受傷的情感情緒。除了觀察到對方的情形，另一方的成員也可以學習自我覺察憤怒底下所隱藏的情緒，並學習表達這些情緒。因此，衝突讓雙方的成員有機會獲得不同的學習。

至於衝突對於團體和成員的消極性衝擊，最常見者爲喚起成員人生普遍的恐懼經驗，而迴避面質衝突（Chen & Rybak, 2004）。一般人普遍害怕衝突，原因在於生活當中多數人所經驗到的衝突，都未能夠以建設性態度與策略來處理，以致多數人都經驗過衝突的破壞性。最常見的是，衝突發生時採取對抗的反應，通常出現難以預料的結果，且普遍爲痛苦的經驗，故令人害怕衝突。其次，衝突雙方通常各執己見，缺少傾聽和尊重，

以致無法溝通，因此容易發生關係的決裂，且難以修好對彼此的誤解，也令人對於衝突，避之猶恐不及。此外，每個人生活中對衝突的意象，也令人經常與破壞、征服及被征服，連想在一起。這些意象將喚起一般人共同的恐懼（Hocker & Wilmot, 1985）。同樣的道理，這種情形也會發生在諮商與治療團體的成員，當發生在諮商與治療團體，領導者應視為一種可資利用的治療情境，而不是企圖打圓場或仲裁。

其次，團體內衝突對於團體和成員的另一種消極性衝擊，為誘發成員習得的「打或逃」（fight-or-flight）反應（Chen & Rybak, 2004），影響團體內的信任與溝通。Cannon（1929）最早提出人類面對壓力的「打或逃」反應，衝突對於多數人而言，是一種人際壓力。當衝突浮現時，一般人很自然落入過去習得的反應，這些反應通常是用來「打或逃」。「打」，乃持續採取直接或間接的攻擊行為，直到一方被擊潰為止；「逃」，則為迴避行為，以粉飾太平，假裝若無其事，實則怨懟與憤怒情緒不斷滋長，直到再度爆發憤怒與攻擊，或採取壓抑憤怒，以冷漠疏離對應，或甚至投降放棄自我。這些反應大多為不適應的行為，因而使得衝突的雙方彼此更加不信任，關係也變得更難以進展。Sullivan（1953）認為人會採取行動迴避人際焦慮，並類化到相似的人際情境。在小團體研究也發現，多數人偏好採用逃避的策略，即便敵意攻擊或強制獲得順從的方式，也是不適應的策略，由於成員停留在負向感受中，對團體的滿意度較低（Wall & Nolan, 1987），而團體凝聚力與成員滿意度有關（De Dreu & Weingart, 2003），因此可能對團體凝聚力造成嚴重的負面影響。

參、文化對於個人面對衝突的影響

文化在個人面對衝突時，扮演著重要角色。儒家思想對於華人社會與文化，在為人處世的規範方面影響很大。孔子主張：「小不忍，則亂大

謀」。過去華人的社會，父母教導小孩面對衝突，主要以「忍」、「讓」
爲主。生活在一大家族之中，相忍爲「家」的和諧，相當受到鼓勵與讚
美，因此華人面對衝突通常傾向迴避，而不是面質。楊懋春（1981）認爲
華人的國民性格與家族主義有極密切關係，他認爲華人的國民性格愛好和
平。所謂「和平」就是沒有衝突、沒有戰爭、沒有破壞，爲了避免衝突，
寧可忍辱求全。楊懋春所謂的「忍辱」，類似於心理學常用的「迴避」。
所以在華人的世界，一般人迴避衝突的經驗，比西方人更爲普遍。實證研
究指出：成員隱而未說，與成員知覺團體衝突氛圍有顯著相關（吳秀碧
等，2005），可見衝突的氛圍，將影響團體內的信任與溝通。領導者對於
團體中隱晦的衝突，更需要明察與邀請成員溝通。

❖第二節　團體衝突的原因❖

　　在諮商與治療團體中的衝突，一方面可以從衝突的四個層面去觀察
與理解；另方面可以從團體發展的階段來觀察與理解。首先，從衝突的
任務和情感兩種層面觀察衝突的發生（Jehn, 1995）。任務性衝突，指成
員同意團體的任務，或對於任務的看法出現爭議；而情感性衝突，則與
成員個人，或成員之間的不和諧，或由於成員互動的張力和摩擦所造成
（Amason & Sapienza, 1997; Jehn, 1995, 1997; Pondy, 1969; Varela, Burke,
& Linkdis, 2008）。雖然，任務性衝突對於團體績效有影響，然而研究
發現情感性衝突，對於團體績效的負面影響更大（De Dreu & Weingart,
2003）。情感性衝突之所以容易滋長負面的團體行爲和結果，是由於組成
團體的成員個人特質與其在團體歷程的行爲，將會直接影響他們的情緒
性衝突的發生（McGrath, 1964），這種團體內衝突可能發展在團體的任
何階段。其次，可以從歷程和地位層面來觀察衝突的發生。歷程衝突，
指與團體內的任務分配之爭議有關（Jehn & Mannix, 2001）；地位衝突，

指成員在團體中相互比較社會的身分、地位或聲望（Bendersky & Hays, 2012）。所以在團體的連結階段，地位衝突很容易成為成員發生團體內衝突的來源。

　　其次，就系統論的觀點，在一個團體發展的歷程，統整（integration）和分化（differentiation）扮演著重要的元素。所以從團體發展的階段來理解，當團體成員發展一些凝聚力和初步的統整，接下來的發展任務，對於成員便需要足夠的分化，以便每個人在團體內找到個人獨特的角色和一席之地。因此，團體內的衝突也最容易發生在Tuckman（1965）所謂的「風暴階段」，也就是筆者認為的「連結階段」。成員在連結關係之際，也是在團體中尋找關係、位置和角色的時期，由於還不穩定，所以容易發生衝突。此外，團體初期成員角色的分化，也和他們對於團體的認同，或形成次團體有關聯。Burford（2012）認為衝突與成員的認同有關，乃是因為強烈的認同自己的團體或次團體的動機所致。由於偏愛自己人，便表現出喜歡自己人，和對外人的不喜歡。當團體進入工作期，則以敵意為產生衝突的主因。衝突不只可以讓成員獲得人際學習，也可以作為成員個人深層的內在精神治療之用。因此，在團體初期發生衝突的原因和團體進入工作期發生衝突的原因，可能有所不同。領導者需要分別審視與理解，茲分別詳細論述如後。

壹、團體初期衝突的原因

　　團體初期發生衝突的原因，主要與成員對於彼此，以及對於領導者真實個人的認識比較少或缺乏有關。此外，也與成員對於諮商與治療團體的性質與歷程，不理解或想融入團體的行為有關。

一、成員對於團體期待的落空

　　從任務層面來看：由於在團體初期，成員和領導者對於團體任務的認

知不同，成員來到團體主要的目的，就是解決自己的困擾問題。而團體初期，領導者的任務重點在歷程的催化。衝突的產生，與成員對於團體和領導者不切實際的期待之失望有關。成員過了客氣的社交階段之後，會逐漸浮現對於團體和領導者的期待落空所隱藏著的不滿。尤其有些成員參加過其他形式的團體，他們以為團體就是他們所知道的那一種方式，例如參加結構式團體的成員，將期待領導者的結構，或有成員以為到了團體，立刻就可以討論他們個人的痛苦和苦惱。初期常見的團體問題之一，便是成員發現他個人的目標和當前團體進行的目標不一致，成員期待聚焦在消除自己的痛苦，而團體卻以發展安全、信任、凝聚力等等為重點。因此他們開始質疑，在團體中能否和其他人討論自己的困擾。

其次，從情感層面來看：在團體初期，由於成員期待與需要被接納和歸屬感，也需要認同團體，以便將解決自己困擾問題的這件事託付給團體。對於成員首要的需求之一，便是在團體中連結關係。因而尋找彼此的共同點，是團體初期成員很普遍的現象。在團體剛開始，成員很容易的可以由外表特徵，例如性別和年齡，尋找彼此這些的共同點，來滿足連結的需要，這也是成員連結對象最基本的依據。相對的，隨著團體歷程的發展，成員在找尋連結對象的過程，漸漸經驗到彼此較多內在的差異，而感到挫折，或是認為對方虛偽的戴著面具，不開放自己，而對其他成員和領導者心生不信任和不滿。不過，通常成員經驗到未說出的不滿意比開放的衝突還多，尤其憤怒與挫折感，在衝突中最常不表達出來（Wheeler & Kivlighan, 1995）。這些由於對團體的失望所產生的不滿與憤怒將成為衝突的來源，若未將不滿的情緒表達在衝突上，則可能以退出團體作為對於領導者或團體不滿的無言抗議。

二、對領導者不切實際的期待與不滿

從角色和地位層面來看：衝突也源自於成員期盼萬能的領導者角色，

由於在團體中成員漸漸意識到領導者的不足與限制，對於一開始賦予領導者神話般的意象，產生幻滅。由此無法滿足自己所期待的所謂「真正」的領導者，而感到失望與挫折。若成員對領導者賦予不切實際的角色期待，即便經驗豐富的領導者，成員都不免感到失望而產生敵意。唯有當成員開始對領導者建立現實感，對領導者的敵意才得以消散。其次，在情感層面，團體初期成員期望依賴領導者，然而領導者通常拒絕扮演傳統的權威角色，也使成員內心對依賴的深層渴望落空，心生不滿。

此外，由於成員個人期待自己可以成為領導者的最愛，因而競爭與敵意的氛圍會在成員之間逐漸滋長。由於在團體開始前的個別初晤，成員以為可以成為領導者的唯一寵兒，然而在團體中領導者努力公平對待每一名成員，將使成員不切實際的期待落空（Yalom & Leszcz, 2005）。一如他們在原生家庭的經驗一般，雖然他們心知肚明，領導者應該平等對待每位成員，然而卻私心的期待自己受到特別的對待。假如團體成員無法直接面質領導者，便可能出現代罪羔羊，作為憤怒的出口，也可能藉由小事爆發衝突，以獲得領導者與其他成員較多的注意。

最後，在團體初期，沉默和自以為在為成員的表述內容作「解釋」的新手領導者，最容易引發成員的不滿與憤怒。殊少自我揭露的領導者，會讓成員感到冷漠，難以接近和連結關係，因關係的挫折而感到不滿。而自以為在使用「解釋」的領導者，會讓其他對於表述內容已經聽懂了的成員感到不耐煩。甚至領導者越「解釋」越顯露是自己想法的投射，讓自我揭露的成員感到被扭曲，也會產生憤怒。當這些不滿與憤怒達到一定程度，會以挑戰領導者個人或其專業，作為表達憤怒的方式。

三、刻板印象和差異

信任的習性，為個別差異的一種因素，反映在個人以類化的期待去信賴他人。在開始，小團體中成員對他人期待的信任習性各自不同（Rotter,

1971），刻板印象也是一種信任的習性。在團體初期，成員彼此真實的認識很有限，特別容易受到刻板印象的影響。團體中成員對其他人的刻板印象，有來自個人過去的負面經驗，也有來自對於特定文化的刻板印象。對於其他成員的負面看法和刻板印象的感受，藏在心裡，雖然沒有說出來，但是可能由互動中的態度和非語言行為透露跡象，使得對方感受到不友善或敵意。其次，成員來自不同的生活經驗，包括不同文化、家庭、族群的背景，可能在價值觀和喜好，包括表達和處理緊張與衝突，都各有差異（Halverson & Cuellar, 1999）。在連結階段，為了尋找可以連結的對象，成員可能會特別注意彼此之間的異同，對於價值觀、信念、溝通風格、獨特癖好，以及文化背景具差異性的成員，容易引發焦慮與負向投射。未經核實的負面想法，常導致對異己的成員之蔑視（Chen & Rybak, 2004），也成為彼此之間不信任與敵意的來源。

四、權力與控制的競爭

　　Yalom（1985）視控制為團體轉換階段的核心議題。權力是任何關係中整體的一部分，權力決定了人們如何彼此連結和作決定。而個人對於自己權力的知覺，會增加他使用專制的溝通行為，企圖控制關係中的互動（Dunbar, 2011）。從連結階段，直到形成穩定的共享關係階段之間，成員都在尋求和發展在團體中與其他成員的關係。同時，無論在配對或次團體，甚至在團體整體的關係形成歷程，成員相互較量高下，權力和控制的議題，便隨之逐漸浮現。這也是Yalom所指，成員進入關係之後，在關係中便轉為關注「上或下」（top or bottom）（Yalom & Leszcz, 2005, p.314）。這個階段的衝突，與成員間控制權的競爭有相當大的關係，成員對控制權的渴望，常以攻擊、找代罪羔羊、非生產性的沉默、講故事，以及追求次級滿足的方式呈現（Chen & Rybak, 2004）。尤其權力議題通常不會公開的討論，而是以人際緊張狀態的方式間接呈現。而競爭

所帶來的憤怒，也常隱約地透過遷怒或普遍易怒的情緒來表達（Yalom, 1983/2001）。由於競爭可能引發原生家庭手足競爭的情緒性經驗，爲成員個人未能意識到的情緒，以敵意的態度相向，這是領導者可以在團體成員互動中便觀察得到。

五、不遵守團體規範

　　規範與團體衝突有關。當成員在心理發展對一個團體的認同時，也發展對該團體規範的認同。其次，衝突爲可接受或不可接受，也是規範（Louis, 2014），有的團體視衝突爲可接受的規範。因此，有效處理團體初期的衝突很重要，可以讓成員學習到在關係中衝突的付出與報酬。不遵守團體規範所引發的衝突，之所以容易發生在團體初期，原因在於成員來自對於遵守規範的要求程度不同的團體，例如家庭或族群。因爲尚未能普遍重視團體規範，或尚未養成遵守規範，對於習於遵守規範的成員而言，可能不能接受或認爲不公平，而感到氣憤。例如經常不準時出席而影響團體歷程進行的成員，或由於新手的領導者堅持等到所有成員到齊，才要開始聚會，這些都可能引發原本都守時的成員感到憤怒。其後他們故意遲到，作爲對領導者和常遲到的成員表達不滿的情緒，或發現有成員違反保密規範，在團體外洩漏團體內資訊，將引發其他成員的不滿和不安。隨著團體發展，成員也會對於不遵守非明文團體規範的成員感到不悅，例如成員不夠開放自我，或不尊重他人，其他成員都會生氣的期待某個成員誠實面對自己或尊重他人。

六、次團體的衝突

　　次團體中的成員可能爲了鞏固次團體，同時排擠次團體外的成員或其他次團體，而有衝突的出現。從「社會認同理論」（social identity theory）的觀點（Tajfel & Turner, 1986），團體內成員的權力競爭和維持團體發展有關。在一個團體內的次團體成員，使用排擠來強烈區別與非本

次團體的差異，以便達到「一統」。當成員尋求這樣的目標，通常下意識是偏好個人所歸屬的次團體內的成員，而詆毀其他成員，不只表現在喜歡或不喜歡，也表現在對於訊息處理的差異（Turner, 1978; Turner & Oakes, 1986）。由於成員的知覺和行為與他們的社會認同有密切關係，對於衝突和權力的知覺、資訊分享的動機，以及對其他成員的判斷等，都受到區別所屬次團體內與團體外的分別之影響。此外，個別成員因素也影響次團體的形成。個別成員的地位，除了受到團體內脈絡的影響，也受到團體外的規範影響。根據研究，在一個團體中被排擠的成員，若權力高者，將連結其他成員，形成次團體；而權力低者，則淪落成為孤獨狀態（Turner & Reynolds, 2010）。由此可見，次團體的形成也與強化個人權力有關。

　　Yalom（1995）強烈抨擊次團體的破壞性。實際上，次團體的存在為任何團體不可避免的現象，只要不成為對立團體，其實次團體是成員對於團體歸屬感很重要的團體小單元。在社會學方面的研究，Sherif（1956）發現陌生的兩組成員，競爭的情境很容易便引發次團體之間的衝突與不合。而讓他們致力於從事一件共同的事情，次團體的成員之間的接觸，可以促進彼此友誼的發展和消除衝突的發生。

貳、團體後期衝突的原因

　　團體後期的衝突，主要為人際衝突，不像團體初期，以集體性衝突較多。尤其是團體工作階段，衝突產生的原因，多數與成員個人的早期發展議題，以及其困擾或疾病症狀有關聯，因此衝突為治療過程的重要部分。當團體關係出現安全和信任的條件，成員逐漸呈現出真實的自己，他在生活中的人際模式和特徵，也會逐漸浮現在團體中。因此，在這個階段所出現的衝突，主要來自成員個人的移情所致。常見原因如下：

一、成員對他人的投射性認同，並產生敵意

　　Yalom認為投射和投射性認同，為團體內衝突的主要原因（Yalom, 1985, 1995; Yalom & Leszcz, 2005）。自我貶抑或自我藐視的成員，對自我認定（self regard）很薄弱，個人對於自我認定薄弱的部分，由於無法自我接受，因而投射到他人身上，形成對他人的貶抑。對他人的看法，並非依據對方的實際狀況，而是來自個人的惡意扭曲或移情，當由這樣的扭曲為主導，相互便容易產生敵意。而投射性認同，亦為一種下意識的過程，投射者不只將自己無法接受的屬性投射到他人身上，且以明的或暗的溝通，影響著接收者的心理經驗與行為，在互動中改變被投射者的行為，使對方變得如投射者所不能接受的樣子，並敵意的批評對方，衝突也容易由此而起。

二、誘發成員個人未解決的親子議題或手足競爭議題，引發衝突

　　通常由於競爭得到領導者的注意或在團體中的特殊角色，而引發衝突，競爭可能由下意識的手足競爭議題所引發。團體的動力與家庭的動力類似，成員常將領導者放在父母的位置，而自己則置於如孩子的位置。每位成員無論是否覺察，都渴望獲得領導者的關愛與認可（Chen & Rybak, 2004）。成員在原生家庭出生的排行序頗具影響：長子、女，習於自己負責管好自己；排行老么的孩子，容易期待要獲得最多注意；老二，偏向競爭關愛；中間子，容易感覺到被忽略。從原生家庭習得的人際模式，任何來自成員與其父母關係的未解決議題，都可能誘發出對領導者的強烈反應。

三、成員容易衝突的個人特質或重演人際模式

　　由於個人的人際模式會不斷地重複出現在其人際關係中（Bernier & Dozier, 2002），某些成員會因為本身的特質，容易引發人際衝突或涉入團體衝突。此外，人格違常或是性格結構嚴謹、僵化之類的成員，也會引

發較強烈的衝突。尤其當成員個人尚未準備好，卻在團體歷程遭到其他成員挑戰或面質他那些牢不可破的態度和行為，可能引起該成員害怕與憎恨。有些成員則由於個人的脆弱特質，自我貶抑、低自尊、無法自我認定等，容易過度敏感，覺得他人有輕視眼光或對他輕蔑之舉，而引發衝突。

四、加入新成員也會引發敵意感

在開放式的團體，由於會加入新成員，因此另有一種不會發生在封閉式團體的衝突問題。由於舊成員已有較親密的關係和連結，新成員被視同外來者一般，由於陌生，新舊成員會彼此觀望與期待，若不符合期待時，容易出現敵意。其次，團體進行時，由於新成員經常搞不清楚團體規範，其他成員會逐漸對他的行為失去耐性，甚至感到厭煩或憤怒。而新成員，則感受到來自舊成員的壓力與不友善情緒，例如可能期待自我揭露的規範，使得舊成員生氣的要求新成員對自己和他人要更坦誠一些。

❖第三節　衝突的處理❖

壹、領導者處理衝突的態度

衝突的處理方法，與對於衝突的本質之觀點有關。對於衝突的結果，有兩種不同立場的觀點：一為抱持衝突為「解決」的觀點，其隱含的想法為，在性質上，衝突具消極性和破壞性，因此主要處理焦點在結束衝突（Heitler, 1990; Kottler, 1994）；二為主張衝突為「管理」的觀點，認為衝突也可以是具積極性，因此需要聚焦在將衝突導向建設性的對話（Nemeth & Owens, 1996; Rybak & Brown, 1997）。諮商與治療團體對於團體內的衝突，通常採取後者的觀點。

然而，華人的文化普遍站在「解決」的觀點。如前述，在華人傳統文化，面對衝突普遍採取忍辱或忍讓（楊懋春，1981）的策略，以此企圖結

束衝突。雖然，如此可以暫時平息衝突，然而沒有處理的憤怒，由於沒有得到紓解或改變，可能正在醞釀下一個衝突，並以外化行動，遷怒，或尋找代罪羔羊等，作為憤怒的出口。在實際生活中，等待尋找代罪羔羊，有些可以長達數年，甚至數十年之久。所謂「小媳婦熬成婆」，指的是當被壓制的弱勢，一旦獲得權力，長期忍辱的憤怒便找到出口，憤怒形同「輪迴」一般存在一個團體，以家庭為最典型的例子。在諮商與治療團體，領導者若以忍耐或粉飾太平的策略，企圖平息衝突，不但將隱藏更大的衝突危機，也沒有機會讓成員學習到處理衝突的有效行為。如此，對於他們在實際生活中的衝突處理，幫助甚微，甚至毫無幫助。

家庭是我們學習處理衝突的第一所教育場所。多數人的早期成長經驗，與父母或手足，輕微的或強烈的衝突在所難免，當親子或手足的衝突發生，父母被攻擊而防衛的時候，或為了保護被攻擊的子女的時候，或為了息事寧人表示公平的時候，父母通常會將自己放在「無所不知，無所不能」的權威角色，企圖去說服，或扮演仲裁者角色；或扮演撫慰者的角色，安撫孩子的憤怒，表面平息衝突；甚至專斷地攻擊讓自己感到憤怒的孩子，企圖讓孩子屈服。這些行為的目的，無非在控制。這樣的經驗，並不能帶給孩子有效的衝突解決和人際學習經驗，反而學到處理衝突的不適應方法。孩子可能學習到的是「抗辯」，企圖以語言改變對方的想法或行為；或「退縮」，害怕更嚴厲的攻擊，而保持沉默，或迴避走開；或使用迂迴的消極性攻擊行為，可能轉為「尋找代罪羔羊」；或「屈服」、忍耐，表面接受對方；或「強烈反擊」，由於憤怒或憎惡情緒外化成為行為，而咆哮、揮拳或謾罵。這些行為其實可能也是害怕所引起，害怕自己成為輸的一方或失去自我。個人一旦學習到前述這些不適應的衝突處理行為，可能也是後來人生和生活害怕衝突的原因。所以，諮商與治療團體的領導者，不能重蹈父母無效處理孩子衝突議題的作法，試圖要去扮演「仲

裁者」、「說服者」、「撫慰者」，甚至「專制者」。而是領導者需要正視衝突的治療性意義，有效處裡團體內的衝突，可以帶給成員很好的學習機會。

貳、領導者成為被攻擊對象

　　領導者本身成為團體攻擊的對象，是團體中不可豁免的現象，即便很有經驗的領導者，也可能發生被攻擊的狀況。Coulson（1999）認為最危險的事，就是領導者將團體這個行為變成心理問題或病態化，認為這只是成員們內心的鏡照。其中領導者最忌諱的反應，便是在團體攻擊自己的時候，無區別性的去「對號入座」，認為成員是衝著領導者個人來的。當領導者被攻擊之際，尤其不應逃避或焦慮不安，最需要的是保持定靜，維持專業能力去察看這個情況，可能與團體或成員個人，也可能與領導者都有關。保持完全開放的去聆聽，認為團體成員正在告訴你，有關他們自己，卻又不自知；而很重要的是，也必須保持與成員們同在，而不是以帶著有色的病態眼光，去審視成員們的批評行為，應以了解、透明化的態度化解攻擊，並示範面對攻擊的行為。成員從領導者的示範，學習溝通技巧之外，同時可以鼓勵成員真實面對領導者，允許在團體公開討論與面質。尤其是當成員衝突的對象是領導者，對於領導者更是直接的挑戰。所以，領導者除了具備團體發生衝突原因的知識，首要工作是覺察個人面對衝突的反應型態，學習和準備面對衝突的方法與技巧。

　　此外，當成員與領導者發生衝突，Donigian和Hulse-Killacky（1999, p.164）建議取而代之的辦法，是「誠懇地向成員表達我們對於他的批評和興趣」，同時也要願意聆聽、理解與同理。若是發生在成員之間的衝突，也不要企圖去扮演仲裁者角色，而是調停成員，讓彼此可以聽到對方真正想表達或真正的感受。衝突解決的重點，不只在為成員解決當前的問

題，也在讓成員學到如何處理未來所遇到的衝突困境（Trotzer, 2013）。在團體中領導者善用衝突，對於成員便是治療。

參、處理衝突的條件

無論領導者將面對什麼衝突，以及採取何種衝突處理策略，都需要掌握處理衝突的先決條件。這些條件有：(1)互相信任為處理團體內衝突的首要條件（Kappmeier, 2016）。然而「信任」一詞很通俗，卻概念模糊，很難成為可以操作的指引，Kappmeier（2016）提出處理團體內衝突，信任的要素之解構概念包括：能力、整合力、預測力、同情、相互包容、同心協力和安全等七個層面。因此，依據這個概念，可以逐步強化和鞏固團體內的信任。團體初期成員對於團體和領導者的不信任，為衝突主因；而團體後期，與個人的信任經驗和特質有關。因此，建立信任為溝通先決條件。(2)開放與尊重。衝突的雙方開放與尊重的參與彼此不贊同之處的積極溝通，可以導致接納與消彌衝突（Shapiro, Gattman, & Fink, 2015）。由於能夠聆聽，體驗與同理對方的立場，才能開啟溝通之門，讓對立的僵局破冰，且成員可以從處理衝突的經驗獲得學習的利益。(3)公開對話。不論是隱晦的衝突或公開的衝突，都需要在公開的對話之下溝通，所謂「打開天窗說亮話」，也就是開誠布公的公開對話。由於衝突的雙方常抱持的信念是，自己的看法是對的，其他人都是錯的。在拒絕溝通，以沉默相互對抗或迴避正視衝突，或在公開衝突之中無法聽進對方的聲音，這些都影響雙方下意識扭曲他人的言語，以防衛和敵對行為面對衝突，將導致彼此的溝通處在停頓狀態。因此，處理衝突最有效的策略是展開對話，在對話中的聲音、觀點、知覺、信念被納入個人思考，可以開啟更多的了解（Seaward, 1999）。(4)了解團體所處的發展階段。由於團體不同時期產生衝突的原因各異，了解衝突發生時團體所處的階段，不只有助於理解衝

突原因，也便於採取合適的衝突處理策略。(5)提升團體凝聚力。只有溝通尚不足以解決團體衝突，更重要的是在信任、相互包容、相互依賴與同心協力下進行對話，因此團體凝聚力是成功處理衝突的基礎。(6)領導者的示範。作為團體領導者需要能夠面對衝突，以及具備處理團體衝突的方法與技巧。

肆、處理團體衝突的策略

處理的策略有六：一，為使用平衡（leveling）策略；二，為將衝突公開化；三，為使用回饋策略（Gladding, 2011）；四，為處理不滿和挫折的情緒；五，為團體歷程闡述與人際歷程闡述；六，為使用暫時退出衝突（Ponzo, 1991）。

一、使用平衡策略

Gladding（2011）認為團體初期成員參與的平衡程度，為產生衝突的潛在原因之一。成員都期待自己被接納，也對團體其他人有影響力，參與的多寡，會影響成員感受到個人在團體的影響力，或被接納的程度。而成員參與狀況，除了與成員個人的內心與人際特徵有關之外，成員自我揭露為基本且重要的參與行為。如在第七章「團體初期的領導策略」一節中已提到影響成員自我揭露的原因，參與少或沒有參與的成員，不一定表示他們沒有話要說。領導者充分理解成員自我揭露的原因，可促進成員參與。而領導者和團體環境，也是影響成員參與的重要影響因素。為了平衡成員的參與，領導者必須注意沉默、退縮和抗拒參與的成員，理解原因，並給予適當的協助。尤其在團體初期，領導者應致力於與成員關係的營造，用心經營團體安全、信賴和支持的氛圍，以促進這類成員的參與程度。而對於壟斷、攻擊和專制的成員，領導者需要有力而肯定的介入處理。如此，不只可以提升成員的參與，也能平衡成員的參與。可以避免團體為少數成

員所控制，並因權力競爭，而導致衝突。

二、將衝突公開化

　　將團體衝突公開化，目的在讓衝突成為可以公開討論。團體前就必須明白告訴成員，他們有責任將在團體外的聚會活動提到團體來討論（Yalom, 1995），減少隱藏與祕密。其次，領導者需要留意團體內升高的情緒張力，並向團體告知騷動不安的現象，邀請成員一起公開討論衝突。如前述，成員可能對團體或領導者感到失望、或權力競爭、或次團體、或成員差異性等等因素，團體正在出現衝突或不滿情緒，團體中人人感到不安的時候，必須要有人提出衝突的警訊。雖然在極少數時候也有成員會提出警訊，然而衝突處理主要是領導者的任務，因此提出衝突警訊是領導者必須負起的責任。尤其在華人迴避衝突的文化之下，衝突發生時都試圖迴避，更何況錯誤的指望成員指出潛在的、正在出現的衝突。所以，領導者不但需要有敏察潛在衝突危機的能力，也必須具有肯定面對衝突的自信。團體衝突明顯爆發之前，領導者和成員會感受到團體內的混亂、或騷動、或情緒張力。可能正在顯示成員沒有自信，不敢冒險，也可能他們不信任領導者，或由於競爭控制權，或次團體的敵意。這股隱藏的破壞力需要化暗為明，領導者提出這個事實，邀請成員一起來面對，如此成員可以被允許公開討論他們的挫折和憤怒的情緒。由於成員有機會表達情緒，並接受來自領導者和其他成員的同理和建設性回饋，而可以去思考和評估，以及在團體內學習處理衝突的策略和技巧。

三、使用回饋策略

　　團體從連結階段到共享關係階段，雖然成員正在發展團體中的人際關係，有時則由於逐漸感受到團體的親密之後，不再進行人際冒險（Trotzer, 2013）。然而，他們沒有忘掉參加團體的初衷，有時他們會對於團體不能滿足他們的需求而感到挫折。其次，團體也處在由分化步向統

整的轉換期，成員對於差異特別敏感，排斥異己或次團體的排他行動，都可能引發衝突。讓成員來回饋他們正在做的和他們需要做什麼，有助於處理風暴的發生（Ponzo, 1991）。Gladding（2011）建議可以使用的回饋，有兩種策略：一種為正式回饋，這是一種使用結構方式，在團體聚會的任何適當時間，使用限制時間的繞圈，每一名成員給個一兩分鐘，請成員說出他對團體或其他成員或領導者的反應和期望。由此，團體所有的人的看法都可以被聽到，有鼓勵成員一起努力的作用；另一種為非正式的回饋，領導者隨時在成員們願意的情況，可以問成員對於團體聚會的反應。

四、處理成員不滿與挫折的情緒

團體由連結階段逐漸進入共享關係階段之際，團體的重點工作也將由催化團體歷程的任務導向個人焦點。這時團體浮現的衝突，都是與安全感、信任感、彼此真誠與真心的互動有關，也與對於領導者的能力之信任有關。因此，領導者必須以真誠和建設性的方式，來協助成員處理不滿意和挫折的情緒。首先，需要允許和讓負面情緒可以在團體直接表達，以便理解成員的憤怒原因。其次，領導者的同理、情緒反映、回饋和支持，可以協助成員表達內在的情緒經驗。經過這樣的衝突學習，成員不但學習到在團體可以公開表達負面情緒，而沒有發生想像的災難後果，也學習情緒表達技巧。如此，可以為後續的互助工作階段，建立溝通與表達情感情緒的良好基礎。

不過也有較不尋常的時候，有些成員的人際模式特別具攻擊行為。當可以公開表達負面情緒的時候，可能趁機惡意地攻訐他人，以達到洩憤的目的。這樣的破壞行為，只有傷害團體和成員，無益於溝通，如果衝突成為一個團體的規範，則無法提供成員學習的機會。因此，領導者必須控制這種破壞行為或加以設限，以便可以繼續溝通，也可以嘗試第十章介紹的角色轉換技術，協助攻擊和被攻擊的成員互換人際位置，以擴大他們的人

際知覺，學習從不同的視角，去看自己和情境，以獲得進一步的知覺。

五、使用團體歷程和人際歷程闡述

從通用系統理論的觀點，成員為團體系統的一部分，成員的攻擊行為必須放到團體整體的脈絡來理解和處理，而不是聚焦在一位成員作為處理重點（von Bertalanffy, 1968）。Yalom主張處理團體衝突，如同其他此地此時的行為，有兩個步驟：第一，先有情緒性經驗；第二，反映這些經驗（Yalom, 1995; Yalom & Leszcz, 2005）。當領導者辨識團體中未言明的隱藏性衝突時，首先要理解成員之所以試圖隱藏和迴避衝突的原因。由於團體成員尚未建立共享關係，沒有「我們」一體的感覺，特別害怕衝突浮出檯面，而不知如何以對。這種局面好像風雨前的寧靜，讓人不安，領導者可以使用團體歷程闡述，以便打破團體的沉默，消除團體緊張氛圍，開啟成員之間的溝通。

這種以團體，非以個別成員為焦點的處理策略，尤其適用在團體初期，可以減少過度聚焦在個別成員。如此具療癒的溝通，由於促進成員相互了解與認識，不只成員可以獲得人際學習，往往可以增進團體凝聚力。若在團體的後期，由於成員個人的人際模式或脆弱特質導致衝突，可先進行人際歷程闡述或個人內在歷程闡述，以便展開與該成員的溝通。如此，可以協助成員個人將潛意識的溝通型態，帶到意識型態的溝通，使成員得以了解自己的行為，對於其他成員或領導者的影響，也能夠讓成員將團體中的學習遷移到團體外的人際衝突。

六、暫時退出衝突

團體初期，由於成員彼此在價值觀、信念、溝通型態、態度上的差異而產生了焦慮，甚至引發負面的投射，緊張狀態是無法避免的，對於成員而言，有些感受則難以使用語言表達。因此，領導者最重要的能力是辨認出這種潛在的衝突，再考慮當下是否處理，通常潛在的衝突會有微妙的非

語言線索，例如避免評論，逃避目光接觸，疏遠冷淡的姿態或反應，團體出現較多非生產性的沉默等，並且能感受到有一些壓抑的潛在議題，如權力競爭、不信任與誤解等。當團體缺乏信任、凝聚力與包容時，即顯示團體還未準備好去面對，因此領導者需要暫時延遲處理為宜。此外，團體初期有時由於訊息的不充足，或由於聚會時間尚短，發生沒有脈絡可循的衝突，這時領導者可以暫時退出衝突，以觀察者角色，靜觀團體中的衝突狀況（Gladding, 2011）。在有關衝突的訊息比較確定，或衝突狀況比較明朗的時候才準備處裡，可能比較能夠選擇適當的處理方法。

❖ 第四節　結語 ❖

　　團體內的衝突為常見的團體現象之一。衝突處理得宜，不只使得團體的危機成為一種轉機，提升了團體的凝聚力，同時也提供成員一個很好的學習機會。因此，團體內衝突可視為是一種療癒的機制。新手領導者或本身害怕衝突的領導者，可能感到面對團體衝突的焦慮。尤其在華人文化的社會，從家庭很少提供直接面對衝突和學習處理的機會，在成為領導者的過程，此課題更顯得特別重要。由於沒有一個團體可以避免衝突的發生，領導者需要學習準備去面對，並具備處理團體內衝突的知識和技能。領導者能夠處理團體衝突的訣竅無他，敏察、自我肯定、願意傾聽、同理、誠懇、公開溝通等，就是最有幫助的方法。

第十五章
矯正性情緒經驗

❖第一節　矯正性情緒經驗的意義與性質❖

壹、矯正性情緒經驗的意義與性質

「矯正性情緒經驗」（Corrective emotional experience）最早是由Alexander和French（1964, p.336）有感於治療師聚焦在病人的情緒經驗做分析很重要，故曾經提到：「對於我們治療工作結果的結論為，為了緩解他的神經質情緒和行動，病人必須經歷一個適合於解套其早年情緒經驗影響的新情緒經驗。」後來在傳統分析論中演變成意指：治療師採取治療行動，提供病人一個帶有「矯正性」意涵的好經驗，而這個經驗是，正好與病人所期待的相反（Knight, 2005）。由於無論傳統或當代心理治療的理論都有共識，即了解到當事人不只在治療中談論他的衝突問題，也會在與治療師的關係中，重新創造出過去他與別人發生的相同衝突（Mitchell & Aron, 1999; Ponsi, 2000; Summers, 1999）。所以矯正性情緒經驗的治療意義，即在其經驗的本質，從這樣的觀點，「改變是經由體驗新關係中的經驗」（Knight, 2005, p.32）。為了讓當事人能夠解決他的人際衝突，他需要在與治療師的關係中，對於衝突體驗到比起過去與別人之間有個全新的、好的，甚至比較好的或比較滿意的反應。且治療師需要提供當事人重複這個反應，才會有效。所以，新關係是當事人持續改變的核心過程。

在關係分析治療法（relational psychoanalysis）（Benjamin, 1995;

Safran & Muran, 2000）或人際取向治療法（Aron, 1996; Mitchell & Aron, 1999）的理論架構中，矯正性情緒經驗多少都會被重用為主要的治療行動。依附理論（Bowlby, 1980, 1982, 1988）與人際理論（Alexander & French, 1946; Kiesler, 1982, 1996）都主張當事人與治療師的特質或傾向，若呈相反與對比，透過治療師提供的矯正性情緒經驗的效力，能產生最好的治療歷程與結果。甚至有學者主張矯正性情緒經驗是心理治療的「基本前提」（fundamental premise），以及「改變的基本機制」（basic mechanism of change）（Teyber, 2000）。晚近改變機制不只為長期治療所重視，也為短期治療所倚重。短期心理動力治療學者強調，矯正性情緒經驗是治療性改變的主要因子（Bernier & Dozier, 2002）。目前實證研究也發現，在短期心理動力治療也能獲得矯正性情緒經驗的效果，病人解決了兒童時期的未完了事件和發展出更為適應的人際關係（Friedlander et. al., 2012）。可見矯正性情緒經驗為諮商與治療的重要行動，不過學者對於治療的原則抱持不同的主張，可能得因人對治，不能一概採取相同方法，方能奏效。

貳、人際焦慮與循環的人際行為

從人際關係理論的觀點，人格可以被視為重複發生、且相當持久的人際情境之型態，為個人的生活特徵。人格特質在人際關係的脈絡中發展與維持，也需要從這樣的脈絡去理解。人際焦慮，則為個人發展的根本，由於一個人會致力於減少被重要他人否定或不贊同，以便降低人際焦慮。因而，個體在兒童時期學習到某些行為，可以導致減少或降低人際焦慮，某些行為則會增加或升高人際焦慮。由此，兒童學會調適他的行為來降低人際焦慮（Sullivan, 1953）。不論從Sullivan的情緒交互理論（theory of reciprocal emotion）或Leary（1957）的人際關係交互原則（principle of reciprocal interpersonal relation），都主張任何人際行動都是一個人用來誘導出他人，贊同或認定個人自我的期待與看法。尤其是那些對他而言是重要他人，更是如此。因此，個人可能持續使用相似的人際行動。據此，人際行動和人際反應並非涵蓋全部或隨機的行為，可能只有那些互補，可以減少人際焦慮的行為。

所以，從「互補原則」（principle of complementarity）的觀點，減少人際焦慮可能是導致個人自我恆久不變，持續循環之人際行為（Bernier & Dozier, 2002）。在有關治療師與當事人配對的研究方面，雖然有些研究指出兩人有相似性，對治療結果有正面影響，但更多的研究指出，治療師與當事人兩人在人際安全、性關係的價值觀（Beutler, Pollack, & Jobe, 1978）、社會權勢、獨立性、社會依附（Arizmendi, Beutler, Shanfield, Crago, & Hagaman, 1985）等，具相異性，對於治療歷程和結果更具正向影響力。可能由於自在的人際關係具保護作用，可以對抗焦慮和免於自尊受到威脅。因此，Kiesler（1996）認為當事人在關係中會引發互補的位置，來增強自己所適應的位置。若以治療的優先考量，最重要就是治療師要擺脫與當事人個人生活中的重要他人相似的互補反應，而與當事人以不同的互動，如此在治療關係中，方能協助當事人脫離不適應的人際循環之行為。

❖第二節　矯正性情緒經驗治療的三個歷程❖

心理動力取向的團體，矯正性情緒經驗治療，主要針對成員對於領導者的移情之處理。移情用於心理治療的過程，意指成員與早年客體的關係，以及怎樣看待這個關係，表達在現在與治療師的情感、態度和行為上（Sandlelr, Kennedy, & Tyson, 1980）。亦即成員將早年對待母親的態度和情感，移情到治療師身上。因此運用移情和反移情需要在當下，乃是具

有存在主義色彩的方法（Bauer & Mills, 1989; Walters, 2009）。Kivlighan（2014）根據Kiesler（1988）的理念，再從他自己在個別或團體心理治療的會談經驗，提出人際治療方法的臨床三個共同歷程：(1)將討論帶到此地此時；(2)使用有衝激力（impact）的自我揭露；(3)創造矯正性情緒經驗。Kivlighan認為前述三個歷程，好像是不相干的三件事，然而若就人際治療的模式來看，可視為治療的三個階段。茲分別詳述如下。

壹、將討論帶到此地此時

　　Kiesler（1988）相信人毋需將他的問題告訴你，而是他們將會在治療關係當中呈現或做出他的問題，讓你會看到。因此，這個原則的假設是，在治療關係中直接針對他的問題來處理最有力道，而不是在這個關係之外去討論他的問題。因為當事人在治療關係中出現他的問題，並不表示他知道他的問題，甚至他也不知道自己有什麼問題需要在治療中討論。在個別諮商和治療，治療師將這樣的問題帶到此地此時討論，稱為立即性技術（immediacy）。Kivlighan（2014）認為處理這樣的問題，可以視為處理當事人治療以外的關係和治療關係的平行現象。

　　從理論的觀點，此地此時的人際互動，可以鼓勵表達情緒與接納情緒，導致解決問題，並增進治療關係，而當事人也能將學習，遷移到治療以外的關係（Hill & Knox, 2009）。不過進一步理解，此地此時與立即性技術仍有些差異。立即性技術，經常是在治療師已經覺察到，當事人和他的關係有障礙的時候才去處理；帶到此地此時的技術，則不限於治療師已經覺察這個成員與治療師，或與其他團體成員的關係已經有問題的時候。例如有成員提到他從小就不太相信他人的時候，便可以問他在團體中相信治療師或團體成員的情況如何。也就是不論個別成員的問題是否在團體已經有行動出現，都可以在他提到他在治療以外的關係有困難的時候，便可

以將這個問題帶到此地此時。此地此時爲團體的能量細胞，處理此地此時能增進團體聚會的情緒強度（Yalom & Leszcz, 2005）。由於介入此地此時，可能打開當事人較深層的情緒經驗，準備當事人接受治療師的回饋。

貳、使用具衝擊的自我揭露

Kiesler（1988）的人際理論有一假設，即當事人的人際行爲問題，若治療師注意到當事人「衝擊的訊息」（impact message），便能夠有效地評估這個問題。所謂「衝擊的訊息」，是指治療師對於當事人的人際行動（通常爲非語言）之內在反應，亦即由當事人的行爲，造成治療師直接反應的結果。Kiesler將「衝擊的訊息」分爲四類型：

一、直接感覺：是治療師被當事人喚起的特定情緒，例如對當事人感到厭惡、喜歡，或無聊。

二、行動傾向：是治療師與當事人互動時，感到被當事人拉著要去做或去做的，例如治療師感到要去保護當事人，或迴避當事人。

三、被喚起而知覺的訊息：是當事人的陳述，讓治療師想到當事人要他去做什麼事，例如讓治療師想到當事人要治療師去保護他，或是怕他。

四、想像：是治療師與當事人有關的經驗當中的意像，例如想像當事人的人生有如陀螺。

此外，「衝擊的訊息」也可視爲「治療性後設溝通」（therapeutic meta- communication），即治療師主動與當事人溝通當事人衝擊的訊息，協助當事人覺知他的人際型態，以及這個型態對他人的影響（Van Denburg & Kiesler, 2002）。因此，運用衝擊的訊息的主要目的之一，便是強化當事人對於自己的人際風格，以及由於這樣的風格所造成的後果，能夠產生頓悟。

參、治療師創造矯正性情緒經驗的意義

Teyber（2000）認為矯正性情緒經驗，為一個值得重視的治療過程，可以協助當事人從早期的創傷經驗復原。從古典精神分析論來理解「矯正性情緒經驗」，可將之視為治療師提供當事人「一個好的經驗」。這個經驗具有「矯正的」意義，與當事人期待的反應正好相反。治療師所傳達給當事人的反應，為提供一個相反或對比的經驗給當事人，這就是「對比原則」（principle of contrast），而認為這個行動對於當事人的復原有所助益。

當治療師知道出現在當事人意識中的是何種問題，他只需要引發這樣的傳遞性反應。例如治療師可能由於治療的進步而讚美當事人，以便引發當事人由於父親的贊同，所產生的潛在罪疚感；或是治療師可能表達贊同當事人的一個朋友，以便引發當事人潛在的妒忌感。Alexander和French（1946）也認為假如治療師傳遞一個誘導當事人的反應，當事人可能會出現他們生活中同樣的問題。不過可能很難說服當事人，他們的反應真的就是早期型態的重複，而不是對治療師的自動性反應。也就是，治療師只引發當事人的移情，然後給於解釋和頓悟是不夠的，當事人可能不相信治療師的解釋。

矯正性情緒經驗的治療意義，即在其經驗性的本質，特別是在治療師與當事人的一種新關係形式當中，包含著催化改變的力量（Benjamin, 1995; Khan, 1997; Teyber, 2000）。就此而言，改變是經由經驗產生，從一個新關係的經驗發生改變，這是由於當事人需要經驗以催化改變，而不是僅僅由於治療師的解釋，產生認知的頓悟而已。這個經驗，是來自於不同風格的兩人互動，不再以互補性互動，而是呈現無互補性（noncomplementary）交換的人際循環（Bernier & Dozier, 2002）。所以，當代的精神分析論和客體關係論，兩者的心理治療都極力贊同一個新關係

的治療性行動，為治療改變的最主要來源。不過這樣的主張，並不放棄頓悟的治療過程之重要性，而是採取經驗和頓悟同時兼併的治療原理。正如Kinght（2005）的觀點，在心理動力的治療，只有透過解釋讓下意識變成意識是不夠的；然而，只有經驗也不充足。除了一個堅固的治療關係的經驗外，還需要伴隨技術的解釋；解釋，為產生頓悟所不能偏廢的技術。因此，當前治療師運用矯正性情緒經驗，需要知道「認知」與「經驗」兩項元素都要並重。

❖第三節　矯正性情緒經驗的治療方法❖

矯正性情緒經驗的治療方法，共有兩種：傳統的精神分析論使用「對比原則治療法」；晚近有學者提出另一種治療方法，稱為「壞客體重演原則治療法」。茲分別介紹如下。

壹、矯正性情緒經驗的「對比原則治療法」

「矯正性情緒經驗」一辭，最早由Alexander和French（1946）所提出，意指一名當事人在情緒和理智上，都了解到早期未解決的衝突經驗，與當前情境和關係之差異的過程。他們主張，為了發生矯正性情緒經驗，治療師必須讓病人再度暴露在有如早期情緒創傷的情境。不過，需要在比較積極的人際脈絡中，有目的地創造移情的關係，然而這個關係與早期創傷經驗相反，他們認為治療聚焦在病人的情緒經驗之分析很重要。因此，古典精神分析對於矯正性情緒經驗的看法，認為治療師的治療行動，在提供病人一個「好經驗」，這個「好經驗」與病人期待會發生的反應，正好成對比。如此，這個行動有助於病人復原，所以這個經驗有矯正的意涵，這就是精神分析的「**對比原則**」，由治療師提供一個與病人所期待的相反

或對比的反應。由於他們認為只有解釋和頓悟還不夠，若治療師只傳遞引發病人的一個反應，也就是操縱病人的移情經驗，可能難以說服病人去理解自己的反應是重複個人早期的反應型態，而不是對於治療師的自主性反應（autonomy reactions）。因此，治療師需要提供病人一個經驗去體驗，以便從體驗或體驗後產生的頓悟產生矯治；而不是僅使用解釋，企圖以說服方式來改變當事人的認知。治療師需要有意識的依照「對比原則」來選擇反應。

由於傳統精神分析的方法，在治療過程認為病人被治療師操縱情緒，也就是治療師操縱病人的移情經驗（Casement, 1990）。所以，傳統精神分析對於「矯正性情緒經驗」的概念，被認為有些負面的意涵。從現代精神分析治療和客體關係的立場，對於矯正性情緒經驗已有不同的看法，主張這個經驗是由病人在治療同盟當中發現，而不是由治療師傳遞所操控。病人不只口說他的問題，而且在與治療師的關係中，不知不覺地再度創造了過去他與其他人之間相似的衝突，治療師不可能提供這個經驗。在治療中所謂「問題」這個概念，是治療師與病人共同「重演」（reenacting），而不是模糊地解決了在治療關係當中，病人與其他人關係之間已經在掙扎的某些衝突。這種「重演」的狀況，可能治療師和病人都未覺察，亦即矯正性情緒經驗的發生，不一定特別要經由移情（Knight, 2005）。因此，晚近學者對於矯正性情緒經驗有新的定義，即一個人對於一件事或經驗，有了不同或不一樣的了解或情感性的體驗（Castonguay & Hill, 2011），便可視為矯正情緒經驗。顯然，這是較寬廣和較鬆散的一種對「矯正情緒經驗」的定義。此外，並不是每個人都贊同矯正性情緒經驗的發生，是由病人早期經驗重演的觀點。Kivlighan（2014）提到，由於他自己比較具有完形治療與心理劇的背景，他傾向主張治療師應該積極地為病人創造矯正性情緒經驗。因此，或許治療師個人的理論取向，也會影響

由何人與如何締造矯正性情緒經驗。

其次，傳統的分析治療認為透過解釋讓病人頓悟，便可以產生改變。不過這樣的主張，在實證研究上並未支持可以產生後續的改變，病人可能得到了頓悟，但是沒有改變（Summers, 1999）。由於病人不只需要頓悟，還需要體驗。當代的精神分析論和客體論的治療，與人際治療理論比較相似，都很重視建立新關係的治療行動。為了讓病人解決他的衝突，病人必須在與治療師的關係中，去體驗他的衝突有了一個新的反應，且比過去其他人的反應，較令他滿意。矯正性情緒經驗的治療性之重要，即在於其「經驗」的性質，病人與治療師之間形成一種新的關係，這個關係包含有力量去促進持續的改變（Benjamin, 1993）。所以矯正性情緒經驗，也就是治療師提供給病人一個好的、更好的或更滿意的經驗。因此，這種治療比較傾向採取支持性的治療。

至於在支持性的治療，支持技術的運用很重要。當代的分析論學者也提到，由於精神分析師比較採取中立的位置，病人對治療師的意像，通常比精神分析師更「眞實」、更「透明」（Berlincioni & Barbieri, 2004）。若從關係方面來看，心理動力治療的治療師並不去分析正向移情，而以病人對於治療師的認同為核心元素；正向移情能夠成為支持的助力，至於負向移情將轉到第三人去（Holmes, 1995; Rockland, 1988）。支持技術的運用，並不是特殊的方法，而是鼓勵、接納、協助發洩情緒、勸告、再保證、對環境直接採取行動或運用間接行動（經由指定他人輔助任務）、設限、表彰優點、甚至稱讚等等（Rockland, 1993）。依據心理動力治療，主要為按部就班的鼓勵正向移情，不鼓勵負向移情；增強適應的防衛，不增強負向的防衛，甚至提供所謂「不精確的解釋」（inexact interpretations）。面對明顯的正向治療關係，上述各種元素應可導致病人嘗試各種矯正情緒的步驟，增加他對於客體的覺察，以及再建構他個人的

部分客體（Buckley, 1994; Misch, 2000）。

　　若從上述的觀點，因治療師提供一個「對比」的經驗，與病人原先對自我和對他人的期待相反，意味著治療師就是「好父母」或「好的客體」（good object），能夠滿足病人的需求。而這裡所指的需求，是病人早在嬰兒期和兒童期首先經驗到的，與其發展自我感的心理過程有密切關係的那些需求。當時這些需求有時可能完全不能滿足或不夠滿足。從客體關係治療的觀點，認為移情就是這些未獲得滿足的需求出現在治療關係當中。因此，可以說治療的療癒經驗是由病人發現，並非由治療師創造，病人從治療師身上尋找和創造「好的」或「壞的」客體。病人不是刻意或有意如此，而是下意識希望和治療師的互動經驗，能夠滿足他的需求；在溝通的線索中，病人對治療師傳遞出他的需求，導致成功滿足了他從過去一直以來，未獲得滿足的需求（Casement, 1985; Knight, 2005）。

貳、矯正性情緒經驗的「壞客體重演原則治療法」

　　由於在治療過程，為了讓病人在治療關係中可以發生依附，有些病人需要創造一種情境，就是治療師重演壞的客體。經過矯正性情緒經驗，病人體驗到這個壞的客體，並不如預期那麼壞，被他攻擊，卻沒有被他摧毀，也沒有對他報復或疏離。當病人經驗到這個壞客體並不那麼壞，都在自己可以管理的狀況下，這就是Knight（2005）所提出來的「壞客體重演原則」（principle of bad object reenactment）。Knight認為在治療歷程，病人不只尋求好的父母或好的客體，也尋找壞的客體。由於在他過去的依附經驗，有好的，也有壞的，有安全的，也有不安全的，這些都成為他一生當中在人際相處的典型行為。Knight認為病人尋找壞的客體，其治療價值在於促進依附產生，然而卻大大地被多數治療師所忽略，只有提供「好的」或「較好的」反應，也就是「對比」的反應，以取代病人原先所經驗

不好的反應。如此，有可能無法導致產生依附，而使得治療歷程提早終止。

尋找壞客體的病人，由於他需要重複體驗一個早期的壞客體之經驗。在他與治療師的壞客體關係當中，病人下意識希望治療師可以包容他的憤怒情緒，遭受他憎恨的憤怒攻擊，而這個壞客體仍可以生存，不用擔心這個壞客體（治療師）會採取報復或情緒爆炸。病人對於治療師的負向移情，由於治療師沒有報復，也沒有離棄或疏離他，而得到修復和療癒。如此，在這個新關係當中，病人獲得學習，可以安全的表達較多元和較寬幅的情緒，對依附關係的知覺可以減少僵化，變得比較有彈性。所以，在治療當中矯正性情緒經驗的運用，需要因當事人的需求去進行，而不是依治療師的需求。正如Rappoport（1997）所主張，讓當事人在感到安全的脈絡中產生移情，發展與壞客體的聯繫，並在這個新關係中學習。

不過，不是每位當事人都會出現尋找壞的客體。如果是尋找壞客體的當事人，通常會發生在治療的早期，也就是依附關係在發展的開始階段，故此時不適宜使用對比的反應，因為需要給當事人一個不同的經驗。Knight（2005）認為治療在尋找壞客體的當事人，所依據的不是「對比原則」，而是「**壞客體重演原則**」。這樣的矯正性情緒經驗，是依據重演，而不是對比，他不贊成Freud所謂「強迫重複」（compulsion to repeat）的觀點。Freud主張需要協助病人破壞這個重複的循環。相反地，Knight主張當事人需要體驗原來的經驗，這個重要性在於發展依附和成長，發展治療同盟及滿足當事人需求。因此，首先當事人需要依附在壞的客體，然後只有在當事人準備好了，方能在關係中去解決問題。即首要條件，在當事人必須可以留在治療關係有足夠的時間，以便能修復早期的創傷。以邊緣性人格為例，過去病人的依附經驗好壞兩種都有，當他面對壞的客體生氣的時候，壞的客體可能就被摧毀了，變得抽離、疏離、或暴動憤怒攻擊

他。在治療初期，若治療師就只有使用對比的反應，可能難以讓邊緣性人格的病人對治療師發生依附。由於這種病人可能很難就此放棄壞的客體，他們忠於壞的客體，下意識相信有個壞的客體可以依附，聊勝於毫無依附（Fairbairn, 1952）。所以，若在治療發展依附的初期，只有使用「對比原則」，病人由於無法對治療師產生依附，可能因而提早離開治療歷程。

綜合上述，由於當事人與治療師的關係當中，有的在尋找「好的」客體，有的可能在尋找「好的」，也在尋找「壞的」客體。然而，不論尋找「好的」或「壞的」客體，都需要在激發動機、安全、同理和接納的治療情境，當事人才會不自覺地重演過去的創傷經驗。並經過「抗拒」與「修通」兩個治療階段，以協助當事人覺知自己的當下行為與過去經驗之關聯。由矯正性情緒經驗，當事人學習到自己的當下行為，是來自過去他對別人的期待，現在不再需要再以相同的期待，想要從治療師得到相似的有問題之反應（Friedlander et al., 2012）。為達上述目的，治療師還必須保持敏察自己和當事人的關係。Teyber（2000）建議治療師可以自問：「我是否共創了一個新的、且療癒的關係？」，「我是否被陷入一個病人所熟悉，但是有問題的重複型態當中？」。這些自我發問可以協助治療師：一則適時發現當事人的移情；二則採取可以滿足當事人，同時又合乎對治療當事人所需要的矯正性情緒經驗之治療原則。

❖第四節　團體歷程的矯正性情緒經驗治療❖

壹、團體諮商與治療中的矯正性情緒經驗

並不是所有的團體都可能出現可提供矯正性情緒經驗的機會，如果在高結構限制，或領導者中心取向的團體方式，成員之間將較少自動與自主的人際互動與交流。如果提供一個較少結構限制，或成員中心取向的團體

方式時，就會有機會讓成員將個人的獨特人際特質呈現出來。個人所呈現的人際行為，主要展現了個體的生活型態，而其人際行為的學習，是在早期的生活經驗當中，與家人的互動所形塑的人際風格。

　　成員在團體中，將因為與早期經驗相關的類似情境，而引發負面的認知和情緒。當這位成員可以透過其他成員的回饋，而引發自我覺察時，便可能產生「矯正性的情緒經驗」。Greenberg（1998）認為在引導成員重新體驗情緒改變的過程，團體需要提供足夠的安全和支持，因為情緒經驗的重演，會喚醒個人過去的記憶，也會喚醒過去的價值信念、感受和反應回饋。在過程中，團體需提供足夠程度的真誠回饋，允許和接納個人揭露痛苦的情緒經驗，方能協助該成員可以面對和矯正。所以在團體歷程，過去人際重現的現象，可視為成員個人人際循環的重演，成員將毫無根據的，或在沒有實際事實的情況下，誘發出他人最害怕的交互反應。就團體環境而言，最有機會出現成員個人的人際議題，例如親密關係、衝突、權力、歸屬等議題，都反映過去人際重演的特徵。

　　不過在團體治療，並不是所有的人際重演的現象，都能夠經由闡釋而獲得改變。有時候，闡釋可能會讓成員感到被羞辱。所以辨認在成員所呈現的人際防衛底下，所潛藏的主觀經驗很重要。尤其在面對團體其他成員時，成員個人的人際防衛所呈現的特徵，假如為傲慢、貶抑他人、否定他的對手等，這類人際經驗型態，治療師使用「闡釋」技術，可能引來該成員憎恨的相對反應。因為闡釋可能讓他感到被拒絕，被否定或被貶抑。

　　有關發生人際重演現象的原因，Kiesler（1982）認為人際重演的現象，可能是習得行為，為社會學習的結果。當個人面對人際情境，毫無其他方法可知的情況下，將勾住了互補，而開始循環反應。Leszcz（2008）認為精神分析理論主張人際重現的現象，是「投射性認同」的現象，在諮商與治療的運用上很有幫助。人際交流（interpersonal transaction）是由於

下意識的防衛，個人將自己無法接受的自我部分，投射到重要他人，且這個人保持已經投射認同之元素，並積極地尋求保持否認自己的自我部分。此外，尚轉換消極性為積極性，在下意識將那些他的無助感、被遺棄的威脅感、無價值感等等，投射和替代到對方身上。這個人還要依此來控制對方的行為，假如對方以補償、報復、拒絕、貶抑、攻擊等方式，來對投射者反應，那麼人際的重演便繼續下去。若是對方能夠同情的使用內在經驗，去同理的了解投射者，減少投射者原先的害怕，修復的過程將由此開始。所以，治療師對於人際循環的認識，以及進行處理自己對成員的反應，為中斷這個人際循環的首要工作。

貳、團體中的人際重演與矯正性情緒經驗

有關在團體中，治療師運用矯正性情緒經驗的研究或論述，均比較少。Yalom主張：「治療是一種情緒的和矯正的經驗，治療歷程這種雙重的性質是重要元素」（Yalom & Leszcz, 2005, p.30）。亦即在團體歷程進行治療，需要同時提供成員一種情緒和矯正兼具的經驗，而不是只有認知的解釋。Yalom認為過去傳統的分析治療需要創造情緒的情境，在團體治療的情境根本沒有這樣的必要。由於團體中本來就充滿各種張力，例如手足競爭獲取父母的注意（領導者的注意），手足敵對，爭取地位和壟斷、社會階層、族群、教育程度等等的差異。所以，移情在團體幾乎不可能不發生。Yalom主張在團體過程若只有喚起和表達未修飾的情緒，是不夠的，必須轉換成矯正性情緒，他提出團體治療中的矯正性情緒經驗有幾個主要成分（Yalom & Leszcz, 2005, p, 29）：

一、為人際取向，強烈的情緒表達，並且造成由成員來冒險。

二、團體的支持，足以允許成員冒險。

三、現實考驗，容許成員個人在其他成員眾人認可的協助下，去檢視事件。

　　四、對於某些人際情感與行為的不適當，或不適當迴避某些人際行為，有所認知。

　　五、大大地促進成員個人的能力，與他人互動更深入和誠實。

　　在個別諮商與治療，基本上治療師主要考慮自己對當事人的反應或反移情。在團體治療歷程與個別治療不同，治療師還得考慮團體其他在場的成員，由於他們都是這個成員所投射的客體，治療師需要示範與建立團體規範，以使所有的團體成員都能盡量朝向支持性的試探、成長與進行處理的過程，提供恢復和不互補，以免鉤上了成員個人人際循環的餌。因此，進行矯正性情緒經驗，需要一個成熟且功能良好的團體。

第十六章
團體的支持環境

　　每一個處在困境中的人，最需要的，就是支持。缺乏支持會讓人感到孤獨與無助。因此，支持必須優先於任何治療技術。沒有支持，就不可能有治療的產生。

　　在團體進行歷程，創造支持性的心理－社會環境很重要，而這樣的環境營造與團體中的人際互動，無論領導者與成員之間或成員彼此之間的表達與反應都有密切關聯。尤其對於一名成員的自我揭露，無論是來自領導者或其他成員的傾聽、接納、尊重、同理和積極性回饋，都可以讓表達的成員感受到支持，並營造支持的團體氛圍。本章將從支持的歷史觀，說明支持的性質、態度、技術和運用，以便領導者知道如何經營支持的團體氛圍。此外，也特別選擇和論述傾聽、同理和回饋三項與支持關係密切的技術。

❖第一節　支持❖

　　在心理諮商與治療領域，「支持」一詞是每個人耳熟能詳的一個名詞。然而，若再進一步請對方說明什麼是「支持」，不見得每個人都可以具體交代清楚。作為治療師則必須能說明什麼是「支持」，才知道如何創造支持的團體環境。雖然在第五章論述團體階段理論時，曾引述美國社會心理學者Wood（2000）有關友誼的支持方式，說明團體成員支持同伴的

行為。然而，當治療師運用支持在治療情境作為治療關係的成分時，則無法以成員彼此友誼的支持方式來使用，需要有理念的背景，以理解支持，以及支持在諮商與治療的程序。然而，「支持」又不像「同理」或「反映」是一種單一技巧。因此，很難三言兩語便可以說清楚。學者將支持分為「支持態度」和「支持技術」（support technique）（Berlincioni & Barbieri, 2004）兩種概念。支持態度，在心理治療世界為不分派別所共同重視與強調；而支持技術，在心理動力取向的治療，則端視治療取向在策略、計畫和程序的差異而定。

壹、支持的緣起和在精神分析運用的演進

精神分析學派對於「支持」有較為系統與嚴謹的看法和討論，若追溯心理治療和支持關聯的來源，必想到Sigmund Freud。Freud首先論述有關依賴的假說，認為依賴維繫著無助的嬰兒和他的成人照顧者，通常是母親，所以支持的源起，來自母親形象（figure）的形式。由於源自精神分析，則不論哪一種治療，若其假設為贊同病人的歸因：「治療的力量在治療師」，則支持便成為治療關係的決定性前提。由於精神分析對移情如前述的理解，因此治療師必須建立基本的和夠分量的支持，並且適當分配在治療歷程。然而，精神分析的最終目的在「分析」，因此認為心理治療若聚焦在個人的轉化（transformation），儘管支持很有力量，但治療的條件仍然不足，所以無法單獨只使用支持，還需要長時間的解釋和修通。久遠以來，由於心理動力理論的發展與演進，雖然在治療已普遍使用支持，但對「支持」會有不同的定義和操作，因而逐漸出現不同的治療取向，根源在於一旦涉及解決移情這個議題，不同取向的心理治療便出現觀點的差異。

想像將各種不同的治療策略、計畫和技術，排列在心理治療光譜的一條直線上。支持取向的治療，若是在光譜這一條直線上的起點這一端，

頓悟取向的治療，便正好落在終點的另一端。從支持的功能和運用，支持取向的治療被稱作「精神分析取向的支持性治療」（psychoanalytically oriented support therapy）（Rockland, 1988）；而頓悟取向的治療，則稱為「精神分析的支持性心理治療」（psychoanalytic supportive psychotherapy）（De Jonghe, Rijnierse, & Janssen, 1994）。雖然支持為不可被忽略和省略，然而「精神分析取向的支持性治療」主要是以支持為基礎的治療方法。茲以移情關係為例，支持取向的治療所採取的策略，通常需要維持正向的治療關係。基本上，當事人處在正向關係當中，意識上會知道信賴融洽關係的成分；在頓悟取向的治療策略，則重視分析移情關係，將移情關係當作誘使衝突出現的工具，以便幫助當事人就其衝突的各種成分，提升到意識上之後，以便更了解解決的方法。

　　所以，當覺察到當事人潛伏在更深層下意識的移情關係之衝突和現象可能出現的時候，採取支持取向的治療師，不去強化，也不去解釋，而是很審慎的讓病人保持在前意識和下意識；而採取頓悟治療的治療師，則利用衝突作為治療工具，加以強化出現在當事人的意識，且給予解釋（Dewald, 1994/2000）。的確，稱為頓悟的治療，或建議的（suggestive），或探討的（explorative）取向之治療，都非常側重解釋移情關係的方法；而支持的治療，在治療歷程則保持支持方法運用之完整性，強調使用支持而不分析當事人的移情關係（Berlincioni & Barbieri, 2004）。因此，支持為普遍或核心的角色，必須在關係與治療的各個脈絡中加以釐清其角色，以便在心理治療運用理論和分析技術的過程，提供適當的支持。

貳、支持與支持性的心理治療

　　論及支持性心理治療（supportive psychotherapy）的發展，Rockland

（1988）認為始於Gill的自體心理學（Self Psychology）與心理治療的論述。其主要理念在運用心理分析的理論結構於治療之中，衡量如何使用支持，使得心理治療在精神分析的心理治療有了一席之地。Gibeault（2000）認為區分支持性心理治療和探討的或建議取向的心理治療之差異，主要在當事人內在關係（in-relation）的處理。以致有一度學者甚至不認為支持性心理治療，可以被承認是一種心理動力的治療。因為這種治療只在臨床支持技術的差異，不使用技術性的中立和不透明，而不是這一種治療在理論結構上和精神分析有所差異（Crown, 1988; Gibeault, 2000; Kernberg, 1999），亦即有學者認為支持性心理治療，仍是一種精神分析。Crown（1988）甚至質疑動力取向的支持功能，認為支持和心理治療為相互排他的名詞。假如是支持的，那就不是心理治療；假如是心理治療，就不可能是支持的。由此可知，學者對於支持的看法相當分歧。因此治療師若抱持傳統精神分析團體的領導方式，將習慣在團體保持中立、不透明、不涉入，以便催化團體衝突的出現，創造解釋成員下意識衝突的契機。因而想到治療師的態度如何造成關係的支持性，可能會令一些治療師一時之間轉不過腦筋，特別難以將支持、關係和治療連結在一起。

雖然有學者以「支持」在治療的運用來區分心理治療的派別，不過有學者頗不以為然，認為很難如此截然區分心理治療的派別（Kris, 1998; Rockland, 1988）。然而，有些學者則努力試著去詮釋「支持在心理治療」（support in psychotherapy）和「支持性心理治療」（supportive psychotherapy）的差異，認為這是兩種概念，且為相對的不同概念；其界定，主要從專業技術性的方法去區分，差別在於所使用的特殊策略和技術，如何運籌支持的角色和功能於動力取向治療（Barber, Stratt, Halperin, & Connoly 2001; De Jonghe et al., 1994）。如果從「支持在心理治療」這樣的視角去看，在心理動力的心理治療，支持的運用則為相當普遍。

參、支持在心理治療的重要性

　　文獻顯示，不論哪一種理論或技術的治療，都包含重要且基本的支持成分。尤其，由於自我心理學（Ego Psychology）、客體關係論等作爲理論結構，促進支持性心理治療在理論與方法方面的演進與發展。影響所致，晚近學者主張支持性心理治療，確實是一種有別於傳統精神分析方法的心理動力之心理治療方法（Appelbaum, 1998; De Jonghe et al., 1994; Buckley, 1994）。如此一來，更讓「支持」作爲心理治療的重要成分，備受重視。例如Winston、Pinsker與McCullough（1986）便認爲不論是表達性（expressive）、探索性（exploratory）或其他取向的治療，支持關係猶如治療工作的水泥，可以將治療過程的種種策略和技術的功能，緊密的彌合在一起。

　　在孩童能夠健康成長的歷程，父親或母親的支持爲不可缺少的條件。稱職的父親或母親對於孩童的支持，含有包容（contained）和呵護（holding）兩種不同成分的意涵。Holmes（1995）主張支持爲所有心理治療的一項隱晦成分，涵融在治療師以關懷的、可靠的、有程序的對待病人當中，以及與病人的治療同盟之間。從個人人格發展問題與早年親職失功能或功能缺失有關的角度，便不難以理解支持在心理治療的重要。假如以治療身體疾病爲例來比喻，便可清楚理解支持的功能。傳統上，醫生主要角色和功能爲開處方來對症下藥，然而若讓病人感受到醫生的支持，治療將會產生附加效果。尤其當代對於長期慢性病患的治療過程，需要聚焦在病人個人生物的、心理的和社會等因素之複雜關聯，醫生特別需要具備有效的同理溝通能力。因此，在生理的治病，支持可視爲一種隱晦的重要成分，當然在心理治療領域更是如此。然而，支持和心理治療的直接關聯，卻不容易說明得很清楚。不過，「支持」的重要性已被實證和確認，則毋庸置疑。

2000年代在心理治療領域，支持的功能已被美國學者公然視爲是治療關係的核心。Berlincioni和Barbieri（2004）指出，若從移情的角度提供支持之基本功能，可以構成治療成分的一大部分，同時也是治療成功或失敗的條件。雖然支持絕對不是可以具體描述的元素，然而在臨床治療的執行當中，支持爲決定性的前提，可以統理臨床工作普遍的假說，即便是精神分析學派，也有其運用支持的時刻。因而，Berlincioni和Barbieri（2004, p.323）特別指出，就支持的功能而言：「支持是如此的顯耀，然而普遍被低估，以及在『解釋與頓悟』的陰影下，應該可視爲在分析歷程『沉默的力量』。」使用「沉默的力量」來隱喻支持在治療的重要影響力，正是神來之筆。支持如此重要，卻又這般地難以理解和運籌，主要在於過去對於支持在治療的概念不夠清晰和具體。

肆、支持態度與支持技術

De Jonghe等人（1994）在論述精神分析的支持性心理治療時，已將支持區分爲「支持態度」和「支持技術」兩種，對於心理治療實務工作者，應該多少有些幫助。而Berlincioni和Barbieri（2004）則根據De Jonghe等人的定義，更進一步詮釋兩者的差異。所謂「支持態度」，是指治療師所呈現的隱晦作爲，這些包括：尊重當事人爲一個「個體」，保持慈悲的中立，具備對當事人感興趣和奉獻的能力，能同理，以及眞誠致力於善用自己等等；而「支持技術」，則用在「支持性治療」。所以，若作爲「支持技術」，就必須很具體地去梳理其治療策略、計畫和技術，才能清楚選擇和決定支持的治療性之運用。也唯有如此，才能夠進一步去討論和界定所謂的「精神分析取向的支持性治療」和「精神分析的支持性心理治療」。由此可鑑，「支持態度」的運用，幾乎不分理論和治療取向，爲所有治療師所共同必備；若是「支持技術」的運用，則爲精神分析在不同取

向的心理治療分野之重要指標。

　　相較於傳統精神分析師的中立和不透明，受到自體心理學和客體關係論的影響，當前普遍對治療師的意象，為比較真實和透明的人物。這類治療的理念，主張在關係方面不去分析正向的移情，而以當事人認同（identification）治療師為治療過程的核心元素。並認為正向的移情，能夠用來推進支持；而負面的移情，則基本上必須包容，並如同人際遊戲般來對待，或轉到第三者身上（Berlincioni & Barbieri, 2004）。當事人對治療師負面移情的憤怒情緒之所以需要被包容，主要在提供當事人一個不同於其早年與主要照顧者的經驗。依據這類理論的治療關係，治療技術會包含一些不是很特殊的方法，例如勸告、再保證、接納發洩壓抑、順應當事人的移情關係，或間接引導至第三者，凸顯好的人物形象，甚至讚美病人和設限等等。所以在運用支持之際，不論何種諮商與治療取向的治療師，都需要有精神分析的知識和技術，作為精練的過程。特別是在短期治療，治療師需要有同理和直覺的重要能力，同時要清楚治療關係的因素，在移情和反移情所扮演的角色，以便由此來區分「支持態度」和「支持技術」的差別和運用。

伍、支持在團體諮商與治療的運用

　　團體諮商與治療的相關研究都指出，「支持」在團體歷程的重要性（Die, 1994; Shechtman & Toren, 2009; Stocton, Morran, & Krieger, 2004）。支持在團體歷程，可以增進成員的自我揭露，成員的連結，對治療的印象，以及與領導者的連結，同時也可以減少抗拒（Shechtman & Toren, 2009）。Cobb（1979）更進一步的提出兩種社會支持，即「情緒的支持」和「自尊的支持」。「情緒的支持」，為提供連結、同盟、溫暖、給予接納、同理和歸屬感等；「自尊的支持」，為提供更多效能感、地位或

成就、給予能勝任的感受。這兩種社會支持似乎可用在當事人發生親和動機與自我成就動機的衝突上，協助當事人產生對抗動機衝突所帶來的壓力之力量。從這樣的觀點，也可以說明團體的優勢，在於可提供倍感孤立，且自我已破碎，不統整的當事人獲得歸屬感和自尊滿足的原因。

綜合學者對於支持的分類（Cobb, 1979; Cutrona & Russell, 1987; Cutrona & Suhr, 1994），可整理出具體且具區分性的「支持」共有七種，對於新手領導者運用支持時特別有幫助：

一、情緒的支持：當領導者對於成員表述的情感情緒性經驗，給予同理、認可或關心，爲情感關係的連結，讓成員感到可依附。

二、自尊的支持：當領導者對於成員個人的作爲，或完成的事，或解決問題方面的能力、才幹或值得的信任，給予認可、贊同、肯定和視爲有價值等，讓成員感受到個人的價值和受尊重。

三、社會的統整：當領導者協助團體成員，以共同興趣與關心做表達，使他們有參與感和普同感。

四、資訊的支持：領導者或其他成員提供一名成員，有關問題如何評估或如何因應等資訊或輔導。

五、實在的支持：指領導者或其他成員提供協助或實際資源，協助一名成員解決問題，讓他得到可信賴的支持。

六、撫慰的支持：指領導者或其他成員有機會給予一名成員安撫，無論是語言或非語言的形式，也是一種支持。

七、社會網絡支持：指領導者爲需要強化支持的特定成員，建構起團體內或團體外支持的社會網絡。

以上支持的概念具有操作性，以Berlincioni和Barbieri（2004）在「支持態度」的概念來理解，「支持」並不是屬於治療過程的特定策略、計畫和技術，而是比較像關係中隱晦的成分。因此，不只領導者需要使用各種

溝通技巧，對成員或團體表達支持的態度，同時也要鼓勵成員如此，以便經營團體的支持氛圍。不論是由領導者自己去執行，或促進團體成員對他人表達支持，都可以讓特定的個別成員感受到領導者、團體和其他成員的支持。尤其，領導者需要切記，在團體初期只使用提問和探問，很少給予成員和團體支持表達，只會升高團體成員的威脅感，很難推動團體歷程的發展。相反的，能提供支持才是推進團體歷程的良方。

❖第二節　傾聽❖

壹、傾聽行為和能力的重要

傾聽與支持有很密切的關係，在人際互動之間傾聽不只是溝通不可或缺的橋樑，傾聽也有表達支持的意涵。相反的，沒有傾聽行為，可能會讓對方感到被拒絕，不受重視，不受尊重。因此，在團體諮商與治療工作，傾聽為首要技巧。不論是領導者或是成員，有效的團體參與之最基本的行為，就是傾聽（Shakoor, 2010）。因為有效溝通與團體治療關係密切，可以增進成員彼此之間的人際接觸，協助成員相互認識。基本上，人際溝通的目的就是為了了解。說話的人固然有責任，講得讓對方可以聽懂，而聽話的人，也需要有能力安靜下來，一則讓對方可以表達，二則可以讓自己聽到完整的訊息。尤其，更需要用「心」聽。Reik（1948）巧妙地使用「第三隻耳朵」來隱喻用「心」聽，第三隻耳朵便是「心」。因此，要理解對方的訊息，就是需要上述條件。

傾聽，在諮商相關的英文書籍常常使用「積極傾聽」（active listening）一詞，足以說明「聽」的行為需要用「心」。由於聽不只是訊息的接收，也包括對訊息的理解。俗云：「有聽，沒懂」，或是：「有聽，沒到」，或許就是指沒有用心聽，以致聽了一知半解，或接收的訊息

不完整，或選擇性的聽。此外，傾聽者和陳述者兩人的非語言行為也都很重要。在傾聽者方面，需要表達出「我正在聽」的相關非語言行為，例如身體向前傾、注視著對方，傳達給對方用心在聽的感覺，而讓對方感到自己的表達可能是有趣的、或有意義的、或重要的，由此對方可以得到鼓勵而繼續說下去。對於正在陳述者的口述表達內容，以及與內容相關的非語言行為，聆聽者則需要察言觀色來對照，以便可以完整了解對方表達的訊息。

在團體治療的情境，領導者不只要聆聽說話的成員，同時也要留意其他成員傾聽的行為，才能知道其他成員的反應，以便適時引入，提供成員交談機會，並且讓正在陳述的成員意識到，還有其他成員在聽，而目光也能看看他們。成員目光若沒有相互接觸，說話的人不知道到其他成員的反應，聽話的成員回應的需求也會較低。成員彼此回應互動少，團體的動力便會受到影響。所以，不要讓其他成員感到表述的成員只對著領導者一人說話，因此領導者絕對不能忽略「傾聽」這樣一個看似簡單的行為。尤其在團體初期正在建立規範的重要時期，成員容易帶進社交場域的舊習性。遇到大家有興趣的話題，成員便開始變得七嘴八舌，急著只顧著想說出自己的想法，沒有完整的聽或了解的聽。一旦沒有養成傾聽的團體規範，對於團體歷程發展的負面影響很明顯。所以除了領導者自己必須努力示範傾聽行為，並對於所聽到的訊息有所反應之外，也需要協助成員培養傾聽和提供回應的能力。

貳、領導者與傾聽

Trotzer（1999）認為領導者的傾聽，具有四種治療的品質：(1)傾聽表示接納，由於願意聽，沒有任何評價的態度；(2)傾聽表示尊重，安靜不打岔的聽，表示願意給於對方說出個人知覺的機會；(3)傾聽才能溝通同

理性的理解；(4)傾聽表示關心，表示對於說話者的觀點有興趣。依此，無論是領導者或是團體成員之間互相傾聽，同樣都可以達到前述品質。這四種治療的品質，在團體初期尤其重要，在團體後期也是必要的條件，讓成員體驗到不同於與其過去挫敗的人際經驗，而可以提升自我揭露和自我探索的意願。

　　傾聽行為，也是一種人際互動習慣，尤其領導者需要養成傾聽的好習慣。在團體過程，如果領導者自己正在說話，不論是否已經說完了，只要有成員開始說話，領導者務必立刻停止說話，去傾聽成員的表述。由於這名成員可能從領導者所說的內容，已經產生反應或連結，因此去聽和理解這一名成員，比領導者自己繼續把話講完更為重要。何況這名成員可能不會或不覺得需要繼續聆聽領導者講完，而已經回到自己的內在世界，並準備反應。在成員當中可能有些人沒有傾聽的習慣，或對自己說話的興趣高過於聽他人說話，或對他人沒有興趣，因此沒有傾聽的行為。如果團體沒有建立這個規範，成員也缺乏這項能力，團體是不可能有效進行，因此，領導者需要調教成員傾聽的能力和行為。試想，如果領導者在一名成員表述之後，自己先不去回應，而這樣邀請其他成員：「你聽了知道XX在告訴我們什麼？」或「你對XX方才的表述，有什麼理解？」可能提升成員對他人表述的注意，也可能有機會讓成員核對他的理解。此外，領導者傾聽的聚焦，共有四個焦點：(1)聚焦在對方所陳述內容的想法；(2)聚焦在對方所陳述的經驗或事件的感受；(3)聚焦在對方如何陳述的神情，包括身體姿勢、面部表情、手的動作等；(4)聚焦在對方陳述的主題。假如成員除了學習傾聽行為，也能夠如同領導者，學習傾聽的聚焦，便能更有效與他人溝通。對於成員個人這不只是有益其在團體中的溝通，也有益其在團體外去改變人際溝通。所以，領導者應該在團體歷程，協助成員發展更好的傾聽能力和行為。

❖第三節　同理心❖

壹、同理心的定義與功能

　　就領導團體而言，同理心是營造支持的團體氛圍重要的技術，因此同理心是治療師必備的一種能力，也是一種技術。Horvath和Bedi（2002）認為同理心是一種能力，能夠去體驗和了解他人的感受，並與治療師的無條件接納當事人的經驗、積極傾聽和不批判的溝通有關。同理心包括兩項元素：其一為，觀察者必須能夠知覺或想像他人的情感情緒糾結和感受的狀態；其二為，能夠及時以覺知觀察者自己的感受作為標靶，也就是有能力區分自我和他人，能區分自己的和他人的心理和身體的表徵（Lamm & Salani, 2014）。由此，同理心的定義為：推斷他人的情感狀態及經驗與我們自己相似，而同時保持自己和他人的區別。換言之，能夠覺知經驗的來源是他人，不是自己（Singer, Critchley, & Preuschoff, 2009）。

　　同理心，在處理當事人的移情和治療師的反移情時很重要。早期Freud對於反移情的定義比較狹隘，後來的新分析論則有比較寬廣的概念，包括治療師對當事人的情感和態度（Fromm-Reichman, 1950）。過去比較聚焦在治療師的外顯反移情行為，而當前較寬廣的定義，也會重視治療師內心的反應，包括情感和態度。Peabody和Gelso（1982）的研究發現，男性治療師的反移情和具誘惑力的女性當事人，呈現負相關；而與中性和可憎惡的女性當事人，則沒有相關。亦即越具有誘惑力的女性當事人，男性治療師的反移情越少；而中性和可憎惡的女性當事人，則和男性治療師的反移情沒有關聯。其次，治療師的同理心和坦然面對反移情情緒有正相關。因此，他們認為在會談裡，治療師體驗到的反移情情緒，很難與反移情行為作切割，也就是有反移情情緒，便有反移情行為。所以，治療師對於反移情，需要同時觀照自己的反移情行為和內心的情感和態度，

可以覺察自己反移情的狀況。

　　領導者的同理心有三種功能，其一為，可以向成員表示能體驗他的情感情緒經驗，有助於成員和領導者產生連結。研究指出，同理心能夠促進治療同盟的發展，而治療同盟則是最有力的療癒歷程之預測因子（Horvath & Bedi, 2002）。在團體治療中，領導者及成員彼此之間能夠表達同理心，有助於凝聚力的發展。此外另有研究顯示，當治療師的同理能力受到危及，以及治療同盟破裂，則可能導致當事人退出治療（Coutinho, Silva, & Decety, 2014）。可見同理心在團體凝聚力、治療同盟和維持當事人停留在治療關係等，至為重要。其二為，在團體初期可以向其他成員示範同理心的表達。對於成員而言，具有同理能力，有利於改善其人際問題。由於參加團體的成員有部分原因，來自人際的衝突和不滿意，學習同理心，讓成員能夠具有設身處地了解他人的能力，而增進人際的接納和尊重，能夠減少挫折感。其三為，當事人知覺治療師的同理反應，是改變過程的關鍵（Horvath & Luborsky, 1993）。領導者及成員彼此能表達同理，不只在團體初期可以促進團體歷程的發展，在團體後期成員需要相互協助以解決個人問題，成員們也要對自我揭露的成員有同理之能力。

貳、同理心的重要性

　　Rogers（1957）主張同理心和積極的認定（positive regard），為治療性改變的必要且充足的條件。暗示著，同理心和積極的認定，可提供當事人一個不同於早年的成長經驗，也就是提供矯正性情緒經驗。自從Rogers大力強調同理心之後，同理心被認為對於發展治療關係為有助益的變項，引發不少的實證性研究。有指出治療師和當事人在情緒的聯盟，受到同理心的影響（Bordin, 1979）；或發現諮商師和當事人的關係在預測治療效果上，為最具鑑別力的因素（Ridley & Udipi, 2002）；也有研究指出，假

如諮商師有能力向當事人溝通理解當事人的參考架構，不如具同理心的諮商師更能使得當事人較深入的去探討她的憂慮；同理心也會影響當事人對於諮商師的知覺，因為同理心可以提升當事人對於諮商師的吸引力、信任感和專業的知覺（Barak & LaCrosse, 1975; Redfern, Dancey, & Dryden, 1993）。然而，也由於對於同理心的定義和機制的模糊不清，研究結論並不全然一致（Sexton & Whiston, 1994, p. 26）。總而言之，假如治療師能夠正確地反應和推進當事人溝通的意義，對當事人很有用。由於同理心讓當事人感到自己的看法有妥當性，治療師能同理當事人，也有聯合的意圖。治療師的同理，可以協助當事人的經驗以語言象徵化，讓當事人去深化他的經驗，並省思自己的情感情緒、價值觀和目標。最後，同理必須因特定的當事人而適性的個別化反應，例如對於較脆弱敏感的當事人，或有強烈憎恨情緒的當事人，需要有不相同的同理反應（Elliott, Bohart, Watson, & Greenberg, 2011）。

參、同理心的建構概念

歸納學者對於同理心的論述和研究，同理心共有三種建構概念（Duan & Hill, 1996）：

第一種，主張同理心為一種人格特質或普通能力（general ability）（Book, 1988; Buie, 1981; Danish & Kagan, 1971; Easser, 1974; Feshbach, 1975; Hoffman, 1982, 1984b; Hogan, 1969）。這種觀點，是將同理心概念化為一種特徵或能力，能知道別人的內心經驗（Buie, 1981），或能夠感受（指知覺）別人的感受（指情緒）（Sawyer, 1975）。主要有精神分析、心理治療研究，以及社會與發展心理學等學者採取這種概念。

第二種，主張同理心為在一種情境的特定認知與情感的狀態（Barrett-Lennard, 1981; Greenson, 1960, 1967; Hoffman, 1984a; Rogers,

1959）。同理心的定義，為對於一個刺激或刺激的人之替代性反應（responding vicariously）（Batson & Coke, 1981; Katz, 1963），或是感受他人的私密世界，就好像是自己的一樣（Rogers, 1959; Truax & Carkhuff, 1967）。

　　第三種，主張同理心為多重經驗的歷程，重點在治療師和當事人在一個特定情境的體驗（Barrett-Lennard, 1981; Basch, 1983; Emery, 1987; Hoffman, 1984b; Katz, 1963; Rogers, 1975）。這種多重階段模式的主張，認為治療師在治療的同理心之體驗，是經過一個包含多重元素或多重階段的人際歷程。持這個觀點的學者，最早有Rogers（1957）主張同理心包含兩個程序，即先感受當事人的內在世界，其次為向當事人溝通治療師所感受到的。Barrett-Lennard（1981）提出循環模式（cyclical model），區分為「同理的共鳴」（empathic resonation）、「表達同理」，以及「接收到同理」等三階段。Gladstein（1983）也提出一個多重階段人際歷程（multistage interpersonal process）模式，包括「情緒感染」（emotional contagion）、「認同」（identification）和「角色擔當」（role taking）三階段。

　　這三種建構概念並無相互牴觸之意。具同理心特質的治療師，無論在訓練同理心的成效，或是會談中對於當事人的同理，勢必有較好的表現。諮商與治療為一種特殊的人際情境，同理心為能夠感受當事人的內心世界之情緒性經驗，就如同是自己的一樣，最能適切反應對當事人的理解。第三種概念，能夠分析同理心的元素，可以具體協助新手治療師理解和操作同理心的程序，尤其用在治療師的同理心訓練與養成方面，可提供具體訓練步驟。此外，可以讓治療師更了解同理心不是模糊而籠統的概念，而是可以精準操作的能力與技術，甚至可以養成習慣，成為個人特質。

肆、同理心的本質

事實上，同理心具有一些主觀的色彩。當治療師能同理當事人的時候，經常是由於看到這個人和自己相似的經驗，雖然兩人的境遇和情緒張力不盡相同，然而共同的經驗已足以引起治療師的認同（identification）（Steward, 1956）。亦即，當事人的經驗和治療師的經驗，在組織成分有共同的元素，能引起治療師的認同。其次，當事人在陳述經驗的過程，也會引起治療師的想像，治療師可能因而短暫的被引發，而想像當事人與自己相似的經驗和情緒反應。治療師由於直覺的利用那些想像和情緒反應，而能夠快速地掌握到當事人的情緒經驗（Rea, 2001）。不過，同理心也可以具有客觀的性質，不一定要有相同的經驗。客觀的同理，為治療師運用一些參考資訊來理解當事人，治療師可以參考理論的指引，並就當事人的對照族群，重複得到一致的見解，作為理解當事人的參考（Clark, 2007）。然而，也需要考慮對事物的反應有個別差異。同樣的際遇，可能不同族群有不同反應，但是相同族群的反應會比較接近。作為治療師比較適合使用客觀的同理心。所以，在聆聽當事人經驗的陳述過程，治療師需要自我覺察個人被引發的想像和情緒，雖然個人經驗可能有助於去理解當事人的經驗，然而不可忽略治療師畢竟不是當事人本身。

對於同理心的性質，有學者主張，基本上同理心為情感的現象（Allport, 1961; Langer, 1967; Mehrabian & Epstein, 1972），指當下對他人的情緒之體驗，不過也有學者主張，基本上同理心為一種認知性質（Barrett-Lennard, 1993; Kohut, 1971; Rogers, 1986），指理性上了解他人的經驗。還有學者主張同理心同時包含認知和情感兩種元素（Brems, 1989; Gladstein, 1983; Hoffman, 1977）。如果依據前述同理心相關建構概念，同理心應該包括認知和情感兩種元素，缺一不可。

Gladstein（1983, p.468）在探究過去同理心相關文獻後，依據社會心

理學和發展心理學的理論，主張同理心有兩種模式（model）：一種稱作「角色擔當模式」（model of role-taking），爲「理智上擔當另一人的角色或觀點」，即只有在能力上了解他人的想法和感受，或是能知覺他人的世界，如同那個人的知覺。這個模式和Carl Rogers對於同理心的定義，有相互呼應的情形。Gladstein從發展心理學的觀點認爲，假如一名治療師具有智能（intellectual ability），然而其認知的發展仍舊爲自我中心（egocentric）的人，他在角色擔當的同理心能力，將會像個小孩，而不像成人，因此無法設身處地，只能以自己的立場或觀點，認爲他人也如此。由於這種情況，以致有些治療師難以學習同理心反應。因此，他建議在能夠成功訓練同理心之前，有些研究生需要在認知發展上給予特別的協助。另一種是「情緒感染模式」，爲「對於他人的情緒給予相同的情緒反應」（Gladstein, 1983, p. 468）。指一個人對另一個人的實際情境或預期的情境所產生的情緒反應，例如治療師能夠同理當事人的悲傷，而自己也感到悲傷。社會學的文獻指出，規範、情境和同理心交互作用，能預測利他行爲，然而一個成人對他人處境有情緒同理反應，不見得有利他行爲。所以可能一名治療師在第一階段有情緒感染，然而由於他內化的規範爲「保持冷漠」，不要顯露情緒。如此一來，可能該治療師甚至不能覺察個人情緒。雖然他可以使用正確口語技巧溝通同理，然而不帶絲毫情緒。這樣的同理，當事人會感受到治療師只是一個技術熟練的人，不能感受當事人的心情，這是所謂「匠氣十足」的同理，無法讓當事人感動。

　　根據Gladstein（1983）的模式，Duan和Hill（1996）也將同理心分爲兩種：「智性的同理」（intellectual empathy）和「同理的情緒」（empathic emotion）。「智性的同理」是指一個人採取另一個人的觀點，而了解另一個人在認知或是情緒的狀態，或對於認知和情緒的狀態兩者都了解，就如同另外的那個人所經驗到的。所以Duan和Hill所謂的「智

性的同理」，與Gladstein的「角色擔當的同理」意涵相當；至於「同理的情緒」則是指一個人（治療師）與另一個人（當事人）有相同的情緒反應，即所感受到的情緒，就如同另外的那個人所經驗到的。所以「同理的情緒」，也與Gladstein的「情緒感染」相似。智性的同理涉及到能正確了解另一個人主觀的情緒經驗，可能與這個人公開給人的情緒線索有別（Duan & Hill, 1996; Hassenstab, Dziobek, Rogers, Wolf, & Convit, 2007; Zaki, Bolger, & Ochsner, 2009）。例如在一個團體聚會，小燁在團體中一直保持微笑，在這次聚會中看起來似乎心情愉悅，然而在會後她私下透漏，在這次整個聚會中她感到傷感。就智性的同理而言，領導者需要正確地了解在團體中小燁感到傷感，所以智性的同理，是正確理解另一個人的情緒經驗，而不是他在團體中公開呈現的情緒表現。

　　長期以來學者努力探究同理心的本質，以便提出適切的定義。Duan和Hill（1996）建議避免將同理心的認知和情緒元素分隔，而是應將「智性的同理心」視為認知歷程，以及將「同理的情緒」視為同理心經驗之情感面向。從上面的論述，確實不宜將同理心視為單純的認知性質，或只是情感的性質。尤其身為治療師的角色，對於同理心應該有這樣的認識，以免流於匠氣的單純技術呈現或只是一種情感上的同情。

伍、同理心的操作

　　由前述對於同理心的建構概念和性質的探討，可以擴大對同理心的認識。治療師對於當事人正確和貼切的同理心，可以分為三個歷程。首先，需要經由治療師完整地觀察當事人表述時的相關訊息，而這個「觀」，不只是用「眼」看，還得用「腦」想；其次，治療師必須「察」其相關訊息，察為用「心」，所以察覺為一種體驗的意涵，不只有情感，也有認知的成分，敏銳的設身處地體驗當事人的經驗，對當事人經驗的情感情緒產

生共鳴與理解；最後，則需向當事人表達治療師經由用「心」、「觀」、「察」所得的理解。Clark（2007）便提出同理心有三種方式，可供治療師運用：

一、經驗的方式，與Rogers的概念相似。在個人中心學派所謂的同理心，爲治療師與當事人同感。Clark認爲這是一種態度，重點在治療師投入當事人的經驗，以便想像究竟會如何像當事人。

二、溝通的方式，這個方式爲治療師以語言或非語言的方式，溝通對於當事人體驗的了解，讓當事人知道治療師能同理他。所以必須以語言表達出來，或以可以讓當事人看得出來的非語言表達。

三、觀察的方式，這種方式的同理心，爲治療師用來蒐集資料的活動。經由不斷觀察，治療師對於當事人的人生有更深入的了解和更寬廣的看法。從觀察當事人相關的經驗，可以用來指引治療的方向，引導治療師對於個案的概念化，以便提供治療的介入。

在運用同理心的時候，也需要注意一些條件。領導者對於成員的同理溝通，必須注意團體發展的階段，以及隨伴眞正的關心。美國人有句俗話：「你的情緒說得比你講的話大聲」（Your feelings speak louder than your words）。領導者若不是出自於對成員眞正的關心，只是一種技術性的表達，是瞞不了接收的成員。其次，在團體的初期，深度的同理可能讓成員感到不安，有如在陌生的人際關係中，被他人看穿心情或心事一樣，會感到有威脅感或害怕。由於同理也是一種溝通，爲有助於關係的溝通，需要讓對方感受到關心和安心，否則同理可能讓對方感到被人知道內心的情感情緒，而不自在。最後一項條件，即成員必須能夠覺察和接受自己的內在經驗，否則可能領導者可以感受一個成員的內在情緒經驗，但是該成員卻拒絕接受或否認。

陸、同理心和同情心的差異

同理心和同情心，雖然僅一字之差，功能卻很不同，兩者都是一個人用以表達對於另一個人經驗的敏察反應。然而，在治療的應用上，兩者的品質很不同，若誤用可能誤導治療過程，會有很大差異（Clark, 2007, 2010）。同理心是指治療師能夠掌握當事人的感受和意思，並將這些了解傳達給當事人的一種能力（Myers, 2000）；不同的，同情心在人與人的關係當中很重要，用以表達一個人對另一個人在人生或生活中遭遇困難事件的關切或遺憾（Meier & Davis, 2008）。在諮商與治療當中，可以從目的、評估、內涵和同意等四方面，去區分治療師的同理心和同情心（Clark, 2010），茲分別說明如下：

在**目的方面**：同理心，為治療師的意圖用以表示對當事人的了解；而同情心，則焦點在當事人的困難和具挑戰的環境。因此，同理心所強調的是治療師積極的分享對當事人經驗之感同身受，但保持某些程度的情緒抽離；同情心，則表達治療師對於當事人處境或困境的熱情。舉例：有位當事人失業，孩子又生病。

當事人：「我覺得最近倒楣透了。剛丟了工作，孩子又肺炎住院。本來就沒什麼儲蓄，這下子不知道日子要怎麼過？」

治療師A：「這件事真令人感到心裡難過。我們來談談比較不讓你氣餒的事吧！也許你的心情可以好過一些。」（同情，治療師因憐憫而害怕觸碰到更多當事人負面的情緒，因此轉移會談焦點）。

治療師B：「你感到最近運氣很不好，屋漏偏逢連夜雨。很擔心家庭經濟和孩子治病醫藥開銷的問題。錢的事，讓你感到束手無策。」（同理心，治療師可以體驗和理解當事人處境中的心情，並分享這樣的了解）。

在**評估方面**：治療師的同理心需要負起調和當事人的情緒和意義。例如當事人心愛的寵物狗死了。

治療師A：「死去最心愛的寵物，是多麼令人心碎的事啊！去年我的
仔仔死了，我幾乎哭了三個月……」（同情）。

治療師B：「牠曾經是逗你開心的陪伴者，你心裡一定很不捨。」
（同理）。

在內容方面：同理心，為治療師從多方面同理的去理解當事人，對當
事人有更深入的認識；而同情心，可能發生在治療師並未多了解當事人，
沒有進入當事人的世界，只是憐憫當事人而產生的個人反應。尤其治療師
可能因而自我揭露，以為這樣可以讓當事人感到治療師很能夠理解他。然
而，由於治療師揭露自己的故事，其冗長陳述讓當事人感到治療師占用過
多時間，可能讓當事人覺得治療師關注的焦點是在自己，而不是當事人。

從贊同方面：治療師同理的了解當事人，並不表示治療師同意當事人
的想法或情緒反應；同情心則是治療師表示憐憫或可憐當事人，同情地傳
遞同意當事人的看法和情緒反應。如下面例子：

當事人：「我的老闆是個很龜毛的人。昨天我不認為我給他的計畫有
什麼不妥，他卻雞蛋挑骨頭似地一直找毛病。還數落我不夠用心。當時我
被他罵到心裡有夠嘔氣的，真想拿起那份計畫書掉頭就走。不過怕被炒魷
魚，還是忍著。所以整天覺得胸口很憋氣。」

治療師A：「你那個老闆，那種沒有鼓勵，只有挑剔。我聽了都感到
生氣。」（同情）。

治療師B：「你認為已經很用心寫的計畫，卻被他否定，因此心裡感
到很不服氣」（同理）。

由上述說明和舉例，督導者或治療師可以從四方面去檢視治療師在會
談中使用同理心的正誤。適當運用同理心可以引導當事人自我覺察，促進
當事人情感表達和自我探索的深化，也有助於建立和當事人的同盟。

❖第四節　回饋❖

壹、回饋的重要與定義

　　回饋，無論在個別治療或團體治療歷程，都是治療常用的一種溝通技巧。Kluger和DeNisi（1996, p.255）對回饋的定義為：「由外在的作用者所採取的行動，給予一個人在任務的某些表現，提供資訊」，顯然這是一個比較通用的定義。在諮商方面，Hill對於回饋的定義為：「助人者對個案提供關於他或她的行為或對他人的影響之訊息」（Hill, 2004/2006, p.326）。對於一個人的行為和認知，假如有一個人以上提供觀點，對於一個人的行為建構或認知建構，將會有所幫助（Posthuma, 2002）。所謂「眾口鑠金」正是如此，很多人都一致這樣說了，一個人不得不相信。在團體中成員接收的回饋，不只可以來自領導者，尚可來自其他成員，因此對於接收回饋的成員，在行為或認知的建構特別有利。

　　人際知覺和人際回饋為團體的基本歷程。在團體聚會當中，成員個人可以從其他成員給他的回饋，學習到對自己更有所覺知，也學習到自己給予他人的衝擊和印象。由於人都希望可以知道別人怎樣看他這個人，以便確定他對自己的看法。所以在治療團體，當回饋的過程變得活絡起來，團體成員便有機會滿足他們這個需求，從所接收到的回饋，成員可以知道和確定他們行為的效果，以及和其他人相互之間如何產生什麼樣的關係。

貳、回饋的影響

　　在治療團體的歷程，成員從他人獲得回饋為重要的治療因子。文獻顯示，對於回饋的研究可分為兩方面：一為人際回饋，二為回饋介入。人際回饋通常被視為療效因子；而回饋介入，則被視為在特定事件或過程的調停或修正（Davies, Burlingame, Johnson, Greave, & Barlow, 2008）。在團體

凝聚力、宣洩和普同化等治療因子產生的過程，涉及到團體中領導者和成員之間回饋的給予和取得。因此，回饋不只本身為治療因子，可能也是形成其他治療因子的中介因子。

一、回饋的單位與影響

以個人為回饋對象，可以增進自我概念、個人吸引力和親密態度；以團體為回饋對象，可以促進團體凝聚力。在個別治療，已經有相當多有關回饋介入的研究文獻；相對的，在團體治療情境較少有關回饋介入方面的研究。在提供回饋的相關研究，有針對個人提供回饋和以團體為單位的回饋兩種研究。在提供個別成員回饋介入的研究方面，有關增進班級親密訓練的實驗研究發現：接受回饋介入的學生在自我概念、吸引力和親密態度等三項，整體都有顯著進步（Widra & Amidon, 1987）；在訓練學生合作學習方面的研究結果發現，提供回饋介入給個人的效果較優，學生成就較高，凝聚力也較高（Archer-Kath, Johnson, & Johnson, 1994）。在以團體整體當作一個單位的回饋介入之研究，從比較有無給回饋介入的兩種團體的研究發現：有接受到團體回饋介入的團體，凝聚力較高，成員口語交談較多，這種影響力在團體初期特別明顯（Corder, Whiteside, McNeill, Brown, & Corder, 1981）。由上述研究結果，不論提供個人或團體回饋都有助於團體凝聚力的提升，顯見在團體初期為了促進團體凝聚力，提供回饋很重要。其次，在促進個人和團體投入工作，或增加成效，回饋也扮演著重要推力。由此可知，領導者可以考慮介入的目的，而選擇以個別成員或團體整體作為回饋的對象。

二、提供回饋與治療效果

領導者對團體歷程提供回饋，可以促進凝聚力和提高治療效果；成員彼此回饋，則可以提高治療效果。Dies和Dies（1993）研究以團體歷程為重點的回饋介入，對於團體氣氛的影響，從研究結果，他們認為回饋可

能促進治療的成分，而導致提高治療效果。此外，在團體治療情境，比較領導者有無給予成員回饋，也發現有提供回饋給成員，遠比沒有提供回饋給成員的狀況，影響成員在臨床的改變很明顯的相差兩倍（Lambert et al., 2001）。這兩項研究發現，都提醒了領導者，不論給成員個人或團體整體，提供回饋對於治療效果的重要。而有關成員彼此的回饋方面，研究發現：在團體中一般關係的成員之間和配對關係的成員之間，彼此相互的回饋，在接受回饋者所感受到對方的積極關注並無差異。成員知覺他人給予自己的積極關注越多，對於他的一般症狀的影響效果也越好，同時也不受到給予回饋的人和他之間的關係是一般關係或是配對關係的影響（Piper, Ogrodnigzuk, Lamarghe, & Joyce, 2006），也就是不分成員之間彼此關係的親密程度，來自同儕的回饋對成員個人都很受用。由此可知，領導者鼓勵成員彼此相互回饋，甚至需要教導成員如何給彼此回饋，為領導者的重要任務。Kivlighan（1985）指出，就理論而言，給予團體整體取向的任務回饋和給予個別成員取向的積極性回饋，都能更加促進團體凝聚力，他更進一步認為在團體層面的歷程回饋，有助於建立和維持治療的規範；尤其在人際回饋方面，對於治療規範之建立和維持很有幫助，領導者的介入技術和人際回饋可能有交流現象。

三、無效和反效果的回饋

回饋時缺乏明確對象，或給予衝突較高的成員回饋，或成員彼此用詞不當的消極性回饋，都產生反效果。Davies等人（2008）在領導者和個別成員同時提供團體整體的回饋介入之研究中有不同於前述的發現。他們發現對於團體氣氛的回饋介入，不但對於團體凝聚力和成員的頓悟沒有正向影響，對於成員的團體參與也沒有進步，在療效也沒有差異，也沒有增進團體氣氛。導致這樣的結果值得注意的是，給予團體衝突高的成員回饋，有20%和治療效果呈現負相關，可能由於這些成員感受到別人認為他

們導致衝突。此外回饋介入本身無效，可能與接受回饋的個別成員無法指認誰給他回饋有關。其次，成員的回應認為團體凝聚力或多或少有增減，但是在團體中他們沒有接收到有關他們自己或他人的訊息，因此沒有什麼人際訊息可言，可能因此也影響介入效果，且這項研究使用臨床的開放式團體，成員進出不定也有影響。從這項研究結果顯示，成員關係的穩定性會影響回饋的效用。其次，就人際交換理論，由於回饋可以產生人際連結，成員需要知道誰給他回饋，這樣的回饋才有給力，Kluger和Denisi（1996）便認為回饋必須有清楚標靶的對象。Davies等人的研究還有一項值得注意的是，給予團體衝突高的成員回饋，有反效果，最好避免。此外成員彼此的消極性回饋，可能具有建設性或反生產性的品質，端視其所使用的語彙而定。所以，若該成員使用的語彙傾向導致反生產性，領導者需要請該成員修改說法，使更符合其用意，這樣對方才不會堅持拒絕他的回饋（Clark, 1995）。

參、回饋在團體的運用

　　首先，回饋可以分為積極性回饋和消極性回饋；消極性回饋，尚可進一步區分為負向性回饋和矯正性回饋。雖然都針對成員的不適應行為給予回饋：矯正性回饋，以客觀描述其行為和表達回饋者的感受為主；負向性回饋，對於其行為描述帶有批判性。因此，前者可以促進接收回饋者的自我覺察和省思，後者可能引發接收回饋者的防衛。其次，回饋的對象可以分為給予成員個人的回饋和團體整體的回饋兩種。

　　給予團體整體的回饋，例如要保持聚焦團體，或許可以這樣說：「我們好像離題了。」若要澄清過程，可以這樣說：「我注意到A一直都在替團體說話。」或「我注意到A一直都在承擔團體需要說話的壓力。」若要平衡認知和情感的內容，或可這樣說：「你們似乎迴避有關正在討論的這

個議題的情感情緒。」其次，若為一項由成員們共同承擔的團體任務，假如只給予一名個別成員的表現提供回饋，對於被指名的成員個人，以及和這名成員有相互依賴關係的其他成員都是傷害。此外，由於團體和個別成員有相互依存關係，若給予成員個人或團體的回饋都能夠一致，則可影響團體整體的表現（Saavedra, Earley, & Van Dyne, 1993），而且給予的回饋，以發生在此地此時的行為為主，而不是發生在彼地彼時的行為。最後，在任何情況所給的回饋，都必須是針對所發生的狀況之描述性回饋，而不是評鑑性或批判性的回饋。

雖然大部分的人通常都喜歡得到回饋，然而身為領導者需要切記，成員渴求回饋的程度不盡相同。所以領導者需要有心理準備，成員對於回饋可能有各種不同的反應。此外，成員也比較能接受積極的回饋，相較於消極的回饋，成員的心理準備是傾向相信積極的回饋為正確的（Lundgren & Budawsky, 2000），所以聽到消極的回饋，可能會感到突兀而出現防衛。因此，給成員回饋是一項需要敏察力的技術。以下建議僅供領導者使用回饋時作為參考：

一、及時的回饋：不只效果較好，也讓成員在團體剩餘的時間裡可以去重複可接受和積極的作為，或改變行為。給予成員個人和團體整體的回饋，必須就此地此時的行為，讓回饋與成員個人行為或團體的行為可以緊密連結。不要等到團體快要結束，在做結論或評論的時候才給回饋。例如：「你此刻的自我揭露，很能協助我對於你在團體一直以來的沉默，有了真實的了解。」這樣的回饋可能鼓勵成員後續願意勇於自我揭露；或「你今天很沉默。」如此可以讓成員在團體剩餘的時間去改變。

二、適當的時機：如前述，回饋的提供也需要視成員個人或團體準備接受回饋的程度。因此，領導者需要敏察成員或團體準備需求什麼訊息的時候，方給於回饋。否則，即便領導者觀察到成員的最重要行為和團體的

重要事件，然而他們不一定準備要聽，尤其是矯正性或對質性的回饋，成員可能對於回饋會加以否認。

三、團體初期，盡量減少使用或不使用對質性和矯正性回饋。由於團體缺乏足夠的凝聚力，過早面質會引起成員或團體整體的防衛，接著將影響成員的參與。即便只是對於成員個人的回饋，也會發生寒蟬效應，導致團體整體產生禁忌的氛圍，成員們會變得拘謹和小心翼翼。

四、領導者要作為典範提供回饋。尤其在團體初期，成員通常偏好給他人建議和說道理，可能不知道如何給他人回饋，甚至擔心給他人回饋。因此領導者需要先提供回饋給成員，如下例：

領導者對著成員A說：「當你不斷地掏出口袋中的手機來看，我發現我很難專注。」然後對著團體說：「有其他人也感到被打擾的嗎？」

成員B回應：「有。」

領導者邀請成員B：「你能將感到被打擾告訴A嗎？」接著邀請其他成員。

在社交場合給人回饋，是一件冒險或唐突的事，以致一般人習慣上迴避給人回饋。在治療團體情境，由於領導者示範可以被接受的回饋，就在此地此時，成員可以觀察到接受回饋的成員的反應，因而成員會感到比較自在地跟隨領導者給予同儕回饋。

五、適量回饋的訊息。過量訊息的回饋，不只讓接收者或團體感到被訊息轟炸，也可能過於冗長或頻繁，而感到混淆，失去焦點，甚至忽略所有的回饋。

六、不要使用說教、評判或指責性的回饋。這種性質的回饋，不只在團體初期成員無法接受，即便在團體後期成員也無法接受，特別無益於成員。例如，一個為期十次聚會的團體，一名在情感情緒上和團體與成員都疏離的新手領導者，由於無法推進團體，感到很挫折。在第六次聚會時

間已經過半，成員都談一些很表淺的話題，團體漫談而沒有主題。領導者沒有覺察自己的憤怒和成員漫談的意圖，而給團體回饋：「到目前我看到沒有人談到自己，你們對於團體目前的狀態感到滿意嗎？」由於沒有信任和支持氛圍，成員漫談是用以迴避自我揭露，領導者缺乏敏察的回饋。顯然這是一個不需成員回答的問題，讓成員們感到被指責，頓時團體鴉雀無聲，落入很長的沉默。除了應重視自己與團體成員的關係之外，有幫助的回饋，領導者或可這樣表達：「今天是第六次聚會，到目前我看到每個人謹慎的迴避不談自己，讓我為我們團體感到著急。」這樣回饋，領導者揭露自己的感受，而不是指向成員。

此外，在團體中往往需要利用回饋來幫助成員統整新的學習。最簡單的方式，領導者可以提問下列三個問題（Edelwich & Brodsky, 1992, p.141）：

1. 你聽到其他成員說了些什麼？

2. 從這些回饋你學習到什麼？

3. 你準備做什麼？

這三個問題，首先可以協助接受回饋的成員整理他人提供的回饋。其次檢視自己的領悟，最後思考自己的改變計畫。由於透過口語表達，可以讓成員聽到自己的陳述，有增進記憶的作用。

最後，不只成員接受回饋很重要，領導者傾聽和接納來自成員的回饋也是非常重要（Nelson-Jone, 1990），由此領導者能夠獲得如何改變領導相關的有價值訊息，以便修正和改進自己的領導風格和方法。如果面對來自團體成員的回饋就防衛，將會破壞個人作為成員的典範之功能，且阻礙了自己的學習。

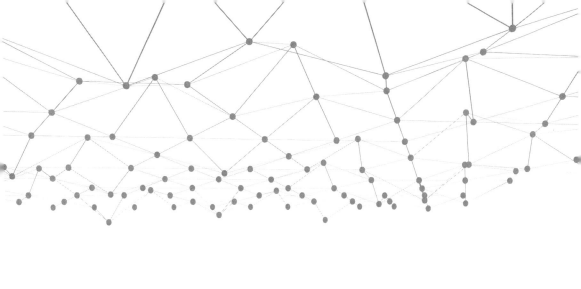

◆ 第四篇

團體成員與領導

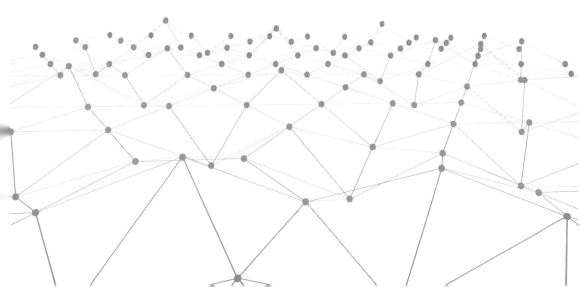

　　孩子的品質，決定一個家族的興衰。成員的品質，也決定一個團體的
發展和績效；孩子的品質，主要決定在父母的教養有方和家庭環境。成員
的品質，也決定在領導者的領導有方與團體環境。與父母不同的是，父母
不能選擇子女，只能無條件的接受子女，以組成一個家庭。而領導者則可
以，也必須選擇成員，以組成一個適合治療的團體。

緒　論

　　團體組成的兩種角色，主角為團體成員和領導者，團體的組成，影響
團體特徵和歷程至深。首先，身為領導者必須具備合適作為團體領導者的
個人特質，並且應該對於所要帶領導的團體，擁有專業訓練資歷和經驗，
以便能夠勝任領導該團體，這樣才是合乎專業倫理的行為。至於團體成
員，僅僅成員個人對於團體有需求和期待，並不能構成可以參加一個特定
團體的充足條件。雖然團體的組合，並不意味著團體的命運就此被決定，
然而團體的組合對於團體功能的許多方面，確實有不同的影響。不過，無
論從理論的立場或實務的立場，至今仍無法建立完美團體組合的定律，只
能提出參考原則。Yalom曾經提到，若就「社會縮影的理論」而言，異質
性人際風格和衝突的成員，可以仿造出一個迷你的社會，成員便亟需發展
出新的人際互動方法，因此可以產生最大的學習機會；然而，若就「凝
聚理論」而言，吸引力對於介入的效果影響至為關鍵。因此，最重要的
便是組合一個和諧的團體，而同質性高的成員便是上選（Yalom & Leszcz,
2005）。在第四篇將分別在第十七章、第十八章和第十九章，就團體成員
和領導者，以及聯合領導等重要議題加以論述，以供領導者參考。

第十七章

團體成員

　　大部分的團體，最可貴的資源就是團體的成員。由於成員攸關團體的成敗，團體成員堪稱獨特形式的當事人，在團體中他們帶來不同的個性和人格，因此每位成員都得同時學習因應領導者和其他成員。在團體中，成員不只和他們在個別諮商與治療中相似，必須發展與治療師的關係，以及學習處理個人困擾；還必須結合個人差異和具足功能的去面對團體任務，以便作為一個團體的成員。如此，將與他們在個別諮商與治療中作為一名當事人的特徵會有所不同。所以，如同作為一名領導者的身分，人格最重要；作為一名成員的身分，最重要的也是其個人人格。團體是由成員個人外顯的和隱晦的需求、特徵、好惡、優點、弱點等人格特質所組合，這些在他們生活中的一些特徵，便成了團體歷程的一部分，因而造就了每一個團體都是獨一無二的。所以，領導團體極為重要的事，就是領導者必須了解成員，以及他們的行為。

❖第一節　成員的性質❖

　　有效的團體成員，必須能夠與整個小團體連結起關係。基本上，每一名成員對於團體的關係都相當重要，成員個人決定如何參與，將影響到團體可作為一種具有療癒性的工具。因此，可以讓一個團體產生最起碼的效能，一名成員必須至少具備的指標為：(1)成員個人能夠讓人際「取」和「與」的過程發生；(2)表現出一定程度的人際主動性；(3)能覺察到他

人的人際影響，而不斷增加在團體的適應（Trotzer, 2013）。所以在篩選成員的時候，雖然沒有所謂「理想的成員」個人指標可以作爲選擇有效成員的指引。然而，至少需要排除缺乏上述三項指標的成員，或許他們更適合個別諮商與治療。其次，作爲成員除了個人所具有的個別差異，還需要有順應團體的必要條件，這些條件是作爲成員身分的共同因素。由於每個人都有其主要需求，也由個人的需求導引他的行動，而大部分的時候，人類的需求是經由社會互動歷程，以及社會或人際關係當中取得。在團體歷程，成員可能體驗到個人某個或某些需求被剝奪，例如在團體初期，當他們無法自己去滿足需求時，會傾向以企圖滿足其個人需求的任何作法來行動。因此，團體便成爲他們學習如何去滿足個人需求的一個場域，尤其對於人際關係有困難的成員，這項學習便顯得特別珍貴。

當領導者與一群成員工作的時候，可能產生領導者和成員雙方之間的一些問題。常見的有：領導者對於成員的期待與成員對自己的期待不一致；或反之，有優越感的成員，可能直接或間接地挑戰領導者的專業知識與技術。領導者不一定始終都能夠控制團體情況，而是被成員所控制，使得團體失控。團體中的直接溝通，永遠都是有助於諮商和治療團體的歷程，然而有些時候基於個人因素，成員難以遵循。即便具凝聚力的團體，親密關係止於配對或次團體內少數成員之間。就團體整體的關係而言，還是比較帶有社交性質，而非純屬於情感方面的性質。由於成員都知道在何處畫下人際情感的界線，因此即便是團體成員，他們自己也難以定義所謂「親密」的廣度。上述這些問題都會影響到團體的運作和績效，所以領導者若要能因應和充分處理這些狀況，則需要了解成員行爲的動力。

❖第二節　團體的大小❖

團體的大小，是指團體所包括的成員人數之多寡，爲形成任何一種

團體時的一項重要的考量。不論何種團體，一個團體的大小需視成員的年紀、領導者的經驗、團體的類別，以及成員呈現的問題類別而定（Corey, 2015）。由於決定團體的大小除了需要考慮人際關係，也就是團體凝聚力的發展之外，亦需留意團體中的人際互動。一個團體的人數應該多少，最重要的考量就是每一位成員都能夠有直接參與的機會。因此從實證研究結果的建議，為了能夠在討論團體中獲得彼此互動，以8到10人以下為最合適（Douglas, 1991）。當成員人數越多，就越有趨向越多的成員與領導者互動的現象，而有越少成員與成員彼此的直接接觸，如此將傾向於抑制親密感和凝聚力的發展（Gazda, 1989）。有研究指出，隨著人數的增加，成員的參與、產值和凝聚力的發展等都將隨之減少（Wheelan & McKeage, 1993）；且當團體人數為10人或超過10人以上的時候，團體容易分出兩個次團體，其中一群為活躍的團體成員，而另一群則為較消極的成員（Shatter & Galinsky, 1989）。不過團體成員也不宜過少，最好不要少於4人（Levine, 1991）。因此學者多數建議團體大小約在5～12人之間（Roark & Roark, 1979; Yalom & Leszcz, 2005）。至於兒童的團體，則由於兒童有被成人或他人注意的需求，因此以3～5人最恰當，不過新手領導者最好從3名兒童開始，等到較有經驗再增加人數（Corey, 2015）。如上述的人數規範，可以容許團體成員有一些異質性，能夠維持成員的興趣，也給成員足夠的參與機會，同時也因為有足夠人數，而有人際空間，讓成員個人感到安全和自在。不過僅就成人團體而言，Yalom（1983）主張在住院病人的團體，偶而即便只有3人的團體，也可以產生一些成功的功能。

Burlingame等人（2011）在有關凝聚力與團體治療效果的研究發現，不只凝聚力和治療效果之間有顯著相關，成員互動和時間也很需要，當團體聚會時間的長度超過12次以上，且成員在5～9人之間，與凝聚力的相關

最高，成員5～9人的團體，凝聚力最強，5以下和9人以上的團體，凝聚力較弱。根據Burlingame等人的研究結論，成員的人數和聚會時間都與凝聚力和治療效果有關聯。顯然團體聚會的時間不宜過短，如果有12次，甚至12次以上，不只可以發展高凝聚力，也可以產生較好的治療效果。同時，團體的人數和成員的互動，也影響凝聚力的發展，可以推測人數在5～9人之間，可能因成員直接互動的頻率和關係的品質，以及所產生的團體動力都落在比較理想的範圍之內，因此凝聚力較高，治療效果也較好。

不過團體大小的原則，有時得變通乃不可避免，可以形成團體的人數多寡，常依賴外在因素，例如機構的限制，就不是領導者所能完全控制。當然最重要在於任何團體，成員的適當人數，需要依據團體目標、結構、成員參與能力，以及領導者的自信和技術等條件而定。由於新手領導者通常在人數較多的團體會感到較不自在，最好以人數較少爲宜，等到越有經驗再增加成員人數。

❖第三節　選擇與準備成員❖

選擇和準備成員，是團體開始之前很重要的工作，這兩件事都與團體前對於未來的成員之個別初晤有關。一旦有當事人表示有興趣參加團體，在允許的情況之下盡可能安排時間，讓他們來進行個別初晤。初晤不只用以選擇未來的成員，也用來準備成員進入團體。這項初晤工作需要強調三件事，即當事人對於團體的期望、治療師對於當事人的評估，以及當事人參加團體的承諾程度（Dinkmeyer & Muro, 1979; Nelson, 1971; Trotzer, 2007; Yalom, 1995; Yalom & Leszcz, 2005）。茲分別說明如下：

(一)當事人的期望。從當事人的立場，晤談的目的在提問和產生對於團體歷程現實的期望。在當事人決定是否參加團體之前，需要了解作爲一名成員被期待的各種事項，因此必須告知當事人有關改變的責任，以及協

助團體中其他人改變，皆爲其承諾的一部分，且期待他們相互密切合作，以達成個人內在或社會的成長目標（Dinkmeyer & Muro, 1979）。此外，也需要告知他，團體將使用自由與誠實的表達情感情緒，如此團體成員將有機會建設性地討論他們個人自己的和他人的問題（Trotzer, 2007）。初晤當中要盡量協助當事人卸除原先他們可能對於團體錯誤的觀念，最後需要提供機會讓他們說明個人問題。這些工作在準備當事人可以成爲具有建設性的團體參與者。

(二)治療師的評估。從治療師的立場，初晤的目的在評估當事人對於參加團體的準備度（Trotzer, 2007），若當事人還未準備好，則應協助其發展出準備度。其次，獲取有關當事人的資料，以便了解當事人，以及用以篩選和安排適合的團體（Yalom, 1995; Yalom & Leszcz, 2005）。治療師必須善用專業判斷，評鑑每位當事人可能對其他成員及團體整體的衝擊。所以，初晤目的不是作諮商，而是篩選和籌劃最適合當事人的團體。

(三)當事人的承諾。對於穩定全程出席和參加團體，承諾模糊的成員，不是理想的未來成員。有三個步驟可以顯示未來的成員對於參加團體的承諾：其一爲表示對團體有興趣；其二爲來接受個別初晤；其三爲出席團體聚會。其中以接受初晤爲最重要的指標（Nelson, 1971）。所以，初晤需要促進未來成員承諾的應允。

不過，有些情境並無法讓領導者有機會爲當事人安排個別初晤，因此團體前的團體聚會可用來替代初晤的一些任務（Chen & Rybak, 2004）。利用團體前聚會給當事人對於團體目標和過程的定向，評估他們參與團體的準備度，以及使他們產生承諾。這種團體前聚會程序的優點，在於領導者有第一手機會，就成員個人在一個團體中的功能，去評估每位成員的人際能力，因此也具有篩選成員的功能。假如不便安排個別初晤，也無法安排團體前的聚會，還有一種作法，就是利用第一次團體聚會時間作爲篩選

和準備成員（Trotzer, 1999）。其次，不是每位領導者都喜歡事前進行成員篩選和準備，而是在團體歷程再去處理成員有關準備度和承諾的問題。

❖第四節　團體成員的組成❖

　　無論從年齡、性別、個性、人際風格、診斷、問題或是個體功能的程度作為組織成員的考量，團體成員適合同質或異質，學者看法都不太一致。在成員組成的因素當中，若以問題和成員中心取向的團體而言，被討論最多的當屬成員的同質性與異質性課題。由同質性的成員所組成的團體，可以帶給成員團結一致的感覺，而讓成員們感受到相當自在和安全（Donohue, 1982）。因此同質性的團體比較有凝聚力，出席率較高，較少衝突，並且透過相互支持，症狀可以較快降低。然而，同質性的團體也可能在操作時會比較膚淺或粗糙（Hansen, Warner, & Smith, 1980）。同質性成員組成的團體由於有共同性，具有促進相互認可和促進團體凝聚力發展的優勢。然而，成員彼此太相似可能導致無聊、固執、無趣或損壞團體歷程；再則由相同年齡或疾病的成員組成的團體，由於有限的行為型態和功能形式，限制了成員可以接觸到較多元的資源（Sadock & Kapland, 1972）。

　　由於問題和成員同質性所組成的團體功能有些限制，因此有學者主張由異質性成員組成團體，由於異質性成員組成的團體與每日實際生活情境較相近，可以幫助成員準備去面對其團體外的生活（Unger, 1989），可以提供成員學習與和自己不同類型的人相處（Bach, 1954）。因此，有時由男女兩性組成的團體，可以提供較多可以討論的選擇，並且比較接近實際社會情境，使團體比較像真實的社會縮影。例如生涯、兩性關係、婚姻與家庭、人際學習之類的團體，都很適合在性別為異質的成員，然而在他們的問題則相同為佳。異質性成員的團體會比較具創造力，有產值，和分析

力（Barker, Wahlers, Watson, & Kibler, 2000），可能由於認知的差異，而有較多創見和觀念。然而，一刀兩面的情況下，認知的差異也會導致團體內的衝突（Paulus, 2000），尤其差異幅度太大的成員所組成的團體，可能造成溝通和關係形成的困難與問題（Mahler, 1969a）。所以由異質性成員組成團體時，也需要考量包含何種差異，以及差異的程度。

　　若從個人的個性特質作爲選擇成員的考量。從年齡角度，某些年齡階段可能由不同性別組成的團體，會干擾團體歷程。由於成員試圖吸引異性，或對於在異性面前自我揭露會感到焦慮和不自在，例如少年和青少年階段，採取異性組合必須注意上述弊病。由不同文化的成員組成的團體，在面對衝突的處理，親密關係或協商等議題，會出現不同信念和互動風格，對於團體有負面影響（Posthuma, 2002）。由多數族群和少數族群所組成的團體，對於少數族群參與和表現程度會有負面影響。由於多數族群所關切的溝通技巧、自我肯定、較少表達等特質，似乎對於少數族群會有挫折感（Kirchmeyer, 1993）。最後，在團體中成員通常會使用彼此作爲負向和正向的典範，以便作爲仿效或借鏡之用。團體治療的特別優勢，即在團體可作爲一些新客體的提供者，提供成員，尤其是病人，作爲長期的社會學習。還有，由於同儕解釋的獨特力量，對彼此很有幫助，有時勝過領導者的解釋，因此成員的人際能力也是組成的要件。所以，在組成團體的時候，無論是什麼樣的情況，領導者都需要考量到選擇成員或接受成員，都要在領導者能因應和容忍的範圍之內（Toothman, 1978）。不過，無論同質性或異質性的團體，組成團體最有效的基本原則，就是計畫和組織可以反映目前當事人群體所需求的團體。

　　由於在團體組成的見解傾向多元化的趨勢，因而有逐漸趨向主張以異質性成員組成爲佳的聲音。不過同質性或異質性成員組成的團體，如前述各有優劣。以正常範圍的當事人爲主的團體，治療師無需特別執著其中一

種立場，比較合宜的辦法是，維持彈性的態度，能夠平衡成員的異質性和同質性，使異中有同，同中有異，可以產生較高的興趣，也能夠讓成員認同彼此與感到自在。依據當事人的問題性質和需要治療的當事人之性別、年齡與成熟度、人格特質等背景因素，以及團體目標和團體任務，來決定如何組成團體，乃不變的基本原則。

❖第五節　成員的角色❖

從團體動力學的角度，在團體系統中成員在團體的角色，也可以視為他在團體的功能、位置或是地位。所以角色的概念，實際上為位置、地位和聲望的綜合（Mabry & Barnes, 1980）。所謂「位置」、「角色」或「地位」，若在家庭，可以是家庭的「位置」、「角色」或「功能」，代表他在家庭中的責任、功能和權力；若在職場可以是一個人的「職位」或「職稱」或「職場地位」，因此代表著他的工作、責任和聲望。此現象在諮商與治療團體中亦然。在團體過程，因團體聚會的次數增加，因團體的發展，每一位成員也隨之獲得一個以上的角色（Posthuma, 2002），並隨著團體階段的發展，這些角色也可能產生改變（Trotzer, 1999）。領導者需要了解成員在團體的各種角色，以便能掌握到團體展開時團體整體的動力。領導者要掌握到各個成員在團體聚會中的角色，方法之一就是仔細觀察成員的行為和互動，如此領導者可以知道和決定每一位成員在團體是什麼角色、這個角色的功能，以及對團體和其他成員的影響力。

角色、功能或任務，三個名詞雖異，所指內涵則同。成員在團體中的角色，是以一種隱喻的方式去呈現成員的行為特徵。學者曾對於小團體中成員的互動（Bale, 1970）和功能（Dimock, 1993）進行研究，提供後續學者對於團體中成員角色的認識。從實徵研究，成員角色約可分為三大類，不過這些角色來自小團體的一般性研究，並非特地針對諮商和心理治療團

體研究而得，因此僅供心理師參考。在諮商與治療團體，這些角色與團體階段任務還是會有所差異（Posthuma, 2002）。綜合Bale和Dimock的研究結果，以及Posthuma（2002）和Trotzer（1999）的分類，成員角色可分為兩大類別，說明如後。

第一類，為有利團體的角色：(1)開啓者，給團體建議或提議新的觀念；(2)資訊尋求者，就當下的問題尋求權威性的資訊；(3)意見或資訊尋求者，為尋求有關的資訊、建議或澄清價值；(4)意見或資訊提供者，提供事實或資訊、或相關的個人經驗、或價值觀；(5)鼓勵者，會讚美、評論、同意或接受其他成員的貢獻；(6)解說者，提議或解釋，以便擴展意義；(7)導向者，做摘要並界定團體下一步，或質問團體討論的方向；(8)協調者，整合各種想法或建議，或協調不同成員或次團體的行動，或調解不同立場，以便降低衝突情境的緊張；(9)控管者，以鼓勵、促進、監控其他人的參與狀況，來調整所有成員的參與；(10)品管者，引用標準來評鑑團體過程的品質；(11)評鑑者，評估團體所完成的部分，或對團體過程提出警惕；(12)增能者，激勵團體的行動或決定；(13)記錄者，好像團體的記憶機，記錄團體的重點、建議、決定等；(14)技術員，主動協助團體例行的事物，例如發放材料，擺好座位等；(15)妥協者，涉入衝突情境時，會迎合他人而放棄自己的立場或承認錯誤，來降低衝突；(16)隨從者，只是跟隨團體的動向和活動，被動的接受觀念或其他人的決定。後兩者雖然對於團體的統整與和諧有幫助，但在諮商與治療團體不只不鼓勵，且需要協助這種角色的成員表達個人想法或觀念，學習與不同觀念和立場的成員溝通。

以上角色主要在幫助團體界定和執行目標與任務，以及發展和維持團體核心的態度，行為和活動。

第二類，為有礙團體的角色：(1)攻擊者，行為很多種，包括表示不

贊成、打壓、攻擊、嘲諷等；(2)阻擾者，固執或消極的抗拒，不同意和毫無理由的反對；(3)求名者，使用各種方法讓人注意他；(4)疏離者，以譏諷或漠不關心，表現出對於參與團體過程沒興趣；(5)專斷者，以操縱團體或某些團體成員，來確認自己的權威或優越；(6)自我告白者，只是喋喋不休表達個人的情感情緒和問題；(7)爭辯者，不斷地表現出反對他人的看法，沒有建設性意見，為一種阻擾的角色。

以上各類角色以自己為中心，他們對於團體整體的益處不關心，也沒興趣。具以上行為的成員，所關注的是個人需要的滿足，這些角色往往對於團體的發展和維持會有干擾。

由於成員在團體角色的獲得，與他們努力在團體中求生存，以及企圖獲得一席之地的行為有關，而成員的角色也會隨著團體階段的發展，承擔不同階段任務而變動，故可知他們的角色與團體任務的關聯。能確知成員的角色，可以提供領導者有關每位成員的重要資訊，以及知道他們如何與他人互動，當然在團體中成員不是始終帶著相同的角色，也不表示他在團體外的生活一定是這樣的角色。由於在團體中角色的獲得，除了個人自己的期待，其他成員在互動中對於彼此的期待，也影響著各個成員角色的獲得。然而，成員角色會是一個很有用的信號，顯示出這些成員有時候在他們實際生活中的行為如何，例如在家庭、工作場所等，可能也有這樣的行為，扮演這類似的角色。領導者能夠覺知成員的各種角色，不只可以了解團體過程，同時可以促進成員覺知自己的行為和承襲角色的細節。例如團體沉默的時候，有個成員總是會先出來自我揭露，若仔細聽她陳述的內容，便可發現她好像在迎合領導者期待的班長；又例如一名很積極參與的成員，仔細聽他說的內容，就會發現每次他都是在探問其他成員，而幾乎很少自我揭露。如果將所觀察到有關成員的行為和角色等訊息，提供回饋給他，可以幫助該成員變得比較有彈性，去改變或擴展他的角色。

❖第六節　成員的行為❖

在團體中，成員呈現出各式各樣的行為，這些行為也可以作為了解成員的素材。有些成員行為對團體和他自己都有幫助，有些行為則否，且以具阻礙的行為居多。領導者要達成團體目標和協助成員解決他們個人的問題，則必須理解，並努力處理成員的阻礙性行為或善用有益性的行為。Kottler（1992）曾分辨出14種成員最難搞的特徵，並歸納為：僵化性格、行動化（acting out）、操控和搞權力等四大類，均屬於對自己或團體沒有效用的負面特徵。在諮商與治療團體常見的成員行為，約可歸納為五大類：抗拒行為、操縱行為、有益的行為、情緒行為及次團體行為（Trotzer, 2013）。其中除了「有益的行為」之外，餘者對於成員自己、團體或其他成員，為有害而無益的行為。以下就這五類行為做進一步說明。

壹、有益的行為

有益的行為是可以刺激和提升團體治療的過程，使得成員彼此獲益的行為（Trotzer, 2013），這些行為都是身為領導者有責任示範和教導成員的技術或功能，以便他們可以相互協助。有一些行為有的成員自然就能夠表現出來，領導者可以將之導引成為對團體歷程有意義的貢獻。有益的行為包括：(1)傾聽，即積極的，不判斷的聆聽，由於傾聽能夠表示接納、同理、關心和尊重，讓對方感到有價值；(2)催化，成員的催化行為能夠讓團體成員加入討論，表達自己和分享他們關心的事，也能協助較少說話的成員出來表達，同時也可以減輕領導者的責任，且成員自己也能夠獲得自信、自尊和責任的成長；(3)引導，成員分擔了領導者的責任，能夠反映情緒，做建議，指引有組織的活動；(4)自我揭露，不只揭露個人問題或彼時彼地的資訊，更重要的為揭露個人此地此時的反應；(5)提供回

饋，是在團體中成員作為助人的角色的一種行為；(6)回報，給予自我揭露成員開誠布公的分享他們真正是怎樣的人；(7)保持信心，保密是每位團體成員的責任，而保持信心則是實現這個責任的行為，可以建立信任；(8)個人化溝通，成員陳述的時候使用「我」和「你－我」。成員會使用「你」或「你們」來取代「我」陳述，目的在隔離與自己的情緒和行為的關係；而使用「他」，目的也是在迴避直接與對方溝通。領導者務必自己作為典範，使用「我」和「你－我」溝通，並請成員也要如此，便可以協助成員養成有效的溝通行為。

貳、抗拒行為

一、抗拒行為的本質

　　抗拒行為由焦慮所產生，能以不同的行為方式呈現。然而，不論這些行為如何呈現，成員的目的都在保護自己，以及避免接觸自己的內在和他人，讓自己維持現狀。這些行為主要的共同特徵，就是抑制的行為，禁止了成員個人去自我揭露內在的訊息，或是阻礙成員彼此之間訊息的流通，因此這類行為也被視為是迴避的行為（Rybak & Brown, 1997）。抗拒行為主要源自於成員個人，可能害怕一旦自我揭露了個人問題，將不被其他成員所接納；或是一旦揭露個人問題，可能會遭到其他成員聚焦，而個人無從招架之窘況。有些成員則是尚未準備去面對他們痛苦的遭遇，或有成員可能感到無法改變個人困境或苦難，或無法獲得個人所期望的目標。抗拒行為可能是領導者需要面對的一種最主要的成員行為。

　　抗拒行為，通常為團體初期最顯而易見的一種成員行為。由於安全和信任感很低，成員迴避進行個人試探的行為，學者認為是屬於「社會抗拒」（Dinkmeyer & Muro, 1979）。社會抗拒是成員抗拒行為中最普遍，也最容易克服的一種，只要團體歷程推進，關係的親和力發展，成員能夠

分享關係的基本共同元素形成了，社會抗拒便能迎刃而解。到了團體後期，抗拒行爲則呈現出較難以捉摸或微妙的方式，且可能具有破壞性。不過成員出現抗拒行爲，也是治療進步的跡象，表示成員和治療師都接近了關鍵議題（Kemper, 1994）。成員在面對自己的問題之際，變成具個別化的一種抗拒形式，不願意採取必須的步驟去處理個人的問題，這種抗拒有時候很難察覺，需要由領導者和团体成員們共同仔細觀察方能看到。

二、抗拒行爲處理的通則

幾乎多數的領導者都會努力去處理团体中成員的抗拒行爲。不能允許團體成員抗拒行爲的理由，主要在於：(1)抗拒會增加打破守密的可能性，個人對於團體越不能承諾投入的成員，越容易到團體外洩密；(2)抗拒會增加行動化行爲，與團體關係越不親密，越不會冒險，也越會出現公開的干擾行爲；(3)抗拒會鼓勵成員停留在依賴彼此有意思的關係，而不是更有意願努力工作以改善他們的生活；(4)抗拒協助成員逃避責任，作爲他們沒有意願融入團體過程的因應方式（Ohlsen, 1970）。

雖然克服抗拒是一件棘手的事情，然而又必須面對。徹底減少抗拒問題的最有效方法，就是在團體組成之前的初晤，以便可以讓成員了解到個人的責任，就是準備到團體探討和解決自己的問題，且選擇已經具有準備度的成員來組成團體（Ohlsen, 1970）。若團體初期出現社會抗拒，最好使用親切和接納的方法來處理，可以透過團體的一些活動，或分享此地此時對於團體的感受，以建立共同經驗的基礎，通常很有效。至於團體後期，成員個人的特殊抗拒，則較難以解釋和有效處理，一般會使用解釋和面質兩種技術來對治抗拒。然而，這兩種技術可能都有些限制，使用解釋技術，容易傾向於鼓勵當事人智性化，且變得依賴領導者。尤其關係尚未建立之前，使用解釋技術容易使成員對於領導者感到憎恨，而使用面質技術，有將當事人放在熱鍋上的意味。所以使用這兩種技術，都必須以安全

和信任的關係爲基礎。在適當的時候，不妨以試探性的陳述態度來使用解釋技術，可能會較有幫助。同樣的，使用面質技術也必須在適當的時候。尤其當由團體成員自動出來面質正在抗拒的成員，而出來面質該成員的那些團體成員，很顯然的都已經對這一名成員表現出接納和關心，如此時機恰當的面質，特別有效。

三、抗拒行爲的形式與處理

在傳統的治療理論，主張所有的抗拒都得面質與解釋，由於抗拒的原因和形式不盡相同，不是所有的抗拒都能這樣處理。在團體中成員需要自我揭露的壓力特大，抗拒可能因爲文化差異、害怕陌生人、內心害怕退化、憎恨領導者描繪成員或因團體中互動等所引起。也許有的治療師並不認識有些抗拒是成員因應的一種元素，對於這個人具有順應的價值，讓他得以自我持續，有個起碼的自我認同。因此，解釋可能如同攻擊其自我認同，將引起對立（Fenchel & Frapan, 1985）。抗拒行爲表現形式不同，因此處理也不同，說明如下：

(一)壟斷，可能害怕被團體孤立或攻擊，以至於都得抓住團體的注意，一旦不受到注意就會很焦慮（Dinkmeyer & Muro, 1979），由於愛說話，團體初期常讓其他人可以鬆一口氣。

(二)超愛講話，與壟斷者的差別爲在團體中有人先開話頭，他就抓著別人的話題講個不停，主要由於焦慮或緊張引起，越焦慮，話越多。

(三)憎恨，由於過去曾被他需要愛的人傷害、輕視、或遺棄（Trotzer, 1999），這種成員很難交談，由於無法接觸或是獲得他的信任或相信。

(四)沉默，成員可能爲了逃避現實或衝突，或爲了處罰領導者或某個成員，或是想隱藏自己，有些成員則由於人際溝通有困難所致。

(五)退縮，退縮和沉默常相伴，不過沉默不一定是退縮，有些沉默的成員事實上有在參與；退縮通常與成員個人的負面自我概念有關，呈現和

團體或領導者之間保持情感的和物理的距離（Trotzer, 1999）。

　　(六)缺席，在團體早期的缺席可能是成員對於團體缺乏興趣，或缺乏承諾，或是害怕所導致，故在初晤需強調承諾。在團體後期，可能害怕會被看穿或受傷害、或感到尷尬，便以缺席來逃避，可以積極處理成員的情緒，使他可以建設性的面對自己的困擾問題，或表達關切，並強調責任的議題。

　　(七)竊竊私語，將干擾到團體的流程和焦點，必須積極以此地此時的過程來直接處理。

　　(八)理智化，指成員只就議題去討論，而不是就自己有關該議題的方面去談，使用知識的內容作為隱蔽，不涉及個人（Higgs, 1992）。處理方法，為鼓勵成員以直接關聯到他自己的方式討論，並保持聚焦在團體內。

　　(九)老手，為有參加小團體經驗的成員，有時有幫助，有時則很干擾，不宜過度對質他們。對老手提問或探問可能有用，可以帶出其他成員對於老手的情感情緒，來給老手回饋，所提供的回饋，需要能夠幫助老手了解他們正在做的行為。

　　(十)開玩笑，成員可能依靠開玩笑來避重就輕。有效處理這種行為的方法，可反映他們溝通下面嚴肅的另一面，以便幫助他們克服使用幽默作為抗拒，也可以協助成員看到他很不同的另一面。

　　(十一)不停的抱怨，為自我告白者角色常見的行為，抱怨連連和說一堆他認為無解的問題，引人注意，然而與人不親近。Yalom（2005）認為處理方法主要聚焦在過程，而不是他陳述的內容。對於他這樣的行為給予回饋，不要企圖去解決他的問題。其次，也可以使用限制說話的時間，讓他感到負責和能控制。

　　(十二)自以為是，常以道德者自居的人，最明顯的特徵就是要求正確和顯示他人是錯的，主要原因為內在羞恥感的動力為其行為之力量；另一

個原因，來自投射，由於認為若不固守一個立場，可能整個會被他所不贊成的想法推翻（Trotzer, 2013）。這種人的防衛機制，內在很脆弱，因此面質或任何處理都很冒險，效果也不大。只有在團體情感能充分發展，團體可以容忍這樣的成員，他或許能夠逐漸鬆動自己的立場，且學習較有彈性的人際關係模式，開始重建獲得自重感的基礎。

(十三)救星，只要團體有負面的緊張升起，他就會出來表示同情、給保證和將對方情緒緩和下來。他不是提供支持，而是企圖以庇護來改變成員的個人化互動，彼此不用揭露個人訊息，可以迴避痛苦。處理這種行為的方式，可以在他行動之後，透過直接教導或以同理的反應取代同情的反應，其次，促進他的自我揭露，讓他體驗到對他人有用。

參、操縱行為

一、操縱行為的本質

操縱行為是以有技巧的方式去影響他人，在對方不知不覺之下採取或改變行為，以便滿足了操縱者自己的需求或利益。是一種讓別人沒有威脅感之下，可以去控制團體和其他成員的作法。這種行為，有些形式具有攻擊的性質。操縱者通常具有一些特質：(1)知道如何偵查他人的弱點；(2)一旦發現他人弱點，便加以利用；(3)透過操縱機制，操縱者相信對方會放棄自己，成為服務他的自我需求的奴役；(4)一旦得逞，食髓知味，將重施故技。因此操縱可以成功，操縱者和被操縱者通常有相對特質。Shostrom（1967）以「占上風」（top dog）和「居下風」（under dog）的概念，展示操縱和容易被操縱的相對特質：「控制與依賴」、「實力與敏感」、「支持與批評」、「溫和與攻擊」。根據這些模式，不管處在哪一個位置的成員，都能構成對他人很大的影響。

通常都是領導者先發現操縱的存在，隨之成員才會覺察到。Trotzer

（1999）認為操縱行為和抗拒行為的差異，在於抗拒行為是直接用來保護自己，而操縱行為則用以控制他人，讓自己得以獲利。然而，在團體早期干擾團體治療的發展，這兩種行為則相同。操縱，會讓成員產生人際距離，阻礙溝通，妨礙凝聚力，而讓團體形成不信任和禁制的氛圍。由於操縱會使團體成員產生警覺而隱藏自己，以免無助地落入操縱者的掌控中，故領導者必須積極處理操縱者的行為。

二、操縱行為的形式與處理

Trotzer（1999, 2013）對於操縱採取比較寬鬆的界定，舉出操縱行為有交際、代罪羔羊、依賴、順從、攻擊、批評、支配、呵護及計較等形式。寬鬆的界定行為，可以協助領導者注意到無益團體或自己的成員行為，以便處理。茲舉其要者，說明行為的形式和處理要點。

(一)交際，有這樣行為的人受歡迎，也使自己成為被注意的人物，主要目的在擴展治療關係成為社交關係。處裡的方法，主要必須提醒他團體的目標和意圖，有時候得阻止他的建議和提議，以免團體方向被岔開或是模糊了目標。

(二)找代罪羔羊，這種行為可能使用投射性認同，歸因自己的問題於別人，來迴避個人的責任（詳見第十三章）。

(三)依賴或裝傻，以弱者姿態迫使他人接手他的責任，這樣他就可以消除需要面對責任或是需要自動的焦慮。處理的方法，就是讓他學習獨立和負責任的行為，不論領導者或是團體成員都堅決地拒絕替他作決定和作抉擇。使用鼓勵、賦能、肯定能負責等，協助他放棄依賴的行為。

(四)攻擊行為，以指責或批評的語言攻擊團體或個別成員，由於這樣的成員令人感到害怕，容易讓團體陷入害怕動輒得咎的情況。批評的行為主要是從個人參考架構的標準去評鑑和判斷他人。處理批評的方法，首先領導者宣示範不批評的行為。其次，建立團體基本規範，以便有利檢核批

評性的回饋，同時也讓批評者接受建設性的批評，以便讓他學到他的行為對他人的衝激，因此能夠換個方式給他人回饋，取代批評；指責的行為，通常與個人認知狹隘、情緒自律、低自尊等有關。處理指責的行為，主要教導區辨自己的情緒狀態，練習情緒自律，挑戰他憎恨歸因的偏見等。

(五)支配，以語言和非語言的方式，強力控制團體或其他成員的行動，包括目標或是討論的話題。支配也可能與手足競爭可以支配和被配支配有關，目的在迎合他個人的需求。如成員的支配對象為領導者，領導者不要迴避這種成員的挑戰，才能發現自己對於權威和支配的態度，這樣的成員需要學習建設性的善用個人權力。處理的方法，一方面支持其他成員的獨立行動，另方面要尊重支配者對團體的投入。

(六)守護，這種成員會在其他成員面對攻擊，危機或窘境的時候，提供庇護和支撐，使得他人依賴他，他好像是正義和福祉的守護者（Shostrom, 1967）。從不斷支持其他成員當中，他可以獲得在團體有權力的地位，同時可以迴避處理自己的問題。這樣的成員需要學習揭露自己的需求，以便其他成員可以給予關愛的反應，如此才能建立相互成長的關係。

Kottler（1994）提醒處理有操縱行為的成員，主要可以使用面質技術，而不是解釋技術，面質可以協助他面對自己的目的和真正的需求。其次，有操控行為的成員，無論是哪一種形式的操縱行為，會在團體混亂、緊張、衝突和憎恨的氣氛中茁壯起來。因此領導者介入的時候，必須堅定、直接，同時也是關心的態度，才能獲得最好的結果。

肆、情緒化行為與處理

這種行為與極端的情感情緒有關，可能會使用語言或身體來表達。其中有幾種普遍易見的行為：

一、找出氣口，在安全的氛圍裡成員比較會以口語表達對人或情境的憤怒、憎恨、挫折、敵對等情緒，尤其有強烈負面情緒的時候，特別會冒險給情緒找出口。處理的首要工作就是傾聽，讓他說，並在過程中試著去了解和確定這是長期環境或是人際關係所造成的結果。處理的時候，必須先聚焦在發洩者的情緒，而不要聚焦在被攻擊的接收者，隨後再轉到接收者和團體的反應，不要針對一人，而是讓團體的成員都一起來反應。該成員可以從其他成員的回饋，去思考他的情緒在所處情境所扮演的角色，並在團體協助下理性的想一想可用的替代方法或意見。有時候，成員由於在團體情境累積了很多情緒才突然爆發，所以可以鼓勵成員有情緒發生的時候便立刻表達，不要悶在心裡。由於情緒找出口的人，事後往往忘了自己曾經說的話，因此在暫時喘息之後，回到這個成員再度溝通情緒和情境為很重要的程序（Trotzer, 2013），且必須抱持積極的看法，負面情緒找出口，基本上對該成員具有療癒性。

二、身體攻擊，很清楚和可以確定的是，這種行為違反團體基本規範，必須立刻中止。甚至必要時，可以將這名成員帶出團體之外以終止其行為。很可能找情緒出口的這名成員，由於語言能力不足，或只有語言不足夠出氣，可以使用其他的表達活動，例如丟抱枕，但不可以攻擊人。Trotzer（1999）建議另一種活動，即讓這名成員躺在地板上，其他成員壓住他的手腳和肩膀，鼓勵他試著努力站起來，這樣可以舒洩情緒，但不會有人受到攻擊。

三、痛哭，由於很大傷痛或心理壓力的自然反應。團體中有一名成員哭泣會影響其他成員，他們可能想協助，卻不知道該怎麼辦。哭泣者便

陷入孤立狀態，其他成員也會想到自己千萬不要這樣，而試著努力壓抑哭泣。處理的方式，多數時候無聲勝有聲，在文化合適的範圍，支持性的接觸很有用。如果有人去握著對方的手或半擁抱，會對其他成員很有影響力，有帶頭作用。不過通常需要領導者先示範，讓成員們確定這樣做適當，並鼓勵成員去表達。此外，需要有訊息溝通，讓成員知道哭泣是一個人情緒的正常表達行為。

四、外化行為（acting out），是一種不以口語，而間接表達情緒、想法或期望的行為，以迴避正面權力爭執（Sliverstein, 1997），通常與成員對於領導者的負面情緒無從表達有關（Johnson, 1963）。公開的外化行為表現在缺席、遲到、中途退出團體等；隱晦的外化行為，例如散漫、拒絕參與，或迴避某些情感情緒等。處理的方法，不是給予壓力或批評，需要表現出對他的行為的好奇或關心的探問，以開展溝通。且不論這名成員的動機為何，都得讓所有成員加入討論，而不要成為一對一的面質場面。讓團體成員都來表達他們的感受和看法，如此：一方面，這名成員可以接收到不同觀點的回饋；另方面，所有成員一起負責因應這一名有外化行為的成員。

伍、結集次團體的行為與處理

次團體是由三名或更多名成員所組成，三或三人以上便會出現團體動力現象。不論諮商團體或心理治療團體，結集次團體是所有團體會自然發生的成員行為，因此領導者需要了解和善用結集次團體的行為。在團體內，次團體是不容易處理的一件事，由於次團體具有動力和此地此時的性質，一旦產生就正在演進。次團體的問題，在於成員在團體中尋找親密與友誼關係，有兩個或更多成員相信，從較少數人彼此之間的關係可以得到的滿足，勝於從整個團體（Yalom & Leszcz, 2005）。然而，次團體不論

在團體外或團體進行中隱藏秘密，這是一種共謀，可能影響團體氣氛或團體動力，對於團體有破壞性。基本上，這是破壞團體的信任規範，且次團體成員主要是利用次團體滿足其愛與歸屬需求，而不是努力做改變（Trotzer, 1999）。尤其面對領導者或其他成員面質的時候，次團體的夥伴可能出現庇護行為，使該成員可以迴避問題。以下為處理次團體行為的原則：

一、制定規範，在初晤時可以先排除可能形成次團體的當事人。

二、由於雖不鼓勵次團體，也難以禁止。因此在團體互動中，必須讓成員清楚知道，對於次團體的相關期待。Yalom主張明白告知成員，次團體在團體聚會外的活動需告知團體的規範（Yalom & Leszcz, 2005）。

三、有聯合、結盟、串聯次團體等行為發生於團體內的時候，領導者必須讓團體注意到（Trotzer, 1999）。

四、當領導者在團體過程覺知次團體出現Yalom所謂的「沉默的共謀」的時候，必須邀請他們將隱晦的人際歷程透明化。

五、領導者不可以為了私人不當意圖，隱藏覺知或知道次團體發生或存在的事實。甚至與次團體公然的或暗地裡聯盟，作為對抗其他成員或另一名領導者，或作為提升個人魅力的手段。

❖ 第七節　結語 ❖

謹慎且適當的選擇成員和組合團體，固然是產生團體功能與績效的有利基礎。但是，只有如此，並非成功和有效團體的安全保障。認識成員在團體歷程的種種角色和行為，對於領導者更是重要的工作與挑戰。參考過去學者專家的研究和實務經驗，可以擴大和深入觀察與理解團體中的成員，以便善加運用和處理，以創造給予成員最佳的人際學習環境和機會。

第十八章
團體領導者與領導

　　孩子成長需要滋養性的家庭氛圍，父母乃家庭氛圍形成的靈魂人物。團體領導者也是影響團體初期氛圍形成的核心人物，而領導者個人特質便是決定團體氛圍色彩的基本色調。

❖第一節　有效領導者的特質❖

　　在論述諮商與心理治療的歷程中關於有效治療的介入，不論精神分析、心理治療或諮商的個別形式或團體形式，一直以來不斷被討論的重要課題，就是作為助人角色者的這個人，更確切的說，是領導者的人格或其個人特質。然而，誠如Trotzer（2013）之見，由於這是一種人對人的服務，因此很難以實驗室方法或實證方法，如此機械化研究的過程，來決定什麼樣的人格特質為有效的領導者。

　　每位團體領導者不論有意識的或無意識的，都會將其個人特質帶進團體，包括個人偏好的人生觀，生活態度，人際經驗等。Hulse-Killacky（1994）呼籲團體領導者必須自問：「我是誰？」「和你（成員）一起的我是誰？」「我們（與所有成員）在一起的我是誰？」身為領導者經常這樣的自問，有助於提升自我感和檢視團體中的自己。Gladding（1995）認為具有明確的自我感很重要，能決定一個人如何將個人特質轉化成為團體領導者。其次，一個人若能保有自我認同，又同時能欣賞他人，方能成為有效的領導者。所以學者在他們的著作或論述之中，都一再的強調個人特

質為治療師能力很重要的一面（Corey, 2015; Trotzer, 2013; Yalom & Leszcz, 2005）。此外，每位團體領導者都有其個人偏愛的領導風格，而在選擇與發展個人領導風格之際，將受到多種因素的影響，其中領導者個人的人格特質，是最重要的影響因素。由此，可見作為有效的團體領導者，可能需要具備有助於團體歷程效能的一些特定個人特質。

Carl Rogers特別重視治療師的個人特質。他曾經提到，與其強調訓練，不如多花時間去選擇適合當治療師的人。Yalom也認為有些人在訓練的初始幾個月，便可以看到開放和融入的自然特質。這些人經過訓練之後可以成為優秀的治療師。而有些人則可能得花好幾年，才能走到他人在訓練起步的時候已經具有的特質（摘自Overholser, 2005）。若從領導者也具有「樹立典範的參與者」之角色而言，的確這個角色需要某些特徵（Trotzer, 1999），由於成員觀察到在團體中領導者自由自在的參與，且無不利結果的適當行為，會受到鼓勵，而願意去改變他們的參與行為（Yalom,1995）。在團體中領導者的一舉一動，都難逃成員的眼光，不論領導者刻意或不經意的行為，都可能成為成員眼中的典範。

Corey（2015）便認為只有從領導者的技術和成員的特徵，不足以解釋成功的團體。為了提升團體的成長，領導者必須生活在成長取向的人生，且需要致力於具備提升團體的那些個人特質。一個治療師不可能期待他的當事人，去做治療師自己都無法做到的行為。有的治療師在個人待人處世的方式受到質疑的時候，辯稱我的私生活和我的工作是截然分開的。事實上，這只是一種掩飾個人失敗的藉口。因此，成為稱職治療師的生涯，不論在個人的專業知能或個性特質，可以視為是一個修行的過程。如此才能使得作為領導者所需要的個人特質，以及專業的方法與技術，能夠相互融為一體，並得以日臻成熟與精煉。

學者對於領導者個人特質的主張不一。Corey（2015）和Corey等人

（2013）主張有效能的領導者個人特質，包括：勇氣、示範的意願、與成員同在、善心、眞誠與關心、對團體歷程的信念、開放、無防衛的因應批評、覺察隱微的文化議題、能辦識個案的痛苦、個人能量、耐力、自我覺察、幽默感、創造力、個人的投入與承諾等多項特質。而Yalom（1995, 2005）則特別重視領導者具人際誠實與自發性。尤其作一個眞實的人，Yalom相信是最好的典範。因爲領導者期待成員在團體中呈現眞實的自我，當然自己也必須是眞實的。因此領導者的透明性最爲Yalom所重視。Trotzer（2013）則舉其要者，認爲領導者最好具備自我覺察或自知之明、開放與彈性、容忍曖昧狀況、積極、對他人眞誠與眞心、親切與關心、成熟與統整。Chen和Rybak（2004）乃就過去學者所列舉之各項特質予以歸類，將有效領導者必備的品質分爲三方面的特徵：第一方面，爲有關團體的概念和技術的知識；第二方面，爲足夠的自知之明和文化敏感；第三方面，爲可信賴與誠實，對己與對人的同情心（compassion）、幽默與彈性、直覺和創造力。由上可知，成爲有效領導者需要具備的個人特質，學者有一些比較共同的看法，爲：自我覺察和自知之明、良好的情緒智商、感性與理性的平衡、親切與關心、眞誠與眞心、善心、開放與彈性、創造力、幽默、文化敏感、成熟與統整等。茲綜合學者之見，擇其要者說明如下。

壹、自我覺察和自知之明

　　由於天賦特質或能力，有些治療師比起別人可以成爲更有效的領導者。然而，即便內向個性的人經過適當訓練，也能成爲具備有影響力的特質和優秀技術的領導者。原因在於若一個人容易自滿，就會不如一個對自己較有自我覺察，知道自己需要持續學習的人（Chen & Rybak, 2004），足見自我覺察的重要。每個人都是獨特的，而在團體諮商與治療的歷程，

不管領導者個人意識或下意識地都會將個人特質帶進助人的歷程，有些可能有助於助人歷程，有些可以對助人歷程造成阻礙，而自我覺察的領導者會視情況調整自己。因此，為了確認那些特質可以使自己成為有責任的治療師，身為一名團體的領導者，必須在工作過程不斷自我省思，以便知道自己可善用的特質。所以，作為領導者的首要特質，就是自我覺察或自知之明。

自我覺察也可以視為是一種自我教育的過程，經由自我覺察，可以自我管理，自我改變，或是自我控制；甚至可以視為一種態度，了解個人的價值結構和態度，才可能對所領導的團體透明化。至於自知之明包括：知道個人優勢、缺點、神經質的衝突範圍，以及動機和需求（Mahler, 1969b）。甚至，知道與他人關係中的報酬，知道在關係中個人的什麼屬性增強了他人（Dustin & George, 1973）。如此方能有效的協助成員修正和改變行為。最後，領導者的自我覺察和自知之明，也包括清楚個人的意圖和目標（Lakin, 1969），以及自我監視和自我盤問。如此，在介入之前方能夠先行覺察在成員的情緒反應當中，是否有領導者個人的短缺或認同的個人議題（Kline, 1990）。在臺灣過去有一則有趣的刮鬍刀廣告，這樣說：「要刮別人的鬍子，先將自己的鬍子刮乾淨。」的確，一個不能自我覺察和自我審視，以及缺乏自知之明的領導者，是不可能協助成員去看看自己的生活和人生，在這方面領導者不只是典範，同時也是催化劑。

貳、感性與理性的平衡與統整

一個人呈現出感性與理性的平衡與統整，可以作為人格成熟與統整的指標。可能有些人以為，如果一個人特別具理性特質，而很少感性特質，只要使用認知取向的治療便沒有問題，一定可以產生效能。Stockton和Morran（1982）論述有效團體領導者，提出「情緒刺激」的能力；此概念

指領導者能調和給予團體情緒刺激的量，例如能夠挑戰和面質成員，也能夠揭露和表達個人情感情緒。這樣的特質，為感性與理性都能夠表達，呈現感性與理性平衡的特質。感性為人際取向，有利關係或凝聚力的發展；理性則為任務取向，有利團體效率提升，兩者不可或缺。Chen和Rybak（2004）論述領導者運用自己作為工具時，特別指出在治療中能運用自己作為工具，關鍵在自我分化的程度。自我分化可以視為「一個人在情緒、心智和靈性發展的指標」（Chen & Rybak, 2004, p.42）。具有自我分化的人，遇事能夠抗拒被情緒反應強烈牽引，同時能夠在不用審視之下，便能有鮮明情緒和自動表達出來，因而既能和他人有親密的連結，同時又能夠保留自己在一個議題的立場，而有個人自由空間。這就是理性與感性的平衡與統整之現象。

參、良好的情緒智商

一個能掌控理性與感性平衡的人，首要條件就是具有良好的情緒智商。所謂「情緒智商」為：「能識別自己與他人的情感情緒，能激發自己，並且也能好好管理自己的情緒和關係的一種能力」（Goleman, 2000, p.317）。研究指出，情緒智商與領導表現呈現高相關，然而過於高估自己的領導能力者，則其情緒智商與領導表現呈現負相關，情緒智商與自知之明具有密切關聯（Bratton, Dodd, & Brown, 2011）。顯然，自知之明與情緒智商對於領導表現都具有重要性，領導者在團體歷程需要能夠與團體成員同在（presence）。能與團體成員同在的領導者，能夠專注在當下體驗到成員的痛苦、努力和喜悅，同時又不會被成員個人強烈的情緒所淹沒（Corey, 2015）。因此這個所謂的「同在」，更精確的意涵為情感情緒性的同在。所以在成為團體領導者的個人自我發展當中，發展高水平的情緒智商能力為相當重要的一環。

　　情緒智商的發展包括四方面：(1)情緒涵養（emotional literacy）；(2)情緒健康（emotional fitness）；(3)情緒深度；(4)情緒歷練（Chen & Rybak, 2004）。有良好情緒涵養，領導者不管團體如何或自己正在做什麼，心裡都能夠保持寧靜，才有辦法傾聽自己的心聲，對於團體中隱微或爆發的事件，都能夠有適當的反應；而情緒健康的領導者遇到困境的時候，也能夠全然的與團體同在，沒有會阻礙關係的隱藏計謀，並對自己帶領的活動負責；情緒有深度的領導者，必然是誠實、清晰溝通、開放，能具有完整與統整的特徵，這樣的領導者不管團體何時發生各種紊亂，例如團體衝突、成員抗拒等，都會將其信念付諸團體的人際歷程；至於有情緒歷練的領導者通常能夠感受一般的人際互動，而在最佳時機與團體成員交流自己想起的訊息，帶給成員轉化的機會。由於有些成員可能自己也考慮過個人處境，而做過一些努力，但是一再失敗而感到挫折、洩氣和無力，很需要有一線希望。有情緒歷練的領導者，往往能夠在這個時候給予轉化願景，讓成員頓悟可能的希望與前景。

　　在前述情緒智商的四方面，情緒涵養、情緒健康和情緒深度都是個人所具備的情緒狀態，唯有情緒歷練為一種過程，可以是個人生活與人生修練的過程。四者雖然息息相關，然而對於治療師的工作而言，其中情緒歷練難度最高，且影響前三者的運作也最大。《大學》，孔子說：「知止而後有定，定而後能靜，靜而後能安，安而後能慮，慮而後能得。」這句格言正是將治療師如何修煉在諮商與治療歷程運用情緒智商的能力，作了很系統化的步驟分析。「知止」，可以解釋為知道自己和當事人的情緒界線，同時也止於當下的情緒，以便穩定個人情緒，所以能引導領導者如何止於此地此時，迅速保持定靜，而能夠自我覺察當事人的行為反應如何影響自己，以便決定適當的反應與介入。

肆、親切與關心

　　關心包括尊重、信賴和重視他人（Corey et al., 2013）。由於關心是來自真誠的為他人著想和考慮，能夠開誠布公的對待他人。因此，具有高度關心特質的領導者，能夠給成員提供支持、鼓勵和保護。關心的表現可能有很多管道，有人呈現熱心和熱情，有人則以微笑和專注，有人會以認真和肅靜表達深沉的關切。因此表達關心的方法，不限於一種特定風格。領導者能以親切的態度和關心的舉止融入團體，不只締造安全與支持氛圍，同時也作為典範。成員彼此喜歡對方和相互尊重，為團體成功的要素。親切和關心與同情心的意義很相近（Trotzer, 1999, 2013）。領導者對自己的同情心，來自個人的自信和熱情。因此領導者對自己的同情心，乃是能夠同情和同理他人的基礎。領導者的同情心和關心，不只能給於成員溫暖，也能成為他重新啟動力量的燃煤。一個有人際距離而冷漠的領導者，便很難讓成員動起來，值得領導者慎思。

伍、真誠與真心

　　真誠和真心在人際關係具有滲透力，能感動對方。Rogers非常強調治療師的真誠、一致，為必要條件。一致也就是真心，真誠和真心在人際關係也具有感染力，能鼓舞成員面對真實自己，並對自己有良好感受，故進而能夠發展治療的關係。此外，具真誠和真心的領導者，也可以讓成員感受到親和力。由於成員若發覺領導者對他們真正有興趣，能引起他們參與和投入的興趣，以及感到興奮。一個好的領導者，能夠以不具威脅的樣貌，以真誠和真心，傳達熱心給成員。領導者的主要工作，就是協助成員以有效方式獲得他們所要的，而不是繼續以他們無效的方式去求取。因此，領導者能夠真誠和真心關切成員們的福祉，甚為重要（Corey et al., 2013）。若具有真誠與真心，又對成員有敏察力，這樣的領導者往往能夠

將成員的興趣，以及他們的問題視為第一優先。

陸、開放與彈性

　　開放與彈性，是成為有效的團體領導者的兩項重要人格特質。開放和彈性的特質，可以讓一個人能與多數人融洽相處（Trotzer, 1999, 2013）；反過來，封閉和僵化將使得一個人只能局限於和特種特徵的人相處。不過，開放與彈性並非指領導者對於團體和成員毫無界線和毫無要求。開放是指領導者能夠對團體成員做足夠的自我揭露，並能夠發展適合成員和其問題的界線，且開放不應當作一種技術使用，而是能夠自發性的表達（Corey et al., 2013）。通常開放的領導者會以真誠和自然的語調，表達對於成員的努力或優勢的情感反應，例如：「我很佩服妳一直很有毅力的對抗困境。」「你的努力讓我感動。」「我喜歡你能夠信任這個團體，坦然揭露自我。」

　　由於開放的特質是來自領導者個人安全的自知之明，因而能毫不感到有危脅性的接收成員的觀念和行為。領導者來自對自己的認識，而能將自己開放，暴露自己在成員面前，不需要對成員使用判斷或評價作為自保的工具。成員因而可以感受到自己被領導者完全接納，得以安心的，更進一步的走到揭露個人問題相關的部分。開放也與透明化意思相近，領導者適當的透明化，有助於解決成員的移情和建立團體真心、開放的規範（Yalom, 1995）。特別強調人際關係的治療方法，成員和領導者就如同在漫長旅途中的夥伴，因此需要共同移除阻礙成長的障礙（Yalom, 2001）。

　　至於彈性，就是能變通，因此彈性的另一端就是固執。彈性來自領導者具有自信，且能敏察成員的需求，因此能夠知道自己的界限，同時又願意在界線之內求變，且持續考驗個人的限制，以及再確認自身處境。所以

彈性乃是一種輕鬆的態度，由於抱持輕鬆的態度，往往能夠變通與幽默，不會拘謹，甚至固執；彈性是作為有效領導者重要的人格特質（Chen & Rybak, 2004; Trotzer, 1999, 2013）。由於任何一個團體的過程與互動，在帶領時都無法完全預測，領導者需要抱持足夠輕鬆的態度，以便能夠與團體的精力交互流動。由於抱持輕鬆的態度，比較可能有創見與自發性，領導者不固執其預期或執著的想法，而能夠允許團體在成員和領導者的特質交錯當中，以其獨特的步調推進歷程。

柒、創造力與幽默

創造力與幽默的共同特質，就是自發性與直覺，而其共同基礎都來自領導者個人的自信。每一個團體都具獨特性，領導團體既無法簡化成為一個可以依循的公式，也無法以機械化的方式因應。Corey等人（2013）便認為透過有創意的實驗，來發現新的帶領團體的方式很重要。創意的介入，不只能夠提高團體成員的興趣和精力，往往也可以有起死回生的功能，讓似乎走到死胡同的情境，開創出新局面。有些領導者會事前計畫安排結構活動，然而在實施的時候會發現：似乎勉強或突兀的切入團體過程，有時可能不一定成員有興趣，而是成員可以借以逃避責任。

創意的介入，是領導者自發和直覺的因地因時之舉，可以激發成員而提升團體效能。筆者曾經帶領過一個團體，有兩三名成員正在討論表達憤怒的問題，不管他們多努力，他們的父母經常批評他們，或從小就只給負面評價，小時候常常感到很傷心。雖然長大後對於父母這樣的行為會感到憤怒，但是基於孝道，敢怒不敢言，反而覺得自己很孬。其他人沉默的觀望這三名成員交談。由於這是一個在傍晚開始的團體，成員出現疲倦，而團體氣氛很沉悶。領導者突發奇想的提議，大家一起來丟抱枕，將情緒丟出去。成員突然精神為之一振，起先成員各自將抱枕丟向牆壁或圓圈中的

空地，後來越丟越起勁，竟然互丟起來，在一陣瘋狂的丟抱枕之後，團體精力爲之提高。後續的討論相繼有更多成員出來表示，他們也有同樣的困境；而引發他個人用抱枕攻擊的人，是他在團體中因移情而感到憤怒的對象。顯然丟抱枕的舉動讓成員打開了人際界線並推進團體歷程。

至於幽默也可以視爲是一種創意的想法，而幽默也可能以非語言行爲表達。自發性的幽默，所隨伴的機智反應，可以讓成員對領導者感到眞實與沒有權威的威脅感。幽默有時候具有「柳暗花明又一村」的作用，讓人擺脫困境感。一位妻子很強悍，而覺得鬱卒的丈夫在其他成員也做了一些自我分享之後，突然幽己一默的說：「俗話說：『懼內大丈夫』。讓老婆開心，以爲可以控制我們。不是我們怕她，是我們心胸寬大。」然後與其他成員一起開心地大笑。雖然幽默通常可以帶來正向效果，但有時可能不是每位成員的反應都相同。除此之外，在團體中領導者「幽己一默」，通常比「幽他一默」安全，因爲有些成員可能有人際過度敏感的議題，或由於文化差異，無法接受被幽默一番。所以，領導者在團體中使用幽默，需要先清楚地確知使用幽默的意圖，以及區辨對於成員可能的衝擊。

捌、善心

對人有善心，是身爲一名心理師或團體領導者的必備條件。當事人或成員多數爲處在生活或人生困境當中的個體，也可以是處在個人較脆弱的狀態。若缺乏善心，一名心理師或領導者可能違法或違反專業倫理，乘人之危，做出侵害當事人或成員福祉的不當行爲。具有善心的人會眞心關心對方，替對方著想，關切對方福祉。身爲心理師或領導者角色，正是需要如此對待當事人或成員。雖然，諮商不是慈善事業，而是服務業，然而對於服務的對象，也需要懷有慈悲心。佛教對「慈悲」兩個字如此詮釋：「無緣大慈，同體大悲」。《大智度論》云：「大慈，與一切眾生樂；大

悲，拔一切眾生苦。」。故「慈」能與樂；「悲」能救苦，也就是帶給人快樂，助人脫離痛苦。佛教宣揚的慈悲，功能和心理諮商與治療很貼近，與儒家所謂：「惻隱之心」，也相近似。此外，從《菩薩善戒經》裡可以歸納培養增長慈悲心的方法，就是培養善心的方法，主要有兩種：一為，自他互易觀；一為，怨親平等觀。前者為設身處地去了解和感受別人，與諮商和治療主張以同理心對待當事人意思相近似；後者為不區分愛惡親疏的平等對待，即平等待人，沒有差別心，尊重每位不同背景和特質的當事人。佛經裡這些理念更清晰而周延的詮釋了Rogers的主張，以人對人的方式對待當事人的意思。

玖、文化敏感力

具有文化敏感力的領導者，能夠以促進成員確定內化的自我認同，來催化團體的歷程，使成員比在參加團體之前更為自我確定，能夠給成員賦能，幫助弱勢族群卸除過去內化無能和自卑的訊息。因此，文化敏感力為團體領導者之重要特質。尤其臺灣現有的諮商與治療理論，主要都從西方國家引進。提到團體成員的文化差異，需要注意兩方面：一則東西文化的差異；二則本國不同族群的差異。族群的差異包括：性別、種族、宗教、性取向、身心障礙、社經地位、城鄉差異、年齡、職業社群等等。所以作為領導者，首先，需要省思個人對東西方文化與各族群的認識，以及相關的個人態度和信念，以便獲得可以適切地與所領導的團體成員工作之知識與技術。其次，領導者需要敏察族群文化差異，在理念和介入技術做適當的調整與修改。

拾、成熟與統整

由於帶領團體的過程，領導者本身就是一項重要工具。《論語》〈魏

靈公〉篇云：「工欲善其事，必先利其器。」人格的成熟與統整是心理健康的要件。從事心理健康與諮商工作專業者，維護個人心理健康為首要條件，身為領導者必須重視優先解決自己的未竟事宜。由於在團體的人際「拉」、「扯」當中，個人的未竟事宜很可能被牽引出來，將會阻礙到領導者去辨識成員所帶來的議題，在協助成員時也無能為力，甚至會傷到成員（Chen & Rybak, 2004）。因此，團體領導者需要經由專業協助或個人成長的發展，來解決自己的未竟事宜。一位身經個人生活和人生挑戰與困境歷程的領導者，能學習和戰勝各種關鍵與困境，可以確認自我認同與自我分化，這樣的領導者在領導團體的時候，可能比較能夠了解與欣賞正在經歷生活與人生上各種問題的成員。人格成熟與統整的領導者，能自信的表現出具有較高意願在團體中分享自己，且能自信的接受和尊重成員不同的價值觀和信念，而不擔心個人的價值觀與信念的喪失或產生混淆。同時，也能有足夠的堅強，不濫用權力指導或壓制成員，以及具有足夠的強健，可以在團體分享個人的弱點，讓成員可以認識和知道較完整和真正的他，而不擔心失去自尊。所以Trotzer（1999, p.153）曾說：「他們是積極地和在成長的人類，持續努力去自我實現，而不會剝奪他人做相同事情的機會。」

❖第二節　領導者的任務與功能❖

壹、學者對於領導者功能與任務的主張

不論帶領的是心理教育團體、心理諮商團體或是心理治療團體，領導者都需要知道，以何種功能和策略來領導一個特定性質的團體最佳，而每種角色與功能都需要特殊的技巧，以發揮和達成特定的功能。Trotzer（1999, p.172）主張：「領導者的功能，體現了領導者的團體理論和方法

構成之必要要素。」由於不同理論取向，不同類別的團體和不同性質的團體，可能強調的領導功能有所差異，運用的技術也有別。領導者的角色、任務和功能為領導內涵的一體三面。茲討論領導者的功能、領導者的任務，以及領導功能和任務與領導意圖和技術的關聯如下。

一、領導者的功能

可能早期團體諮商的定義和性質，甚至範圍，尚未演進如當前廣泛與複雜，領導者的功能通常不若現在更具挑戰。早期學者強調領導者的功能有：(1)提升凝聚力，領導者需要敏察機會，甚至創造機會，讓成員能夠分享情感、想法、態度和意見；(2)摘要，在每次團體聚會過程，將會出現一到數個很清楚開始與結束的主題，領導者協助團體發現意義，並就團體的討論，作出一個能夠催化團體歷程的摘要，甚至請成員摘要他們所討論的內容或狀況；(3)解決衝突，由於成員個人需求，目標衝突，隱藏的待議事項，對領導者功能的失望，摸索著結構，或是對於新情境的焦慮等等，在團體發展的歷程，衝突幾乎無可避免，除非衝突形式為代罪羔羊或嘲諷，領導者必須包容不同的價值和干擾的行為，並抱持誠實態度，持續處理這些差異，直到成員可以了解；(4)引導，是指一系列能夠用以提升個人成長的技術（Dinkmeyer & Muro, 1971）；(5)催化溝通與互動，即領導者需要增進成員之間的互動，反映成員表達的內容和感受，甚至教導成員如何以語言表達出溝通背後的想法和情感；(6)示範行為，領導者需要有意識地選擇他認為成員需要學習的行為，並透過自我揭露、角色扮演、講解或創意的行動來示範；(7)促進覺察，為協助成員覺察自己的行為，是在開啟溝通管道或是在抑制溝通（Bates, Johnson, & Blaker, 1982）。

晚近Trotzer（1999, 2013）就諮商團體方面，提出領導者的10種功能：提升互動、催化互動、開啟互動、引導互動、介入、維持規範、統合、增進溝通、解決衝突，以及調動團體資源。Trotzer特別強調這些功能

沒有完全彼此排他，而是相當綜合的。

　　吳秀碧等人（2004）的研究，從領導者在團體歷程使用的技術，歸納出四種領導功能與相對應的53種技術，分別為：第一類，基本溝通技術9種；第二類，深化與探索技術12種；第三類，過程催化技術20種；第四類，行動化介入技術12種等。若將團體歷程分為前、中、後三個時期，領導者在團體歷程使用的領導技術變化，也可以呼應不同階段領導的功能有別。同時，該研究發現，四大類別領導技術的使用次數由高至低的變化，在團體前期依序為，過程催化技術、基本溝通技術、深化與探索技術、行動化介入技術；在團體中期依序為，深化與探索技術、過程催化技術、行動化介入技術、基本溝通技術；在團體後期依序為，深化技術、過程催化技術、基本溝通技術、行動化介入技術。由此可以推測，前期領導者著重在團體歷程，以便可以催化凝聚力，團體中期開始協助成員試探和處理個人困境，團體後期則除了繼續工作之外，逐漸準備結束團體。

　　由上述可知，學者都特別重視團體成員的互動，因此團體歷程的催化功能，也成為領導的重要任務。Trotzer還提出「開啟」、「提升」、「催化」、「引導」等四種領導技巧，來增進團體成員的互動，可能主要目的在促進團體凝聚力，以及提升和維持團體精力，以便團體能工作。其次，解決衝突也為學者共同重視的領導功能。至於調動團體資源，則為團體治療有別於個別治療之最大特色。唯有團體，領導者才有不同成員的各種資源可資運用，而維持規範、統合、示範行為、摘要、促進覺察、介入等，也都為學者和實務工作者所重視之領導功能。

二、領導者的任務

　　由於強調此地此時的重要，Yalom根據他的人際互動團體治療理論，提出團體初期領導者的三項基本任務：(1)創造與維持團體；(2)建立團體文化；(3)活絡與闡釋此地此時。可見團體前期，以推進團體歷程為主要

任務；而團體後期，領導者必須有協助成員個人獲得改變和終結團體的能力和技術（Yalom, 1995; Yalom & Leszcz, 2005）。顯然協助成員個人改變和妥善結束團體，為團體後期重點任務。

　　吳秀碧（2010b）從領導歷程的研究發現，有28項領導策略，並可歸納為七種主要領導任務：(1)「展開與形成團體」，含第一次聚會的結構技術和討論團體任務等兩種策略；(2)「建立團體規範與文化」，含人際溝通技巧訓練、建立團體規範、建立負責與主動的文化，以及建立團體互助模式等四種策略；(3)「增進團體凝聚力」，含平衡溝通、建立工作同盟和促進成員揭露當下人際情感等三種策略；(4)「推進團體歷程」，含促進團體互動、形成團體主題、此時此地、處理次團體、運用團體資源、推進團體深度和轉換焦點等八種策略；(5)「促進個人探索與深化」，含促進自我覺察和了解、協助成員建立目標、人際互動型態覺察、深化個人經驗和促進個人朝向工作等五種策略；(6)「進行改變」，含促進改變、檢核成員對領導者介入的效應和促進學習遷移等三種策略；(7)「終結團體」，含處理分離議題、準備結束團體和統整團體學習經驗等三種策略。以上七項領導任務，似乎與團體的發展有關聯，前四項可以視為團體前期重要領導任務，而後三項為團體後期主要的領導任務。領導任務與領導策略的適配對應，可以協助領導者知道如何運用領導策略，以達成領導任務。

三、領導者的功能、意圖與領導技術

　　領導者的意圖與領導任務或功能也有密切關係。吳秀碧等人（2003）研究發現，領導者的意圖共有12大類，分別為：(1)表達支持；(2)處理情緒；(3)增強與協助個人改變；(4)促進洞察；(5)形成與推進個人目標；(6)獲取資訊與評估；(7)人際技巧訓練；(8)建立團體文化；(9)促進團體凝聚力；(10)催化團體歷程；(11)滿足領導者的需求；(12)其他。且領導者意圖

的焦點隨著團體發展過程而有變化，其中以「團體歷程」為焦點的情形隨著團體的發展而逐漸減少，而以「成員個人」為焦點則隨著團體的發展而逐漸增加。這種情形反映領導者在團體歷程焦點任務之轉換，由團體較早期聚焦在團體，隨團體歷程推進，逐漸轉為聚焦在成員個人，呼應團體的階段任務。領導者意圖的焦點在「團體歷程」時，主要的意圖類別是「促進凝聚力」與「催化團體過程」，顯見其為領導者面對團體時的主要任務。領導者意圖的焦點在「成員個人」時，主要的意圖類別是「促進洞察」、「獲得資訊與評估」、「訓練人際技巧」與「表達支持」，顯示其為領導者在面對成員個人時的主要任務。

貳、領導者的主要任務

綜觀上述，有關領導者的功能與任務研究與論述，可以將領導者的主要任務歸納為六大類別，即：(1)創造與發展團體；(2)建立文化與規範；(3)促進和維持互動；(4)處理衝突；(5)介入與統合；(6)行動與運用資源。茲分別詳述如下：

一、創造與發展團體

Yalom認為創造和招集團體為領導者的獨一無二任務（Yalom, 1995; Yalom & Leszcz, 2005），這兩項任務大部分在團體第一次聚會之前需要完成。領導者需負責計畫團體的目的和性質，實施的方式與方法，選擇成員，組成團體，準備成員，以及決定聚會的時間和地點，其中選擇和準備成員，是團體成敗的最大關鍵。這需要重視兩項任務：一為團體成員需要知道他們的任務，而領導者則需要協助他們達成任務，他們才會摒除不確定感和猶豫；二為促進成員之間共享關係的發展，創造一個具有治療性的情境，即Yalom所謂的「治療的社會系統」（a therapeutic social system）（Yalom & Leszcz, 2005, p.120），讓成員可以從團體獲得協助和利益，利

用團體滿足個人需要。所以，一旦團體開始聚會，學者都強調領導者的重要任務，便是促進和推進團體的發展（吳秀碧，2010b；Trotzer, 2013; Yalom & Leszcz, 2005），目的在推進團體歷程和凝聚力的發展。因此，成員能夠越快融入彼此的關係越好，而領導者也需要努力與成員形成治療關係，所以領導者需要知道如何提升團體凝聚力，以及辨識和嚇阻威脅團體凝聚力的力量。

二、建立文化與規範

　　這是一項領導者很重要的基本任務與功能。文化，通常指一個團體的風氣、習慣、習俗、規則、法律等，會受組成團體的成員背景影響。文化不離規範，然而規範是比較具體的，而文化則是比較抽象的，所以建立團體規範，即在發展團體文化。規範的創造與形塑，在團體早期便開始，甚至團體開始聚會之前準備成員的時候，便讓成員知道明文規定的規範。由於一個團體的規範與風氣一旦形成便很難改變，所以領導者對於建立文化與規範必須慎始（吳秀碧，2010b）。團體展開之後，領導者便要努力維持明文規範，同時致力於建立起指引團體互動的非明文規範和行為準則，而所需要建立的文化與規範，主要與有益於有效的團體互動有關。

　　團體規範的形成，由成員對於團體的期望，以及領導者明言或非明言的指導之交互作用所形成，而非明文規範的影響力，普遍更勝於明文規定的規範，所以規範建構的任務，主要需由領導者承擔。在形塑團體的規範方面，Yalom（1995）提出領導者的兩個角色：其一為技術專家，領導者可以言明規範，並暗中使用增強技術，形塑成員符合言明和未言明的規範之行為；其二為樹立典範的參與者，即領導者在團體中作為典範。由於諮商與治療團體適合的規範，例如坦白、真實、自我揭露、不用客套話與社會儀式等，往往與一般社交情境或成員所熟悉的家庭規範不同。當領導者在團體中呈現典範行為，而沒有不良後果，成員可以放心拋棄在治療團體

無益的社會規範，由觀察領導者的示範而學習新行為。

三、促進和維持互動

維持團體互動，是領導者最基本的功能，而促進團體互動，則是比較積極的功能。維持互動，是保持團體成員之間的互動狀態，包括維持規範，觀察團體的互動是否保持在所建立的規範架構當中，以便管理成員的互動，而促進團體成員互動，則領導者需要更有作為。Trotzer（1999, 2013）提出四種與團體互動有關之領導作為，即開啓互動、提升互動、催化互動和引導互動，堪稱最為具體和周延，對於新手領導者特別有參考價值。

開啓團體互動，不限於在團體開始之初，在團體歷程亦為重要功能，為領導者在建構團體互動的積極功能和角色，主要在決定互動焦點，用以產生互動，以及選擇和決定如何進行互動。提升互動則於團體開始，領導者透過創造互動的氣氛、場地和座位安排等，來達成這項任務。至於催化互動，Trotzer（2013）認為催化實際上是一種反應的功能（responsive function），主要用以提升團體中成員相互了解或了解團體有關，包括協助成員更精準地表達自己，以及彼此了解。而引導互動，領導者在執行這項功能，主要需要控制速度，以及涉入和互動的深度。由於團體的複雜性，以及隱藏潛在的破壞性，需要有人保持團體的動向朝向目標，以及掌理和引領成員的互動，使處在最有利於團體和成員的途徑。Morran（1992）認為領導者催化團體互動，共包括三元素：首先要知覺團體正發生什麼狀況；其次發展出策略；最後採取介入。這個意見也適合用在提升互動和引導互動的任務，領導者於採取介入之前，必須先知道與辨識團體當下狀況，以便選擇適合當下需要的介入策略。

四、處理衝突

團體開始之後，領導者參與團體便如同守門人的角色，尤其要防止

成員磨擦（Trotzer, 1999），不過團體衝突很難避免。在諮商與治療的團體歷程，張力大的人際互動中，容易發生衝突，衝突本身顯示團體發展的一個水平。雖然衝突對團體有破壞性，假如衝突的解決能讓成員體驗到滿足，成員可以學習到建設性的對話。衝突也是團體朝向有產值的一個因素（Rybak & Brown, 1997）。領導者首先需要知道衝突的來源，而後才能選擇衝突解決的策略。衝突的處理需要考慮與衝突相關的文化和成員個人價值觀的團體規範。衝突發生時，領導者也需要知道如何反應與何時介入，以及何時可以讓團體或特定的成員去處理。有關團體衝突的處理，詳見第十四章「團體中的衝突」。

五、介入與統合

　　領導者介入，是爲了從團體或成員個人的行動介入。領導者介入的功能，可以保護團體成員和管理團體歷程，主要用以確保每位成員的表述有得到其他成員的傾聽，同時也能夠維持隱私的權利。由於有時團體會發生給個別成員過大的壓力而失控，或扭曲現實造成傷害。若有情況變得幾近傷害個人或團體時，領導者需要介入歷程，以防範負面後果發生。Trotzer（1999, 2013）認爲領導者使用的互動技巧，大部分用以執行這項功能，以維護成員的心理健康，以及團體歷程的治療意圖。此外，也會用來管理時間和將討論帶回適切的焦點。Dinkmeyer和Muro（1971）建議下列情況，領導者可以介入：

(一)當個別成員淪爲團體強力的受害者。

(二)當團體要求一致性，而製造出過度的焦慮和壓力。

(三)當誤導仇恨。

(四)當聽取眾議，而多數人是錯誤的。

(五)當強制個別成員接受團體的解決辦法。

(六)當團體發生太過於舒適，而沒有朝向解決問題。

　　至於統合功能，為領導者採取行動將團體中的事件以有意義的方法拉在一起，讓成員可以看到與他們自己的關聯。領導者可能覺察到團體成員存在著不同的意見和想法，領導者可以將團體中很多的想法和感受，以簡明的方式貫穿在一起。因此，統合功能能協助成員了解他們之間的相似和相異之處，並繼續溝通。領導者善用澄清、摘要、連結等技巧，便能夠達到統合功能（Trotzer, 2013）。

六、行動與運用資源

　　行動的任務，主要在擴展和深化團體，使團體能夠有治療的產值。如何促進個人探索與深化，領導者需要促進成員自我覺察和了解、協助成員建立目標、覺察人際互動型態、深化個人經驗和促進個人朝向工作等（吳秀碧，2010b）。Trotzer（2013）建議領導者利用提問和探問、設調（tone-setting）、面質、個人分享、示範等技巧，作為行動的工具，這些技巧能夠協助團體和成員個人深化，或甚至導向改變。有關領導者的行動功能，Yalom在他的書中以很大的篇幅，論述領導者活化此地此時與闡釋此地此時的任務，並強調活化和闡釋兩者缺一不可，顯示他對於這項任務的重視（Yalom, 1995; Yalom & Leszcz, 2005）。Yalom相信以此為重點工作，能催化回饋、宣洩、有意義的自我揭露及習得社會化技術，由此可以大大地催化團體的發展，以及出現每位成員的微縮世界。這項任務包含兩項很具體的功能，即：掌舵導引團體進入此地此時，以及催化自我省思的循環或歷程闡釋（Yalom, 1995; Yalom & Leszcz, 2005）。雖然成員也有主導掌舵推進此地此時的功能，然而領導者還是需要擔負起大部分的任務。

　　至於團體資源，團體治療和個別治療差異最大之處，便在於豐富的資源。在個別治療方式之下，當事人除了個人資源之外，便是以治療師為資源的主要來源者。在團體中，每位成員為求助者，同時也是助人者，成員有各種不同的個人資源，領導者需要具備評估團體資源何在和有何資源

的技術，以及調動資源以利個別成員和團體的技術。當成員個人的資源被需要和被運用，會讓成員感到被接納，有助於提升成員個人的能量感和自我價值感，對於促進自尊的成長有幫助。從Maslow的需求理論觀點，團體成員獲得歸屬感和自尊，為成員對自己的問題負責任，而願意去改變的墊腳石（Trotzer, 1999, 2013）。因此，領導者需要慧眼識「英雄」，能夠辨識和發掘團體成員可用的資源，如此不只有利於團體，也有利於成員個人。

❖第三節　領導團體的主要能力❖

若借用Miller（1990）對於治療師必備的臨床能力（clinical competence）模式，團體諮商師所應具備的臨床工作能力，也可分為四個階層的能力結構：一為「知道」，就是必須要具備團體諮商相關的專業知識；二為「知道如何做」，就是應用團體諮商理論的知識，於具體的團體諮商與治療情境之能力；三為「表現出怎樣做」，表現為使用知識於具體行動的能力，亦即有方法與技術落實在領導團體當中；四為「行動」，就是一個臨床專業者每日的活動。因此，第一階層的能力主要與理論的涵養有關；第二至第三階層的能力，為與實務表現的能力有關；第四階層的能力，即承擔臨床工作的普遍能力。由此可知，團體諮商師的養成，除了理論課程和實務課程之外，還需要臨床實際經驗。

ASGW（Association for Specialists in Group Workers）在規範團體領導者的訓練準則時，對於領導者能力規範使用「技巧能力」（skill competence）一詞，為組合性技巧表現之能力，而不是單一技巧，可見作為團體領導者的能力，與領導團體的能力，兩者有別。作為一名團體領導者需要具備的「技巧能力」比較廣泛，包括：(1)招募和篩選成員；(2)知道團體成員自我挫敗的行為；(3)能為不同年齡和需求的當事人執行自

己所選擇的模式之團體；(4)有效介入團體過程，對於干擾團體的成員行為能夠適當的處理；(5)在團體過程能善用主要領導策略、技術和程序；(6)使用家庭作業之類的聯合團體結構（adjunct group structure），能夠有效的與協同領導者合作；(7)能使用評估程序，去評鑑團體諮商的效果和團體諮商的貢獻等（ASGW, 2000）。在實證研究方面，分析了領導者在領導團體的歷程所需具備的主要技巧能力為：「改變與行動能力」、「促進凝聚力的能力」、「深化團體的能力」、「引導與推進過程的能力」、「深化個體的能力」、「建立互動規範的能力」、「突破過程障礙的能力」、「強化學習和獲得的能力」等八項（吳秀碧、許育光，2015）。

不過，身為有效領導者除了能力之外，尚需具備能融入團體的態度和知覺廣度的能力。能融入團體的態度，為對人和團體有興趣，這是從事團體工作的首要態度。有的治療師喜歡與個人工作，不見得也喜歡和一群人在一起工作的情境。因此，只有對人有興趣尚不足，或許適合從事個別治療，不見得適合從事團體治療。其次，團體領導者需要具備知覺廣度。所謂「知覺廣度」，有兩項：一為有能力至少同時注意到團體中的個體與人際層面，或人際與團體層面，或個體與團體層面正在發生的狀況，由於團體進行中，成員個人、人際和團體等三個層面都交互有關聯，領導者必須能同時注意這些交互作用的狀況；二為有能力均衡地留意團體內容與團體過程。

領導者選擇聚焦在團體內容或團體過程，可能會因個人的理論取向而異。然而，團體成員的注意焦點，則普遍會與團體的內容並進，團體內容的性質與成員討論的話題或主題有關。成員由於個人生活或人生經驗，而被團體內容吸引並跟進，因而外顯的部分是能給予他人反應，例如給人同理、支持，或後設自我揭露。內隱的反應可能連接到自己的議題，而有所省思。成員外顯的反應，特別會增加團體動力。所以，取向不同的領導

者，也需要適度留意團體的內容，特別是要留意成員反應有興趣的主題。至於團體過程，則能帶動有意義的互動導因，以及促進團體中的互動。在團體過程，當成員使用「你」和「我」來溝通的時候，比較容易增進對談的兩名成員之間的互動。或是領導者可以留意在一個段落的成員交談，可能在團體左邊的三、四名成員很積極投入，而在團體右邊的三、四名成員沉默或很少加入討論。當領導者能注意到並反映討論過程的狀況，通常能產生有意義的成員自我揭露，或披露此地此時的重要訊息。

當領導者在團體中體驗到團體變得平淡無趣，步調緩慢，且好像整個團體缺乏精力，這種現象是團體歷程出了問題，不是團體內容有問題。所以，領導的反應不在於提醒成員找一個有趣的話題或主題，而是需要反映團體歷程的現象，使成員可以覺察自己如何導致團體如此。當成員能夠揭露團體歷程此地此時的個人內在經驗，往往可以導致有意義的團體內容，並帶動團體歷程。即便團體發生了一段不算短的沉默時間，反映團體歷程通常可以帶動成員互動，並獲得有用的成員個人資訊。

❖第一節　聯合領導的意義與模式❖

　　團體治療採取聯合領導的方式，可追朔自1920年代Alfred Adler在維也納的診所使用這樣的技術（Dreikers, 1950）。約在1950年代治療師和研究者都認識到聯合領導作為催化團體的技術，是一種有利的模式（Hadden, 1947）。如今不只用在臨床的治療團體，也使用在諮商師訓練的體驗團體。尤其，這種領導訓練模式，對於新手領導者益處特多。經由聯合可以增加暴露在多元觀點、獲得強力支持，以及個人有價值的資源可持續獲得回饋，而能擴大學習機會（Roller & Nelson, 1991）。因其優勢，所以除了訓練情境，在非訓練情境也廣為運用。

壹、聯合領導的意義

　　治療團體常見的領導結構方式，可以是由一名治療師獨自帶領，或由兩名，或兩名以上的治療師，共同帶領一個團體。由兩名或兩名以上的治療師共同帶領一個團體，在領導的結構稱為「聯合領導」（co-leading），若就治療的形式可以稱作「聯合治療」（co-therapy）。「聯合治療」的定義為：「兩位或更多位的心理健康專業人員合夥工作以處理一個團體」（Bernard, Drob & Lifshuz, 1987, p.96）。「聯合領導」一詞，是指一種團體治療的領導結構，由兩名治療師共同催化團體成員有意義的互動（Okech & Kline, 2006）。因此，聯合領導與單一（solo）

責任的領導不同，是由兩名領導者共同分擔催化團體的責任。在實證研究，很早便指出以聯合領導的方式來帶領團體，為有利的催化團體之介入技術（Hadden, 1947）。同時，這種由兩名治療師共同領導的方式，也在團體治療師之間頗受歡迎（Fried-man, 1973; Paulson, Burroughs & Gelb, 1976），現在已經成為各種心理健康領域廣為運用的領導結構（Yalom & Leszcz, 2005）。根據Roller和Nelson（1991）的研究報告，在他們研究的樣本當中有85%的樣本，在帶領諮商團體的時候採取聯合領導的模式。尤其學者建議，當團體成員高達12人或12人以上的時候，特別需要使用聯合領導（Gladding, 2012）。不過也有學者認為聯合領導需要兩名專業人員的人力，是一種不經濟的方式。因此，聯合領導並不是一種絕對優先選擇的領導結構。使用聯合領導的效用，需要考慮較多因素，包括經濟、對團體的利益、領導者兩人的和諧性等。

貳、聯合領導模式的種類

聯合領導是一個兩人共同領導的形式，依兩位治療師在領導團體的角色和功能之組合，可以區分為不同的聯合領導模式。常見的聯合領導主要有三種模式：其一，為「師徒模式」（apprenticeship model），領導者當中一人為精熟的領導者，主導團體，以便給另一位新手領導者示範如何進行領導團體，同時可以給新手領導團體提供支持（Gladding, 2012），因此在訓練新手領導者的時候，為常見的一種團體領導者訓練模式；其二，為「輪流領導模式」，這種模式的重點在分工性質的合作，由領導者兩人輪流於所要帶領的團體聚會之前，做計劃，然後依次兩人規律的輪流負責各次聚會主要的領導任務，通常還可以分為兩種輪流方式，一種為領導者每人輪流於每次團體聚會前，策畫該次聚會，並作為該次的主要領導角色，主持該次的聚會，另一人便只是參與者或輔助者角色，另一種方式

是兩人共同計劃各次團體方案，並分出幾個工作段落和任務，然後在每一次的聚會中，兩人輪流擔任不同段落的任務之主要領導角色，這種領導模式，重點都在依領導的事務進行事前分工，領導者兩人事前已同意劃分工作與任務，這兩種方式都是臺灣很普遍的諮商與治療團體的領導模式；其三，為「協同領導模式」（co-leadership model）（Gladding, 2012），兩位領導者對於團體的策畫、催化和介入的責任相當，雖然每次領導團體之前領導者兩人會就該次團體的聚會進行事前討論與溝通，然而並不需要將領導角色與任務做事前分配，因此兩人必須一起分享每次團體聚會介入與經營的步驟。在團體歷程的實作之際，領導的兩人需視情況相輔相成，這種形式的領導，也稱為「分享的領導模式」（shared-leadership model）（Chen & Rybak, 2004）。由上說明，第三種領導模式為真正符合合夥（collaborative）性質的領導，在美國這是最主要的一種聯合領導的模式。

聯合領導或聯合治療的方法，主要強調帶領者之間的「合夥」，而不是「合作」。合夥和合作（cooperation）的性質不同，在於合夥的兩人，角色和任務不分，共同承擔所有任務、功能和工作，一起完成目標；合作的兩人，則採取分工的形式，在每一次的聚會當中將角色、任務、功能與工作等，在事前先進行分配，團體進行時各施其職，一起完成該次的目標。因此，「協同領導模式」可以稱為「合夥領導模式」，通常非結構團體很適合採取這樣的領導模式，兩名領導者可以相輔相成；「輪流領導模式」則適合稱為「合作領導模式」，結構式團體可以事前進行具體而明確的分工，因此通常可以採取「合作領導模式」。此外「協同領導」需要經過較多的訓練，以便熟悉合夥的運作方式。

❖第二節　聯合領導的益處與缺失❖

壹、聯合領導的益處

　　聯合領導可以示範健康的人際互動、減少治療師的焦慮，並增進客觀性（Yalom & Leszcz, 2005）。此外由一名治療師帶領團體，無論他多麼的精熟，相信也趕不上團體中體驗的豐富性，可能會錯過一些重要的線索，尤其是成員的非語言訊息（Breeskin, 2010）。晚近的研究指出，聯合領導遠勝過單一領導，成員認為從聯合領導獲益超過單一領導。比起單一領導，成員認為可以滿足個人需求，而且成員人數較多的團體，使用聯合領導較有利。因此研究者建議，治療團體最好使用聯合領導。尤其，在成員人數較多的團體最適合。若無法使用聯合領導時，最好使用成員人數較少的小團體（Kivlighan, London, & Miles, 2012）。不過聯合領導也不是沒有缺點，可能示範不健康的人際互動（Dick, Lessler, & Whiteside, 1980），或權力競爭（Roller & Nelson, 1993），這些是使用聯合領導的治療師必須注意的問題。

　　綜合學者從實證研究或實務經驗，獲得對於聯合領導益處的看法（Breeskin, 2010; Chen & Rybak, 2004; Gladding, 2012; Jacobs, Masson, Harvill, & Schimmel, 2012; Kivlighan, London, & Miles, 2012; Yalom & Leszcz, 2005），茲分別就聯合領導對於成員的益處和領導者的益處，陳述如後。

一、對於成員的益處

　　(一)領導者示範健康的人際互動。由於聯合領導，可以讓成員看到在團體工作歷程兩種不同的人的人際互動，成員觀察兩個人如何互動，以及意見不同時，如何尊重彼此和如何溝通，而可以合作。若兩人為不同性別，為一男一女時，便猶如團體中的父母檔；或年齡不同，為一老一少

時，則如同團體中的親子檔。因此，運用團體情境，成員可以充分理解和釋放早期原生家庭的動力，並就未竟事宜的部分去工作。

(二)獲得來自領導者較多的回饋。有兩位領導者，成員可以得到比單一領導倍數的回饋，或由於領導者兩人彼此提供的回饋焦點不同，使成員獲得對自己有更多層面的理解。

(三)在青少年團體的研究，聯合領導的效果顯著比單一領導高。在團體人數增加的時候，成員比在單一領導的團體較少迴避參與，可能青少年感到迴避其中一人時，可以與另一人結盟；或感到被一人面質時，可以得到另一人的支持。

(四)提高成員與領導者形成同盟的機會。成員因個人因素，可能傾向容易與特定特質的人連結關係。有兩位領導者，可以提供成員在同盟的選擇機會。

(五)當一名領導者缺席時，有另一人可以繼續領導，不用中斷團體聚會。

二、對於領導者的益處

一位領導者獨自領導團體的時候，表面似乎更自由，更能按照個人想法去策畫和催化成員互動。然而，對團體的績效和成敗卻需要獨自完全負起責任，有時不免感到孤單，而比較有壓力。而採取聯合領導，雖然需要較費時，在事前和事後持續討論和檢視領導相關事宜。然而，彼此可以相互支持。因此，這種領導結構自有其優點，列述如下：

(一)可以共同分享團體計畫，能夠彼此從對方得到回饋，因此可以獲得不同的觀點與觀察的機會。

(二)可以得到聯合領導夥伴的支持。團體本身是一個複雜的情境，尤其對於新手的領導者，由於有兩人在都觀察、注意和關心同一個團體，因此可以從夥伴得到支持。

(三)當團體處於困境的時候，有人可以協助處理。由於有兩位領導者在現場，可以相互幫助，以催化團體移動和前進。例如一位領導者被卡住，另一位領導者可以協助提出一個新話題，或新的方向，或在團體結束後相互討論，所以對於困境的處理，也就比較有辦法。

(四)可以減少領導者對於移情的焦慮。由於團體中有兩位領導者，在團體中可以增加觀察的廣度，同時也為成員提供較寬廣的移情反應，因此可以減少單一領導者對於移情的焦慮。

(五)兩人領導可以比單一領導增加技術和經驗的豐富性，以及減少遺漏成員非語言行為線索的危險性。由於兩人各有所長，或不同的領導風格，在領導過程可以為團體和成員帶來較多元的介入，俗云：「兩隻眼睛，不如四隻眼睛」，對於團體成員的動靜可以獲得更周延的觀察。

(六)分享特殊的知識與技術，這是聯合領導特有的益處。兩人可能由於訓練和經驗的差異，因此領導同一個團體的時候，可以分享對同一個情境的觀感、想法和介入，因而可以擴大個人視野。

(七)一個團體的領導品質，影響團體至巨。由於單一領導模式，若其唯一的領導者的專業品質在水準之下，可能傷害其本身、成員，以及所領導的團體，當有兩位領導者的情況，便可以減少這種狀況發生。

貳、聯合領導的缺失

儘管多數學者贊同聯合領導的益處，然而聯合領導模式本身也不是沒有缺點。學者提醒有關聯合領導的一些缺失，值得採取聯合領導時參考（Bowers & Gauron, 1981; Chen & Rybak, 2004; Gladding, 2012; Kottler, 2001; Okech, 2008; Roller & Nelson, 1993; Trotzer, 2007）。其中，尤其當兩位領導者未能和諧合作，其實也在示範不健康的人際關係，特別值得領導者注意。以下共整理出七項聯合領導可能不利之處，以供參考：

(一)策畫團體計畫的過程比較費時。在策畫團體的過程，由於每個議題的觀點都有兩種觀點，比較需要費時耗力去協商，以便達成彼此可接受的共識。

(二)領導過程必須不斷地協調，有時甚至缺乏致力於協調，將發生不可預期的後果。團體成長的程度相當依賴聯合領導者的協調，當兩人無法對於團體歷程的動向和狀況有共識，將產生破壞性的衝突，兩人必須討論，以便產生有共識的目的。

(三)當兩位領導者的方法與觀點沒有協調時，團體領導猶如雙頭馬車，可能讓團體成員感到混淆與不一致，以致無所適從。

(四)當領導者兩人的焦點都在對方身上，便忽略了團體和成員。當領導者注意的焦點主要是在對方，而不是成員和團體，特別容易發生雙頭馬車的現象，這種狀況是由於他們注意的是對方，以對方的角色和領導作為關注的焦點，而不是以成員為主的焦點。

(五)領導者彼此競爭控制力。兩人相互競爭的結果，就是缺乏反省的實踐。由於沒有反省個人與合作助人的經驗，因而缺乏領悟和覺察。聯合領導者相互競爭控制力，容易引發公開的或隱晦的衝突，影響團體績效。

(六)領導者與成員聯盟對抗一名成員。通常容易發生在團體初期，兩位領導者沒有努力去平衡團體壓力與充分的發展接納，反而與成員聯盟，一起來對特定的一名成員進行施壓，作為處理因領導者所引起的成員抗拒。

(七)領導者相互較勁吸引力。這種情況的發生，為其中一位或同時兩位領導者，與成員形成聯盟，來對抗另一位領導者的領導品質。最常見的就是吸引成員的注意和使用相反的理論和技術。尤其當有成員要與其中一位領導者聯盟，來提升個人在團體的重要性或影響力的時候，最容易發生，而領導者未覺察，與一名或數名成員形成聯盟，以便作為自己有吸引

力的證據。領導者專注在他們自己的領導角色與地位，而不是成員的目標，領導者兩人的影響力互相抵消，也讓團體付出代價，而缺乏效率與產值。

(八)可能變成以領導者為焦點。這種情況的發生，特別容易出現在兩位領導者都具有較為鮮明的個性特徵，又領導風格為領導者中心取向的時候。通常領導者中心取向的領導，領導者傾向以專家角色為主，而不是催化者角色，由此可能比較關注的是領導者認為重要的方向與議題，或預設的方案，由於團體中過多的注意力都在領導者身上，因此對於成員沒有好處。

根據上述聯合領導的缺失，兩人共同帶領一個團體時，需要謹慎避免上述情形。最好在學習帶領團體的階段，能夠包括在督導之下學習聯合領導，尤其以帶領非結構團體的協同領導者更有這個必要。

❖第三節　聯合領導者的組合對於團體的影響❖

聯合領導的益處已如前述，然而聯合領導者的組合若不當，可能造成對團體和成員的傷害，將弊多於利。McGee和Schuman（1970）建議當採取聯合領導模式，在決定合夥或合作領導的人選時，需要考慮多項因素，包括年齡、性別、婚姻狀況、先前從事治療的經驗、所屬機構、人格特徵，以及個人人際風格等，由於在這些因素上兩人可能相似或不相似，對於聯合領導將有不同的影響。有關聯合領導對於團體的影響，在實證研究方面，主要以探究領導者兩人的相似性與相異性對於團體的影響居多。

學者從實證研究結果指出，聯合領導者的相似性與團體歷程的關係，遠比兩人之間的關係更為複雜（Miles & Kivlighan, 2010）。然而，領導者兩人的相似性與相異性對於團體的有利性，並不是全面的或絕對的，乃依兩人相似和相異的元素而定。回顧實證研究的文獻，約可歸納出

聯合領導者組合的相似性與相異性之影響爲：對於診斷和成員的概念化
（Miles & Kivlighan, 2008, 2010; Roller & Nelson, 1993）、領導者自我揭露
和方向（direction）（Bernard, Drob, & Lifshutz, 1987），以及領導者的個
人背景、理論取向、個人氣質，以及治療風格（Bernard, et al., 1987），
或領導風格（Paulson, Burroughs, & Gelb, 1976）等，兩人具有相似性對
於團體比較有利；相反地，聯合領導的兩人若在使用的介入技術（Piper,
Doan, Edwards, & Jones, 1979）、兩人的外表和人格特質（Dick, Lessler, &
Whiteside, 1980）、兩人的性別配對（Yalom & Leszcz, 2005）、資訊和專
家知能、領導風格和技術（Mannix & Neale, 2005）等，兩人具相異性的
組合對於團體比較有利。茲分別詳述如後。

壹、對於成員概念化與治療計畫的影響

　　首先，聯合領導者對於每位成員的概念化，以及治療計畫，具相似性
與一致性最爲必要。Roller和Nelson（1993）主張團體治療所以能成功，
聯合領導者兩人至少在一些層面相似有其必要。一般而言，兩人在診斷，
以及對於每位病人疾病之嚴重程度的看法要有共識，以便可以形成一致的
治療計畫，而不至於相互阻礙彼此的努力。對於成員的診斷，在聯合領導
者的觀點若有很大差異便很危險。尤其「團體的聯合領導者的治療缺乏彈
性，成員可能遭受持續焦慮的痛苦，不知道究竟哪一位治療師的觀點才是
正確」（Roller & Nelson, 1993, p. 309）。顯然，若聯合領導的兩人在成員
的概念化有很大差異，且僵持不願協調，便無法形成彼此可以接受的一個
治療計畫，受害者就是成員。

　　Miles和Kivlighan（2008）從聯合領導「團隊認知－團隊相異模式」
（team cognition -team diversity model）的研究結果來看，當聯合領導者在
認知模式相似，也就是對於成員的概念化相似，而在領導風格和技術相異

的組合情況，最爲有效。他們在聯合領導者的相似性與團體效能的相關研究發現：聯合領導者兩人對於團體成員認知模式相似，與具生產性的團體氣氛有正相關，成員自評參與也比較高，比較少迴避。他們認爲是由於兩人若對於每位成員有相似的認知，便在處理每位成員時有共同的治療目標，而不會相互對抗。因此，建議採取聯合領導的時候，應考慮領導者兩人對於團體成員概念化的相似性。

貳、意圖、介入技術與領導風格的影響

有關聯合領導者的意圖和介入具差異性，對於團體歷程與成員的治療效用之影響，在Piper等人（1979）對於聯合領導者的相似性與團體過程，以及治療效果關係的研究中獲得的結論爲：介入技術的相異性對病人有利。Piper等人（1979, p.1088）認爲聯合領導的兩人在介入技術的相異，可以「爲病人提供寬廣不同的介入去工作……（他們）介入可以彼此互補」。此外，他們的研究也發現，若在兩人所陳述的內容和意圖具有差異性，則與團體成員的人際功能和症狀改善有正相關，因此領導者所陳述的內容和意圖具差異性，有利於生產性的團體歷程和正向的治療結果。由此可見，領導者兩人在使用的介入與意圖具差異性，由於可以有較寬廣的處理，甚至互補，對於團體和成員確實比較有利，成員的療癒情況也較好。Mannix和Neale（2005）從文獻回顧，也主張聯合領導的組合在技術、資訊，以及專家知能等各方面，若兩人相異將更有效率和創意。因此，綜合之，在介入意圖、介入技術、資訊和專家知能等，聯合領導者兩人具相異性比較有利。

有關領導風格的相似性對於團體氣氛的影響方面，Miles和Kivlighan（2010）利用「團隊認知－團體隊相異模式」的研究結果發現：聯合領導風格相異性與團體整體的參與無顯著相關，然而與團體內的衝突和迴避都

有相關。領導風格的相似性與相異性的影響，與團體聚會時間的推進有關。雖然兩人領導風格相異衝突較高，但若從團體歷程觀之，隨著聚會時間的進展，當成員對於領導者兩人行為的看法若比較相似，衝突則較低；而對於領導者兩人行為的看法比較相異，衝突卻也越來越低。主要在於在團體歷程越早期發生衝突，若能夠得知團體內的差異，並加以討論，則可以發展出具生產性的衝突，那麼團體內的衝突也將與時俱減，所以領導者兩人領導風格相似較有利。但若兩人相異，也不一定是敗筆，而是需要及早知道因差異造成的衝突，並能面對和開誠布公地討論，可以否極泰來。此外，成員對於領導者行為看法越相似，成員迴避也將越減少，且團體內的對話也越有生產性。因此就成員迴避這方面而言，Miles和Kivlighan建議聯合領導者兩人領導風格的相似性有必要。

參、有關合作的和諧度之影響

聯合領導者的相似性與合作的和諧程度，是另一個重要議題。領導或治療風格相似，聯合領導的兩人可以合諧相處，聯合領導不滿意的來源，主要為領導取向不同（Paulson et al., 1976）。可能由於領導取向不同，領導目標與任務便有差異，領導行為的方向也互異，彼此使用的專業術語也不同，導致溝通障礙。Bernard等人（1987）的研究發現：聯合領導者行為相似，對於合夥的和諧程度具有重要性。配對的兩位領導者在自我揭露和方向，若越少差異，甚至沒有差異，則兩人將越認為彼此很和諧。此外，他們也發現人口學背景、理論取向、個人氣質，以及治療風格與合作領導者的和諧性有很高的相關。因此，他們的結論認為：治療風格的相似性，有利於了解聯合領導者將會彼此可以和諧相處，不過他們並未進一步從團體歷程去研究兩人的相似性是否可以增進和諧、治療效果或領導效率。

肆、其他

有關性別、外表和人格特質的組合方面，Dick等人（1980）建議，聯合領導者兩人外表和人格特質若不相同，可以經由聯合領導的積極扮演或導引，成員可以進入一個寬廣而有利的多元角色。領導者兩人角色的相對性，能夠示範健康親密的人際關係，以及問題解決。Yalom和Leszcz（2005）也建議由男女配對的聯合領導，能夠示範健康、合作的兩性人際關係，成員可以由此獲益。

綜合上述，在聯合領導最重要是領導者兩人在領導理論取向相似，對於每一位成員的概念化必須具相似性，以便可以形成一致的治療計畫，有共同的方向與目標可以一起努力。若對於成員的認知不同，便無法形成一致的治療計畫，雙頭馬車將危害團體歷程與成員。此外，領導風格、治療風格和個人氣質若相似，有助於雙方和諧相處。然而，在介入、技術、資訊、專家知能、甚至性別、人格特質等，若為相異性，可以提供更寬廣的典範和見解，以及多元介入，對於團體歷程與成員則反而比較有利。可見聯合領導者的組合對於團體歷程和成員，以及諮商與治療的結果，為不容忽視的影響因素。然而，領導者兩人組合的相似性與相異性，何者為佳則無法籠統論斷，需視領導者的某些元素需要相似或相異而定，才能成為最佳拍檔。且也可能必須考慮團體歷程與成員的不同層面，相信這個議題將隨著聯合領導受到重視的程度，以及研究的發展而有更多的理解。

❖第四節　聯合領導者的關係❖

雖然，目前對於聯合領導者兩人的組合條件尚待繼續從實證研究提供更多的資訊，以作為選擇組合人選的參考依據。學者認為選擇聯合領導的兩人，基本上至少需要彼此熟悉（Yalom & Leszcz, 2005）、相互喜

歡（Gazda, 1989; Yalom & Leszcz, 2005），並具有正向的關係（Trotzer, 1999），以便可以展開合作的關係，足見聯合關係的重要。

壹、聯合領導者關係的重要

實證發現及學者均指出聯合領導的各種益處，然而也指出其缺失。進一步觀察對於聯合領導所列出的益處與缺失，主要都與聯合領導的兩人關係較為有關，因此聯合領導者兩人的關係，便成為聯合領導模式產值高低的樞紐。Okech和Kline（2006）對成員進行質化研究，發現成員認為：聯合領導者的關係，同時影響了聯合領導者兩人的互動，以及團體的互動。因此他們建議聯合領導的兩人應該在團體聚會之外，好好面質他們在團體所呈現的關係狀態，以便可以盡量提升他們的合夥效率。Dugo和Beck（1997）更是強調團體本身的發展，依賴聯合領導者兩人關係的品質，團體的進展將不會超越這兩人關係的頂點。所以，學者都主張對於新手團體領導者的督導，要特別強調必須協助聯合領導者的關係和團體整體的發展（Dugo & Beck, 1997; Okech & Kline, 2005; Rubel & Okech, 2006）。

貳、影響聯合關係的因素

影響領導者兩人聯合關係的因素不少，而最主要者有兩項因素：

(一)聯合領導關係，受到兩人在團體內與團體外配對關係動力的影響。也就是聯合領導的兩人在團體歷程合作的互動狀況，以及在團體外兩人相處的人際關係，都會影響到他們領導的聯合關係，這種情形與其原生家庭關係的經驗很相似。個人在原生家庭對於自我的反映，對於家庭成員的反映，以及對於家庭整體的反映，都來自其對於自我、家人和家庭整體互動的反應與問題。而這些經驗便成為個人產出對自我、家人和家庭意義的來源，因而影響個人的家庭人際關係。每位合作的領導者，其個人內在

自我的反映，對於對方的反映，以及對於團體的反映，都會影響他的配對關係。因爲他們內心對於自我、對方和團體互動的反應與問題，都是作爲產出意義所依據的經驗，所產出的意義便決定了關係的品質（Okech & Kline, 2005）。因此，聯合領導的兩人對於合夥的和諧性看法，爲彼此良好的聯合關係之基礎。由此，與和諧性有關的適當配對因素，便應該是事前尋找配對人選的重要考量。

(二)溝通的誠實程度。Fall和Wejnert（2005）運用Tuckman和Jensen（1977）所提出的團體階段論，主張聯合領導者的關係發展與團體歷程的發展，有平行的現象。在聯合關係當中，由於擔心自己的能力，使得配對的兩人都減少溝通，因而聯合領導效能受到限制，在團體初期這樣的情形特別明顯（Dugo & Beck, 1997; Fall & Wejnert, 2005; Okech & Kline, 2006）。當一位領導者認爲他的夥伴對他的能力持有負向的信念（Okech & Kline, 2006），也不認爲自己有權力和足夠水準的經驗（Okech, 2008; Roller & Nelson, 1991），由於這些負向的知覺，導致聯合領導的兩人對彼此的自我揭露有負面影響。領導者對於他們的聯合關係缺乏溝通，也因而限制了在團體聚會當中的合夥與效能（Okech & Kline, 2005）。

兩人若要發展良好的聯合關係，必須有一起反省的過程。當聯合領導者各自能夠向對方揭露自己內心的想法、感受和反應，且兩人可以就此去對話，討論他們內心的省思，及對於他們工作中關係的動力。如此，他們將可以發展出對於自己和關係有更高的覺察。Dugo和Beck（1997）主張合夥的兩人需要對他們的關係進行某種程度的檢討與探討，經由對關係進行挑戰性的對談，兩人才能發展出對彼此的了解與尊重。如此，在團體中可以提供密切的治療性合夥關係。

所以，若聯合領導者重視他們的聯合關係，應該要有動機去處理關係的挑戰性議題。誠實溝通的程度、互動的品質，以及在合夥當中衝突

的次數等，都會影響到關係的意義（Okech, 2008; Okech & Kline, 2005, 2006）。Okech與Kline（2005）的研究便發現，領導者知覺聯合關係當中的安全和信任程度，影響了他們之間個人分享的程度，他們依據對於夥伴接受的知覺，來決定自我揭露的多寡。顯然，誠實是提升兩人在聯合關係中的安全與信任之最佳良方。

參、聯合領導關係的發展階段

　　有關聯合領導的研究，早期較多聚焦在其益處，以及對於成員的影響，晚近則開始注意到聯合領導兩人的內心經驗。尤其，有關聯合領導兩人關係發展的過程和關係的建立，在1970年代之後，相繼有多位學者提出聯合領導關係發展的階段論（Brent & Marine, 1982; Dugo & Beck, 1997; Fall & Wejnert, 2005; Gallogly & Levine, 1979; McMahon & Links, 1984; Winter, 1976）。在提出聯合領導者關係發展的階段論者當中，Winter（1976）可能是第一人，他從個人的領導經驗和督導經驗提出一個包括「會心」（encounter）、「分化」、「生產」與「分離」四階段的發展模式，每個階段主要是從成員關心的角度來描述。其後，Gallogly和Levine（1979）根據Winter的模式提出一個五階段模式，將Winter模式第三階段畫分為「親密」和「相互」（mutuality）兩階，而成為五階段。兩人都主張關係有退化的可能，不過兩個模式都未經實證研究驗證，使用者也未普遍。

　　Brent和Marine（1982）根據Skynner（1976）和Coleman（1977）的婚姻與家庭關係理論提出一個四階段發展模式。第一階段為「會心」，聯合領導的兩人將面臨發現彼此期待的差異，而聯合領導的經驗也如同家庭的基本問題，阻礙發生在「治療的婚姻」（therapeutic marriage）關係當中。在這個階段，成長的重點在於領悟和溝通。第二階段為「權力」和

「控制」，兩人經過相互對質，排斥對方，以及地位爭奪，雙方對於自己和對方知覺的差異，各自作出反應，也就是各說各話，若能夠敞開溝通和尊重差異，則問題便可以避免。第三階段為「親密」，一旦理想化和競爭可以降低，也就是可以持現實的看法，並強化合作，便能發展出親密關係，兩人對於個人的家庭議題可以彼此公開，並探討那些議題如何同時衝擊到個人的聯合領導關係，以及他們的團體。最後第四階段為「分離」，與他們和原生家庭分離很類似，感到悲傷與失落，同時也感到憤怒。這個模式獨特之處，在於將聯合領導的團隊與婚姻相比擬，並鼓勵開放討論他們的家庭議題，對於他們領導團體的影響。此模式被認為聯合領導「夫妻團體」特別適用，但是對於新手領導者，或沒有額外訓練經驗者，可能難以將婚姻動力和團體動力加以關聯。

Fall和Wejnert（2005）在回顧過去各個模式的優劣之後，主張聯合領導的關係發展若能與諮商和治療團體發展的階段理論相同，不但容易學習，也容易理解發展的歷程，且聯合領導的關係發展歷程和團體發展歷程相映照，這樣的概念還有利於兩者視為平行的歷程。同時也可以檢視在平行現象中，團體的動力與聯合關係的動力之關聯。Fall和Wejnert以團體階段發展為依據，作為闡釋聯合領導關係的階段，很值得參考。茲以第五章團體發展的五階段模式，詮釋聯合領導關係的五階段如下：

第一為「社交階段」，聯合領導的配對和他們的團體成員相似，在開始合作的時候，會感到不明確和焦慮，即便兩人曾經合作，由於在一起帶領的是新的團體，他們還是得面對一堆新的議題，因此總是客氣地試探著對方。Fall和Wejnert認為在這個階段領導者的問題在於：「我們的優勢和限制將如何適用在團體之中？」。

第二為「連結階段」，兩人期待，也努力想要將聯合關係建立起來，方便順利展開工作。然而，面對團體和對方，不論第一次合作或曾經合作

過的兩人，在一個新的團體會企圖各自找尋作為領導的地位和認同，並在彼此關係中去試探。於是在這個階段無可避免的問題，就是兩人「並駕齊驅」。這種情形是，當聯合領導者將語言表達當作一種權力的表現，或宣示一種正統地位的時候，便會發生在其中一人說話之後，另一人就會跟進。例如：

成員A：「我覺得我現在心跳好快，我在一群人面前說話會感到緊張。」

領導者A：「我可以理解你的意思，在這個團體裡大家都還不熟悉，特別令人容易感到害怕。」

領導者B：「確實，在這種情況通常一般人都會有些猶豫要不要出來說話。」

成員A：「對啊！我就是這樣，剛剛真的很焦慮，或許過些時候大家若熟悉一點，我會感到可以比較自在的出來說話。」

領導者B：「我希望透過分享和討論這些不安的心情，你可以變得自在一些。」

領導者A：「就是啊！你有沒有注意到你說出來之後，你可能感到好一些了。」

這種一前一後跟進的說話方式，聯合領導的兩人不需要相互矛盾，而是使用認同對方說的話，以便盡可能和團體連結，同時也表示他們彼此認定對方，並希望以此和對方連結。不過這樣的表現，從動力的角度來看，對於團體成員沒有太大意義，反而使得團體學習去等待兩位領導者反應之後，才作反應。假如領導者兩人的反應相互矛盾，團體成員便會立刻感受到這兩位領導者的競爭，對團體負面影響就更大，不只會干擾團體歷程，

聯合領導的兩人關係也可能就停止在形成階段。

當聯合領導者開始了解自己的角色，也開始認識和覺知他的夥伴時，便轉換進入新的階段。此時兩人將體驗到關係同盟的困難，同時也希望關係能夠成長，假如他們都能參與團體督導的活動，可以減少和克服障礙。處理此階段關係有幫助的策略為：(1)帶領團體後的減壓（Debriefing），在事後兩人一起更深入地探討團體的互動，以及他們之間的互動；(2)接受督導，可作為闡明兩人各自的目的和內心歷程的手段（Fall & Wejnert, 2005）。所以，這兩種策略都有助於領導者的個人認同和關係的發展。

在關係產生連結之後，聯合領導的關係和成員的團體關係相似，不用再客客氣氣相待的時候都會體驗到衝突。因為當人露出真正本性便有不同意見和衝突的問題，其特徵為兩人之間意見相左的衝突，以及期待坦誠相待，而憎惡對方虛偽的禮貌。衝突的發生也來自於每位領導者在治療情境都進一步的冒險，並開始真實體驗到彼此的風格、人格特質和哲學觀的差異。領導者必須將衝突視為必須和發展歷程期待中的一部分，而認真正視修通衝突的重要，否則將產生其他問題。這個階段由於發現和對方不同，而感到個人的能力不足，若沒有開誠布公的與對方討論這個議題，可能會導致雙方關閉溝通的門路。因為溝通窒礙了關係的發展，連帶由於未能形成關係，而減少了聯合領導的益處，這些益處，例如增加觀察、示範、增進遠見等，如此將衝擊到團體的歷程。兩人的權力競爭和團體內的掌控，必然導致各自試著要贏得團體成員的擁護，而較勁「我是比你行」。很糟糕的情況就是，如此一來製造出以領導者為首的次團體來相互較勁。

在此階段的另一種狀況是，聯合領導的兩人感到個人和對方不同或不如對方，然而害怕衝突，不敢溝通想法和感受，關係可能退回到第一階段，繼續停留在表面化關係。因此，兩位領導者若覺察到隱藏的衝突，需要在帶領團體聚會之後的減壓或督導時間，以建設性的溝通提出來討

論，需要注意聯合領導的關係發展，可能和團體歷程發展的平行現象。當團體處在衝突階段，領導者也可能出現衝突狀況，Fall和Wejnert（2005, p.319）提醒聯合領導者要謹記在心：「聯合領導者可以將他們的衝突視爲給團體豐富的學習資源，在這個階段的發展當中，如何推進和自在地感受內心的衝突。」

第三階爲「共享關係階段」。在團體方面的特徵爲凝聚力增加，成員可以接納團體和其他人的個性。在聯合領導的兩人，則對於另一人的考慮和想法比較敏察，由於兩人有成功的體驗和將衝突視爲正常的狀況，因而了解關係可以在彼此有不同意見當中生存下去。當領導者能夠強調接納彼此的方法，則兩人可以分享對於團體結構及在領導進程相互支持。領導者可以在聯合關係和團體中定義自己的角色和彼此的角色，也能夠認定這就是「我們的團體」。

不過，在這個階段的初期也有一個容易發生的議題，就是聯合領導者兩人的共謀（collusion）。共謀的發生來自於，兩人沒有充分認識到去承認和接納差異，可以產生凝聚力，反而以爲衝突會妨礙關係，誤以爲如果提出不同的展望，可能唐突對方，會傷到彼此的情感。因此爲了保持良好關係，將不同想法保留在心中。在督導時間或在受訓學生的每週領導紀錄裡，我會聽到或看到聯合領導者有類似的表達：「我們的團體現在大致進行得還順利，不過有時候我的協同領導者有一些作法讓我很不放心，我覺得成員可能有被強迫的感覺。我很想告訴他，他那樣做，對於團體和成員可能有一些負面的影響。不過我沒有說出來，因爲怕對他不好意思，好像我在批評他的做法不對。」其實，在這樣的陳述當中可以嗅到害怕衝突，這種情形是一種不完全成熟的處理衝突作法，兩人的聯合關係並未完全脫離連結階段，眞正進入共享關係階段。由於對治療的目標和任務的看法，很具個人觀點，因此領導者需要容納自己和他人的意見，來共同形成對於

團體和成員最有幫助的方向。在這個階段，假如聯合領導者能夠對於一段團體歷程的不同觀點和作法持續成功的公開討論，才能去認同與檢視彼此對於團體歷程的獨特觀點和催化的方法，也可以讓彼此的情感自在交流，這樣才是進入成熟的共享關係階段，同時可以真實的感受凝聚和去覺察反移情等現象。Fall和Wejnert建議在督導時間使用錄音、錄影來回顧和討論，將會特別有助於領導者檢視內心的感受和想法。

第四為「互助工作階段」。聯合領導的兩人運用他們的人際結構作為工具，來維持團體持續增加力量和速度，並調和兩人的關係，這時兩人已經克服抗拒和衝突，能運用「事先講好」和「開展過程」以利聯合領導和團體，得以維持團體順利推展。兩人「事先講好」，能夠讓其中一人領導團體程序順利，不至於中途毫無預警地突然改變方向。例如領導者A事先說好：「今天假如成員A再出現喋喋不休，不斷抱怨她對丈夫的不滿和憤怒的時候，我想我們團體已經準備好了，我打算介入來處理她。」如此事先講好，另一位領導者屆時便知道這位領導者的目的和任務，且可以知道自己的角色和任務該如何配合與協助。

至於「開展過程」，指聯合領導者兩人願意向對方或團體，分享個人對於團體歷程或對於個別成員的觀察所得到的領悟，對於聯合領導或團體往往有幫助。這種分享個人內在的對話，是一種打開團體過程的行動。例如在團體進行中，領導者A對領導者B公開分享個人這樣的內在對話：「請暫停一下，我覺得好像有些迷失了。我們來討論，看看團體到底現在怎樣了？」或是對團體分享，例如領導者A說：「當我們一談到成員B前一次在團體的反應，我感受到整個團體的不自在氣氛。」Fall和Wejnert認為「開展過程」不只可以檢視個人內在的對話，自在的面對內心的兩難，展現聯合領導者的親近關係，以及信任整個團體，對於團體成員還具有一種典範作用。這個階段聯合領導的關係和諧而深入，通常彼此可以開誠布

公的分享與討論，因此不同於前些階段那樣依賴督導。

　　第五為「休會階段」，就是將團體帶到結束的階段。Tuckman（1965）在團體的最後階段，不使用「結束」或「終止」，而使用「休會」，有移往他處的意義，相當獨特。一方面意味著在團體的學習經驗可以遷移到實際生活；另方面也表示成員可以離開團體，回到現實生活。以此用在聯合領導的最後階段，也可以具有獨特意涵，領導者可以將在這個團體的聯合領導經驗，遷移到未來所帶領的團體；同時也表示兩人這個聯合關係告一個段落了，將來可能會，也可能不會再一同帶一個團體。在這個階段，領導者個人面對分離的經驗，對聯合領導關係可能有複雜的影響。由於，一方面要結束一個團體；另方面也要結束聯合的關係，有的領導者可能有個人情緒，迴避將團體帶向結束歷程，他的作法好像這個團體還沒有要結束。也有領導者可能在團體中，花費過多時間進行個人情緒的處理，而這個問題應該在團體外的場域處理，例如減壓或督導的時間，以免占用團體成員處理結束的時間，可能也有領導者退回到團體早期的權力競爭議題。無論哪一種情況都會妨礙團體進行結束的處理，領導者都必須有所認識和預防。

　　可以成功的結束團體，領導者需要事先充分規劃，並且有足夠時間讓成員向團體告別，在事先的規劃中，也需要包括有關聯合領導者兩人的關係，使用「三人組督導模式」（triadic supervision model）處裡領導者關係的結束，是一種好辦法（Fall & Wejnert, 2005）。在督導中討論，並適當的處理關係的結束，然後可以在團體中與成員分享而帶動成員可以去分享結束關係的情感情緒。結束聯合領導與結束一團體相同，應該要包括回顧一起領導一個團體的經驗，檢視正向的和成長的各方面，並相互回饋，以催化健康的結束，為未來開啟合作的可能機會。

肆、促進聯合領導的關係

　　至於督導者如何增進聯合領導的兩人關係，首先督導者必須熟悉聯合領導的關係發展與溝通技巧（Huffman & Fernando, 2012）。實證研究指出，聯合領導者對於他們個人內心與個人人際的憂慮，以及對於他們合作之間關係的滿意狀況，能夠省思、回饋、開放且誠實的溝通，便有利於聯合領導關係的發展。尤其在研究所的訓練階段，就應作為開始學習的重點（Okech & Kline, 2005, 2006）。因此，若聯合領導者有接受督導，督導者需要協助聯合的兩人同時對個人內在心理和外在人際作反省。在內心持續去評鑑他的夥伴關係，並增加自我揭露，以及由夥伴提供回饋，如此可以促進關係的發展。此外，領導者也要開放且誠實地揭露個人的訊息，以便增進信任關係和在團體聚會的冒險介入（Okech, 2008; Okech & Kline, 2005）。在合作期間對於進行中的種種想法、感受、需求與反應，需要注意，以及養成直接、開放與誠實溝通的習慣（Dugo & Beck, 1997; Fall & Wejnert, 2005）。因此，當有安排督導時，聯合領導者兩人都參加最有幫助，尤其在團體督導情境，不論獲得的回饋或支持都有較多的來源。

　　Huffman和Fernando（2012）根據親密人際歷程模式在督導的研究結果，針對督導者可以促進聯合領導關係，提出三項建議：(1)促進兩人對於聯合領導關係發展的覺察；(2)經由親密關係的發展，提升安全的環境；(3)促進聯合領導者的親密關係。就前述三項建議，首先督導者需要與受督的兩人分享有關聯合關係發展，以及團體發展的平行發展模式之知識，讓他們了解兩人所構成的次團體與團體整體在關係發展具有平行的現象（Delucia, Bowman, & Bowman, 1989）。這項工作必須在督導歷程的早期進行，讓聯合領導者了解培養關係的重要，以準備他們在未來能夠了解溝通的需要。其次，必須請聯合領導者省思和分享他們以前生活中親密夥伴關係的經驗。由於一個人過去的個人依附和親密關係的經驗，會影響當

前對於他人關係的信念（Reis & Patrick, 1996）。這個分享不但可以了解彼此，更重要的在增進對於聯合關係的自我覺察。此外，督導者需要先開啟有關受督者個人能力的討論，開始先將受督者對於個人表現和夥伴對於他的能力評鑑的害怕，給予正常化。接著，督導者便可以鼓勵受督者，討論個人對於當前能力程度的憂慮，以及分享他所知覺夥伴對於他的能力的信念。在每次團體聚會之後，要立即鼓勵聯合領導者彼此給對方回饋，這些督導作法的主要目的，在促進聯合領導者對於關係發展的覺察。

其次，督導者要負責強化督導環境的安全感，以便可以支持受督者進行人際學習，安心的自我揭露，以及誠懇且尊重的給予夥伴回饋（Fernando & Herlihy, 2010）。此外，督導者本身若能夠對合夥的領導者做適當的自我揭露和同理，可以示範親密關係的發展。督導者可以自我揭露對於當下督導過程的體驗，讓個人內在的反應讓受督者可以得知。由於督導也是另一種合夥關係，如此可以向受督者示範自我揭露的價值。最後，督導者也要善用機會和聯合領導的受督者溝通，以表達了解和同理。督導者這些作為主要在促進督導的安全關係，也示範合夥兩人可以如何安全的溝通。

最後，若要促進聯合領導者的關係，督導者不能只聚焦在增進親密關係的介入，還需要容許受督者去辨識親密中存在的衝突之性質。由於人需要親密的接觸，同時也害怕親密接觸，所以督導者要留意受督者的關係發展過程，觀察他們親密對話的反應增減的狀況。他們越能進行個人內心與個人人際的反省，並能夠開誠布公的自我揭露，而夥伴也能夠表達具尊重的回饋，則親密關係將可以不斷地提升。在這個過程，督導者需要示範，並鼓勵自我揭露與回饋，同時也向受督者表達同理與了解，如此營造支持的督導環境，以供受督者可以學習發展親密的聯合關係。

❖第五節　聯合領導者的溝通與合作原則❖

溝通與合作有密切的關聯，溝通為促進合作的必要手段。本節在聯合領導者的溝通方面，主要說明聯合關係中的三個溝通時段：團體聚會前、聚會中和聚會後的溝通。其次，主要針對聯合領導，尤其是採取分享領導模式的協同領導者，提出建議性的合作原則，以供領導實務的參考。

壹、領導者的溝通

無論是哪一種聯合領導的模式，核心任務便是合作完成共識的治療計畫，因此能夠密切而和諧的一起帶領一個團體，充分溝通是成功的第一關鍵。由於強調合夥，因此協同領導模式比輪流領導模式，更加不容易達成合夥。不過，無論哪一種聯合領導模式，領導者的溝通都需要包括：團體聚會的事前溝通和事後溝通，以及在團體聚會中的溝通。

一、團體聚會的事前與事後溝通

領導者兩人在計畫帶領團體的時候，以及每次帶領團體聚會之前和聚會之後，都要持續地積極溝通。尤其，在事前規劃團體的時候，應該先討論彼此對於團體的觀念和領導的理念。Yalom認為忙碌的機構為了講究效率和經濟，而不安排聯合領導者有討論的時間，這是一種嚴重的錯誤，他主張在每次團體聚會前，聯合領導的兩人至少應該要有幾分鐘時間談談上次聚會的事，同時檢視當天聚會可能的流程（Yalom & Leszcz, 1999, 2005）。並且在每次團體聚會結束之後，也需要有15至20分鐘的時間，一方面作為減壓之用；另方面分享對於彼此行為的省思（Fall & Wejnert, 2005）。聯合領導的兩人需要有足夠的時間一起討論，學習彼此對於領導團體的觀點和方法，並建立起合作的關係。事前與事後的溝通，都有利於兩人對於團體中的關鍵事件進行交換觀點，並產生最好的共識。如果沒有

這樣的時間可以溝通彼此的認知，會由於個人錯誤的假設，以為另一位領導者會如此想、如此做，導致在團體中合作的困難。尤其在團體中嚴重的意見分歧與衝突，對於成員不只是最壞的人際示範，同時對於領導者、成員和團體都造成傷害（Chen & Rybak, 2004）。因此，當團體中的議題兩人有嚴重的歧見，最好在團體聚會之後，兩人坐下來，使用足夠的時間好好的討論，而不要在團體中占用過多團體時間去討論，甚至發生爭執。尤其在團體中討論，兩人為了顧及個人在團體成員面前的面子，更容易堅持己見，而無法好好溝通。

二、團體聚會中的溝通

由於團體情境的本質具有複雜性、多變性、易變性，以及不可預測性。盡管領導者兩人事前已經進行過充分的溝通，然而在團體進行過程難免有需要透過非語言或語言溝通的議題和事項。有些時候為了避免在團體過程顯得突兀或干擾，不適合或不需要以語言來溝通，領導的兩人就得使用非語言來溝通。在團體過程中，眼神和手勢便是聯合領導者常用來了解彼此意圖的非語言溝通。例如，團體進行剩下約10分鐘，有一名成員話快說完了，你注意到可以準備結束該次聚會時，可以向正在與該名成員交談的聯合領導者，用食指指一指手錶，表示團體結束的時間快到了。當該成員結束了說話，你的聯合領導者便會給這名成員的表述作簡短結束。然後，你就可以出來開始進行結束團體。又例如，團體成員討論一個不重要的話題，已經花了不少時間，你看到你的聯合領導者的非語言，顯示出不想讓團體繼續這個話題，而你也認為應該轉換個話題時，可以使用眼神和點頭表示同感。然後，由其中一人截斷成員們的話題，並提出與團體成員有關且比較有意義的議題，將團體導向較有意義的討論方向。

至於使用語言來進行團體中的兩人溝通，通常目的用以協助對方或釐清方向為主，而不是用來指揮與你聯合領導的夥伴。當你的聯合領導者可

能忽略或遺漏的部分，或是團體的方向和焦點偏離了，而他不覺察地繼續在工作，這時你可以指出狀況，或與他進行確認。例如，在團體中成員A提出了個人議題，在團體討論過程由於其他兩名成員，成員B和成員C相繼提出和成員A自我揭露相似的議題，團體正在討論這個議題，然而從觀察，你發現到原先提出議題的成員A並沒有繼續加入討論，是由於成員B和成員C自我揭露時間比成員A更多，內容更容易吸引團體，你的聯合領導者（L1）似乎也將焦點多放在成員B和成員C，雖然你可能不確定L1的意圖，然而可以指出團體的狀況來溝通：「L1，由於方才是由成員A開啓這個議題，我看到成員A可能還有一些地方還需要探討，等一下我們是否可以回到成員A，讓他再來談談？」

雖然，聯合領導者意見不同的時候，在團體內可以溝通，若成功解決意見分歧或衝突，可以給成員帶來人際示範與學習。然而，在團體初期則不適用這項原則（Yalom, 2005）。由於團體初期成員對於領導者了解極爲有限，團體的安全和信任程度較低。聯合領導者兩人在團體內發生意見分歧或衝突，不只影響成員對於兩位領導者的負面觀感，也將升高成員對於領導者和團體的不信任感。因此，在團體初期，領導者在團體中，不論有不同意見或可能的衝突，都應在該次團體聚會結束之後，在督導或減壓時間進行討論。

最後，當聯合領導者在團體內進行溝通時，有兩項禁忌：其一，兩人使用悄悄交談的方式；其二，用來指揮另一位領導者。領導者在團體聚會進行中悄悄交談，會讓成員感到這兩位領導者之間有祕密，而他們卻被置身度外。懷疑，是一種破壞關係的毒素，將影響團體成員的信任，所以領導者應將溝通的意圖透明化。其次，若是聯合領導者的溝通是用來指揮另一位領導者，這種行爲表示對於另一位領導者的不信任或不尊重的作爲，或表示這位領導者企圖控制另一位領導者。這種的行爲，會構成對團體成

員的錯誤人際示範，所以應該絕對禁止這樣的行為。

貳、聯合領導的原則

　　成功的聯合領導，首要條件就是信任與溝通。研究發現，當兩人同意聯合領導的時候，首先彼此將考慮到能力的議題，然而一想到能力和合作關係的性質，由於自認為是有效率或無效率的聯合領導者，都會有先入為主的焦慮（Okech & Kline, 2006）。聯合領導者心中感到矛盾，一方面會很焦慮能力的議題；另方面則承諾要建立密切的聯合關係，而且也會從一開始對於領導能力的焦慮，轉移到對於建立關係的能力上，因此影響聯合領導的關係。

　　聯合領導者對於合作能力的知覺包括兩種：一種是領導團體的能力；另一種是建立關係的能力。若兩人之間能夠誠實分享情緒和對於關係之間互動的認知，則關係可以提升，若彼此不誠實，將導致關係的禁制。因此，Okech（2008）建議聯合領導者兩人應當善用反省，去檢視個人內心的歷程，與另一位領導者和成員的人際互動歷程，以及作決策時身為聯合領導者的角色，並將省思的覺察與發現，在兩人之間誠實的提出來討論，如此對於聯合領導才有幫助。

　　除了上述領導者兩人的信任與溝通十分重要之外，還有一些實務上的合夥原則也可以促進和諧與有效的合作。雖然，在前述三種聯合領導模式當中，以輪流領導模式在角色與任務分配上比較容易，但Chen和Rybak（2004）並不推薦接受訓練的領導者採用這種領導模式，而建議採取協同領導模式作為學習兩人如何聯合領導。因為，這種領導模式可以讓團體中聯合領導的兩人，向成員示範互相輔助，彼此支持與良好溝通。

　　協同領導模式是合夥的挑戰性較高的一種聯合領導模式，以互相支持與機動性互助為首要原則。筆者從多年實務與督導當中，提出下列聯合領

導原則，可供採取協同領導模式者參考：

一、領導者兩人權力的運用，需要寬嚴並濟

團體或個別成員在治療過程，面對治療的壓力，容易退縮，甚至抗拒。如果是聯合領導的情境，領導者分擔不同任務與角色，就比較容易去平衡彼此，讓團體或成員個人感到比較有力量去面對壓力。治療的歷程是一個有壓力的歷程，當一名成員卡在一個地方不前進的時候，通常是由於內心的衝突：一方面要努力去治療以突破個人的困境；另方面卻感到害怕。當一名成員因為害怕，而有壓力感的時候，這個氛圍將影響整個團體的壓力感，因此需要其中一位領導者去鼓勵這名成員，並給成員個人一點點壓力，以便能去面對會引發他害怕的治療工作；而另一位領導者，則給予這名成員感到對於他的焦慮提供支持，表達理解他尚未準備好。如此，不但這名成員在獲得支持之下，比較有力量去工作，也給團體示範如何在有壓力，同時又有支持的狀況下去面對治療。在團體中聯合領導者猶如一個家庭中的父母兩人，一個嚴教時，一個便寬慰，最具有親職效能。如果父母都嚴教，孩子便無所逃遁，為壓力所逼迫；如果父母都過於寬鬆，孩子便放縱，無所學習。團體領導者與團體成員關係亦然，領導者兩人透過任務與角色的分配，可以達到領導權力運作的平衡。

二、當一人處理個別成員時，另一人需要照顧整個團體

團體進行中，當一位領導者專注在與特定的一名成員對話的歷程時，另一位領導者的目光務必巡視照顧整個團體與其他成員，以便知道團體整體反應和氛圍，以及其他個別成員的非語言反應狀況。當觀察到有特殊反應的成員，便能適時引進這名成員加入這個討論歷程。尤其在團體初期，從成員個人焦點轉換為人際焦點，可以避免團體歷程過度聚焦在一名成員身上。讓更多的成員可以參與團體，有促進團體歷程發展的作用。

三、在非結構團體使用結構活動

即便非結構團體，在團體歷程領導者可能因團體或個別成員有需要，而選擇一種結構活動作為介入技術來使用。如果在團體中使用結構活動，應該由決定該活動的領導者為主要領導者，負責說明活動，甚至示範。進行活動過程則兩人需要互助，而最後通常仍由該位開啟的領導者負責結束該活動。因為他選擇這個活動，有他的意圖，也比較知道何時該結束，而另一位領導者，則在該結構活動結束之後，負責開啟另一個段落的團體方向。

四、切忌在團體中指揮你的聯合領導者

在團體歷程，一方面領導者兩人各有不同的任務，另方面要避免權力高低的不良示範。尤其在使用結構活動或特殊介入的時候，若你是負責提出這項介入或活動的領導者，不宜指揮你的合夥領導者作為你的助手，兩人需要各司其職，方能完成一項介入的績效。在歷程進行中，團體成員通常會有兩種角色，參與活動者與觀察者，因此你的聯合領導者需要在該活動進行的歷程，負責觀察團體和其他旁觀的每一名成員的狀況與反應。例如領導者A採取角色扮演的介入技術，需要有人承擔某角色的時候，應該找適當的成員來擔任。當A這一位領導者全心投入，協助成員進行角色扮演的歷程，領導者B便負責觀察團體和其他成員，以便當需要有成員加入活動的時候，他比較清楚當下的成員動靜，而可以協助找出適當的成員，且在完成角色扮演活動後的討論過程，由於他在前面段落的全程觀察，也比較清楚特別需要引出哪些成員加入討論或對這些成員反應。

五、使用繞圈活動

繞圈活動也是一種結構活動。通常會使用繞圈活動，是為了讓每位成員都有表達的機會。如果使用繞圈輪流發言，由一位領導者主持開始，或兼作為示範。若這個輪流活動主要為了成員而介入，則當繞圈子輪到另一

位領導者時，他可以選擇跳過，若他決定也採取參與者角色，通常留在最後一位進行。當負責該活動的領導者結束這個繞圈活動，便由另一位領導者開啓新的團體方向。

六、切勿兩位領導者同時聚焦在同一名成員

當其中一位領導者與一名成員對話討論時，另一位領導者不要插手其中，以免形成兩人對付一人，或相互較勁的局面。如此，不但該成員壓力特大，兩位領導者也容易由於對於該成員概念化的差異，或對於介入的看法不同而起衝突，或讓成員感到混淆或失焦。由於在團體進行中，如果只有一位領導者的時候，通常需要保持一隻眼觀照整個團體，另一隻眼觀照個別成員，這是很吃力的工作。若有兩人一起帶領團體，便能夠分擔這兩項勞務。走筆至此，想起何以有千手千眼觀世音菩薩，或許由於需要保佑的眾生太多吧！

七、切勿爲另一位領導者的說明作補充，因爲那個需要可能來自你個人的焦慮

有的領導者很習慣在另一位領導者說明之後，一定再補充說明。這位領導者應該反省自己這個習慣與個人內在焦慮的關聯，這個焦慮可能來自不信任，或競爭的需要。當一位領導者在進行一項說明，另一位領導者應該注意成員們的反應，以確定成員注意聽講的狀況，以及是否有疑惑，以便可以詢問非語言顯示似乎沒聽懂的成員，是否有疑惑或不了解。若成員有疑惑或不了解，需要請求補充說明，則是該成員的責任，不要剝奪成員發展自發性和主動性的機會。需要補充說明，也將由原說明的領導者進行補充。

八、彼此協助

當其中一位領導者被成員挑戰或攻擊的時候，這種情況另一位領導者可以扮演中間人，協助引導溝通，或是將成員挑戰的議題轉個角度，以便

該領導者、成員和團體能夠以有助益的方向繼續討論下去，而不是扮演一個仲裁者。例如在一個非結構團體的初期，由於團體成員需要自我揭露的壓力大，在一次聚會當中經過數分鐘的沉默之後，有一名成員出來對著其中一位領導者A說：「我們以前就認識，我知道妳也有一些個人的困擾，今天就輪到你也來讓我們了解你的事。」當這一位被挑戰的領導者A回應：「團體的時間是給你們大家使用的，我則是來協助你們的。」這一名成員突然口氣不太好的對這位領導者說：「你不是講過，在團體裡大家都平等，而且要坦誠嗎？可是我覺得你在團體裡很虛偽，好像只有我們有問題，你是個沒有問題的人。」顯然這個衝突已經明顯化。這時候另一位領導者B介入，對這名成員說：「我感覺到此時在這個團體每個人感到需要自我揭露的壓力。由於你和A相互認識，讓你對於A在團體的領導者角色感到很不自在。不過我想知道其他人對於團體時間使用的看法？」領導者B的介入可以讓領導者A、那一位挑戰的成員，以及其他成員打開溝通的機會。

九、兩位領導者切勿輪流不停地說話

　　當一位領導者剛剛講完話，另一位領導者緊接著也說話，形成兩人輪流說話的局面，這樣如同兩人在唱雙簧。每當一位領導者說話之後，應先等待團體成員的反應，成員在團體中的傾聽和反應都是很重要的行為，如果領導者只重視自己的「講話」，不重視「傾聽」成員的反應，可能重演了成員早期不良的親子互動。可以想像，假設一個家庭的父母輪流講個不停，卻沒有給孩子說話的機會，這樣的父母絕對不知道、也不了解孩子對於父母的反應，反而孩子已經看清父母兩人。在團體中領導者亦如是。

十、座位的安排

　　領導者的座位，不但影響與成員的關係，也影響團體的動力，因此選擇座位需要注意：(1)兩人分別坐三或四點鐘位置，切勿正對面而坐。由

於領導者兩人若彼此坐在正對面，那麼一個團體如同被切成兩半，將影響團體成員的互動與團體動力。在實務經驗會看到，團體分在各兩半之內的成員彼此互動較多，而對面的另一半團體成員則容易成爲觀望者，更有可能成爲挑戰或對立者；(2)鄰座會影響關係發展，團體初期領導者盡量不要每次都坐在相同的位置，領導者要變化選擇座位，盡量每次與不同的成員鄰座，以增加初期的物理接觸，對於和成員的關係有正面影響；(3)主動選擇位置，不要坐在成員預留給領導者的位置，這是成員企圖利用控制位置，來控制領導者；(4)可以選擇坐在被團體忽略的成員鄰座，由於通常成員比較會注意領導者，由此也會增加對於該成員的注意，當一名成員被團體其他成員所注意，也比較會提高參與行爲。

十一、需要讓給對方照顧的成員

剛好坐在領導者自己兩側的成員，最好由另一位協同領導者負責主要觀察與介入工作。很多時候，坐在領導者兩側的成員，由於與他們相鄰的領導者比較不容易看到他們的非語言行爲，可能容易被該領導者忽略，而另一位領導者則可以清楚觀察到那兩名成員的非語言行爲。所以與你的協同領導者鄰座的兩名成員，主要由你觀察和介入，或協助你的聯合領導者處理。例如，你的夥伴（L1）正在就一個親子衝突議題，協助兩、三名成員進行探討，你觀察到你的夥伴右手鄰座的那一名成員（M1），數次似乎想出來說話，然而由於你的夥伴沒有看到這名成員的非語言行爲，而未能給予機會。這時，你可以這樣來協助：「L1，我看到M1有幾次好像有話要說」。

十二、不要在團體內阻止對方正進行中的介入

在領導團體過程，若對方已經開始進行一項介入，而對於這項介入你不同意或感到不妥，即便你很不同意對方的介入，切勿阻止，以免發生衝突，也讓成員感到無所適從。這種不信任或權力較勁的行爲要絕對避免。

應該在團體聚會的事後減壓或督導時間，再將你的觀點提出，並共同評估與討論對方所採取的介入之影響與效果，對於聯合領導的兩人都會是一種學習。

十三、開展與結束的原則

一次聚會由一位領導者開始，則由另一位領導者準備結束團體聚會為原則。此外，也不要每次都由同一位領導者開展團體，如此可以均衡團體領導者的權力。而一個段落的討論由一位領導者開始，則由這位領導者結束這個段落，這樣他開展這個段落的意圖可以充分完成。而另一位領導者由於較有餘力觀察與理解這段歷程，剛好可以知道如何開啟另一個新的段落。

❖第六節　結語❖

團體的領導者有如家庭中的父母，僵化的分工，不如彈性的合作。聯合領導，不僅僅是將一人的工作分成兩人做，而是由兩人領導，而能發揮勝於一人領導的功能。在團體歷程，領導者兩人都得積極投入不同功能與角色，參與團體中的每項催化與介入。同時，彼此要相輔相成，互補彼此的工作。合夥行為的學習是來自實務，而合夥關係的發展，則來自協商；合夥的默契很重要，主要來自了解對方。合夥不只是一種技術，也是一種藝術，因此聯合領導的效能，來自熟能生巧。

第二十章
領導者的訓練與督導

　　體驗性成長團體（experiential growth groups，簡稱EGGs），或稱為體驗性訓練團體（experiential training group）或體驗性團體（experiential group），均屬於一種體驗的教育（experiential education），通常用以協助學生或受訓者運用學習的過程（Carver, 1996）。這類團體主要由學生或受訓者所構成的團體，學生或受訓者作為成員，或除了作為成員之外，也輪流擔任領導者，以提供學生或受訓者在理論學習和真實團體之間的一個連結。學生或受訓者除了從理論學習獲得知性的學習之外，可以從體驗的教育獲得感性的學習，這種團體也可以稱為實驗室團體（Walsh, Bambacus, & Gilbson, 2017），主要用在碩士級的課程，是學生或受訓者入門的重要學習課程。

❖第一節　體驗性團體的重要性❖

　　在美國，為了制定和管理諮商師教育的課程標準，於1981年創立「諮商與相關教育方案授證委員會」（Council for Accreditation for Counseling and Related Educational Program，簡稱CACREP）。EGGs被CACREP歸類為小團體活動（small group activities），並成為團體諮商與團體工作的核心（CACREP, 2009, 2015）。根據CACREP（2015, p.11）的規定，一個研究所的課程若要取得CACREP授證的資格，必須提供：「學生參加作為小團體成員的直接經驗，才能獲得課程授證，且需要一個學期至少

10小時」。而自2000年起，美國ACA之下另一個組織「團體工作專家學會」（Association for Specialists in Group Work，簡稱ASGW）則規定，受訓者必須參加至少20小時的體驗性團體作爲成員的經驗。因此，若獲得CACREP或ASGW認證的諮商研究所，表示其課程和訓練方式符合一定的標準。

根據Shumaker等人（2011）調查，獲得CACREP授證的碩士班課程，相較於20年前，發現課程當中沒有要求參加體驗性團體，以及團體是由授課教師本人帶領的情形減少了。而採取非授課教師本人帶領團體，授課教師僅接受學生出席和表現的相關回饋，這種情形則增加25%。即便如此，至2011年仍約有50%的受試者表示是由授課教師本人帶領體驗性團體。後來在另一份研究，從不同角度St. Pierre（2014）調查330名過去五年持續參加ACA的會員，發現有57.9%的受試者表示，他們參加的體驗性團體是由授課教師本人帶領，而有85.2%的受試者表示他們是作爲團體成員，而當中有53%的受試者表示他們也有帶領團體。顯然學生參加體驗性團體，除了作爲成員之外，也輪流作爲領導者學習帶領團體的情形尚普遍。這些調查結果顯示：參加體驗性團體已經獲得諮商師教育者重視，並大爲普及。

❖第二節　體驗性團體的類別、訓練價值與限制❖

壹、體驗性團體的類別

體驗性團體或體驗性成長團體，這項教育學（pedagogy）活動的團體類別，主要約有三種（Zhu, 2018；吳秀碧，2017）：

1. 人際歷程團體（interpersonal process groups），例如敏察訓練團體、人際關係訓練團體，個人成長團體等，這類團體與英國的「塔維斯托

克團體關係研討會」（Tavistock Group Relations Conference）相似，均爲非結構團體，強調此地此時的互動和人際歷程，以體驗團動力爲主。

2.心理教育團體（psycho-education groups），比較偏向教育的性質和採取心理教育的方法，有具體教育目標和諮商相關的主題，例如健康與自我照顧，生涯規劃這類的主題。

3.技術爲本的團體（skill-based groups），出現於1990年代，以「模擬式團體諮商」（Simulated Group Counseling，簡稱SGC）（Romano, 1998）和「技術性團體諮商訓練模式」（Skilled Group Counseling Training Model，簡稱SGCTM）（Smaby, Maddux, Torres-Rivera, & Zmmick, 1999）爲代表。繼之，2000年代出現「雙重魚缸模式」（Two-way Fishbowl Model）（Hensley, 2002），及晚近以正念爲主的課程，分三階段：正念取向，正念覺知和正念應用等，這些都屬於教學技術爲主的團體。

而在上述三種團體當中，以人際歷程團體被認爲對於諮商師教育最具有價值，而被諮商師教育學者所推崇。

貳、體驗性團體的訓練價值

Kline等人（1999）利用紮根研究法深入探討曾經參加15次，每次90分鐘，聚焦此地此時和人際的非結構式團體，學生獲得個人成長的內容，包括：「人際知覺」，比較能覺察人際行爲，例如溝通或回饋的影響，以及「關係的領悟」，例如提高對於個人情感、認知、行爲，需求和反應等的覺察，以及這些對於人際的影響。

Yalom則以自己超過30年從事訓練和帶領全職實習生和精神科住院醫師的小團體經驗，認爲每週一次，聚會過程60-90分鐘，長達一年的體驗性團體，對於教學成員的團體帶領技術最有幫助。由於這種體驗性團體，可以幫助學生或受訓者體驗到團體的力量，不論是傷害的或治療的力量；

也學習到被團體接納的重要及自我揭露的真正需要；還有體驗到要揭露個人隱私、幻想、情感、弱點、憎恨等等的困難；欣賞自己的強項和弱項；學習到個人在團體中的角色偏好；知道自己和個人依賴多半不切實際，以及對於帶領者權力的評估和知識等等，作為帶領團體的領導者角色之相關學習（Yalom & Leszcz, 2005）。

Zhu（2018）則有系統的採取文獻研究，發現參加EGGs的學生在學習經驗的獲得，主要有三方面：

(一)個人成長：參加的學生認為有多方面的個人成長，包括增進自我覺察，擴大眼界，促進與他人發展關係的能力。

(二)團體動力與領導：學生認為最可貴的學習是，從實際經驗體驗了理論所學習的團體階段與治療因子等概念。此外也觀摩領導者的介入，讓他們增加帶領團體的自在和效能。

(三)專業發展：學生認為能強化他們未來作為諮商師的專業廣度。其中，學生提到EGGs對於個人情緒覺察和同理心的提升，以及對不同當事人的同理等，特別有幫助。

參、體驗性團體的限制

由於CACREP對於所謂團體經驗的定義和最適當的督導方法，並無進一步的規範，而留給各系所自行負責。這樣的優點，在於保留給諮商師教育者決定如何執行，然而另方面也產生對於這項教育學活動效用的模糊。最近有一份調查研究指出，參加過的學生對於EGGs情境的看法，歸納有三項：(1)由於是課程規定，有被命令的性質，學生在開始的時候，因擔心被授課教師評鑑，不願意參與，即便已經告知不會被評鑑，然而對於在團體中揭露個人想法和情感，還是感到很遲疑，(2)雙重關係，包括團體由授課教師本人帶領及成員都是自己的同學，而感到不自在和影響自我揭

露程度，(3)保密，學生特別擔心同學洩密，比較不會擔心教師洩密，(4)團體的形式由於是非結構式，學生認為沒有焦點或方向，領導者不活動，也不介入協助，以致缺乏效能（Davenport, 2014; Zhu, 2018）。可見若帶領非結構團體，領導者若毫無作為，成員會質疑團體的效能。此外根據St. Peirre（2014）的調查，則有70%的學生對於授課教師本人帶領團體感到不自在，而影響到自我揭露的程度，可能與教師有打成績和評鑑表現的權責有關。此外讓學生輪流帶這樣的團體，不只有作為成員和作為領導者雙重角色轉換的混淆，也由於專業發展水準相同，以致對於發生在團體中的衝突和治療的議題，都超過碩士生有限的訓練所能處理。

　　歸納前述研究發現，學生參加體驗性團體的經驗，缺失有(1)授課教師與學生的雙重關係，不只讓學生感到自我揭露的不自在，也擔心被評鑑及害怕影響學期成績，(2)成員都是自己的同學，有雙重關係的顧慮，以及擔心被同學洩密，(3)由於課程規定，非志願，有被迫參加的感覺，(4)學生輪流帶領團體的時候，不只有作為成員和作為領導者的雙重角色之混淆感，也由於能力的限制，在處理團體內的衝突和治療問題時無法有效因應，(5)由於體驗性團體多數為非結構的形式，可能領導者的帶領方式，若毫無作為或沒有適當的介入，希望完全由成員自行負責團體的展開和進行，讓學生感到團體缺乏效能。這些缺失值得作為臺灣未來在訓練學生或受訓者成為團體領導者時的借鏡，以便尋求有效的解決辦法。

❖第三節　體驗性團體訓練效果的提升❖

　　基於前述，使用體驗性團體作為訓練團體帶領者的方法，有其優點，也有限制。尤其，在體驗的教育學原理作為基礎的闕如，使得這樣的訓練方法產生模糊和摸索，也造成學生或受訓者感到多項的缺失和限制。因此在本節將討論因應之道。

壹、Kolb的體驗性學習方式

使用體驗性訓練的學習，除前述的限制之外，最為學者詬病之處，即在這種訓練方法缺乏教育學（pedagogy）作為指引，僅憑直覺。面對這個問題，當前有學者推薦借助Kolb（1994）的「體驗性學習」來解決（Zhu, 2018），也有學者建議強化督導的方法（Walsh, Bambacus, & Gilbson, 2017）。的確Kolb的「體驗性學習理論」（Experiential Learning Theory）應該有助於諮商師教育，用以了解和指引碩士生和博士生各種經驗學習的訓練方法之過程。其次，強化督導在經驗性學習課程，則絕對有其必要。

Kolb的「經驗性學習理論」主張「經驗」在學習過程扮演著核心角色，由經驗可以轉化，並創造出知識；而知識的產生，是結合對經驗的領會與轉化的結果。這個「經驗性學習理論」主要由四種學習方式（mode）的循環過程所構成（Kolb, Boyatizs & Maniemelis, 2001），茲簡述如下：

方式一，為「具體經驗」：參加直接的經驗，以便個人獲得體驗。

方式二，為「內省的觀察」：由內省或省思個人的體驗，並提出從省思所獲得的意義。

方式三，為「抽象的概念化」：為應用與同化（accommodation）新經驗，這是由「作中學」（learning by doing）所獲得的新知識。

方式四，為「主動實驗」：將獲得的新知識應用在實務工作，以便考驗受訓者或學生自己所獲得的新知識。

這個循環學習理論，展現了如何產生體驗學習的核心機制。經過這個學習的過程，將產生新的具體經驗，也就是循環回到模式一，然後可以繼續循環學習。將這個模式應用在EGGs的訓練，學生或受訓者從作為成員，由方式一至方式三所獲得的新知識，可以作為自己下一步去實際帶領團體時的能力基礎。因此，從方式一至方式四的學習期間督導便很重要，

主要在協助學生整理對於經驗的省思，以便獲得新經驗和新知識。若採取團體督導方式，學生還能夠從督導過程的相互學習，獲得更多。

貳、提升經驗性訓練的學習效果

Yalom對於實務訓練或經驗性訓練方面，提出四項主要元素，爲(1)觀摩有經驗的團體帶領者工作，(2)密集的督導學生的初次工作，(3)個人的團體經驗，(4)個人的心理治療（Yalom, 1985, 1995, Yalom & Leszcz, 2005）。由此可見Yalom很重視經驗性的學習。想成爲精熟的團體治療師，除了參加EGGs的團體經驗，以作爲個人自我探索和體驗團體動力之外，也需要有被治療的經驗。而在實際帶領團體之前也需要經過觀摩的學習階段，且在初次帶領團體的學習期間需要接受密集的臨床督導，尤其若能夠採取現場督導，將更有幫助。顯然有效的訓練和督導爲密不可分。茲分別說明訓練和督導如下：

一、訓練的模式

1980年代筆者就讀美國北科羅拉多大學諮商心理研究所的時候，該所設有實驗室診所（Laboratory Clinic），所有碩、博士級的個別諮商、團體諮商，以及博士級特有的臨床督導課程等的實務訓練，全部採取實驗室教學法。每次學生實作都必須全程接受督導教授的現場督導，以便學生到校外實習之前能夠做好足夠的準備。這些學習經驗確實受益良多，至今難忘。所以上述Yalom提出的四項元素，不只適用在團體治療師的養成，也適用在個別治療師的培訓，甚至成爲督導者的培訓方法。

筆者以個人的學習經驗，以及教授碩、博士級團體諮商實驗室課程多年的經驗，發展了「系統化認知訓練模式」（吳秀碧，2010a）和「螺旋式領導方法」（吳秀碧，2005），以作爲訓練學生或受訓者帶領團體的教學方法。從實證研究發現，對於博士級（吳秀碧，2006，2010b）和碩

士級學生（許育光，2009，2012）帶領非結構團體的專業能力發展，確實具有良好的訓練成效。這個「系統化認知訓練模式」之建構，主要以教育學的「社會認知訓練模式」作為依據，而該模式最主要的五項元素，為：(1)精熟的經驗；(2)替代性學習；(3)回饋性溝通；(4)自我省思，以及(5)情緒激起（Larson, 1998）。筆者曾經以「社會認知訓練模式」使用在博士生帶領團體諮商的訓練作為實驗的研究結果，發現：受訓者主觀認定的學習來源，依次為：「督導在觀察室的說明」居首，「督導的回饋」次之，「觀摩同儕領導」再次之，「觀看自己的錄影帶的領悟」居四，「觀摩合作的領導者」居五，「同儕的回饋」居六，最後為「其他」，如「閱讀相關書籍與實際經驗印證的領悟」（吳秀碧，2006）。這些發現確實反映了前述的五項元素。而這五項元素，也與Yalom的主張和Kolb的理論有相似之處，都包含了知性和感性的學習。首先，從內省個人經驗可以產生抽象的概念；而替代性學習，就是一種觀摩學習；此外強調回饋與精熟，所以採取密集督導或團體督導為佳。尤其現場督導很重要，就專業倫理而言，新手受訓者在帶領團體時對於成員比較有風險，或如前述新手的學生的能力有限，影響處理衝突和治療議題，督導者應該採取現場督導，以維護團體成員的福祉，並需要提供受訓者足夠的練習經驗，以提升訓練效果。

其次，帶領非結構團體對於新手是一項很棘手的工作，尤其對於團體前期如何有效的發展團體凝聚力，通常感到特別困難。「螺旋式領導方法」如第六章所述，乃是根據筆者所建構的團體階段模式，就團體前期的特徵而發展的團體歷程領導方法。由於對於前期不同階段的領導任務和策略很具體，故有益作為新手受訓者的指引。

綜合上述，若有適當的訓練原理與模式，學生和受訓者參加EGGs的經驗，應該與他們帶領團體的學習分開，避免學生輪流擔任領導者和團體成員的雙重角色之混淆，以便學生有足夠帶領團體的訓練經驗。筆者使用

「系統化認知訓練模式」教學的時候，團體成員皆爲免費的志願者。博士生帶領的團體，成員以來自社區的民眾爲主；碩士級學生所帶領的團體，則在校內招收各系大學部學生作爲團體成員。

二、督導

在督導過程需要注意的議題不少，主要有情緒自律，多元文化，對於平行過程的自我覺察，以及移情和反移情等。茲說明如下

(一)情緒自律的議題

由於團體治療具人際複雜性，不是個別治療所能相比。因此領導者的情緒自律（emotional regulation）很需要。學生爲團體帶領者的時候，需要發展情緒自律的能力。身爲團體帶領者，需要了解情緒自律的過程和可能使用的策略，以便管理自己情緒的內在回應（internal reaction）和外在反應（external response）。情緒自律的策略，可以使用改變認知的方法與策略。認知改變的策略，可以影響領導者對於團體中發生的事件如何形成概念，解釋自己對成員的情緒反應，甚至介入策略和技術的選擇（Champe, et al., 2013）。因此，當領導者的想法變得有問題的時候，自己需要能夠辨識出來，並改變想法。若沒有自我覺察，就會有困難。

(二)移情和反移情的議題

移情，是心理行業大家很熟悉的專業名詞，指一個人童年對於自己父母關係中的情感情緒，投射到治療師。在團體中，成員對於領導者或其他成員都有可能發生移情的現象。至於反移情，Walsh（2011, p.278）的定義是：「實務工作者的意識或下意識的需求和希望，影響了他或她對於當事人的了解」，而且是反應在當事人對諮商師的需求和希望的移情上。移情和反移情等，在諮商中經常都在發生與進行，而且可能拖累諮商師的自我覺察和效能（Yalom & Leszcz, 2005）。

在團體領導者的訓練過程，移情和反移情不只發生在團體領導者與成員之間的關係，也發生在督導者和受督者（領導者）的督導關係之間。Cajvert（2011）認為移情和反移情，不論是問題、僵局、情感或困難，都會發生在治療與督導的平行過程。在諮商師（受督者）與當事人發生的關係動力，會發生轉移到督導者與受督者之間的關係。以團體諮商情境為例，領導者會有個期望，就是當展開團體過程，期望成員會互動，以及彼此相互反應。這時領導者需要檢視自己，以便確定這是根據專業判斷或是來自個人的需要和期望。而移情和反移情也會發生在督導關係之中，在督導關係為基本的影響（Bennett, 2008, p.302）。在督導的過程，不論是督導者或受督者都需要覺察個人的存在、影響和權力，而且督導者需要警覺，並真誠的與受督者討論，如此可以促進受督者的人際溝通技巧（Walsh, Bambacus, & Gilbson, 2017）。

(三)多元文化的議題

團體領導者對於多元文化有無覺察，很容易影響到團體動力，因此需要重視領導者對於多元文化的覺察。在團體過程中要持續不斷檢視由於性別、年齡、族群、社經地位和其他差異等，如何影響成員心態的差異。在督導中需要協助受督者，獲得在多元文化能力之覺察、知識和技巧。在督導中，可以請受督者說明他或她個人的文化模式，以及團體成員們的文化模式，如此有助於了解不同的看法。

❖第四節　結語❖

個別諮商與團體諮商，猶如諮商師的雙翼，是諮商師必備的兩項基本工作能力。而在諮商師的專業工作情境，團體諮商的心理─社會情境，實遠非個別諮商情境所能相比。所以，美國的CACREP和ASGW都強調，體

驗性的教育在培養諮商團體領導者之重要。在領導者養成的過程，參加體驗性訓練團體對於受訓的學生不只可以獲得個人成長，以及增進與他人發展關係的能力，同時能夠從經驗中體驗到團體動力，團體歷程發展和治療因子等理論的概念。其次，在團體諮商的實務訓練，經過有現場督導的實驗室教學的過程也有其必要性。如果徒有理論課程，而沒有經過體驗性的「做中學」，就讓缺乏經驗的學生直接面對實際的團體成員，有造成傷害團體成員的風險，也不符合諮商專業倫理。

　　到了2021年，臺灣在諮商師養成的教育已經有五十年之久，而設置諮商心理師證照也有二十年。在臺灣諮商已經不是新興的行業，然而於諮商師教育仍有很多有待進步的空間。尤其，諮商研究所入學考試的方式，很難做到如Yalom所強調選擇個人特質合適的人。因此，在諮商團體的領導者養成方面，借鏡美國的體驗性訓練團體和實驗室教學法實有必要。

參考文獻

《大智度論》，龍樹菩薩造，後秦‧鳩摩羅什譯。

《菩薩善戒經》，劉宋‧求那跋摩譯。

何華國（2005）。**人際溝通**。臺北市：五南。

吳秀碧（2005）。諮商團體領導原理的建構：螺旋式領導方法。**中華輔導學報，17**，1-32。

吳秀碧（2006）。團體諮商進階領導者訓練效果之研究―使用一個試驗性的社會認知訓練模式。**2006年國科會補助研究專案**，編號NSC 96-2413-H-. 468-002。

吳秀碧（2010a）。一個進階領導者系統化訓練模式的建構。**輔導季刊，46**（2），55-65。

吳秀碧（2010b）。系統化訓練模式對諮商團體領導者進階訓練效果之研究。**中華輔導與諮商學報，28**，101-146。

吳秀碧（2015）。有關團體，Yalom他們說清楚了嗎？**諮商心理學報，3**（1），1-13。

吳秀碧、洪雅鳳（2006，4月）。**成員投入程度及與缺席和流失的關聯之初探**。論文發表於中國輔導學會年會暨學術研討會，臺北市。

吳秀碧、洪雅鳳、許育光（2005，11月）。**團體成員自我揭露行為與團體氣氛之分析研究**。論文發表於中國輔導學會年會暨國際學術研討會，臺北市。

吳秀碧、洪雅鳳、羅家玲（2003）。團體諮商歷程中領導者意圖與聚焦之

分析研究。**中華輔導學報，13**，117-150。

吳秀碧、許育光（2015）。團體領導能力量表之常模建構與領導者能力分析。**臺灣諮商心理學報，3**（1），27-51。

吳秀碧、許育光、李俊良（2003）。諮商團體歷程中成員自我揭露頻率與深度之初探。**國立彰化師大輔導學報，25**，1-24。

吳秀碧、許育光、洪雅鳳、羅家玲（2004，5月）。團體諮商歷程中領導者技術運用之分析研究。**文化特質與共同性的諧和與發展**。2004第三屆國際跨文化研究會議，臺北市。

李郁文（1997）。團體動力過程中「代罪羔羊」現象的探討。**諮商與輔導，143**，40-42。

李新鄉（2008）。**組織心理學**。臺北市：五南。

林萬億（1998）。**團體工作——理論與技術**。臺北市：三民書局。

美國精神醫學學會（2015）。**DSM-5精神疾病診斷手冊**（臺灣精神醫學會，譯）。臺北市：合記。（原著出版於1988年）

張春興（2003）。**教育心理學：三化取向的理論與實踐**。臺北市：東華。

許育光（2009）。碩士級受訓領導團體諮商師參與「螺旋式領導取向」培訓之成效與介入能力學習經驗分析。**教育心理學報，41**，323-346。

許育光（2011）。團體諮商成員自我揭露因素之歷程變化分析。**教育心理學報，42**（4），655-676。

許育光（2012）。碩士及新手諮商師領導非結構諮商團體之經驗分析：個人議題映照與專業發展初探。**輔導與諮商學報，34**（2），23-44。

許育光（2016）。非結構式諮商團體不同歷程階段成員氣氛知覺與自我揭露因素之相關研究。**中華輔導與諮商學報，45**，95-122。

陳皎眉、王叢桂、孫蒨如（2007）。**社會心理學**。臺北市：雙葉。

彭泗清、楊中芳（1999）。人際交往關係的影響因素與發展過程。本土心

理學研究，12，291-312。

楊中芳（1999）。人際關係與人際情感的概念化。本土心理學研究，12，105-179。

楊懋春（1981）。中國的家族主義與國民性格。引自李亦園、楊國樞（主編），中國人的性格（第五版）。臺北市：全國。

葉永文（1998）。排除理論。臺北市：揚智文化。

潘正德（2012）（第三版）。團體動力學。臺北市：心理。

謝麗紅（1995）。成長團體過程與團體效果之分析研究（未出版的博士論文）。國立彰化師範大學，彰化縣。

藍采風（2000）。社會學。臺北市：五南。

Abdullah, M. (2002). Bibliotherapy. (Report No. EDO-CS-02-08). Washington, DC: Office of Educational Research and Improvement. (ERIC Document Reproduction Service No. ED00036)

Abdullah, M. (2002). Bibliotherapy. In B. T. Erford, S. T. Eaves, E. M. Bryant, & K. A. Young. *Thirty-five techniques every counselor should know.* Columbus, OH: Merril.

Adler, A. (1929). *The practice and theory of individual psychology.* London, UK: Routledge.

Adler, A. (1930). *The education of children.* New York, NY: Greenberg.

Adler, A. (1931). *What life should mean to you.* Oxford, England: Little Brown.

Adler, A. (1938). *Social interest: A challenge to mankind.* London, UK: Faber & Faber.

Adler, A. (1959). *The practice and theory of individual psychology.* Patterson, NJ: Little flied.

Agazarian, Y. (1989). Group-as-a-whole systems and practice. *Group, 13,* 1301-

1354.

Agazarian, Y. (1997). *Systems centered therapy for groups.* New York, NY: The Guilford Press.

Agazarian, Y. M. (1992). Contemporary theory of group psychotherapy: A system approach to the group-as-a-whole. *Journal of Group Psychotherapy, 42*, 177-203.

Agazarian, Y., & Peter, R. (1981). *The visible and the invisible group.* London, UK: Routledge.

Aguayo, J. (2013). Review of projective identification: The fate of a concept. *Psychoanalytic Psychology, 30*(3), 516-522. doi: 10.1037/a0030654

Ainsworth, M. D. S. (1982). Attachment: Retrospect and prospect. In: C. M. Parkes & J. Stevenson-Hinde (Eds.), *The place of attachment in human behavior* (pp. 3-30). New York, NY: Basic Books.

Alexander, F., & French, T. M. (1946). *Psychoanalytic therapy: Principles and application.* New York, NY: Ronald Press.

Alford, K. M. (1998). Family roles, alcoholism, and family dysfunction. *Journal of Mental Health Counseling, 20*(3), 250-260.

Allport, G. (1961). *Pattern and growth in personality.* New York, NY: Holt, Rinehart & Winston.

Allport, G. W. (1937). *Personality: A psychological interpretation.* New York, NY: Holt, Rinehart, & Winston.

Alonso, J. T. (2011). *Cohesion's relationship to outcome in group psychotherapy: A meta-analysis review of empirical research* (Unpublished doctoral dissertation). Brigham Young University, Provo, UT.

Amason, A. C., & Sapienza, H. J. (1997). The effects of top management team size and interaction norm on cognitive and effective conflict. *Journal of Management, 23*, 495-516.

Anderson, S. M., & Beck, M. S. (1998). Transference in everyday experience: Implication of experimental research for relevant clinical phenomena. *Review of General Psychology, 2*(1), 81-120.

Ansbacher, H. L. (1968). The concept of social interest. *Journal of Individual Psychology, 24*, 131-149.

Ansbacher, H. L., & Ansbacher, R. (1956). *The individual psychology of Alfred Adler: A systematic presentation in selections from his writings*. Oxford England: Basic Books.

Appelbaum, A. H. (1998). Supportive therapy: A developmental view. In L. Rockland (Ed.), *Supportive therapy: A psychodynamic approach*. New York: Basic Book.

Archer-Kath, J., Johnson, D. W., & Johnson, R. (1994). Individual versus group feedback in cooperative groups. *Journal of Social Psychology, 143*, 681-694.

Arizmendi, T. G., Beutler, L. E., Shanfield, S. B., Crago, M., & Hagaman, R. (1985). Client-therapist value similarity and psychotherapy outcome: A microscopic analysis. *Psychotherapy, 22*, 16-21.

Armstrong, S. A.（2012）。人本取向沙盤治療（Sandtray therapy: A humanistic approach）（許智傑、謝政廷，譯）。臺北市：心理。（原著出版於2008年）

Aron, L. (1996). *A meeting of minds-mutuality in psychoanalysis*. London, UK: The Analytic Press.

Association for Specialists in Group Workers. (2000). ASGW professional standards for the training of group workers. *Journal for Specialists in Group Work, 25,* 327-342.

Author, N., & Achenbach, K. (2002). Developing multicultural counseling competencies through experiential learning. *Counselor Education and Supervision, 41,* 111-119.

Bach, R. (1954). *Intensive group psychotherapy.* New York, NY: Ronald Press.

Bagwell-Reese, M. K., & Brack, G. (1997). The therapeutic use of reframing and worldview in mental health counseling. *Journal of Mental Health Counseling, 19*(1), 78-86.

Bakan, D. (1966). *The duality of human existence: Isolation and communion in western man.* Boston, MA: Beacon.

Baker, J., Parks-Savage, A., & Rehfuss, M. (2009). Teaching social skills in a virtual environment: An exploratory study. *Journal for Specialists in Group Work, 34*(3), 209-226.

Bale, R. F. (1970). *Personality and interpersonal behavior.* New York, NY: Holt, Rinehart & Winston.

Bales, R. F., & Borgatta, E. F. (1965). Size of group as a factor in the interaction profile. In A. P. Hare, E. F. Borgatta, & R. F. Bales (Eds.), *Studies in social interaction.* New York, NY: Knopf.

Barak, A., & LaCrosse, M. B. (1975). Multidimensional perception of counselor behavior. *Journal of Counseling Psychology, 22*(6), 471-476.

Barbara, E. (2006). *Personality theories: An introduction.* Boston, MA: Houghton Miffin.

Barber, J. P., Stratt, R., Halperin, G., & Connoly, M. B. (2001). Supportive techniques: Are they found in different therapies? *Journal of Psychotherapy*

Practice and Research, 10, 163-172.

Barker, L. L., Wahlers, K. J., Watson, K. W., & Kibler, R. J. (2000). *Group in process, an introduction to small group communication* (6th ed.). Englewood Cliffs, NJ: Prentice- Hall.

Barrett-Lennard, G. T. (1981). The empathy cycle: Refinement of a nuclear concept. *Journal of Counseling Psychology, 28*, 91-100.

Barrett-Lennard, G. T. (1993). The phases and focus of empathy. *British Journal of Medical Psychology, 66*, 3-14.

Basch, M. F. (1983). Empathic understanding: A review of the concept and some theoretical considerations. *Journal of the American Psychoanalytic Association, 31*, 101-126.

Bates, M., Johnson, C. B., & Blaker, K. E. (1982). *Group leadership: A manual for group counseling leaders* (2nd ed.). Denver, CO: Love.

Bateson, G. (1955). A theory of play and fantasy: A report on theoretical aspects of the project of study of role of paradoxes of abstraction in communication. *Psychiatric Research Reports, 2*, 39-51.

Batson, C. D., & Coke, J. (1981). Empathy: A source of altruistic motivation for helping. In J. Rushton & R. Sorrentino (Eds.), *Altruism and helping behavior* (pp. 167-187). Hillsdale, NJ: Erlbaum.

Bauer, G. P., & Mills, J. A. (1989). Use of transference in here-and-now: Patient and therapist resistance. *Psychotherapy, 26*(1), 112-118.

Bebout, J. E. (1976). Basic encounter groups: Their nature, method, and brief history. In H. Mullen & M. Rosenbaum (1976) (Ed.), *Group psychotherapy: Theory and practice* (pp.305-329). New York, NY: MacMillan.

Beck, A. P. (1981). The study of group phase development and emergent leadership. *Group, 5*(4), 48-54.

Bednar, R. L., & Langenbahn, D. M. (1979). Structure and ambiguity: Conceptual and applied misconceptions. *Journal for Specialists in Group Work, 4*, 170-175.

Bednar, R. L., Melnick, J., & Kaul, T. (1974). Risk, responsibility and structure: A conceptual framework for initiating group counseling and psychotherapy. *Journal of Counseling Psychology, 21*, 31-37.

Bednar, R. L., Melnick, J., & Kaul, T. J. (1974). Risk, responsibility and structure: A conceptual framework for initiating group counseling and psychotherapy. *Journal of Counseling Psychology, 21*, 31-37.

Beech, A. R., & Hamilton-Giachritsis, C. E. (2005). Relationship between group climate and treatment outcome in group-based sexual offender treatment programs. *Sexual Abuse: A Journal of Research and Treatment, 17*(2), 127-140.

Behrends, R., & Blatt, S. J.(1985). Internalization and psychological development throughout the life cycle. *Psychoanalytic Study of the Child, 40*, 11-39.

Bendersky, C., & Hays, N. A. (2012). Status conflict in groups. *Organization Science, 23*, 323-340.

Benedetti, F. (2011). *The patient's brain: The neuroscience behind the doctor-patient relationship.* New York, NY: Oxford University Press.

Benjamin, A. B. (1987). *The helping interview with case illustrations.* Boston, MA: Houghton Mifflin.

Benjamin, L. (1993). *Interpersonal diagnosis and treatment of personality disorder* (2th ed.). New York, NY: Guilford Publication.

Benjamin, L. (1995). Grief and mourning in infancy and early childhood. *Psychoanalytic Study of the Child, 15*, 9-52.

Bennett, S. C. (2008). The interface of attachment, transference and contertransference: Implications for the clinical supervisory relationship. *Smith College Studies in Social Work, 78*, 301-320.

Berlincioni, V., & Barbieri, S. (2004). Support and psychotherapy. *American Journal of Psychotherapy, 58*(3), 321-334.

Bernard, H. S., Drob, S. L., & Lifshutz, H. (1987). Compatibility between cotherapists: An empirical report. *Psychotherapy, 24*, 96-104.

Bernard, J. M. (1992). The challenge of psychotherapy-based supervision: Making the pieces fits. *Counselor Education and Supervision, 31*(4), 232-237.

Bernier, N., & Dozier, M. (2002). The client-counselor match and the corrective emotional experience: Evidence from interpersonal and attachment research. *Psychotherapy, Theory/Research/Practice/Training, 39*(1), 32-43.

Beutler, L. E., Pollack, S., & Jobe, A. M. (1978). "Acceptance", values, and therapeutic change. *Journal of Counseling and Clinical Psychology, 46*, 198-199.

Bion, W. R. (1952). Group dynamics: A review. *International Journal of Psycho-Analysis, 33,* 235-247.

Bion, W. R. (1961). *Experiences in groups.* New York, NY: Basic Books.

Bion, W. R. (1962). The psychoanalytic theory of thinking. *International Journal of Psychoanalysis, 43*, 306-310.

Black, M. J. (2007). Enhancing the therapeutic experience: A relational commentary on Judith Pickles's Case. *Psychoanalytic Inquiry, 27*(1), 66-87.

Blatt, S. J. (1990). Interpersonal relatedness and self-definition: Two personality configurations and their implications for psychopathology and psychotherapy. In J. Singer (Ed.), *Repression and dissociation: Implication for personality theory, psychopathology and health* (pp. 299-335). Chicago, IL: University of Chicago Press.

Bollen, K. A., & Holye, R. H. (1990). Percieved cohesion: A conceptual and empirical examination. *Social Force, 69*(2), 479-504.

Book, H. E. (1988). Empathy: Misconceptions and misuses in psychotherapy. *American Journal of Psychiatry, 145*, 420-424.

Bordin, E. S. (1979). Generalizability of psychoanalytic concept of working alliance. *Psychotherapy: Theory, Research and Practice, 16*, 252-260.

Bordin, E. S. (1979). The generalizability of the psychoanalytic concept of the working alliance. *Psychotherapy: Theory, Research, and Practice, 16*, 252-260.

Bowers, W. A., & Gauron, E. F. (1981). Potential hazards of the co-therapy relationship. *Psychotherapy: Theory, Research, & Practice, 18*, 225-228. doi:10.1037/h0086083

Bowlby, J. (1969). *Attachment and Loss: Attachment(Vol. 1)*. New York: Basic Books.

Bowlby, J. (1973). *Attachment and loss, vol. 2: Separation: Anxiety and anger.* London, UK: Hogarth Press and Institute of Psycho-Analysis.

Bowlby, J. (1980). *Attachment and Loss, vol. 3: Loss: Sadness and depression.* London, UK: Hogarth Press and Institute of Psycho-Analysis.

Bowlby, J. (1982). *Attachment and loss, Vol. 1: Attachment.* New York, NY: Basic Books.

Bowlby, J. (1988). *A secure base: Parent-child attachment and healthy human development.* London, UK: Tavistock Professional Book.

Boyd, R. D. (1991). *Personal transformation in small groups: A Jungian Perspective.* London, England: Routledge.

Boyd, R. D. (1994). The matrix model: A conceptual framework for small groups analysis. In R. B. Boyd (Ed.), *Personal transformation in small groups: A Jungian perspective* (pp. 14-40). New York, NY: Routledge.

Brack, G., Brack, C., & Hartson, D. (1991). When a reframe fails: Explorations into students' ecosystems. *Journal of College Student Psychotherapy, 6*, 103-118.

Brandt, M. J., Chambers, J. R., Crawford, J. T., Wetherell, G., & Ryna,C. (2015). Bounded openness: The effect of openness to experience on intolerance is moderated by target group conventionality. *Journal of Personality and Social Psychology, 109*(3), 549-568.

Bratton, V. K., Dodd, N. G., & Brown, F. W. (2011). The impact of emotional intelligence on accuracy of self-awareness and leadership performance. *Leadership and Organization Development Journal, 32*(2), 127-149. doi: http://dx.doi.org/10.1108/01437731111112971

Braucher, D. (2000). Projective identification: A request for relationship. *Clinical Social Work Journal, 28*(1), 71-83.

Breeskin, J. (2010). The co-therapist model in groups. The Group Psychologist, *20*, 5-6.

Brehm, S. S., Kassin, S. M, & Fein, S.(2002/ 2006)。社會心理學（Social Psychology）（王慶福譯）。台北市：雙葉。（原著出版於2002年）

Brems, C. (1989). Dimensionality of empathy and its correlates. *Journal of*

Psychology, *123*, 329-337.

Brent, D., & Marine, A. E. (1982). Developmental aspects of the cotherapy relationship. *Journal of Marital and Family Therapy, 4*, 69-75.

Bretherton, I. (1987). New perspectives on attachment relations: Security, communication, and internal working models. In Osofoky (Ed.), *Handbook of Infant Development* (pp. 1061-1100). New York, NY: Wiley.

Brown, N. W. (1992). *Teaching group dynamics: Process and practice.* London, UK: Praeger.

Brown, N. W. (2009). *Tapping the unconscious: Fairy tales in adult group therapy.* Paper presented at the American Psychological Association 117th Annual Convention, Toronto, Canada.

Buckley, P. (1994). Self psychology, object relations therapy and supportive psychotherapy. *American Journal of Psychotherapy, 48*, 519-529.

Budman, S. H., Soldz, S., Demby, A., Davis, M., & Merry, J. (1993). What is cohesiveness? An empirical examination. *Small Group Research, 24*(2), 199-216.

Buie, D. H. (1981). Empathy: Its nature and limitations. *Journal of the American Psychoanalytic Association, 29*, 281-307.

Burford, B. (2012). Conflict and power as intergroup processes: Not below the surface, but part of the fabric. *Medication Education, 46*, 830-837.

Burlingame, G. M., McClendon, D. T., & Alonso, J. (2011). Cohesion in group therapy. *Psychotherapy, 48*(1), 34-42.

CACREP (2009). *2009 CACREP Standards.* Retrieved from http//www.cacrep. org./wp-conten/uuploads//2017/2009-Standard.pdf

CACREP (2015). 2016 *CACREP Standards.* Retrieved from http//www.cacrep.

org./for- programs/2016 standards.html

Cajvert, L. (2011). A model for dealing with parallel process in supervision. *Journal of Social Intervention: Theory and Practice, 20*(1), 41-56.

Cannon, W. (1929). *Bodily changes in pain, hunger, fear and rage.* New York, NY: Appleton.

Caple, R. B. (1985). Counseling and the self-organization paradigm. *Journal of Counseling and Development, 46*, 173-178.

Capuzzi, D., & Gross, D. R. (2003/2006)。諮商與心理治療：理論與實務 （Counseling and psychotherapy: Theory and interventions）（伍育英、陳增穎、蕭景容譯）。高雄市：復文。（原著出版於2003年）

Carroll, M. R., Bates, M. M., & Johnson, C. D. (2003). Group leadership: Strategies for group counseling leaders (3rd ed.). Denver, CO: Love.

Carron, A.V. (1988). Group dynamics in sport. London, Ontario: Spodym.

Carson, R. C. (1969). *Interaction concepts of personality*. Chicago, IL: Aldine.

Cartwright, D., & Zander, A. (1962). *Group Dynamics: Research and Theory* (2nd ed). Evanston, IL: Row, Peterson.

Carver, R. (1996). Theory for practice: A framework for thinking about experiential education. *Journal of Experiential Education, 19*(1), 8-13.

Casement, P. (1985). *On learning from the patient.* London: Routledge.

Casement, P. (1990). *On further learning from the patient.* New York, NY: Guilford.

Cashdan, S. (1988). *Object relations therapy: Using the relationship.* New York, NY: Norton.

Cashdan, S.（2001）。客體關係治療：關係的運用（Object relation therapy: Using the relationship）（林秀慧、林明雄，譯）。臺北市：心理。

（原著出版於1988年）

Castonguay, L. G., & Hill, C. E. (2011). *Transformation in psychotherapy: Corrective experiences across cognitive behavioral, humanistic, and psychodynamic approaches.* Washington, DC: American Psychological Association.

Champe, J., Okech, J. E., Rubel, D. J. (2013). Emotional regulation: Processes, strategies and applications to group work training and supervision. *Journal for Specialists in Group Work, 38*, 369-348.

Chen, M. W., & Rybak, C. J. (2004). *Group leadership skills: Interpersonal process in group counseling and therapy.* Belmont, CA: Brooks/Cole.

Choate, L. (2010). Interpersonal group therapy for women experiencing bulimia. *The Journal for Specialists in Group Work, 35*(4), 349-364.

Clark, A. (1995). An examination of the technique of interpretation in counseling. *Journal of Counseling and Development, 37*, 483-490.

Clark, A. J. (1989). Question in group counseling. *Journal for Specialists in Group Work, 14*(2), 121-124.

Clark, A. J. (1992). Defense mechanisms in group counseling. *Journal for Specialists in Group Work, 17*(3), 151-160.

Clark, A. J. (1997). Projective identification as a defense mechanism in group counseling and therapy. *The Journal for Specialists in Group Work, 22*(2), 85-96.

Clark, A. J. (1998). *Defense mechanisms in the counseling process.* Thousand Oaks, CA: Sage.

Clark, A. J. (2002). Scapegoating: Dynamics and interventions in group counseling. *Journal of Counseling and Development, 80*(3), 271-276.

Clark, A. J. (2007). *Empathy in counseling and psychotherapy: Perspective and practice.* Mahwah, NJ: Lawrence Arlbaum Associates.

Clark, A. J. (2010). Empathy and sympathy: Therapeutic distinctions in counseling. *Journal of Mental Health Counseling, 32*(2), 95-101.

Clark, M. S., & Reis, H. (1988). Interpersonal process in close relationships. In M. R. Rosenzweig &L. Porter (Eds). *Annual Review of Psychology* (pp.609-672). Palo Alto, CA: Annual Review.

Clark, M. S., Mills, J. R., & Corcoran, D. (1989). Keeping track of needs and inputs of friends and strangers. *Personality and Social Psychology Bulletin, 15*, 533-542.

Clark, M. S., Mills, J. R., & Corcoran, D. M. (1999). Keeping track of needs and inputs of friends and strangers, In E. Aronson (Ed.), *Readings about the social animal* (8th ed., pp. 500-510). New York, NY: Worth.

Clark, M. S., Mills, J. R., & Powell, M. (1986). Keeping track of needs in communal and exchange relationships. *Journal of Personality and Social Psychology, 51*, 333-338.

Clark, M.S., & Mills, J. R. (1979). Interpersonal attraction in exchange and communal relationships. *Journal of Personality and Social Psychology, 51*, 333-338.

Coates, S. W. (2004). John Bowlby and Margaret S. Mahler: Their lives and theories. *Journal of the American Psychoanalytic Association, 52*(2), 571-601.

Cobb, S. (1979). Social support as a moderator of life stress. *Psychosomatic Medicine, 38*, 300-314.

Coleman, S. A. (1977). A developmental stages hypothesis for non-marital dyadic relationships. *Journal of Marriage and Family Therapy, 3*, 71-76.

Connors, J. V., & Caple, R. B. (2005). A review of group systems theory. *Journal for Specialists in Group Work, 30*(2), 93-110.

Cooley, C. H. (1998). *On Self and Social Organization.* Chicago, IL: University of Chicago Press.

Corder, B. F., Whiteside, R., McNeill, M., Brown, T., & Corder, R. F. (1981). An experimental study of structured videotape on adolescent group psychotherapy process. *Journal of Youth and Adolescence, 10*, 255-262.

Corey, G. (1976). *Theory and practice of group counseling.* Belmont, CA: Brooks/Cole.

Corey, G. (1985). *Theory and practice of group counseling* (2nd ed.). Pacific Grove, CA: Brooks /Cole.

Corey, G. (1995). *Theory and practice of group counseling*(4th ed.). Monterey, CA: Brooks/Cole.

Corey, G. (2007). *Theory and practice of Counseling and psychotherapy.* Belmont, CA: Thomson Brooks/Cole.

Corey, G. (2011). *Theory and practice of group counseling* (8th ed.). Pacific Grove, CA: Brooks /Cole.

Corey, G. (2015). *Group counseling: Theory and practice* (9th ed.). Boston, MA: Cengage Learning.

Corey, G.（2002）。諮商與心理治療理論與實務（Theory and practice of counseling and psychotherap）（鄭玄藏，照祥和、黃淑清、余振民、彭瑞祥、蔡藝華，合譯）。臺北市：雙葉書廊。（原著出版於1977年）

Corey, M. S., Corey, G., & Corey, C. (2013). *Groups: Process and practice* (9th ed.). Belmont, CA: Brooks & Cole.

Cormier, W. H., & Cormier, L. S. (1997). *Interviewing strategies for helpers: Fundamental skills and cognitive behavioral interventions* (4th ed.). Pacific Grove, CA: Books/Cole.

Cottle, T. J. (1968). The group as a unique context for therapy. *Psychotherapy: Theory, Research & Practice, 5*(3), 195-197.

Coulson, W. R. (1999). Client-centered therapy. In J. Donigian & D. Hulse-Killacky. *Critical incidents in group therapy* (2nd ed.) (pp.7-19). Belmont, CA: Brooks/Cole.

Council for the Accreditation of Counseling and Related Educational Programs (2009). *2009 CACREP Standards*. Retrieved from http//www.cacrep.org./ wp-conten/uuploads//2017/2009-Standard.pdf

Council for the Accreditation of Counseling and Related Educational Programs (2015). 2016 *CACREP Standards*. Retrieved from http//www.cacrep.org./ for- programs/2016 standards.html

Coutinho, J. F., Silva, P. O., & Decety, J. (2014). Neurosciences, empathy, and healthy interpersonal relationships: Recent findings and implications for counseling psychology. *Journal of Counseling Psychology, 61*(4), 541-548.

Cox, M., & Paley, B. (1997). Families as systems. *Annual Review of Psychology, 48*, 243-267.

Crouch, E., Bloch, S., & Wanlass, J. (1994). Therapeutic factors: Interpersonal and intrapersonal mechanisms. In A. Fuhriman & G. M. Burlingame (Eds.), *Handbook of group psychotherapy: An empirical and clinical synthesis.* New York: John Wiley & Sons.

Crown, S. (1988). Supportive psychotherapy: A contradiction in terms ? *British*

Journal of Psychiatry, 152, 266-269.

Cutrona, C. E., & Russell, D. W. (1987). The provision of social relationships and adoption to stress. In W. H. Jones & D. Perlman (Eds.), *Advance in personal relationships* (Vol. 1, pp. 37-67). Greenwich, CT: JAI.

Cutrona, C. E., & Suhr, J. A. (1994). Social support communication in the context of marriage: An analysis of couples' supportive interactions. In B. Burleson, T. Albrecht, & I. Sarason (Eds.), *The communication of social support: Messages, interactions, relationships, and community* (pp. 113-135). Newbury, CA: Sage.

D'augelli, A. R. (1973). Group composition using interpersonal skills: An analogue study on the effects on members' interpersonal skills on peer rating and group cohesiveness. *Journal of Counseling Psychology, 20*(6), 531-634.

Danish, S., & Kagan, N. (1971). Measurement of affective sensitivity: Toward a valid measure of interpersonal perception. *Journal of Counseling Psychology, 18*, 51-54.

Davenport, D. S. (2014). Ethical issues in the teaching of counseling. *Journal for Specialists in Group Work, 29*(1), 43-49.

Davies, D. R., Burlingame, G. M., Johnson, J. E., Greave, R. L., & Barlow, S. H. (2008). The effects of a feedback intervention on group process and outcome. *Group Dynamic: Theory, Research and Practice, 12*(2), 141-154.

De Dreu, C. K. W., & Weingart, L. R. (2003). Task versus relationship conflict, team performance, and team member satisfaction: A meta-analysis. *Journal of Applied Psychology, 88*(4), 741-749.

De Jonghe, F., Rijnierse, P., & Janssen, R. (1994). Psychoanalytic supportive psychotherapy. *Journal of American Psychoanalytic Association, 42*, 421-434.

DeLucia, J. L., Bowman, V. E., & Bowman, R. L. (1989). The use of parallel process in supervision and group counseling to facilitate counselor and client growth. *The Journal for Specialists in Group Work, 14*, 232-238.

DeLucia-Waack, J. L. (1997). The importance of processing activities, exercises, and events to group work practitioners. *Journal for Specialists in Group Work, 22*, 277-293.

DeLucia-Waack, J. L. (2006). Using activities in group work. In J. L. DeLucia-Waack, K. H. Bridbord, J. S. Kleiner, & A. G. Nitza (Eds.), *Group work experts share their favorite activities: A guide to choosing, planning, conducting, and processing* (pp. 5-10). Alexandria, VA: Association for Specialists in Group Work.

Delucia-Waack, J. L., Gerrity, D. A., Kalodrer, C. R., & Riva, M. T. (2004). *Handbook of group counseling and psychotherapy*. Thousand Oak, CA: Sage Publications.

Dewald, P. A. (2000)。動力取向治療：支持取向與洞見取向的心理治療（The supportive and active psychotherapy: A dynamic approach）（林明雄、林秀慧譯）。臺北市：心理。（原著出版於1994年）

Diamond, D., & Blatt, S. J. (1994). Internal working models of attachment and psychoanalytic theories of the representational world. A comparison and critique. In M. Sperling & W. H. Bcrman (Eds.), *Attachment in adults: Theory assessment, and treatment* (pp. 72-97). New York, NY: Guilford.

Dick, B., Lessler, K., & Whiteside, J. (1980). A developmental framework for cotherapy. *International Journal of Group Psychotherapy, 30*, 273-285.

Die, R. R. (1994). Therapist variables in group psychotherapy research. In A Fuhriman & G. M. Burglingame (Eds.), *Handbook of group psychotherapy: An empirical and clinical synthesis* (pp. 114-154). New York, NY: Wiley & Sons.

Dies, R. R., & Dies, K. R. (1993). The role of evaluation in clinical practice: Overview and group treatment illustration. *International Journal of Group Psychotherapy, 43*, 77-105.

Dimock, H. G. (1993). *How to observe your group* (3rd ed.). Guelph Ont., Canada: University of Guelph.

Dinkmeyer, D. C., Dinkmeyer, D. C. Jr., & Sperry, L. (1987). *Adlerian counseling and psychotherapy* (2nd ed.). Columbus, OH: Merrill.

Dinkmeyer, D. D., & Muro, J. (1971). *Group counseling: Theory and practice.* Itasca, IL: F. E. Peacock.

Dinkmeyer, D. D., & Muro, J. J. (1979). *Group counseling: Theory and practice* (2nd ed.). Itasca. IL: F. E. Peacock.

Dinkmeyer, D., McKay, G. D., & Dinkmeyer, Jr., D. (1997). *The parent's handbook: Systematic training for effective parenting.* Circle Pines, MN: American Guidance Services.

Dion, K. L. (2000). Group cohesion: From "Field of Forces" to multidimensional construct. *Group Dynamics: Theory, Research, and Practice, 4*, 7-26.

Donigain, J., & Malnati, R. (1997). *Systemic group therapy: A triadic model.* Pacific Grove, CA: Brooks/Cole.

Donigian, J., & Hulse-Killacky, D. (1999). *Critical incidents in group therapy* (2nd ed.). New York, NY: Brooks/Cole.

Donigian, J., & Malnati, R. (2005). *Systemic group therapy: A triadic model.*

Pacific Grove, CA: Brooks/Cole.

Donohue, M. (1982). Designing activities to develop a women's identification group. *Occupational Therapy in Mental Health, 2*, 1-19.

Douglas, T. (1991). *A handbook of common group work problems*. London, UK: Routledge.

Dreikurs, R. (1950). Techniques and dynamics of multiple psychotherapy. *Psychiatric Quarterly, 24*, 788-799. doi:10.1007/BF02229835

Dreikurs, R. (1973). *Psychodynamics, psychotherapy, and counseling: collected papers of Rudolf Dreikurs, M. D.* Chicago, IL: Alfred Adler Institute of Chicago.

Drum, D. J., & Lawler, A. C. (1988). *Developmental interventions: Theory, principles, and practice*. Columbus, OH: Merrill.

Drum, D., & Lawler, A. (1988). *Design and delivery of developmental interventions*. Columbus, OH: Merrill.

Duan, C., & Hill, C. E. (1996). The current state of empathy research. *Journal of Counseling Psychology, 43*, 261-274.

Dugo, J. M., & Beck, A. P. (1991). Phases of co-therapy team development. In B. Roller & V. Nelson (Eds.), *The arts of co-therapy: How therapists work together* (pp. 155-188). New York, NY: Guildford.

Dugo, J. M., & Beck, A. P. (1997). Significance and complexity of early phases in the development of the co-therapy relationship. *Group Dynamics: Theory, Research, and Practice, 1*, 294-305. doi:10.1037/1089-2699.1.4.294

Dunbar, N. E. (2011). Dyadic power theory: Constructing a communication-based theory of relational power. *Journal of Family Communication, 4*(3-4), 235-248. doi: 10.1080/15267431.2004.9670133

Durkin, H. E. (1981). The group therapies and general system theory as an integrative structure. In J. E. Durkin (Ed.), *Living groups: Group psychotherapy and general system theory* (pp. 5-23). New York, NY: Brunner/Mazel.

Durkin, J. E. (1989). Mothergroup as a whole formation and systemic boundarying events. *Group, 13*, 198-211.

Dustin, D. J., & George, R. A. (1973). *Action counseling for behavior change.* New York, NY: Intext Educational.

Dutton, D. G., Van Ginkel, C., & Starzomski, A. (1995). The role of shame and guilt in the intergenerational transmission of abusiveness. *Violence & Victims, 10*, 121-131.

Dyaram, L., & Kamalanabhan, T. J. (2005). Unearthed: The Other Side of Group Cohesiveness. *Journal of Social Science, 10*(3), 185-190.

Easser, B. R. (1974). Empathic inhibition and psychoanalytic technique. *Psychoanalytic Quarterly, 43*, 557-580.

Eckstein, D. (1997). Reframing as a specific interpretive counseling technique. *Individual Psychology, 53*, 418-428.

Edelwich, A. E., & Brodsky, A. (1992). *Group counseling for the resistant client.* New York, NY: Lexington Books.

Egeland, B., Jacobvitz, D., & Papatola, K. (1987). Intergenerational continuity of abuse. In R. J. Gelles & J. B. Lancaster (Eds.), *Child abuse and neglect: Biosocial dimensions* (pp. 255-276). New York, NY: Aldine.

Eisenman, R. (1966). Birth order, anxiety, and verbalizations in group psychotherapy. *Journal of Consulting and Counseling, 30*, 521-526.

Elliott, R., Bohart, A. C., Watson, J. C., & Greenberg, L. S. (2011). Empathy.

Psychotherapy, 48(1), 43-49.

Ellis, A. (1995). Rational emotive behavior therapy. In R. J. Corsini & D. Wedding (Eds.). *Current psychotherapies* (5th ed., pp.162-196). Itasca, IL: Peacock.

Emery, E. E. (1987). Empathy: Psychoanalytic and client centered. *American Psychologist, 42*, 513-515.

Erford, B. T., Eaves, S. H., Bryant, E. M., & Young, K. A. (2010). *35 Techniques every counselor should know*. Columbus, OH: Merril.

Eron, J. B., & Lund, T. W. (1996). *Narrative solutions in brief therapy.* New York, NY: The Guilford Press.

Fairbairn, W. R. D. (1952). *Psychoanalytic studies of the personality.* London, UK: Tavistock.

Fall, K. A., & Wejnert, T. J. (2005). Co-leader stages of development: An application of Tuckman and Jensen. *The Journal for Specialists in Group Work, 30*(4), 309-327.

Fall, K. A., & Wejnert, T. J. (2005). Co-leader stages of development: An application of Tuckman and Jensen (1977). *Journal for Specialists in Group Work, 30*, 309-327.

Fenchel, G. H., & Frapan, D. (1985). Resistance in group psychotherapy. *Group, 9*(2), 35-47.

Fernando, D., & Herlihy, B. R. (2010). Supervision of group work: Infusing the spirit of social justice. *The Journal for Specialists in Group Work, 35*, 281-289.

Feshbach, N. D. (1975). Empathy in children: Some theoretical and empirical considerations. *The Counseling Psychologist, 5*(2), 25-30.

Festinger, L., Shachter, S., & Back, K. (1950). *Social pressures in informal groups: A study of human factors in housing.* New York, NY: Harper & Row.

Fischer, J. L., & Wampler, R. S. (1994). Abusive drinking in young adults: Personality type and family role as moderators of family-of-origin influence. *Journal of Marriage and the Family, 56,* 469-479.

Fiske, A. P. (1992). The four element forms of society: Framework for a unified theory of social relation. *Psychological Review, 99,* 689-723.

Flowers, J. V. (1999). Cognitive-behavioral therapy. In J. Donigian & D. Hulse-Killacky. *Critical incidents in group therapy* (pp. 122-124). Belmont, CA: Brooks/Cole.

Forsyth, D. (2010). *Group dynamics* (5th ed.). Belmont, CA: Cengage Learning.

Foulkes, S. H. (1948). *Introduction of group-analytic psychotherapy.* London, UK: Mansfield.

Foulkes, S. H. (1990). The group as matrix of the individual's life. In E. Foulkes (Ed.), *Selected papers: Psychoanalysis and group analysis.* London, UK: Karnac Books.

Foulkes, S. H. (2002). *Therapeutic analysis group.*(First printed in 1964). New York: Karnac Books.

Foulkes, S. H., & Anthony, E. J. (1965). *Group psychotherapy: The psycho-analytic approach.* London: Maresfield Library. Reprinted, 1990. London.

Fran, L. (1981). Bibliotherapy. *Journal of Reading, 25*(1), 76-79.

Frank, J. (1957). Some determinants, manifestations, and effects of cohesion in therapy groups. *International Journal of Group Psychotherapy, 7,* 53-62.

Frankle, V.（1991）。生存的理由（The doctor and the soul: From

psychotherapy to logotherapy）（游恆山，譯）。臺北市：遠流。（原著出版於1986年）

Freud, S. (1920). *Beyond the pleasure principle.* London, UK: International Psycho-Analytical Press.

Friedlander, M. L., Sutherland, O., Sandler, S., Kortz, L., Bernardi, S., Lee, H. H., & Drozd, A. (2012). Exploring corrective experiences in a successful case of short-term dynamic psychotherapy. *Psychotherapy, 49*(3), 349-363.

Friedman, B. (1973). Cotherapy: A behavioral and attitudinal survey of third-year psychiatric residents. *International Journal of Group Psychotherapy, 23,* 228-234.

Fromm-Reichman, F. (1950). *The principles of intensive psychotherapy.* University of Chicago Press.

Fuhriman, A., & Burlingame, G. M. (1994). Group psychotherapy: Research and practice. In A. Fuhriman & G. M. Burlingame (Eds.), *Handbook of group psychotherapy: An empirical and clinical synthesis* (pp. 3-40). New York, NY: John Wiley & Sons.

Gallogly, V., & Levine, G. (1979). Co-therapy. In B. Levine (Ed.), *Group psychotherapy: Practice and development* (pp. 296-305). Prospect Heights, IL: Waveland.

Ganzarain, R. (1977). General systems and object-relations theories: Their usefulness in group psychotherapy. *International Journal of Group Psychotherapy, 27*(4), 441-456。

Ganzarain, R. (1989). *Object relations group psychotherapy: The group as an object, a tool, and a training base.* Madison, CT: International Universities Press.

Gazda, G. M. & Peters, R.W. (1973). Analysis of Research in Group Procedures. *Educational Technology, 13*(1), 68-75.

Gazda, G. M. (1968). *Basic approaches to group psychotherapy and group counseling.* Springfield, IL: Charles & Thomas.

Gazda, G. M. (1971). *Group counseling: A developmental approach.* Boston: Allyn and Bacon.

Gazda, G. M. (1971). *Human relation development: A manual for educators.* Boston, MA: Ally & Bacon.

Gazda, G. M. (1975) (2ⁿᵈ ed.). *Basic approaches to group psychotherapy and group counseling.* Springfield, IL: Charles & Thomas.

Gazda, G. M. (1975). *Basic approaches to group psychotherapy and group counseling* (2nd ed.). Springfield, IL: Charles C Thomas.

Gazda, G. M. (1985). *Basic approaches to group psychotherapy and group counseling* (2nd ed). Springfield Ill: Charles C Thomas.

Gazda, G. M. (1989). *Group counseling: A developmental approach* (4th ed.). Boston: Allyn & Bacon.

Gazda, G. M., Duncan, J. A., & Sisson, P. J. (1971). Professional issues in group work. *Personnel and Guidance Journal, 49*(8), 637.

Gazda, G. M., Duncan, J. A., & Sisson, P. J. (1971). Professional issues in group work. *Personnel and Guidance Journal, 49*(8), 637.

Gazda, G. M., Ginter, E. J., & Horne, A. M. (2001). *Group counseling and group psychotherapy: Theory and application.* Boston, MA: Allyn & Bacon.

Gelso, C. J. (2011). *The real relationship in psychotherapy: The hidden foundation of change.* Washington, DC: American Psychological Association.

Gelso, C. J., & Carter, J. A. (1985). The relationship in counseling and psychotherapy: Components, consequences, and theoretical antecedents. *Counseling Psychologist, 13*, 155-243.

Gelso, C. J., & Hayes, J. A. (1998). *The psychotherapy relationship: Theory, research and practice.* New York, NY: John Wily & Sons.

Gelso, C. J., & Samstag, L. (2008). A tripartite model of the therapeutic relationship in psychotherapy. In S. Brown & R. Lent (Eds.). *Handbook of counseling psychology* (4th ed., pp.267-283). New York: Wiley.

Gelso, C. J., Kivlighan, D. M., Busa-Knepp, J., & Spiegel, E. B. (2012). The unfolding of the real relationship and the outcome of brief psychotherapy. *Journal of Counseling Psychology, 59*(4), 495-506.

Getzels, J. W., & Guba, E. G. (1957). Social behavior and the administrative process. *The School Review, 65*, 423-441.

Gibeault, A. (2000). In response to Otto F. Kernberg's psychoanalysis, psychoanalytic psychotherapy, and supportive psychotherapy: Contemporary controversies. *International Journal of Psychoanalysis, 81*, 379-383.

Ginter, E. J., & Bonney, W. (1993). Freud, ESP, and interpersonal relationships: Projective identification and the members' interaction. *Journal of Mental Health Counseling, 15*, 150-169.

Gladding, S. (2011). *Group work: A counseling speciality.* Englewood Cliffs, NJ: Merrill.

Gladding, S. T. (1995). *Group work: A counseling specialty* (2nd ed.). Englewood Cliffs, NJ: Prentice Hall.

Gladding, S. T. (2011). *Group work: A counseling specialty* (6th ed.). Englewood

Cliffs, NJ: Prentice Hall.

Gladding, S. T. (2012). *Groups: A counseling specialty.* New York, NY: Pearson.

Gladstein, G. A. (1983). Understanding empathy: Integrating counseling, developmental and social psychology perspectives. *Journal of Counseling Psychology, 30*(4), 467-482.

Glasser, W. (1965). *Reality therapy: A new approach to psychiatry.* New York, NY: Harper & Row.

Glasser, W. (1971). *Identity society.* New York, NY: Harper & Row.

Goffman, E. (1959). *The presentation of self in everyday life.* New York, NY: Doubleday Anchor.

Goffman, E., (1955). On face-work: An analysis of ritual elements in social interaction. *Psychiatry, 18,* 213-231.

Goldberg, S. B., & Hoyt, W. T. (2015). Group as social microcosm: Within group interpersonal style is congruent with outside group relational tendencies. *Psychotherapy, 52*(2), 195-204.

Goleman, D. (2000). *Working with emotional intelligence.* New York, NY: Bantam.

Gordon, T. (1970). *P. E. T., Parent effectiveness training: The tested new way to raise responsible children.* New York, NY: Peter H. Wyden.

Gordon, T. (1974). *T. E. T., Teacher effectiveness training.* New York, NY: Peter H. Wyden.

Greenberg, J., & Mitchell, S. (1983). *Object relations to psychoanalytic theory.* Cambridge, MA: Harvard University Press.

Greenberg, L. S. (1998). Allowing and accepting painful emotional experiences, *International Journal of Action Methods, 51*(2), 47-62。

Greenson, R. R. (1960). Empathy and its vicissitudes. *International Journal of Psychoanalysis, 41*, 418-424.

Greenson, R. R. (1967). *The technique and practice of psychoanalysis* (Vol. 1). New York, NY: International Universities Press.

Gregory, R., Canning, S., Lee, T., & Wise, T. (2004). Cognitive bibliotherapy for depression: A meta-analysis. *Professional Psychology Research and Practice, 35*, 275-280.

Grotstein, J. S. (1981). *Splitting and projective identification.* Northvale, NJ: Jason Aronson.

Guterman, J. T. (1992). Disputation and reframing: Contrasting cognitive-change methods. *Journal of Mental Health Counseling, 14*, 440-456.

Guttmacher, J. A., & Birk, L. (1971). Group therapy: What specific therapeutic advantages? *Comprehensive Psychiatry, 12*(6), 546-556.

Hackney, H. L., & Cormier, L. (2012). *The professional counselor: A process guide to helping* (7th ed., pp256). Needman Heights, MA: Pearson Education Company.

Hackney, H., & Cormier, L. (2012). *The professional counselor: A process guide to helping*(7th ed.). Needman Heights, MA: Pearson Education Company.

Hadden, S. B. (1947). The utilization of a therapy group in teaching psychotherapy. *The American Journal of Psychiatry, 103*, 644-648.

Halverson, C. B., & Cuellar, G. (1999). Diversity and T-group development: Reaping the benefits. In A. L. Cook., M. Brazzel., A. S. Graig, & B. Greig (Eds.), *Reading book for human relations training* (pp. 111-116.).

Hansen, J. C., Warner, R. W., & Smith, E. J. (1980). *Group counseling: Theory and process* (2nd ed.). Chicago, IL: Rand McNally College.

Hare, A. P. (1976). *Handbook of small group research* (2nd ed.). New York, NY: Free Press.

Harman, R. L. (1974). Techniques of Gestalt therapy. *Professional Psychology, 12*, 257-263.

Hartman, H., Kris, E., & Lowenstein, R. M. (1949). Notes on theory of aggression. *Psychoanalytic Study of Child, 3/4*, 9-36.

Hassenstab, J., Dziobek, I., Rogers, K., Wolf, O., & Convit, A. (2007). Knowing what others know, feelings what others feel: A controlled study of empathy in psychotherapists. *Journal of Nervous and Mental Disease, 195*, 277-281.

Hawkins, D. (2008). Overview and underpinnings. In G. M. Saiger, S. Rubenfeld, & M .D. Dluhy (Eds.), *Windows into today's group therapy.* New York, NY: Routledge.

Hazan, C., & Shaver, P. (1987). Romantic love conceptualized as an attachment process. *Journal of Personality and Social Psychology, 52,* 511-524.

Heitler, S. M. (1990). *From conflict to resolution: Skills and strategies for individual, couple, and family therapy.* New York, NY: W. W. Norton.

Hemphill, S., & Sanson, A. (2001). Matching parenting to child temperament: Influences on early childhood behavioural problems. *Family Matters, 59*, 42-47.

Hensley, L. G. (2002). Teaching group process and leadership: The two-way fishbowl model. *Journal for Specialists in Group Work, 27*(3), 273-286.

Hewitt, P. L., Mikail, S. F., Flett, G. L., Tasca, G. A., Flynn, C. A., Der, X., ... Chen, C. (2015). Psychodynamic/interpersonal group psychotherapy for perfectionism: Evaluating the effectiveness of a short-term treatment. *Personality and Psychotherapy, 52*(2), 205-217.

Higgs, J. A. (1992). Dealing with resistance: Strategies for effective groups. *Journal for Specialists in Group Work, 17*(2), 67-73.

Hill, C. E. (2014). *Helping skills: Facilitating, exploring, insight and action* (4th ed.). Washington DC: APA.

Hill, C. E.（2006）。助人技巧：探索、洞察與行動化的催化（Helping skills: Facilitating exploration, insight, and action）（林美珠、田秀蘭，譯）。臺北市：學富。（原著出版於2004年）

Hill, C. E., & Knox, S. (2009). Processing the therapeutic relationship. *Psychotherapy Research, 19,* 13-29. doi:10.1080/10503300802621206

Hines, M. (1988a). Editorial: Introduction to the special issue. *Journal for Specialists in Group Work, 13*, 171-172.

Hines, M. (1988b). Similarities and differences in group and family therapy. *Journal for Specialists in Group Work, 13*, 173-179.

Hocker, J. L., & Wilmot, W. W. (1985). *Interpersonal conflict*. Dubuque, IA: Wm. C Brown.

Hoekstra, R. (2008). Functional analytic psychotherapy for interpersonal process groups: A behavioral application. *International Journal of Behavioral Consultation and Therapy, 4*(2), 188-198.

Hoffman, E.（2000）。人性探索家馬斯洛：心理學大師的淑世旅程（The right to be human: A biography of Abraham Maslow）（許晉福，譯）。臺北市：美商麥格羅希爾。（原著出版於1988年）

Hoffman, M. L. (1977). Empathy, its development and pro-social implications. In H. E. Howe, Jr. & C. B. Keasey (1977) (Eds.), *Nebraska Symposium on Motivation*(Vol.25). Lincoln: University of Nebraska Press.

Hoffman, M. L. (1982). Development of prosocial motivation: Empathy and guilt. In N. Eisenberg (Ed.), *The development of prosocial behavior* (pp. 281-313). New York, NY: Academic Press.

Hoffman, M. L. (1984a). The contribution of empathy to justice and moral judgment. In N. Eisenberg & J. Strayer (Eds.), *Empathy and its development* (pp. 47-80). New York, NY: Cambridge University Press.

Hoffman, M. L. (1984b). Interaction of affect and cognition in empathy. In C. E. Izard, J. Kagan, & R. B. Zajonc (Eds.), *Emotion, cognition, and behavior* (pp. 103-131). Cambridge, England: Cambridge University Press.

Hogan, R. (1969). Development of an empathy scale. *Journal of Consulting and Clinical Psychology, 33*, 307-316.

Hogg, M. A. (1992). *The social psychology of group cohesiveness: From attraction to social identity*. New York, NY: New York University Press.

Hogg, M. A. (1996). Social identity, self-categorization, and the small group. In E. H. Witte & J. H. Davis (Eds.), *Understanding group behavior: Small group processed and interpersonal relations* (Vol. 2, pp. 227-253). Mahwah, NJ: Erlbaum.

Hogg, M. A., & Chains, S. C. (1998). Friendship and group identification: A new look at the role of cohesiveness in group thinking. *European Journal of Social Psychology, 28*, 323-341.

Holmes, J. (1995). Supportive psychotherapy: The search for positive meaning. *British Journal of Psychiatry, 167*, 439-445.

Homans, G. C. (1961). *Social behavior: Its elementary forms.* New York, NY: Harcourt, Brace and World.

Hopp, M. A., Horn, C. L., McGraw, K., & Meyer, J. (2000). *Improving students' ability to problem sove through social skills instruction.* Chicago, IL: St

Xavier University.

Horowitz, L. M. (2004). *Interpersonal foundations of psychopathology.* Washington, DC: American Psychological Association.

Horowitz, L. M.（2007）。人際觀點心理病理學（Interpersonal foundation of psychopathology）（何政岳、杜家興、林伯彥、吳淑眞、陳秋榛，合譯）。臺北市：心理。

Horvath, A. O., & Bedi, R. P. (2002). The alliance. In J. C.Norcross (Ed.), *Psychotherapy relationships that work: Therapist contributions and responsiveness to patients* (pp. 37-69). New York, NY: Oxford University Press.

Horvath, A. O., & Luborsky, L. (1993). The role of the therapeutic alliance in psychotherapy. *Journal of Consulting and Clinical Psychology, 61,* 561-573.

Horvath, A. O., & Symonds, D. (1991). Relation between working alliance and outcome in psychotherapy a meta-analysis. *Journal of Counseling Psychology, 38*(2), 139-149.

Horvath, A.O.(2009). How real is the "Real Relationship"? *Psychotherapy Research, 19*(3), 273-277.

Horwitz, L. (1977). A group-centered approach to group psychotherapy. *International Journal of Group Psychotherapy, 27*(4), 423-439.

Horwitz, J., (1983). Projective identification in dyads and groups. *International Journal of Group Psychotherapy, 33*(3), 259-279.

Huffman, D. D., & Fernando, D. M. (2012). Adapting the interpersonal process model of intimacy to enhance the co-leader relationship during training. *The Journal for Specialists in Group Work, 37*(2), 152-167.

Jackson, S. (2001). Using bibliotheray with clients. *Journal of Individual Psychology, 57,* 289-297.

Jacobs, E. E., Harvill, R. L., & Masson, R. L. (1994). *Group counseling: Strategies and skills.* Boston, MA: Brooks/Cole.

Jacobs, E. E., Masson, R. L., Harvill, R. L., & Schimmel, C. L. (2012). *Group counseling: Strategies and skills* (7th ed.). Belmont, CA: Brooks/Cole.

Janis, I. L. (1982). *Groupthink: Psychological studies of policy decisions and fiascoes* (2nd ed.). Boston, MA: Houghton Mifflin.

Jayanth, N. (2013). Power motivates interpersonal connection following social exlusion. *Organizational Behavior and Human Decision Processes, 122*(2), 257-265.

Jehn, K. A. (1995). A multimethod examination of the benefits and detriments of intragroup conflict. *Administrative Science Quarterly, 40,* 256-282.

Jehn, K. A. (1997). A qualitative analysis of conflict types and dimensions in organizational groups. *Administrative Science Quarterly, 42,* 530-557.

Jehn, K. A., & Mannix, E. A. (2001). The dynamic nature of conflict: A longitudinal study of intra-group conflict and group performance. *Academy of Management Journal, 44,* 238-251.

Jehn, K., & Shah, P. (1997). Interpersonal relationships and task performance: An examination of mediating processes in friendship and acquaintance groups. *Journal of Personality and Social Psychology, 72,* 775-790.

Johnson, D. W. (1972). *Reacting out: Interpersonal effectiveness and self-actualization.* Englewood Cliffs, NJ: Prentice-Hall.

Johnson, D. W. (1981). *Reaching out: Interpersonal effectiveness and self-actualization.* Englewood Cliffs, NJ: Prentice-Hall.

Johnson, J. A. (1963). *Group therapy: A practical approach.* New York: McGraw-Hill.

Jones, A. J. (1963) (5th ed.). *Principles of guidance.* New York: McGraw.

Josselso, R. (2018). The space between us in group psychotherapy. 2018團體諮詢與團體治療（北京）論壇會議手冊，p.14。

Jourard, S. (1968). *Disclosing man to himself.* Priceton, NJ: Van Nostrand.

Joyce, A. S., MacNair-Semands, R., Tasca, G. A., & Ogrodniczuk, J. S. (2011). Factor structure and validity of the Therapeutic Factors Inventory-Short Form. *Group Dynamics: Theory, Research, and Practice, 15,* 201-219. doi:10.1037/a0024677

Kahn, M. (1997). *Between therapist and client.* New York: W.H Freeman and Company.

Kappmeier, M. (2016). Trusting the enemy: Towards a comprehensive understanding of trust in intergroup conflict. *Peace and Conflict: Journal of Peace Psychology, 22*(2), 134-144. Retrieved from http://dx.doi.org/10.1037/pac0000159

Katz, R. L. (1963). *Empathy: Its nature and uses.* London, UK: Free Press of Glencoe.

Kees, N. L., & Jacobs, E. (1990). Conducting more effective groups: How to select and process group exercises. *Journal for Specialists in Group Work, 15,* 21-29.

Kelley, H. H. (1979). *Personal relationship: Their structure and processes.* Hillsdale, NJ: Erlbaum.

Kelly, H. (1967). Attribution theory in social psychology. In D. Levine (Ed.), *Nebraska symposium on motivation* (Vol.15, pp.192-238). Lincoln, NE:

University of Nebraska Press.

Kelly, H. H. (1979). *Personal relationship: Their structure and processes.* Hillsdale, NJ: Erlbaum.

Kemper, B. J. (1994). Dealing with resistance in group therapy. *Perspectives in Psychiatric Care, 30*(3), 31-33.

Kenneth, D. B., & Sheats, P. (1948). Functional roles of group members. *Journal of Social Issues, 4*(2), 41-49.

Kernberg, O. F. (1993). Nature and agents of structural intra-psychic change. In L. M. Horowitz, O. F. Kernberg and E. M. Weinshel (1993)(eds). *Psychic structure and Psychic change.* Madison, CT: International Universities Press.

Kernberg, O. F. (1999). Psychoanalysis, psychoanalytic psychotherapy and supportive psychotherapy: Contemporary controversies. *International Journal of Psychoanalysis, 80*, 1075-1091.

Kerngber, O. (1987). Projective identification, countertransference, and hospital treatment. *Psychiatric Clinics of North America, 10*(2), 257-272.

Kiesler, D. J. (1982). Interpersonal theory for personality and psychotherapy. In J. C. Anchin & D. J. Kiesler (Eds.), *Handbook of interpersonal psychotherapy* (pp. 274-295). Elmsford, NY: Pergamon.

Kiesler, D. J. (1983). The 1982 interpersonal circle: A taxonomy for complementarity in human transactions. *Psychological Review, 90*, 185-214.

Kiesler, D. J. (1988). *Therapeutic metacommunication: Therapist impact disclosure as feedback in psychotherapy.* Palo Alto, CA: Consulting Psychologists Press.

Kiesler, D. J. (1996). *Contemporary interpersonal theory and research: Personality, psychopathology and psychotherapy.* New York, NY: Wiley.

Kirchmeyer, C. (1993). Multicultural task groups. *Small Group Research, 24,* 127-148.

Kirshner, B. J., Dies, R. R., & Brown, R. A. (1978). Effects of experimental manipulation of self-disclosure on group cohesiveness. *Journal of Consulting and Clinical Psychology, 46*(6), 1171-1177.

Kivlighan D. M. Jr., & Holmes, S. E. (2004). The importance of therapeutic factors: A typology of therapeutic factors studies. In J. L. Delucia-Waack, D. A. Gerrity, C. R. Kalodner, & M. T. Riva (Eds.), *Handbook of group counseling and psychotherapy* (pp. 23-36). Thousand Oaks, CA: Sage.

Kivlighan Jr., D. M. (2014). Three important clinical processes in individual and group interpersonal psychotherapy sessions. *Psychotherapy, 51*(1), 20-24.

Kivlighan, D. M. (1985). Feedback in group psychotherapy: Review and implications. *Small Group Behavior, 16,* 373-385.

Kivlighan, D. M. (2013). Three important clinical processes in individual and group interpersonal psychotherapy sessions. *Psychotherapy, 23,* 1-5. doi: 10.1037/a0032162

Kivlighan, D. M. Jr., Coleman, M. N., & Anderson, D. C. (2000). Process, outcome and methodology in group counseling research. In S. D. Brown & R. W. Lent (Eds.), *Handbook of counseling psychology* (3rd ed., pp. 767-796). New York, NY: Wiley.

Kivlighan, D. M. Jr., London, K. & Miles, J. R. (2012). Are two heads better than one? The relationship between number of group leaders and group members, and group climate and group member benefit from therapy.

Group Dynamics: Theory, Research, and Practice, 16(1), 1-13.

Kiweewa, J., Gilbride, D., Luke, M., & Seward, D. (2013). Endorsement of growth factors in experiential training groups. *The Journal for Specialists in Group Work, 38*(1), 68-93.

Kizziar, J. (1989). *Counseling survivors of dysfunctional families.* Class presented at the University of California , Riverside, Jan. 21, 1989.

Klein, M. (1946). Notes on some schizoid mechanisms. *International Journal of Psychoanalysis, 27*, 99-110.

Klein, M. (1961). *Narrative of a child analysis.* New York, NY: Basic Books.

Kline, W. B. (1990). Responding to "problem" members. *Journal for Specialists in Group Work, 15*(4), 195-200.

Kluger, A. N., & Denisi, A. (1996). The effect of feedback interventions on performance: A historical review, a meta-analysis, and a preliminary feedback intervention theory. *Psychological Bulletin, 199*, 254-284.

Knight, Z. G. (2005). The use of the "corrective emotional experience" and the search for the bad object in psychotherapy. *American Journal of Psychotherapy, 59*(1), 30-41.

Kobak, R. R., & Hazan, C. (1991). Attachment in marriage: Effects of security and accuracy of working models. *Journal of Personality and Social Psychology, 60,* 861-869.

Kohut, H. (1971). *The analysis of the self.* New York: International Universities Press.

Kohut, H. (1977). *The restoration of the self.* New York, NY: International University Press.

Kolb, D. A. (1994). *Experiential learning.* Englewood Cliffs, NJ: Prentice Hall.

Kolb, D. A., Boyatizs, R. E., & Maniemelis, C. (2001). Experiential learning theory: Previous research and new directions. In R. J. Sternberg & L. F. Zhang (Eds.). Educational psychology series. *Perspectives on thinking, learning and cognitive styles* (pp.227-247). Mahwah, NJ: Lawrence Erlbaum Associate Publishers.

Kolko, D. J., & Milan, M. A. (1983). Reframing and paradoxical instruction to overcome "resistance" in the treatment of delinquent youth: A multiple baseline analysis. *Journal of Consulting and Clinical Psychology, 51*, 655-660.

Kottler, J. A. (1992). *Compassionate therapy: Working with difficult clients.* San Francisco, CA: Jossey Bass.

Kottler, J. A. (1994). *Beyond blame: A new way of resolving conflicts in relationships.* San Francisco, CA: Jossey-Bass.

Kottler, J. A. (2001). *Learning group leadership: An experiential approach.* Needham Heights, MA: Allyn & Bacon.

Kraft, R. G., Claiborn, C. D., & Dowd, T. E. (1985). Effects of positive reframing and paradoxical directives in counseling for negative emotions. *Journal of Counseling Psychology, 32*(4), 617-621.

Kraus, K., & Hulse-Kellacky, D. (1996). Balancing process and content in groups: A metaphor. *Journal for Specialists in Group Work, 21*, 90-93.

Kris, A. O. (1998). Supportive therapy and psychic structure's change. In M. J. Horowitz, O. F. Kernberg, & E. M. Weinshel (Eds.), *Psychic structure and psychic change.* New York, NY: International University Press.

Kroake, J. W., & Olson, T. D. (1977). Family constellation and personality. *Journal of Individual Psychology, 33*(1), 9-11.

Lakin, M. (1969). Some ethical issues in sensitivity training. *American Psychologist, 24*, 923-928.

Lambert, M. J., Whipple, J. L., Smart, D. W., Vermeersch, D. A., Nielsen, S. L., & Hawkins, E. J. (2001). The effects of providing therapists with feedback on patient progress during psychotherapy: Are outcomes enhanced? *Psychotherapy Research, 11*, 49-68.

Lamm, C., & Salani, G. (2014). Insight into collective emotions from social neuroscience of empathy. In C. von Scheve & M. Salmera (Eds.), *Collective emotions: Perspectives from psychology, philosophy and sociology* (pp.63-77). New York, NY: Oxford University Press.

Lang, F., & Claus, W. (1998). Is cohesiveness a double-edged sword? *Small Group Research, 29*, 124-139.

Langer, S. (1967). *Mind: An essay on human feeling* (Vols. 1 and 2). Baltimore, MD: Johns Hopkins University Press.

Larson, L. M. (1998). The social cognitive model of counselor training. *The Counseling Psychologist, 26*, 219-273.

Laurenceau, J., Barrett, L., & Rovine, M. J. (2005). The interpersonal process model of intimacy in marriage: A daily-diary and multilevel modeling approach. *Journal of Family Psychology, 19*, 314-323: doi: 10.1037/0893-3200.19.2.314

Leal, R. (1982). Resistances and the group analytic process. *Group Analysis, 15*, 97-110.

Leary, T. (1957). *Interpersonal diagnosis of personality*. New York, NY: Ronald.

Leszcz, M. (1992). The interpersonal approach to group psychotherapy. *International Journal of Group Psychotherapy, 42*, 37-62.

Leszcz, M. (2008). Interpersonal approach to group psychotherapy. In G. M. Seigar, S. Rosenfeld, & M. D. Dluhy (Eds.), *Windows into today's group psychotherapy* (pp. 129-149). New York, NY: Routledge.

Leszcz, M., & Kobos, J. C. (2008). Evidence-based group psychotherapy: Using AGPA's practice guideline to enhance clinical effectiveness. *Journal of Clinical Psychology, 64*(11), 1238-1260.

Levine, B. (1979). *Group psychotherapy: Practice and development.* Englewood Cliffs, NJ: Prentice Hall.

Levine, B. (1991). *Group psychotherapy: Practice and development.* Englewood Cliffs, NJ: Prentice- Hall.

Levy, L. H. (1963). *Psychological interpretation.* New York, NY: Holt, Rinehart & Winston.

Lewin, J. A. (1951). *Field theory in social science.* New York, NY: Harper.

Lewin, K. (1943). Defining the field at a given time. *Psychological Review, 50,* 292-310.

Lewis, C. M., Beck, A. P., Dugo, J. M., & Eng, A. M. (2000). The group development process analysis measures. In A. P. Beck & C. M. Lewis (Eds.), *The process of group psychotherapy: Systems for analyzing change* (pp. 221-262). Washington, DC: American Psychological Association.

Lieberman, M. A. (2008). Effects of disease and leader type on moderators in online support groups. *Computers in Human Behavior, 24*(5), 2446-2455.

Lieberman, M. A., & Golant, M. (2002). Leader behaviors as perceived by cancer patients in professionally directed support groups and outcomes. *Group Dynamics: Theory, Research and Practice, 6,* 267-276.

Lieberman, M. A., Lakin, M., & Whitaker, D. S. (1968). The group as a unique context for therapy. *Psychotherapy: Theory, Research and Practice, 5*, 29-36.

Lieberman, M. A., Yalom, I. D., & Miles, M. B. (1973). *Encounter groups: First facts.* New York, NY: Basic Books.

Lindesmith, A. R., & Strauss, A. L. (1968). *Social Psychology.* New York, NY: Holt, Rinehart and Winston.

Lo Coco, G., Gull, S., Fratello, D. D., & Giordano, C. (2016). Group relationships in early and late sessions and improvement in interpersonal problems. *Journal of Counseling Psychology, 63*(4), 419-438.

Lo Coco, G., Gullo, S., Lo Verso, G., & Kivlighan, D. M. Jr. (2013). Sex composition and group climate: A group actor-partner interdependence analysis. *Group Dynamics: Theory, Research, and Practice, 17*(4), 270-280.

Locke, K. D., & Adamic, E. J. (2012). Interpersonal circumplex vector length and interpersonal decision making. *Personality and Individual Differences, 53,* 764-769.

Lott, A. J., & Lott, B. E. (1965). Group cohesiveness as interpersonal attraction. *Psychological Bulletin, 64,* 259-309.

Louis, W. R. (2014). Peace and conflict as group norms. *Peace and Psychology: Journal of Peace Psychology, 20*(2), 180-186.

Luborsky, L., Crits-Christoph, P., Mintz, J., & Averbach, A. (1988). *Who will benefit from psychotherapy? Predicting therapeutic outcomes.* New York, NY: Basic Books.

Luft, J. (1984). *Group process: An introduction to group dynamic* (3rd ed.). Palo Alto, CA: Mayfield.

Lundgren, D. C., & Budawsky, D. R. (2000). Speaking one's mind or biting one's tongue. *Social Psychology Quarterly, 63*, 253-263.

Mabry, E. A., & Barnes, R. E. (1980). *The dynamics of small group communication.* Englewood Cliffs, NJ: Prentice-Hall

MacKenzie, K. R. (1983). The clinical application of a group climate measure. In R. R. Dies & K. R. MacKenzie (Eds.), *Advances in group psychotherapy: Integrating research and practice* (pp. 159-170). New York, NY: International Universities Press.

Maglo, D. (2002). The group-analytic society. *Goup Analysis, 35*(1), 17-42.

Mahalik, J. (1994). Development of the client resistance scale. *Journal of Counseling Psychology, 4*, 58-68.

Mahler, C. A. (1969a). *Group counseling in schools.* Boston, MA: Houghton Mifflin.

Mahler, C. A. (1969b). *Strategic family therapy.* San Francisco, CA: Jossey-Bass.

Mahler, M. (1952). On child psychosis and schizophrenia: Autistic and symbiotic infantile psychoses. *Psychoanalytic Study of the Child, 7*, 206-305.

Main, M., Kaplan,N., & Cassidy, J. (1985). Security in infancy, childhood, and adulthood: A move to the level of representation. *Monographs of the Society for Research in Child Development, 50*(1-2), Serial No.209, 66-104.

Mannix, E., & Neale, M. A. (2005). What differences make a difference? The promise and reality of diverse teams in organizations. *Psychological Science in the Public Interest, 6*, 31-55.

Marziali, E., Munroe-Blum, H., & McCleary, L. (1997). The contribution of cohesion and group alliance to the outcome of group psychotherapy. *International Journal of Group Psychotherapy, 47*, 475-497.

Maslow, A. H. (1943). A theory of human motivation. *Psychological Review, 50,* 370-396.

Maslow, A. H. (1954). *Motivation and personality.* New York, NY: Harper and Row.

Maslow, A. H. (1968). *Toward a psychology of being.* New York, NY: Van Nostrand.

Maslow, A. H. (1970). *Religions, values, and peak experiences.* New York, NY: Penguin.

Matthews, C. (1992). An application of general system theory to group therapy. *Journal for Specialists in Group Work, 17,* 161-169.

Matthews, C. O. (1992). An application of general system theory (GST) to group therapy. *The Journal for Specialists in Group Work, 17,* 161-169.

May, R. (1981). *Freedom and destiny.* New York, NY: Dell.

McCauley, C. (1989). The nature of social influence in groupthink: Compliance and internalization. *Journal of Personality and Social Psychology, 57,* 250-260.

McClure , B. (1998). *Putting a new spin on groups: The science of chaos.* Mahwah, NJ: Lawrence Erlbaum.

McClure, B. A. (1990). The group mind: Generative and regressive groups. *Journal for Specialists in Group Work, 15,* 159- 170.

McGee, T. F., & Schuman, B. N. (1970). The nature of the co-therapy relationship. *International Journal of Group Psychotherapy, 20,* 25-36

McGrath, J. E. (1964). *Social psychology: A brief introduction.* New York, NY: Holt, Rinehart & Winston.

McMahon, N., & Links, P. S. (1984). Cotherapy: The needs for positive pairing.

Canadian Journal of Psychiatry, 29, 385-398.

McRoy, C. R., & Brown, B. M. (1996). Effect of conceptual level on group conflict interaction. *Journal for Specialists in Group Work, 21*(1),11-18.

Mead, G. H. (1934). *Mind, self and society.* Chicago, IL: University of Chicago Press.

Meadow, D. (1988). Preparation of individuals for participation in a treatment group: Development and empirical testing of a model. *International Journal of Group Psychotherapy, 38*, 367-385.

Mehrabian, A., & Epstein, N. (1972). A measure of emotional empathy. *Journal of Personality, 40*, 525-543.

Meichenbaum, D. H. (1977). *Cognitive-behavior modification: An integrative approach.* New York, NY: Plenum.

Meier, S. T., & Davis, S. R. (2008). *The elements of counseling* (6th ed.). Belmont, CA: Brooks/Cole.

Mercer, J. (2006). *Understanding attachment.* Westport, CT: Praeger.

Merta, R. J., Wolfgang, L., & McNeil, K. (1993). Five models for using the experiential group in the preparation of group counselors. *The Journal for Specialists in Group Work, 18*, 200-207.

Mikulincer, M., & Horesh, N. (1999). Adult attachment style and the perception of others: The role of projective mechanisms. *Journal of Personality and Social Psychology, 76*(6), 1022-1034.

Miles, J. R., & Kivlighan, D. M. (2008). Team cognition in group interventions: The relation between co-leaders' shared mental models and group climate. *Group Dynamics: Theory, Research, and Practice, 12*, 191-209.

Miles, J. R., & Kivlighan, D. M. Jr. (2010). Co-leader similarity and group climate in group interventions: Testing the co-leadership, team cognition-team diversity model. *Group Dynamics: Theory, Research, and Practice, 14*(2), 114-122.

Miller, G. E. (1990). The assessment of clinical skills/competence/performance. *Academic Medicine, 65*(9), 63-67.

Mills, J. R., & Clark, M. S. (1982). Exchange and communal relationship. In L. Wheeler (Ed.), *Review of personality and social psychology* (Vol. 3, pp. 225-234). Beverly Hills, CA: Sage.

Minuchin, S. (1974). *Families and family therapy.* Cambridge, MA: Harvard University Press.

Misch, D. A. (2000). Basic strategies of dynamic supportive therapy. *Journal of Psychotherapy Practice and Research, 9,* 173-189.

Mitchell, S. (1993). *Hope and dread in psychoanalysis.* New York, NY: Basic Books.

Mitchell, S. A., & Aron, L. (Eds.). (1999). *Relational analysis: The emergence of a traditional.* Hillsdale, NJ: The Analytic Press.

Mitchell, S. A., & Black, M. J. (1995). *Freud and beyond.* New York, NY: Basic Books.

Morran, D. K. (1992). An interview with Rex Stockton. *Journal for Specialists in Group Work, 17*(1), 4-9.

Morran, K. D., Stockton, R., & Whittingham, M. H. (2004). Effective leader interventions for counseling and psychotherapy groups. In J. L. Delucia-Waack, D. A. Gerrity, C. R. Kalodner, & M. T. Riva (Eds.), *Handbook of counseling and psychotherapy* (pp. 91-103). Thousand Oaks, CA: Sage.

Mosak, H. H. (1973). *Alfred adler: His influence on psychology today.* Park

Ridge, NJ: Noyes Press.

Moser, C. J., Jones, R. A., Zaorski, D. M., & Mirsalimi, H. (2005). The impact of the sibling in clinical practice: Transference and countertransference dynamics. *Psychotherapy: Theory, Research, Practice, Training, 42*(3), 267-278.

Munich, R. L., & Astrachan, B. (1983). Group dynamics. In H. L. Kaplan & B. J. Sadock (Eds.), *Comprehensive group psychotherapy* (2nd ed., pp. 15-23). Baltimore, MD: Williams & Wilkins.

Myers, S. (2000). Empathic listening: Reports on the experience of being heard. *Journal of Humanistic Psychology, 40*, 148-173.

Nelson, R. C. (1971). Organizing for group counseling. *Personal and Guidance Journal, 50*, 25-28.

Nelson-Jone, R. (1990). *Human relationships: A skills approach.* Pacific Grove, CA: Brooks/Cole.

Nemeth, C., & Owens, P. (1996). Making work groups more effective: The value of minority dissent. In M. West (Ed.), *Handbook of work group psychology.* London, UK: John Wiley.

Newman, L. S., Duff, K. J., & Baumeister, R. F. (1997). A new look at defensive projection: Thought suppression, accessibility, and biased person perception. *Journal of Personality and Social Psychology, 72*, 980-1001.

Nielsen, K. E. J., & Cairns, S. L. (2009). Social anxiety and close relationships: A hermeneutic phenomenological study. *Canadian Journal of Counseling, 43*(3), 178-197.

Norcross, J. C. (2011)(Ed.). *Psychotherapy relationships that work* (2nd ed.), New York: Oxford University Press.

Ogden, T. H. (1979). On projective identification. *International Journal of Psychoanalysis, 60,* 357-373.

Ogden, T. H. (1982). *Projective identification and psychotherapeutic technique.* New York, NY: Aronson.

Ogrodniczuk, J. S., & Piper, W. E. (2003). The effect of group climate on outcome in two forms of short-term group therapy. *Group Dynamics: Theory, Research, and Practice, 7,* 64-76. doi:10.1037/1089-2699.7.1.64

Ogrodniczuk, J. S., Piper, W. E., & Joyce, A. S. (2004). Differences in men's and women's responses to short-term group psychotherapy. *Psychotherapy Research, 14,* 231-243. doi:10.1093/ptr/kph019

Ohlsen, M. M. (1964). *Guidance services in the modern school.* New York: Harcourt Brace & World.

Ohlsen, M. M. (1970). *Group counseling.* New York, NY: Holt, Rinehart & Winston.

Ohlsen, M. M., Horne, A. M., & Lawe, C. F. (1988). *Group counseling* (3rd ed.). New York, NY: Holt, Rinehart, and Winston.

Ohrt, J. H., Ener, E., Porter, J., & Young, T. L. (2014). Group leader reflections on their training and experience: Implications for group counselor educators and supervisors. *The Journal for Specialists in Group Work, 39*(2), 95-124.

Okech, J. E. A. (2008). Reflective practice in group co-leadership. *The Journal for Specialists in Group Work, 33,* 236-252.

Okech, J. E. A., & Kline, W. B. (2005). A qualitative exploration of group co-leader relationships. *The Journal for Specialists in Group Work, 30,* 173-190.

Okech, J. E. A., & Kline, W. B. (2006). Competency concerns in group co-leader relationships. *The Journal for Specialists in Group Work, 31*, 165-180.

Ormont, L. R. (1993). Resolving resistances to immediacy in the group setting. *International Journal of Group Psychotherapy, 43*(4), 399-418.

Overholser, J. C. (2005). Group psychotherapy and existential concerns: An interview with Irvin Yalom. *Journal of Contemporary Psychotherapy, 35*(2), 185-197.

Panquin, J.D., Kivlighan, D. M. III, & Drogosz, L. M. (2013). If you get better, will I? An actor-partner analysis of the mutual influence of group therapy outcomes. *Journal of Counseling Psychology*, *60*, 171-179.

Parrott, L. (1997). *Counseling and psychotherapy.* New York: McGraw Hill.

Paulson, I., Burroughs, J., & Gelb, C. (1976). Co-therapy: What is the crux of the relationship? *International Journal of Group Psychotherapy, 26*, 213-224.

Paulus, P. R. (2000). Groups, teams, and creativity: The creative potential of idea-generating groups. *Applied Psychology, 49*, 237-262.

Peabody, S. N., & Gelso, C. J. (1982). Countertransference and empathy: The complex relationship between two divergent concepts in counseling. *Journal of Counseling Psychology, 29*(3), 240-245.

Perls, F. (1969). *Gestalt therapy verbatim.* Moab, UT: Real People Press.

Pfeiffer, J. W., & Jones, J. E. (1972-1980). *A handbook of structured exercises for human relations training* (pp. 1-8). San Diego. CA: University Associates.

Pfeiffer, J. W., & Jones, J. E. (Eds.). *The 1972 Annual Handbook for Group Facilitators.* San Diego, CA: Pfeiffer & Company.

Pines, M. (1996). Malcom Pines' reflections on Bridgrm, Main, Foulkes, & Bion-interviewed by Gary Winship. *Therapeutic Communities, 17*(2), 117-122.

Pines, M. (2008). The group-as-a whole approach in Foulkesian group analytic psychotherapy. In G. M. Saiger, S. Rubenfeld, & M. D. Dluhy (Eds.), *Windows into today's group therapy The National Group Psychotherapy Institute of the Washington School of Psychiatry*. New York, NY: Routledge.

Piper, W. E., Debbane, E. G., Garant, J., & Bienvenu, J. P., (1979). Pretraining for group psychotherapy: A cognitive-experiential approach. *Arch Gen Psychiatry, 36*(11), 1250-1256. doi:10.1001/archpsyc.1979.01780110104013

Piper, W. E., Doan, B. D., Edwards, E. M., & Jones, B. D. (1979). Cotherapy behavior, group therapy process, and treatment outcome. *Journal of Consulting and Clinical Psychology, 47*, 1081-1089.

Piper, W. E., Ogrodnigzuk, J. S., Lamarghe, C., & Joyce, A. S. (2006). Use of the social relations model by group therapists: Application and commentary. *International Journal of Group Psychotherapy, 56*(2), 191-209.

Pondy, L. R. (1969). Varieties of organizational conflict. *Administrative Science Quarterly, 14*, 499-506.

Ponsi, M. (2000). Therapeutic alliance and collaborative interactions. *International Journal of Psychoanalysis, 81*, 687-704.

Ponzo, Z. (1991). Critical factors in group work: Client's perceptions. *Journal for Specialists in Group Work, 16*, 16-23.

Posthuma, B. W. (2002). *Small groups in counseling and therapy*. Boston, MA: Allyn & Bacon.

Posthuma, B. W. (2002). *Small groups in counseling and therapy: Process and leadership* (4th ed.). Boston, MA: A Pearson Education.

Posthuma, D. (2002). *Genetic variation and cognitive ability* (Unpublished doctorate dissertation). Vriye University, Amsterdam, Netherlands.

Prager, K. J. (2000). Intimacy in personal relationships. In C. Hendrick & S. S. Hendrick (Eds.), *Close relationships: A sourcebook* (pp. 229-244). Thousand Oak, CA: Sage.

Ramchandani, D. (1989). The concept of projective identification and its clinical relevance. *American Journal of Psychotherapy, XLIII*(2), 238-247.

Rappoport, A. (1997). The patient's search for safety: The organizing principle in psychotherapy. *Psychotherapy, 34*, 250-261.

Ratner, R. K., & Miller, D. T. (2001). The norm of self-interest and its effects on social action. *Journal of Personality and Social Psychology, 81*(1), 5-16.

Rawlins, W. K. (1981). *Friendship as a communicative achievement: A theory and an interpretive analysis of verbal reports* (Unpublished doctoral dissertation). Temple University, Philadelphia, PA.

Rea, B. D. (2001). Finding our balance: The investigation and clinical application of intuition. *Psychotherapy, 38*, 97-106.

Redfern, S., Dancey, C., & Dryden, W. (1993). Empathy: Its effect on how counsellors are perceived. *British Journal of Guidance & Counseling, 21*(3), 300-309.

Reik, T. (1948). *Listening with the third ear*. New York, NY: Grove Press.

Reis, H. T., & Patrick, B. C. (1996). Attachment and intimacy: Component processes. In E. T. Higgins & A. W. Kruglanski (Eds.), *Social psychology handbook of basic principles* (pp. 523-563). New York, NY: Guildford.

Reis, H. T., & Shaver, P. (1988). Intimacy as an interpersonal process. In S. Duck, D. F. Hay, S. E. Hobfoll, W. Ickes, & B. M. Montgomery (Eds.), *Handbook of personal relationship: Theory, research and interventions* (pp.

367-389). Oxford UK: John Wiley & Sons.

Reitan, A. (2013). *Maslow's theory of self-actualization, more or less actualized.* Retrieved from http://brainblogger.com/2013/01/08/maslows-theory-of-self-actualization-more-or-less-actualized/

Ribner, N. G. (1974). Effects of an explicit group contract on self-disclosure and group cohesiveness. *Journal of Counseling Psychology, 21*(2), 116-120.

Ridley, C. R., & Udipi, S. (2002). Putting cultural empathy into practice. In P. B. Pedersen, J. G. Draguns, W. J. Lonner, & J. E. Trimble (Eds.), *Counseling cross cultures* (pp. 317-333). Thousand Oaks, CA: Sage.

Ritter, K. Y., West, J. D., & Trotzer. J. P. (1987). Comparing family counseling and group counseling: An interview with George Gazda, James Hansen, and Alan Hovestadt. *Journal of Counseling and Development, 65*(6), 295-300.

Roark, A. E., & Roark, A. B. (1979). Group structure: Components and effects. *Journal for Specialists in Group Work, 4*(4), 186-196.

Robison, F., Stockton, R., & Morran, D. (1990). Anticipated consequences of self-disclosure during early therapeutic group development. *Journal of Group Psychotherapy, Psychodrama and Sociometry, 43*, 3-18.

Rockland, L. H. (1988). A review of supportive psychotherapy, 1986-1992. *Hospital and community psychiatry, 44*, 1033-1060.

Rockland, L. H. (1988). *Supportive psychotherapy: A psychodynamic approach.* New York, NY: Basic Books.

Rockland, L. H. (1993). A review of supportive psychotherapy, 1986-1992. *Hospital and Community Psychiatry, 44*, 1053-1060.

Roger, C. R. (1957). The necessary and sufficient conditions of therapeutic personality change. *Journal of Consulting Psychology, 21*, 95-103.

Rogers, C. R. (1951). *Client-centered therapy.* Boston, MA: Houghton Mifflin.

Rogers, C. R. (1959). A theory of therapy, personality and interpersonal relationships as developed in the client-centered framework. In S. Koch (Ed.), *Psychology: A study of a science* (Vol. 3, pp. 184-256). New York, NY: McGraw-Hill.

Rogers, C. R. (1967). The process of basic encounter group. In J. F. T. Bugental (Ed.), *Challenges of humanistic psychology.* New York, NY: McGraw-Hill.

Rogers, C. R. (1970). *Carl Rogers on encounter groups.* New York, NY: Harpe.

Rogers, C. R. (1975). Empathic: An unappreciated way of being. *The Counseling Psychologist, 5*, 2-10.

Rogers, C. R. (1986). Reflection of feelings. *Personal-Centered Review, 1*(4), 375-377.

Roller, B., & Nelson, V. (1991). *The arts of co-therapy: How therapists work together.* New York, NY: Guiford.

Roller, B., & Nelson, V. (1993). Cotherapy. In H. I. Kaplan & B. J. Sadock (Eds.), *Comprehensive group psychotherapy* (3rd ed., pp. 304-312). Bal-timore, MD: Williams & Wilkins.

Romano, J. L. (1998). Simulated group counseling: An experiential training model for group work. *Journal for Specialists in Group Work, 23*(2), 119-132.

Rose, G., & Bedner, R. L. (1980). Effects of positive and negative self-disclosure and feedback on early group development. *Journal of Counseling Psychology, 27*, 63-70.

Rosenfeld, S. & Dluhy M. D. (2008) (Eds.). *Windows into today's group psychotherapy* (pp.203-220). New York: Routledge.

Rosenthal, L. (2005). The therapeutic effect of the group as preoedipal mother. *Modern Psychoanalysis, 30*(2), 140-149.

Rosolato, G.（2008）。犧牲—精神分析的指標（Le sacrifice: Repères psychanalytiques）（卓立、楊明敏、謝隆儀，譯）。臺北市：心靈工坊。（原著出版於2002年）

Ross, J. M. (1994a). From mother to father: The boy's search for a generative identity and the Oedipal era. In S. H. Cath, A. R. Gurwitt, & J. M. Ross (Eds.), *Father and child: Developmental and clinical perspectives* (pp. 189-204). Hillside, NJ: The Analytic Press.

Ross, J. M. (1994b). Mentorship in middle childhood. In S. H. Cath, A. R. Gurwitt, & J. M. Ross (Eds.), *Father and child: Developmental and clinical perspectives* (pp. 243-251). Hillside, NJ: The Analytic Press.

Rothke, S. (1986). The role of interpersonal feedback in group psychotherapy. *International Journal of Group Psychotherapy, 36*, 225-240.

Rotter, J. B. (1971). Generalized expectancies for interpersonal trust. *American Psychologist, 26*, 443-452.

Rubel, B., & Okech, J. E. A. (2006). The supervision of group work model: Adapting the discrimination model for supervision of group workers. *The Journal for Specialists in Group Work, 31*, 113-134.

Rutan, J. S. (1999). Psychodynamic therapy. In J. Donigian & D. Hulse-Killacky (Eds.), *Critical incidents in group therapy* (pp. 132-133). Belmont, CA: Brooks/Cole.

Rutan, J. S., & Stone, W. N. (2000). *Psychodynamic group psychotherapy* (3rd ed.). New York, NY: The Guilford Press.

Rybak, C. J., & Brown, B. M. (1997). Group conflict: Communication patterns and group development. *Journal for Specialists in Group Work, 22*(1), 31-51.

Ryum, T., Hagen, R., Nordahl, H. M., Vogel, P. A., & Stiles, T. C. (2009). Perceived group climate as a predictor of long-term outcome in a randomized controlled trial of cognitive-behavioural group therapy for patients with comorbid psychiatric disorders. *Behavioural and Cognitive Psychotherapy, 37*, 497-510. doi:10.1017/S1352465809990208

Saavedra, R., Earley, P. C., & Van Dyne, L. (1993). Complex interdependence in task-performing groups. *Jouranl of Applied Psychology, 78*, 61-72.

Sadock, B. J., & Kapland, H. I. (1972). Selection of patients and the dynamic and structural organization of the group. In H. I. Kapland & B. J. Sadock (Eds.), *The evolution of group therapy* (pp. 119-131). New York, NY: E. P. Dutton.

Safran, J. D., & Muran, J. C. (2000). *Negotiating the therapeutic alliance.* New York, NY: Guilford.

Safran, K. D.. & Segal, Z. V. (1999). *Interpersonal process in cognitive therapy.* New York, NY: Basic Books.

Sandlelr, J., Kennedy, H., & Tyson, R. (1980). *The technique of child psychoanalysis: Discussions with Anna Freud.* Cambridge, MA.: Harvard University Press.

Satir, V. M. (1972). *Peoplemaking.* Palo Alto, CA: Science and Behavior Books.

Sawyer, F. H. (1975). A conceptual analysis of empathy. *Annual of Psychoanalysis, 3*, 37-47.

Schafer, R. (1976). *A new language for psychoanalysis.* New Haven, CT: Yale University Press.

Scheidlinger, S. (1982). Presidential address: On scapegoating in group psychotherapy, *International Journal of Group Psychotherapy, 32*, 131-134.

Schindler, W. (1951). Family pattern in group formation and therapy. *International Journal of Group Psychotherapy, 1*, 100-105.

Schlapobersky, J. R. (2016). *From the couch to the circle: Group-analytic psychotherapy in practice.* New York: Routledge.

Schoenewolf, G. (1998). The scapegoat and the holy cow in group therapy. *Journal of Contemporary Psychotherapy, 28*, 277-287.

Seaward, B. L. (1999). *Managing stress.* Boston, MA: Jones & Bartlet.

Segal, H. (1964). *Introduction to the work of Melanie Klein.* New York, NY: Basic Books.

Segalla, M. A. (2008). *Beyond the dyad: An evolving theory of group psychotherapy.* In In G. M. Seigar,

Seligman, M. E. P. (1972). Learned helplessness. *Annual Review of Medicine, 23*(1), 407-412. doi: 10.1146/annurev.me.23.020172.002203

Sexton, T. L., & Whiston, S. C. (1994). The status of the counseling relationship: An empirical review, theoretical implications, and research directions. *The Counseling Psychologist, 22*(1), 6-78.

Shaffer, J. B. P., & Galinsk, M. D. (1974). *Models of group therapy & sensitivity training.* Englewood Cliffs, NJ: Prentice-Hall.

Shakoor, M. (2010). *On becoming a group member: Personal growth and effectiveness in group counseling.* New York, NY: Routledhe.

Shapiro, A. F., Gattman, J, M., & Fink, B. C. (2015). Short-term change in couples' conflict following a transition to parenthood intervention. *Couple and Family Psychology: Research and Practice, 4*(4), 239-251.

Shapiro, J. L. (1978). *Methods of group psychotherapy and encounter: A tradition of innovation.* Itasca, IL: Peacock.

Shatter, J. B., & Galinsky, M. D. (1989). *Models of group therapy* (2nd ed.). Englewood Cliffs, NJ: Prentice- Hall.

Shechter, R. A.(1999). The meaning and interpretation of sibling-transference in the clinical situation. *Issues in Psychoanalytic Psychology, 21,* 1-10.

Shechtman, Z., & Toren, Z. (2009). The effect of leader behavior on processes and outcomes in group counseling. *Group Dynamics: Theory, Research and Practice, 13*(3), 218-233.

Sherif, M. (1956). Experiments in group conflict. In E. Aronson (Eds.), *Readings about the social animal* (8th ed., pp. 416-425). New York, NY: Worth/ Freeman.

Sherman, R., & Dinkmeyer, D. C. (1987). *Systems of family therapy: An Adlerian integration.* New York, NY: Brunner/ Mazel.

Shields, A., & Cicchetti, D. (2001). Parental maltreatment and emotion dysregulation as risk factors for bullying and victimization in middle childhood. *Journal of Clinical Child Psychology, 30*(3), 349-363.

Shostrom, E. L. (1967). *Man and manipulator: The inner journey from manipulation to actualization.* New York, NY: Abingdon Press.

Shumaker, D., Ortiz, C., & Brenninkmeyer, L. (2011). Revisiting experiential group training in counselor education: A survey of master's-level programs. *Journal for Specialists in Group Work, 36*(2), 111-128.

Shutz, W. C. (1958). *FIRO: A three-dimension theory of interpersonal behavior.* New York, NY: Rhinehart.

Singer, T., Critchley, H. D., & Preuschoff, K. (2009). A common role of insula in feelings, empathy and uncertainty. *Trends in Cognitive Sciences, 13*, 334-340. doi: 10.1016/j.tics.2009.05.001

Skynner, A. (1976). *Systems of family and marital psychotherapy*. New York, NY: Brunner/Mazel.

Slater, P. (1966). *Microcosm*. New York, NY: John Wiley.

Slavson, S. R. (1964). *A textbook in analytic group psychotherapy*. New York: International U. P.

Sliverstein, J. L. (1997). Acting out in group therapy: Avoiding authority struggles. *International Journal of Group Psychotherapy, 47*(1), 31-45.

Smaby, M. H., Maddux, C. D., Torres-Rivera, E., & Zmmick, R. (1999). A study of the effects of a skills-based versus a conventional group counseling training program. *Journal for Specialists in Group Work, 24*(2), 152-163.

Spotnitz, H. (1961). *The couch and circle*. New York, NY: Alfred Knopf.

Sprecher, S., & Hendrick, S. S. (2004). Self-disclosure in intimate relationships: Associations with individual and relationship characteristics over time. *Journal of Social and Clinical Psychology, 23*, 857-877.

St. Pierre, B. K. (2014). Student attitudes and instructor participation in experiential groups. *Journal for Specialists in Group Work, 39*, 194-211.

Steinberg, P. I., & Ogrodniczuk, J. S. (2010). Hatred and fear: Projective identification in group psychotherapy. *Psychodynamic Practice, 16*(2), 201-205.

Stewart, D, A, (1956). *Preface to empathy*. New York, NY: Philosophical Library.

Stockton, R. (2003). *Group process and leadership*. Paper presented at the annual convention of the American Psychological Association, Toronto,

Canada.

Stockton, R., & Morran, D. K. (1982). Review and perspective of critical dimensions in therapeutic small group research. In G. M. Gazda (Ed.), *Basic approaches to group psychotherapy and group counseling* (3rd ed., pp. 37-85). Spring-field, IL: Charles C. Thomas.

Stockton, R., Morran, K., & Krieger, K. (2004). An overview of current research and best practices for training beginning group leaders. In J. L. Delucia-Waak, D. A. Gerrity, C. R. Kalodner, & M. T. Riva (Eds.), *Handbook of counseling and psychotherapy* (pp. 65-75). Thousand Oaks, CA: Sage.

Strupp, H. H., & Binder, J. L. (1984). *Psychotherapy in a new key*. New York, NY: Basic Books.

Sullivan, H. S. (1953). *The interpersonal theory of psychiatry*. New York, NY: Norton.

Sullivan, H. S. (1964). *The fusion of psychiatry and social science*. New York: Norton.

Sullivan, H. S. (1968). *The interpersonal theory of psychiatry*. New York, NY: Norton.

Summers, F. (1999). *Transcending the self: An object relations model of psychoanalytic therapy*. Hillsdale, NJ: The Analytic Press.

Swoboda, J. S., Dowd, E. T., & Wise, S. L. (1990). Reframing and restraining directives in the treatment of clinical depression. *Journal of Counseling Psychology, 37*, 254-260.

Tajfel, H., & Turner, J. C. (1986). The social identity theory of intergroup behavior. In S. Worchel & W. G. Austin (Eds.), *Psychology of intergroup relations* (pp. 7-24). Chicago, IL: Nelson-Hall.

Tasca, G. A., & Lampard, A. M. (2012). Reciprocal influence of alliance to the group and outcome in day treatment for eating disorders. *Journal of Counseling Psychology, 59*(4), 507-517.

Teyber, E. (1997). *Interpersonal process in psychotherapy: A relational approach.* Pacific Grove, CA: Brooks/Cole.

Teyber, E. (2000). *Interpersonal process in psychotherapy: A relational approach.* Boston, MA: Brooks/Cole.

Teyber, E. (2000/2003)。人際歷程心理治療（Interpersonal process in psychotherapy）（徐明麗譯）。臺北市：心理。（原著出版於2000年）

Teyber, E., & McClure, F. H. (2011). *Interpersonal process in therapy: An integrative model* (6th ed.). Belmont, CA: Brooks/Cole.

Thelen, H. A. (1959). Work-emotionality theory of small group as an organism. In S. Kock (Ed.), *Psychology: A study of a science*, Vol. 3. New York, NY: McGraw-Hill.

Thibaut, J. W., & Kelly, H. H. (1959). *The social psychology of groups.* New York, NY: John Wily.

Thomas, H., & Caplan, T. (1999). Spinning the group process wheel: Effective facilitation techniques for motivating involuntary client groups. *Social Work with Group, 21*(4), 3-21.

Token, E. (1972). The scapegoat as an essential group phenomenon. *International Journal of Group Psychotherapy, 22*, 320-332.

Toman, W. (1959). Family constellation as personality determinant. *Journal of Individual Psychology, 15*, 199-211.

Toman, W. (1976). *Family constellation: Its effects on personality and social behavior* (3rd ed.). New York, NY: Springer.

Toothman, J. M. (1978). *Conducting the small group experience.* Washington, DC: University Press of America.

Toseland, R., & Rivas, R. (2011). *An introduction to group work practice* (7th ed.). Boston, MA: Allyn & Bacon.

Trotzer, J. P. (1972). Group counseling: Process and perspective. *Guidelines for pupil services.* Madison: Wisconsin Department of Public Instruction, 10, 105-110.

Trotzer, J. P. (1977). *The counselor and the group: Integrating theory, training, and practice.* Philadelphia, PA: Accelerated Development.

Trotzer, J. P. (1979). Developmental tasks in group counseling: The basic for structure. *Journal for Specialists in Group Work, 4*(4), 177-185.

Trotzer, J. P. (1988). Family theory as a group resource. *Journal for Specialists in Group Work, 13,* 180-185.

Trotzer, J. P. (1999). *The counselor and the group: Integrating theory, training, and practice.* Philadelphia, PA: Accelerated Development.

Trotzer, J. P. (2007). *The counselor and the group: Integrating theory, training, and practice* (4th ed). Philadelphia, PA: Brunner-Routledge.

Trotzer, J. P. (2013). *The counselor and the group: Integrated theory, training, and practice* (4th ed.). New York, NY: Taylor and Francis Group.

Truax, C. B., & Carkhuff, R. R. (1967). *Toward effective counseling and psychotherapy: Training and practice.* Chicago, IL: Aldine.

Tuckman, B. W. (1965). Developmental sequences in small groups. *Psychological Bulletin, 63,* 384-399.

Tuckman, B. W., & Jensen, M. A. (1977). Stages of small-group development revisited. *Group & Organization Studies, 2*, 419-427. doi: 10.1177/104649647600700307

Turner, J. C. (1978). Social categorization and social discrimination in the minimal group paradigm. In H, Tajfel (Ed.), *Differentiation between social groups: Studies in the social psychology of intergroup relations* (pp. 235-250). London, UK: Academic Press.

Turner, J. C., & Oakes, P. (1986). The significance of the social identity concept for social psychology with reference to individualism, interactionism and social influence. *British Journal of Social Psychology, 25*(3), 237-252.

Turner, J. C., & Reynolds, K. J. (2010). The story of social identity. In T. Postmes & N. Branscombe (Eds.), *Rediscovering social identity: Core sources* (pp. 341-356). Taylor & Francis, NY: Psychology Press.

Turner, M. E., Pratkanis, A. R., Probasco, P., & Leve, C. (1992). Threat, cohesion, and group cohesiveness: Testing a social identity maintenance perspective on groupthink. *Journal of Personality and Social Psychology, 63*, 781-796.

Unger, R. (1989). Selection and composition criteria in group psychotherapy. *Journal for Specialists in Group Work, 14*(3), 151-157.

Van Denburg, T. F., & Kiesler, D. J. (2002). An interpersonal communication perspective on resistance in psychotherapy. *Journal of Clinical Psychology, 58*, 195-205. doi:10.1002/jclp.1143

Vander Kolk, C. J. (1985). *Introduction to group counseling and psychotherapy.* Upper Saddle River, NJ: Prentice Hall.

Vander Zanden, J. W. (2003). *Human development* (7th ed.). New York, NY: McGraw-Hill.

Varela, O. E., Burke, M. J., & Linkdis, R. S. (2008). A model of emergence and dysfunctional effect in groups. *Group Dynamics: Theory, Research and Practice, 12*(2), 112-126.

Vernon, A. (1993). *Developmental assessment and intervention with children and adolescents.* Alexandria, VA: American Counseling Association.

Vogel, E. F., & Bell, N. W. (1960). The emotionally disturbed child as a family scapegoat. *Psychoanalysis and the Psychoanalytic Review, 47*, 21-42.

Volkan, V. D. (1976). *Primitive internalized object relations - A clinical study of schizoidphrenic, borderline, and narcissistic patients.* New York, NY: International Universities Press.

von Bertalanffy, L. (1951). Theoretical models in biology and psychology. *Journal of Personality, 20*, 24-38. doi:10.1111/j.1467-6494.1951.tb01611.x

von Bertalanffy, L. (1968). *General system theory: Foundations, development, applications.* New York, NY: George Braziller.

Walker, L. E. (1984). *The battered woman syndrome.* New York, NY: Springer.

Wall, V. D., & Nolan, L.L. (1987). Small Group conflict: A look at equity satisfaction and style of conflict management. *Small Group Behavior, 18*, 188-211.

Walsh, R., Bambacus, E., & Gilbson, D. (2017). An approach to supervision for doctoral and entry-level group counseling students. *Journal for Specialists in Group Work, 42*(4), 338-363.

Walters, D. A. (2009). Transference and contertransference as existential themes in the psychoanalytic theory of W. R. Bion. *Psychodynamic Practice, 15*(2), 161-172.

Wampold, B. E. (2012). Humanism as common factor in psychotherapy.

Psychotherapy, 49(4), 445-449.

Ward, D. E. (2006). Classification of groups. *Journal for Specialists in Group Work, 31*(2), 93-97.

Watzalawick, P., Weakland, J., & Fisch, R. (1974). *Change: Principles of problem formation and problem resolution.* New York, NY: Guilford Press.

Wegscheider-Cruse, S. (1981). *Another chance: Hope and health for the alcoholic family.* Palo Alto, CA: Science and Behavior Books.

Weissman, M. M., Markowitz, J. C., & Klerman, G. L. (2000). *Comprehensive guide to interpersonal psychotherapy.* New York, NY: Basic.

Weissman, M. M., Markwitz, J. C., & Klerman, G. L.（2005）。人際治療理論：理論與實務（Comprehensive guide to interpersonal psychotherapy）（唐子俊、唐慧芳、何宜芳、黃詩殷、郭敏慧、王櫻瑛，合譯）。臺北市：五南。（原著出版於2000年）

Wheelan, S. A., & McKeage, R. L. (1993). Developmental patterns in small and large groups. *Small Group Research, 24*, 60-83.

Wheeler, J. L., & Kivlighan, D. M. Jr. (1995). Things unsaid in group counseling: An empirical taxonomy. *Journal of Counseling and Development, 73,* 586-591.

Widra, J. M., & Amidon, E. (1987). Improving self-concept through intimacy group training. *Small Group Behavior, 18*, 268-279.

Wilfley, D. E., Mackenzie, K. R., Welch, R. R., Ayres, V. E., & Weissman, M. M. (2000). *Interpersonal psychotherapy for group.* New York, NY: Basic Books.

Winnicott, D. W. (1953). Transitional objects and transitional phenomena: A study of Not-Me possession 1. *International Journal of Psycho-Analysis,*

34, 89-97.

Winnicotte, D. W. (1971). *Play and reality*. London, UK: Tavistock.

Winston, A., Pinsker, H., & McCullough, L. (1986). A review of supportive psychotherapy. *Hospital and Community Psychiatry, 37*, 1105-1114.

Winter, S. K. (1976). Developmental stages in the roles and concerns in co-leaders. *Small Group Behavior, 7*, 349-362.

Wood, J. T. (2000). *Relational communication: Continuing and change in personal relationships* (2nd ed.). Belmont, CA: Wadsworth.

Wubbolding, R. E. (1981). *Using reality therapy.* New York, NY: Harper & Row.

Yalom, I. (2001). *The gift of therapy: An open letter to the new generation of therapist and their patients*. New York: Harper Collins.

Yalom, I. D. (1970). *The theory and practice of group psychotherapy*. New York: Basic Books.

Yalom, I. D. (1983). *Inpatient group psychotherapy* (3rd ed.). New York, NY: Basic Books.

Yalom, I. D. (1985). *The Theory and Practice of Group Psychotherapy* (3rd ed.). New York: Basic Books.

Yalom, I. D. (1995) .*The Theory and Practice of Group Psychotherapy* (4th ed.). New York: Basic Books.

Yalom, I. D.（2001）。人際互動團體心理治療：住病人模式（Inpatient group psychotherapy）（陳登義，譯）。臺北市：桂冠。（原著出版於1983年）

Yalom, I. D., & Leszcz, M. (2005). *The theory and practice of group psychotherapy* (5th ed.). New York, NY: Basic Books.

Yalom, I. D., Houts, P. S., Newell, G., & Rand, K. H. (1967). Preparation of patients for group therapy. *Archives of General Psychiatry, 17*, 416-427. doi:10.1001/archpsyc.1967.01730280032003.

Yeung, K.T., & Martin, J. L. (2003). The looking glass self: An empirical test and elaboration. *Social Forces, 81*(3), 843-879.

Young, M. E. (1992). *Counseling methods and techniques: An eclectic approach.* Upper Saddle River, NJ: Merrill.

Young, M. E. (2013). *Learning of the art of helping: Building blocks and techniques* (5th ed.). Upper Saddle River, NJ: Pearson.

Zaki, J., Bolger, N., & Ochsner, K. (2009). Unpacking the informational bases of empathic accuracy. *Emotion, 9*, 478-487.

Zender, J. F. (1991). Projective identification in group psychotherapy. *Group analysis, 24*, 117-132.

Zhu, P. (2018). Experiential growth group in counselor education: A review of its pedagogy, research and ethical dilemmas. *Journal for Specialists in Group Work, 43*, 144-165.

Zimmerman, I. M. (2008). Interpersonal group psychotherapy. In G. M. Saiger, S. Rubenfeld, & M. D. Dluhy (Eds.), *Windows into today's group therapy: The National Group Psychotherapy Institute of the Washington School of Psychiatry.* New York, NY: Routledge.

Zimmick, R., Marlowe, H. S., & Maddux, C. D. (2000). Improving the use of a group counseling scale and related model to teach theory and skills integration. *Counselor Education & Supervision, 39*(4), 284-296.

Zornoza, A., Ripoll, p., & Peiro, J. M. (2002). Conflict management in groups that work in two different communication contexts: Face to face and computer-mediated communication. *Small Group Research, 33*(5), 481-

508.

Zosky, D. L. (2003). Projective identification as a contributor to domestic violence. *Clinical Social Work Journal, 31*(4), 419-431.

國家圖書館出版品預行編目資料

團體諮商與治療：一個嶄新的人際—心理動力
模式／吳秀碧著. -- 四版. -- 臺北市：五
南圖書出版股份有限公司, 2023.03
面；公分
ISBN 978-626-343-824-8（平裝）

1.CST: 團體諮商　2.CST: 心理治療

178.4　　　　　　　　　　112001416

1BZX

團體諮商與治療
——一個嶄新的人際—心理動力模式

作　　者 ― 吳秀碧（56.9）

發 行 人 ― 楊榮川

總 經 理 ― 楊士清

總 編 輯 ― 楊秀麗

副總編輯 ― 王俐文

責任編輯 ― 金明芬

封面設計 ― 王麗娟

出 版 者 ― 五南圖書出版股份有限公司

地　　址：106台北市大安區和平東路二段339號4樓

電　　話：(02)2705-5066　　傳　真：(02)2706-6100

網　　址：https://www.wunan.com.tw

電子郵件：wunan@wunan.com.tw

劃撥帳號：01068953

戶　　名：五南圖書出版股份有限公司

法律顧問　林勝安律師

出版日期　2017年2月初版一刷
　　　　　2019年9月二版一刷
　　　　　2021年2月三版一刷（共二刷）
　　　　　2023年3月四版一刷
　　　　　2024年3月四版二刷

定　　價　新臺幣750元

經典永恆・名著常在

五十週年的獻禮——經典名著文庫

五南，五十年了，半個世紀，人生旅程的一大半，走過來了。

思索著，邁向百年的未來歷程，能為知識界、文化學術界作些什麼？

在速食文化的生態下，有什麼值得讓人雋永品味的？

歷代經典・當今名著，經過時間的洗禮，千錘百鍊，流傳至今，光芒耀人；

不僅使我們能領悟前人的智慧，同時也增深加廣我們思考的深度與視野。

我們決心投入巨資，有計畫的系統梳選，成立「經典名著文庫」，

希望收入古今中外思想性的、充滿睿智與獨見的經典、名著。

這是一項理想性的、永續性的巨大出版工程。

不在意讀者的眾寡，只考慮它的學術價值，力求完整展現先哲思想的軌跡；

為知識界開啟一片智慧之窗，營造一座百花綻放的世界文明公園，

任君遨遊、取菁吸蜜、嘉惠學子！